Thomas W. Thomas

Unternehmenszusammenschlüsse in der Energieversorgung

WIRTSCHAFTSWISSENSCHAFT

Thomas W. Thomas

Unternehmens-zusammenschlüsse in der Energieversorgung

Empirische Analyse der Übernahmewelle der 1990er Jahre in Nordamerika und Europa

Mit einem Geleitwort von Prof. Dr. Dirk Schiereck

Deutscher Universitäts-Verlag

Bibliografische Information Der Deutschen Bibliothek
Die Deutsche Bibliothek verzeichnet diese Publikation in der Deutschen Nationalbibliografie; detaillierte bibliografische Daten sind im Internet über <http://dnb.ddb.de> abrufbar.

Dissertation Universität Witten / Herdecke, 2005, u.d.T. Thomas W. Thomas, Unternehmenszusammenschlüsse in der Energieversorgung: Eine empirische Analyse der Übernahmewelle der 1990er Jahre in Nordamerika und Europa

1. Auflage Februar 2006

Lektorat: Ute Wrasmann / Britta Göhrisch-Radmacher

Der Deutsche Universitäts-Verlag ist ein Unternehmen von Springer Science+Business Media.
www.duv.de

Umschlaggestaltung: Regine Zimmer, Dipl.-Designerin, Frankfurt/Main
Druck und Buchbinder: Rosch-Buch, Scheßlitz
Gedruckt auf säurefreiem und chlorfrei gebleichtem Papier
Printed in Germany

ISBN 3-8350-0043-8

Geleitwort

Die wiederholten Diskussionen in den Jahren 2004 und 2005 über die Ankündigungen von Strom- und Gasversorgungsunternehmen, ihre Preise zu erhöhen, verdeutlicht die verstärkte Shareholder Value-Fokussierung in der deutschen Versorgungswirtschaft. Diese Neuausrichtung ist eine der Auswirkungen der Liberalisierung der europäischen Versorgungswirtschaft, die hier vergleichbaren ordnungspolitischen Regelwerken in Nordamerika gefolgt ist. Die Versorgungspreise sanken mit der Marktöffnung gegen Ende des vergangenen Jahrzehnts, liegen inzwischen aber wieder auf dem ursprünglichen Niveau. Kritiker des derzeitigen Regelwerks für den Strom- und den Gasmarkt sehen in diesen Preiserhöhungen ein Indiz für die Marktmacht der großen Versorgungsunternehmen, die auch durch die vielen Übernahmen in der Energiewirtschaft entstanden sei. In der Tat gingen seit Beginn der 90er Jahre bis Ende 2002 die europäischen Energieversorger 1.037 Beteiligungen ein.

Untersuchungen zum Erfolg europäischer M&A-Transaktionen sind bis heute äußerst rar, der Kenntnisstand zum Erfolg von Akquisitionen im europäischen Energiesektor ist noch begrenzter und die Übertragbarkeit der Evidenz zu den Erfahrungen aus den USA ist fraglich. Eine Analyse der Erfolgsdeterminanten von M&A in dieser Branche in Europa war also dringend erforderlich.

Die vorliegende Arbeit nimmt sich dieser bedeutenden Forschungslücke mit viel Liebe zum Detail und höchster Sorgfalt an. Ihr primäres Ziel war es, anhand von Marktdaten und Jahresabschlusskennziffern den Erfolg von M&A-Transaktionen in den USA und in Europa zu ermitteln und wesentliche Determinanten dieses Erfolgs zu bestimmen. Erst damit wird ein objektiver Kenntnisstand erreicht, auf dessen Basis sich fundierte Handlungsempfehlungen für die Versorgerpraxis ableiten lassen. Zudem finden sich damit auch für die wirtschaftspolitischen Entscheidungsträger dieses Landes wichtige Informationen zum Verständnis und zur Bewertung des sich weiter fortsetzenden Konzentrationsprozesses.

Herr Thomas kann die selbst gesetzten Ziele in seiner Dissertationsschrift bestens erfüllen. Die Arbeit enthält eine Fülle hoch interessanter Resultate und ist so geschrieben, dass es dem Leser sicherlich große Freude machen wird, sie bis zum Ende zu lesen. Ich wünsche der Arbeit eine weite Verbreitung.

Professor Dr. Dirk Schiereck

Vorwort

Die vorliegende Arbeit wurde im Herbst 2004 von der Wirtschaftsfakultät der Universität Witten/Herdecke als Dissertation angenommen.

Mein größter Dank gilt meinem akademischen Lehrer und Doktorvater Herrn Prof. Dr. Dirk Schiereck. Mit seiner konstruktiven Kritik und wertvollen Anregungen hat er mir sehr geholfen, diese Arbeit in der vorliegenden Form zu erstellen. Für die schöne Zeit als Mitarbeiter an seinem Lehrstuhl, die stets rückhaltlose Unterstützung und seinen wertvollen Rat nicht nur in fachlichen Fragen bin ich zutiefst dankbar. Herrn Prof. Dr. Rudolf Wimmer gebührt ebenfalls großer Dank. Die Zusammenarbeit mit ihm und seinem Lehrstuhl-Team vor und während meiner Promotionszeit hat mir neue Perspektiven eröffnet. Ich freue mich daher ganz besonders, dass er bereit war, das Zweitgutachten für diese Arbeit zu erstellen. Bei Herrn Prof. Dr. Andreas Freytag bedanke ich mich sehr herzlich für die Übernahme des Drittgutachtens. Für die Einladung zu einem Forschungsaufenthalt an der University of California in Berkeley und inspierende Gespräche bin ich Herrn Prof. Dr. Neil Fligstein sehr dankbar.

Auch bei meinen Kollegen vom Institute for Mergers & Acquisitions (IMA) und der Universität Witten/Herdecke bedanke ich mich für die angenehme Zusammenarbeit und den inspirierenden Austausch, insbesondere bei Jan Ising, Jan Kuklinski, Felix Lowinski, Jun.-Prof. Dr. Alexander T. Nicolai, Christian Timmreck und Peter Wiesing. Dank gebührt auch der Ernst & Young Corporate Finance GmbH für ihre Unterstützung.

Für die Förderung dieser Arbeit durch ein Stipendium möchte ich der Stiftung der Deutschen Wirtschaft (sdw) meinen Dank aussprechen.

Herzlich bedanke ich mich auch bei meinen Eltern und Schwiegereltern für ihre Unterstützung. Meiner Frau Nandini bin ich in ganz besonders tiefem Dank verbunden. Sie hat mich bei der Erstellung der Arbeit liebevoll umsorgt und mit unendlich viel Verständnis begleitet. Ihr möchte ich daher diese Arbeit widmen.

Thomas W. Thomas

Inhaltsübersicht

Inhaltsübersicht IX

Inhaltsverzeichnis XI

Tabellenverzeichnis XV

Abbildungsverzeichnis XXVII

Abkürzungsverzeichnis XXIX

I. Einführung 1

II. Transformation der Märkte für Energieversorgung und Übernahmeaktivitäten in Nordamerika und Europa 6

III. Erklärungsansätze für Unternehmenszusammenschlüsse 49

IV. Untersuchungsmethodik und Datensample 82

V. Bewertung der Zusammenschlüsse von Energieversorgern durch den Kapitalmarkt 113

VI. Entwicklung der Unternehmensleistung nach Zusammenschlüssen von Energieversorgern 225

VII. Zusammenfassung und Ausblick 260

Literaturverzeichnis 267

Anhang I: Struktur der Energieversorgung in Nordamerika und Europa A1

Anhang II: Untersuchte Transaktionen A6

Anhang III: Kapitalmarktreaktionen auf Zusammenschlüsse nordamerikanischer und europäischer Energieversorgungsunternehmen A28

Anhang IV: Multivariate Analyse der Kapitalmarktreaktionen A63

Anhang V: Entwicklung der Unternehmensleistung A93

Inhaltsverzeichnis

Geleitwort V

Vorwort VII

Inhaltsübersicht IX

Inhaltsverzeichnis XI

Tabellenverzeichnis XV

Abbildungsverzeichnis XXVII

Abkürzungsverzeichnis XXIX

I. Einführung 1

I.1 Motivation und Ziele der Arbeit 1

I.2 Aufbau der Arbeit 4

II. Transformation der Märkte für Energieversorgung und Übernahmeaktivitäten in Nordamerika und Europa 6

II.1 Begriffliche Abgrenzung 6
II.1.1 Unternehmenszusammenschlüsse 6
II.1.2 Energiewirtschaft und Energieversorgungsunternehmen 7

II.2 Wertschöpfungsstufen der leitungsgebundenen Energieversorgung 7
II.2.1 Stromversorgung 7
II.2.2 Gasversorgung 13

II.3 Wandel der Rahmenbedingungen, Wettbewerbsaspekte und Marktstrukturen in der Energieversorgung 17
II.3.1 Nordamerika 17
II.3.1.1 Stromversorgung 17
II.3.1.2 Gasversorgung 23
II.3.2 Europa 27
II.3.2.1 Stromversorgung 27
II.3.2.2 Gasversorgung 32
II.3.3 Zusammenfassung 35

II.4 Übernahmen von Energieversorgern 36

II.5 Stand der Forschung zu den Auswirkungen von Übernahmen durch Energieversorger 38
II.5.1 Ereignisstudien 38
II.5.2 Performancestudien 42
II.5.3 Kritik an den Untersuchungsansätzen von Ereignis- und Performancestudien 45
II.5.4 Zusammenfassung 47

III. Erklärungsansätze für Unternehmenszusammenschlüsse 49
III.1 Unternehmenszusammenschlüsse aus der Perspektive der Rational Choice-Theorie 49
III.1.1 Unternehmenswertmaximierende Motive 50
III.1.1.1 Wertmaximierung durch Effizienzsteigerung 50
III.1.1.2 Wertmaximierung durch Rentenumverteilung 62
III.1.1.3 Wertmaximierung durch private Information 67
III.1.2 Maximierung des Managementnutzens 70
III.2 Unternehmenszusammenschlüsse als Ergebnis eines Strategieprozesses 74
III.3 Unternehmenszusammenschlüsse als Reaktion auf makroökonomische Veränderungen 76
III.4 Zusammenfassung 79

IV. Untersuchungsmethodik und Datensample 82
IV.1 Methodik zur Messung der Übernahmewirkungen 82
IV.1.1 Ereignisstudie 82
IV.1.1.1 Messung der Kursreaktionen von Käufer-, Ziel- und hypothetischen Gemeinschaftsunternehmen 82
IV.1.1.2 Messung der Marktreaktionen auf Übernahmeankündigungen von Wettbewerbern 92
IV.1.1.3 Multivariate Analyse der Börsenreaktionen 93
IV.1.2 Entwicklung der Unternehmensleistung 94
IV.1.2.1 Indikatoren für die Unternehmensleistung 94
IV.1.2.2 Veränderung der Unternehmensleistung 100
IV.1.2.3 Multivariate Analyse der Leistungsentwicklung 103
IV.2 Auswahl des Datensamples 104
IV.3 Charakteristika des Datensamples 105

V. Bewertung der Zusammenschlüsse von Energieversorgern durch den Kapitalmarkt 113
V.1 Kapitalmarktreaktionen von Käufer-, Ziel- und hypothetischen Gemeinschaftsunternehmen 113
V.1.1 Untersuchung des gesamten Datensatzes 113
V.1.2 Potentielle Verzerrungen der Kapitalmarktbewertung 121
V.1.3 Analyse von Subsamples 127
V.1.3.1 Übernahmen nordamerikanischer und europäischer Energieversorger 127
V.1.3.2 Operative Synergien 131
V.1.3.3 Finanzielle Synergien 143
V.1.3.4 Manageriale Synergien 150
V.1.4 Analyse von Einflussvariablen 163
V.1.4.1 Art des Kontrollübergangs 164
V.1.4.2 Art der Übernahmefinanzierung 167
V.1.4.3 Börsennotierung der Zielunternehmen 171
V.1.4.4 Staatliche Eigentümer 174

V.1.4.5 Übernahmeerfahrung der Käuferunternehmen ... 179
V.1.5 Zusammenfassung ... 184

V.2 Kapitalmarktreaktionen auf Übernahmen von Branchenwettbewerbern ... 185
V.2.1 Identifikation von Branchenwettbewerbern ... 185
V.2.2 Wettbewerbsreaktionen in den USA ... 186
V.2.2.1 Untersuchung des gesamten Datensatzes ... 187
V.2.2.2 Univariate Analyse von Teilstichproben ... 190
V.2.2.3 Multivariate Analyse der Wettbewerbsreaktionen ... 197
V.2.3 Wettbewerbsreaktionen in Deutschland ... 200
V.2.3.1 Untersuchung des gesamten Datensatzes ... 201
V.2.3.2 Untersuchung von Teilstichproben ... 204
V.2.3.3 Multivariate Analyse der Wettbewerbsreaktionen ... 208
V.2.4 Zusammenfassung ... 210

V.3 Multivariate Analyse der Kapitalmarktreaktionen ... 211
V.3.1 Deskriptive Analyse der Einflussvariablen ... 211
V.3.2 Analyse der kumulierten abnormalen Renditen der Käuferunternehmen ... 214
V.3.3 Analyse der kumulierten abnormalen Renditen der Zielunternehmen ... 217
V.3.4 Analyse der kumulierten abnormalen Renditen der hypothetischen Gemeinschaftsunternehmen ... 220
V.3.5 Zusammenfassung ... 222

VI. Entwicklung der Unternehmensleistung nach Zusammenschlüssen von Energieversorgern ... 225

VI.1 Analyse der rohen Unternehmenskennzahlen ... 225
VI.1.1 Entwicklung der Käuferunternehmen ... 225
VI.1.2 Entwicklung der Zielunternehmen ... 229
VI.1.3 Entwicklung der hypothetischen Gemeinschaftsunternehmen ... 232

VI.2 Analyse der branchenbereinigten Unternehmenskennzahlen ... 235
VI.2.1 Entwicklung der Käuferunternehmen ... 235
VI.2.2 Entwicklung der Zielunternehmen ... 239
VI.2.3 Entwicklung der hypothetischen Gemeinschaftsunternehmen ... 242
VI.2.4 Zusammenfassung ... 245

VI.3 Multivariate Analyse der branchenbereinigten Cash-flow-Rentabilität ... 246
VI.3.1 Regressionsmodell ... 246
VI.3.2 Entwicklung der Käuferunternehmen ... 247
VI.3.3 Entwicklung der hypothetischen Gemeinschaftsunternehmen ... 249
VI.3.4 Zusammenfassung ... 252

VI.4 Vergleich der Kapitalmarkteinschätzungen und der Veränderung der Unternehmensleistung ... 252

VII. Zusammenfassung und Ausblick ... 260

Literaturverzeichnis ... 267

Anhang (auf beiliegender CD-ROM):

Anhang I: Struktur der Energieversorgung in Nordamerika und Europa ... A1

Anhang II: Untersuchte Transaktionen ... A6

Anhang II.1: Übernahmen europäischer Energieversorger ... A6

Anhang II.2: Übernahmen nordamerikanischer Energieversorger ... A15

Anhang III: Kapitalmarktreaktionen auf Zusammenschlüsse nordamerikanischer und europäischer Energieversorgungsunternehmen ... A28

Anhang III.1: Operative Synergien ... A28

Anhang III.2: Finanzielle Synergien ... A37

Anhang III.3: Manageriale Synergien ... A45

Anhang III.4: Analyse von Einflussvariablen ... A53

Anhang IV: Multivariate Analyse der Kapitalmarktreaktionen ... A63

Anhang IV.1: Analyse des gesamten Datensatzes ... A63

Anhang IV.2: Übernahmen nordamerikanischer Energieversorger ... A73

Anhang IV.3: Übernahmen europäischer Energieversorger (EU) ... A83

Anhang V: Entwicklung der Unternehmensleistung ... A93

Anhang V.1: Unternehmensleistung aller hypothetischen Gemeinschaftsunternehmen ... A93

Anhang V.2: Entwicklung der Unternehmensleistung nach Übernahmen nordamerikanischer und europäischer Energieversorgungsunternehmen (EU) ... A96

Anhang V.3: Multivariate Analyse der Entwicklung der Unternehmensleistung ... A100

Tabellenverzeichnis

Tabelle 1: Produktion und Reserven der größten Förderländer für Erdgas, Stand 2002 ... 14
Tabelle 2: Importe und Exporte der größten Ausfuhr- und Einfuhrländer für Erdgas ... 15
Tabelle 3: Öffnung des Strommarktes in Kanada ... 22
Tabelle 4: Implementierung der EU-Richtlinie Strom, Stand 2. Halbjahr 2003 ... 30
Tabelle 5: Implementierung der EU-Richtlinie Gas, Stand 2. Halbjahr 2003 ... 34
Tabelle 6: Ereignisstudien zu Übernahmen von nordamerikanischen und europäischen Energieversorgern ... 39
Tabelle 7: Performancestudien zu Übernahmen von nordamerikanischen und europäischen Energieversorgern ... 42
Tabelle 8: Ansätze zur Erklärung von Unternehmenszusammenschlüssen ... 49
Tabelle 9: Unternehmenszusammenschlüsse als Ergebnis rationaler Entscheidungen ... 50
Tabelle 10: Hypothesen zur Erklärung von Unternehmenszusammenschlüssen in der Energiewirtschaft ... 80
Tabelle 11: Ergebnisse des Jarque-Bera- und des Kolmogoroff-Smirnov-Tests auf Normalverteilung für die Kursrenditen (n=200 Tage) ... 89
Tabelle 12: Ergebnisse des Jarque-Bera- und des Kolomogoroff-Smirnov-Tests auf Normalverteilung für die abnormalen Renditen (n=200 Tage) ... 90
Tabelle 13: Test auf Unabhängigkeit der Kursrenditen – Ergebnisse des Ljung-Box-Tests ... 91
Tabelle 14: Test auf Unabhängigkeit der abnormalen Renditen – Ergebnisse des Ljung-Box-Tests ... 91
Tabelle 15: Leistungskennzahlen ... 95
Tabelle 16: Zeitliche Entwicklung der Übernahmen und Herkunft der beteiligten Unternehmen ... 106
Tabelle 17: Überblick über die Herkunft von Käufer- und Zielunternehmen ... 106
Tabelle 18: Geographische Ausrichtung der Transaktionen ... 107
Tabelle 19: Art des Kontrollübergangs ... 108
Tabelle 20: Transaktionen nach Art der Versorgungsunternehmen ... 108
Tabelle 21: Privatisierungen nach Art des Kontrollübergangs sowie nach Herkunft und Art des Zielunternehmens ... 109
Tabelle 22: Ausgewählte Kennzahlen zur Unternehmensgröße von Käufer- und Zielunternehmen (in Mio. USD bzw. Anzahl der Unternehmen) ... 110
Tabelle 23: Ausgewählte Kennzahlen zur Profitabilität und Marktbewertung von Käufer- und Zielunternehmen ... 111
Tabelle 24: Kumulierte abnormale Renditen der Zielunternehmen ... 114
Tabelle 25: Kumulierte abnormale Renditen der Käuferunternehmen ... 115
Tabelle 26: Kumulierte abnormale Renditen der gemeinsamen Einheit aus Käufer- und Zielunternehmen ... 116
Tabelle 27: Hypothesen zur Motivation von M&A-Transaktionen und die Implikationen im Hinblick auf die Relationen zwischen abnormalen

Renditen von Ziel- und Käuferunternehmen bzw. dem hypothetischen Gemeinschaftsunternehmen ... 117
Tabelle 28: Zusammenhang zwischen den kumulierten abnormalen Renditen von Zielunternehmen, Käuferunternehmen und hypothetischem Gemeinschaftsunternehmen für die Ereignisperiode [-1; +1] ... 119
Tabelle 29: Zusammenhang zwischen den kumulierten abnormalen Renditen von Zielunternehmen, Käuferunternehmen und hypothetischem Gemeinschaftsunternehmen für die Ereignisperiode [-10; +10] ... 120
Tabelle 30: Vergleich der CAR für Transaktionen mit einem Volumen von mehr bzw. weniger als 100 Mio. USD ... 122
Tabelle 31: CAR für Transaktionen mit einem Volumen von mehr als 100 Mio. USD im Vergleich zu den Transaktionen des gesamten Samples ... 123
Tabelle 32: Kumulierte abnormale Renditen der Käufer- und Zielunternehmen sowie der gemeinsamen Einheit aus Käufer- und Zielunternehmen ... 125
Tabelle 33: Kapitalmarktreaktionen auf Übernahmen von Energieversorgern aus Nordamerika und Europa (EU) ... 128
Tabelle 34: Zusammenhang zwischen den kumulierten abnormalen Renditen von Zielunternehmen, Käuferunternehmen und hypothetischem Gemeinschaftsunternehmen für die Ereignisperiode [-1; +1] *in Nordamerika* ... 130
Tabelle 35: Zusammenhang zwischen den kumulierten abnormalen Renditen von Zielunternehmen, Käuferunternehmen und hypothetischem Gemeinschaftsunternehmen für die Ereignisperiode [-1; +1] *in Europa* ... 131
Tabelle 36: Kumulierte abnormale Renditen für das [-1;+1]-Intervall von Energieversorgern nach Akquisitionsstrategien für Übernahmen börsennotierter Zielunternehmen ... 133
Tabelle 37: Kumulierte abnormale Renditen für das [-1;+1]-Intervall von Energieversorgern nach Akquisitionsstrategien für den gesamten Datensatz ... 133
Tabelle 38: Vergleich der CAR der Übernahmen von Elektrizitäts- und Gasversorgern ... 134
Tabelle 39: Kumulierte abnormale Renditen für das [-1;+1]-Intervall von Elektrizitätsversorgern nach Akquisitionsstrategien ... 136
Tabelle 40: Kumulierte abnormale Renditen für das [-1;+1]-Intervall von Gasversorgern nach Akquisitionsstrategien ... 136
Tabelle 41: Vergleich der CAR internationaler und nationaler Übernahmen von Energieversorgern ... 138
Tabelle 42: Vergleich der CAR von verbundenen Akquisitionen und unverbundenen Diversifikationen ... 141
Tabelle 43: Vergleich der CAR von Konzentrationsakquisitionen und unverbundenen Diversifikationen ... 142
Tabelle 44: Kapitalmarktreaktionen auf Übernahmen mit geringer und hoher Korrelation der operativen Cash-flows von Käufer- und Zielunternehmen ... 144
Tabelle 45: Kapitalmarktreaktionen auf Übernahmen mit geringer und hoher Korrelation der Wertpapierrenditen von Käufer- und Zielunternehmen vor der Übernahmeankündigung ... 146

Tabelle 46: Zusammenhang zwischen Kapitalmarktreaktionen, der Korrelation von Aktienkursrenditen und dem maximalen Verschuldungskoeffizient der Käufer- und Zielunternehmen ... 148
Tabelle 47: Kapitalmarktreaktionen auf Übernahmen kleiner und großer Zielunternehmen ... 150
Tabelle 48: Vergleich der Unternehmensleistung von Käufer- und Zielunternehmen – Betrachtung aller Transaktionen ... 153
Tabelle 49: Vergleich der Unternehmensleistung von Käufer- und Zielunternehmen – Betrachtung der Transaktionen mit verfügbaren Daten für Käufer- und Zielunternehmen ... 153
Tabelle 50: CAR für Übernahmen von Zielunternehmen mit hoher bzw. niedriger Marktwert-Buchwert-Relation ... 155
Tabelle 51: CAR für Übernahmen mit hohem bzw. niedrigem erwarteten Effizienzvorsprung von Käufer- gegenüber Zielunternehmen gemessen an der Marktwert-Buchwert-Relation ... 156
Tabelle 52: Zusammenhang zwischen der historischen Kursperformance des Zielunternehmens über einen Zeitraum von 400 Tagen vor dem Ankündigungszeitpunkt und kumulierten abnormalen Renditen ... 158
Tabelle 53: Zusammenhang zwischen der historischen Kursperformance des Käuferunternehmens über einen Zeitraum von 420 Tagen vor dem Ankündigungszeitpunkt und kumulierten abnormalen Renditen ... 159
Tabelle 54: Zusammenhang zwischen der Rentabilität der Zielunternehmen und abnormalen Renditen ... 161
Tabelle 55: Effizienz der Zielunternehmen gemessen durch die Cost-Income-Ratio und der Zusammenhang zu abnormalen Renditen ... 162
Tabelle 56: Kumulierte abnormale Renditen für das [-1;+1]-Intervall nach Art des Kontrollübergangs ... 166
Tabelle 57: Kumulierte abnormale Renditen für das [-1;+1]-Intervall nach Art der Übernahmefinanzierung ... 170
Tabelle 58: Kapitalmarktreaktionen auf die Übernahme von privaten und börsennotierten Unternehmen ... 174
Tabelle 59: CAR von Privatisierungen – Vergleich mit privatwirtschaftlichen Transaktionen ... 176
Tabelle 60: CAR von Mehrheitsübernahmen, Vergleich von Privatisierungen und rein privatwirtschaftlichen Transaktionen ... 177
Tabelle 61: CAR von Privatisierungen – Vergleich mit privatwirtschaftlichen Transaktionen für die Übernahmen *nordamerikanischer* Energieversorger ... 178
Tabelle 62: CAR von Privatisierungen – Vergleich mit privatwirtschaftlichen Transaktionen für die Übernahmen *europäischer* Energieversorger ... 179
Tabelle 63: Kapitalmarktreaktionen auf die erste Akquisition eines Käuferunternehmens im Vergleich zu den nachfolgenden Transaktionen dieses Unternehmens für das gesamte Sample ... 181
Tabelle 64: Kapitalmarktreaktionen auf die erste Akquisition eines Käuferunternehmens im Vergleich zu den nachfolgenden Transaktionen dieses Unternehmens für Übernahmen börsennotierter Zielunternehmen ... 182
Tabelle 65: Kapitalmarktreaktionen auf Übernahmeankündigungen von Käuferunternehmen mit geringer und großer Akquisitionserfahrung ... 184

Tabelle 66: Kumulierte abnormale Renditen der 10 größten US-Energieversorger zum Zeitpunkt der Ankündigung einer Übernahme durch Branchenwettbewerber ... 187
Tabelle 67: Kumulierte abnormale Renditen der 10 größten US-Energieversorger zum Zeitpunkt der Ankündigung einer Übernahme durch Branchenwettbewerber unter Verwendung eines risikoadjustierten Marktmodells ... 188
Tabelle 68: Kumulierte abnormale Renditen der 10 größten US-Energieversorger zum Zeitpunkt der Ankündigung einer Übernahme durch Branchenwettbewerber unter Verwendung eines branchenübergreifenden Marktindex ... 188
Tabelle 69: Kumulierte abnormale Renditen der 10 größten US-Energieversorger zum Zeitpunkt der Ankündigung einer (eigenen) Übernahme im Vergleich zu den Börsenreaktionen der Branchenwettbewerber dieses Käuferunternehmens ... 189
Tabelle 70: Kumulierte abnormale Renditen der hypothetischen Gemeinschaftsunternehmen zum Zeitpunkt der Ankündigung einer (eigenen) Übernahme im Vergleich zu den Börsenreaktionen der Branchenwettbewerber des Käuferunternehmens (USA) ... 190
Tabelle 71: Kumulierte abnormale Renditen der 10 größten US-Energieversorger zum Zeitpunkt der Ankündigung einer horizontalen Übernahme eines nationalen Unternehmens durch Branchenwettbewerber im Vergleich zu den Börsenreaktionen auf alle anderen Übernahmen durch Wettbewerber ... 190
Tabelle 72: Kumulierte abnormale Renditen der 10 größten US-Energieversorger zum Zeitpunkt der Ankündigung einer nationalen Übernahme durch Branchenwettbewerber im Vergleich zu Börsenreaktionen auf grenzüberschreitende Übernahmen durch Wettbewerber ... 192
Tabelle 73: Kumulierte abnormale Renditen der 10 größten US-Energieversorger zum Zeitpunkt der Ankündigung einer Übernahme durch einen innerstaatlichen Branchenwettbewerber im Vergleich zu den Börsenreaktionen auf alle Wettbewerber ... 192
Tabelle 74: Kumulierte abnormale Renditen der 10 und 20 größten US-Energieversorger zum Zeitpunkt der Ankündigung einer nationalen Übernahme durch Branchenwettbewerber ... 193
Tabelle 75: Kumulierte abnormale Renditen von US-Energieversorgern bei der Übernahmeankündigung durch einen Wettbewerber für die erste und zweite Hälfte der Übernahmewelle ... 194
Tabelle 76: Kumulierte abnormale Renditen von US-Energieversorgern bei der Übernahmeankündigung durch einen Wettbewerber für die erste, zweite und dritte Phase der Übernahmewelle ... 195
Tabelle 77: Kumulierte abnormale Renditen von US-Energieversorgern, die nachfolgend selbst Ziel einer Übernahme werden, zum Zeitpunkt der Ankündigung einer Übernahme durch Branchenwettbewerber im Vergleich zu den Kursreaktionen anderer Wettbewerber ... 196
Tabelle 78: Deskriptive Analyse der unabhängigen Variablen für die Wettbewerbsanalyse (USA) ... 198
Tabelle 79: Multivariate Analyse der Wettbewerberreaktionen in den USA ... 199

Tabelle 80: Kumulierte abnormale Renditen der deutschen Energieversorger zum Zeitpunkt der Ankündigung einer Übernahme durch Branchenwettbewerber 201
Tabelle 81: Kumulierte abnormale Renditen von deutschen Energieversorgern zum Zeitpunkt der Ankündigung einer Übernahme durch Branchenwettbewerber unter Verwendung eines risikoadjustierten Marktmodells 202
Tabelle 82: Kumulierte abnormale Renditen deutscher Energieversorger zum Zeitpunkt der Ankündigung einer (eigenen) Übernahme im Vergleich zu den Börsenreaktionen der Branchenwettbewerber 202
Tabelle 83: Kumulierte abnormale Renditen der hypothetischen Gemeinschaftsunternehmen zum Zeitpunkt der Ankündigung einer (eigenen) Übernahme im Vergleich zu den Börsenreaktionen der Branchenwettbewerber des Käuferunternehmens in Deutschland 203
Tabelle 84: Kumulierte abnormale Renditen der deutschen Energieversorger zum Zeitpunkt der Ankündigung einer horizontalen Übernahme eines nationalen Unternehmens durch Branchenwettbewerber im Vergleich zu den Börsenreaktionen auf alle anderen Übernahmen durch Wettbewerber 204
Tabelle 85: Kumulierte abnormale Renditen der deutschen Energieversorger zum Zeitpunkt der Ankündigung einer nationalen bzw. internationalen Übernahme durch Branchenwettbewerber 205
Tabelle 86: Kumulierte abnormale Renditen von deutschen Energieversorgern bei der Übernahmeankündigung durch einen Wettbewerber für die Anfangs- und Endphase der Übernahmewelle 206
Tabelle 87: Kumulierte abnormale Renditen von Energieversorgern bei der Übernahmeankündigung durch einen Wettbewerber für die erste, zweite und dritte Phase der Übernahmewelle 206
Tabelle 88: Kumulierte abnormale Renditen von deutschen Energieversorgern, die nachfolgend selbst Ziel einer Übernahme werden, zum Zeitpunkt der Ankündigung einer Übernahme durch Branchenwettbewerber im Vergleich zu den Kursreaktionen anderer Wettbewerber 207
Tabelle 89: Deskriptive Analyse der unabhängigen Variablen für die Wettbewerbsanalyse (Deutschland) 208
Tabelle 90: Multivariate Analyse der Wettbewerberreaktionen in Deutschland 209
Tabelle 91: Operationalisierung der unabhängigen Variablen 212
Tabelle 92: Mittelwerte, Standardabweichung und Korrelationen für die verwendeten unabhängigen Variablen 213
Tabelle 93: Multivariate Analyse – CAR für das [-1;+1]-Intervall der Käuferunternehmen als abhängige Variable 215
Tabelle 94: Multivariate Analyse – CAR für das [-1;+1]-Intervall der Zielunternehmen als abhängige Variable 219
Tabelle 95: Multivariate Analyse – CAR für das [-1;+1]-Intervall für das hypothetische Gemeinschaftsunternehmen als abhängige Variable 221
Tabelle 96: Zwischenergebnisse der Hypothesentests - Kapitalmarktbewertung 223
Tabelle 97: Zwischenergebnisse der Hypothesentests – Kapitalmarktbewertung (Fortsetzung) 224

Tabelle 98: Größen- und Kapitalstrukturkennzahlen der Käuferunternehmen vor und nach der betrachteten Übernahme ... 226
Tabelle 99: Erfolgs-, operative Leistungs- und Investitionskennzahlen der Käuferunternehmen vor und nach der betrachteten Übernahme ... 228
Tabelle 100: Größen- und Kapitalstrukturkennzahlen der Zielunternehmen vor und nach der betrachteten Übernahme ... 230
Tabelle 101: Erfolgs-, Leistungs- und Investitionskennzahlen der Zielunternehmen vor und nach der betrachteten Übernahme ... 231
Tabelle 102: Größen- und Kapitalstrukturkennzahlen der hypothetischen Gemeinschaftsunternehmen vor und nach der betrachteten Übernahme ... 233
Tabelle 103: Erfolgs-, Leistungs- und Investitionskennzahlen der hypothetischen Gemeinschaftsunternehmen vor und nach der Übernahme ... 234
Tabelle 104: Branchenbereinigte Größen- und Kapitalstrukturkennzahlen der Käuferunternehmen vor und nach der betrachteten Übernahme ... 236
Tabelle 105: Branchenbereinigte Erfolgs-, Leistungs- und Investitionskennzahlen der Käuferunternehmen vor und nach der betrachteten Übernahme ... 238
Tabelle 106: Branchenbereinigte Größen- und Kapitalstrukturkennzahlen der Zielunternehmen vor und nach der betrachteten Übernahme ... 240
Tabelle 107: Branchenbereinigte Erfolgs-, Leistungs- und Investitionskennzahlen der Zielunternehmen vor und nach der betrachteten Übernahme ... 241
Tabelle 108: Branchenbereinigte Größen- und Kapitalstrukturkennzahlen der hypothetischen Gemeinschaftsunternehmen vor und nach der betrachteten Übernahme ... 242
Tabelle 109: Branchenbereinigte Erfolgs-, Leistungs- und Investitionskennzahlen der hypothetischen Gemeinschaftsunternehmen ... 244
Tabelle 110: Multivariate Analyse - branchenbereinigte Cash-flow-Performance der Käuferunternehmen als abhängige Variable ... 248
Tabelle 111: Multivariate Analyse für die branchenbereinigte Cash-flow-Performance der hypothetischen Gemeinschaftsunternehmen ... 251
Tabelle 112: Ergebnisse der Hypothesentests ... 253
Tabelle 113: Kumulierte abnormale Renditen der Käuferunternehmen aus der Stichprobe der Leistungsveränderung ... 256
Tabelle 114: Kumulierte abnormale Renditen der Zielunternehmen aus der Stichprobe der Leistungsveränderung ... 256
Tabelle 115: Kumulierte abnormale Renditen der gemeinsamen Einheit aus Käufer- und Zielunternehmen aus der Stichprobe der Leistungsveränderung ... 256

Tabellen im Anhang (auf beiliegender CD-ROM):

Tabelle 116: Kumulierte abnormale Renditen für das [-1;+1]-Intervall von *nordamerikanischen* Energieversorgern nach Akquisitionsstrategien ... A29
Tabelle 117: Kumulierte abnormale Renditen für das [-1;+1]-Intervall von *europäischen* Energieversorgern (EU) nach Akquisitionsstrategien ... A29
Tabelle 118: Vergleich der CAR der Übernahmen von Elektrizitäts- und Gasversorgern *aus Nordamerika* ... A30
Tabelle 119: Vergleich der CAR internationaler und nationaler Übernahmen von Energieversorgern *aus Nordamerika* ... A31

Tabelle 120: Vergleich der CAR internationaler und nationaler Übernahmen von Energieversorgern *aus Europa (EU)* ... A32
Tabelle 121: Vergleich der CAR von verbundenen Akquisitionen und unverbundenen Diversifikationen *nordamerikanischer Energieversorger* ... A33
Tabelle 122: Vergleich der CAR von verbundenen Akquisitionen und unverbundenen Diversifikationen *europäischer Energieversorger (EU)* ... A34
Tabelle 123: Vergleich der CAR von Konzentrationsakquisitionen und unverbundenen Diversifikationen *nordamerikanischer* Energieversorger ... A35
Tabelle 124: Vergleich der CAR von Konzentrationsakquisitionen und unverbundenen Diversifikationen *europäischer* Energieversorger (EU) ... A36
Tabelle 125: Kapitalmarktreaktionen auf Übernahmen *nordamerikanischer* Energieversorger mit geringer und hoher Korrelation der operativen Cash-flows von Käufer- und Zielunternehmen ... A37
Tabelle 126: Kapitalmarktreaktionen auf Übernahmen *nordamerikanischer* Energieversorger mit geringer und hoher Korrelation der Wertpapierrenditen von Käufer- und Zielunternehmen vor der Übernahmeankündigung ... A38
Tabelle 127: Kapitalmarktreaktionen auf Übernahmen *europäischer* Energieversorger (EU) mit geringer und hoher Korrelation der Wertpapierrenditen von Käufer- und Zielunternehmen vor der Übernahmeankündigung ... A39
Tabelle 128: Größenverhältnis von Käufer- und Zielunternehmen gemessen an der Bilanzsumme und der Zusammenhang zu abnormalen Renditen ... A40
Tabelle 129: Größenverhältnis von Käufer- und Zielunternehmen gemessen an der Bilanzsumme und der Zusammenhang zu abnormalen Renditen für Übernahmen *nordamerikanischer* Energieversorger ... A41
Tabelle 130: Größenverhältnis von Käufer- und Zielunternehmen gemessen an der Bilanzsumme und der Zusammenhang zu abnormalen Renditen für Übernahmen *europäischer* Energieversorger (EU) ... A42
Tabelle 131: Kapitalmarktreaktionen auf Übernahmen *nordamerikanischer* Energieversorger von kleinen und großen Zielunternehmen ... A43
Tabelle 132: Kapitalmarktreaktionen auf Übernahmen *europäischer* Energieversorger (EU) von kleinen und großen Zielunternehmen ... A44
Tabelle 133: CAR für Übernahmen *nordamerikanischer* Energieversorger von Zielunternehmen mit hoher bzw. niedriger Marktwert-Buchwert-Relation ... A45
Tabelle 134: CAR für Übernahmen *europäischer* Energieversorger (EU) von Zielunternehmen mit hoher bzw. niedriger Marktwert-Buchwert-Relation ... A46
Tabelle 135: Zusammenhang zwischen der historischen Kursperformance des Zielunternehmens über einen Zeitraum von 400 Tagen vor dem Ankündigungszeitpunkt und kumulierten abnormalen Renditen für Übernahmen *nordamerikanischer* Energieversorger ... A47
Tabelle 136: Zusammenhang zwischen der historischen Kursperformance des Zielunternehmens über einen Zeitraum von 400 Tagen vor dem Ankündigungszeitpunkt und kumulierten abnormalen Renditen für Übernahmen *europäischer* Energieversorger (EU) ... A48

Tabelle 137: Zusammenhang zwischen der historischen Kursperformance des Käuferunternehmens über einen Zeitraum von 400 Tagen vor dem Ankündigungszeitpunkt und kumulierten abnormalen Renditen für Übernahmen *nordamerikanischer* Energieversorgungsunternehmen A49
Tabelle 138: Zusammenhang zwischen der historischen Kursperformance des Käuferunternehmens über einen Zeitraum von 400 Tagen vor dem Ankündigungszeitpunkt und kumulierten abnormalen Renditen für Übernahmen *europäischer* Energieversorgungsunternehmen (EU) A50
Tabelle 139: Effizienz der Zielunternehmen gemessen durch die Cost-Income-Ratio und der Zusammenhang zu abnormalen Renditen bei Übernahmen *nordamerikanischer* Energieversorgungsunternehmen A51
Tabelle 140: Effizienz der Zielunternehmen gemessen durch die Cost-Income-Ratio und der Zusammenhang zu abnormalen Renditen bei Übernahmen *europäischer* Energieversorgungsunternehmen (EU) A52
Tabelle 141: Kumulierte abnormale Renditen für das [-1;+1]-Intervall nach Art des Kontrollübergangs für *nordamerikanische* Energieversorger A54
Tabelle 142: Kumulierte abnormale Renditen für das [-1;+1]-Intervall nach Art des Kontrollübergangs für *europäische* Energieversorger (EU) A55
Tabelle 143: Kumulierte abnormale Renditen für das [-1;+1]-Intervall nach Art der Übernahmefinanzierung für die Übernahmen *nordamerikanischer* Energieversorger A56
Tabelle 144: Kumulierte abnormale Renditen für das [-1;+1]-Intervall nach Art der Übernahmefinanzierung für die Übernahmen *europäischer* Energieversorger (EU) A57
Tabelle 145: Kapitalmarktreaktionen auf die Übernahme von privaten und börsennotierten Unternehmen durch *nordamerikanische* Energieversorger A58
Tabelle 146: Kapitalmarktreaktionen auf die Übernahme von privaten und börsennotierten Unternehmen durch *europäische* Energieversorger (EU) A58
Tabelle 147: Kapitalmarktreaktionen auf die erste Akquisition eines Käuferunternehmens im Vergleich zu den nachfolgenden Transaktionen dieses Unternehmens für die Übernahmen *nordamerikanischer* Energieversorgungsunternehmen A59
Tabelle 148: Kapitalmarktreaktionen auf die erste Akquisition eines Käuferunternehmens im Vergleich zu den nachfolgenden Transaktionen dieses Unternehmens für die Übernahmen *europäischer* Energieversorgungsunternehmen (EU) A60
Tabelle 149: Kapitalmarktreaktionen auf Übernahmeankündigungen *nordamerikanischer* Energieversorger mit geringer und großer Akquisitionserfahrung A61
Tabelle 150: Kapitalmarktreaktionen auf Übernahmeankündigungen *europäischer* Energieversorger (EU) mit geringer und großer Akquisitionserfahrung A62
Tabelle 151: Multivariate Analyse – CAR für das [-1;+1]-Intervall der Käuferunternehmen als abhängige Variable (I) A64
Tabelle 152: Multivariate Analyse – CAR für das [-1;+1]-Intervall der Käuferunternehmen als abhängige Variable (II) A65

Tabelle 153: Multivariate Analyse – CAR für das [-1;+1]-Intervall der Käuferunternehmen als abhängige Variable (III) A66
Tabelle 154: Multivariate Analyse – CAR für das [-1;+1]-Intervall der Zielunternehmen als abhängige Variable (I) A67
Tabelle 155: Multivariate Analyse – CAR für das [-1;+1]-Intervall der Zielunternehmen als abhängige Variable (II) A68
Tabelle 156: Multivariate Analyse – CAR für das [-1;+1]-Intervall der Zielunternehmen als abhängige Variable (III) A69
Tabelle 157: Multivariate Analyse – CAR für das [-1;+1]-Intervall für das hypothetische Gemeinschaftsunternehmen als abhängige Variable (I) A70
Tabelle 158: Multivariate Analyse – CAR für das [-1;+1]-Intervall für das hypothetische Gemeinschaftsunternehmen als abhängige Variable (II) A71
Tabelle 159: Multivariate Analyse – CAR für das [-1;+1]-Intervall für das hypothetische Gemeinschaftsunternehmen als abhängige Variable (III) A72
Tabelle 160: Multivariate Analyse der Übernahmen *nordamerikanischer* Energieversorgungsunternehmen – CAR für das [-1;+1]-Intervall der Käuferunternehmen als abhängige Variable (I) A74
Tabelle 161: Multivariate Analyse der Übernahmen *nordamerikanischer* Energieversorgungsunternehmen – CAR für das [-1;+1]-Intervall der Käuferunternehmen als abhängige Variable (II) A75
Tabelle 162: Multivariate Analyse der Übernahmen *nordamerikanischer* Energieversorgungsunternehmen – CAR für das [-1;+1]-Intervall der Käuferunternehmen als abhängige Variable (III) A76
Tabelle 163: Multivariate Analyse der Übernahmen *nordamerikanischer* Energieversorgungsunternehmen – CAR für das [-1;+1]-Intervall der Zielunternehmen als abhängige Variable (I) A77
Tabelle 164: Multivariate Analyse der Übernahmen *nordamerikanischer* Energieversorgungsunternehmen – CAR für das [-1;+1]-Intervall der Zielunternehmen als abhängige Variable (II) A78
Tabelle 165: Multivariate Analyse der Übernahmen *nordamerikanischer* Energieversorgungsunternehmen – CAR für das [-1;+1]-Intervall der Zielunternehmen als abhängige Variable (III) A79
Tabelle 166: Multivariate Analyse der Übernahmen *nordamerikanischer* Energieversorgungsunternehmen – CAR für das [-1;+1]-Intervall der hypothetischen Gemeinschaftsunternehmen als abhängige Variable (I) A80
Tabelle 167: Multivariate Analyse der Übernahmen *nordamerikanischer* Energieversorgungsunternehmen – CAR für das [-1;+1]-Intervall der hypothetischen Gemeinschaftsunternehmen als abhängige Variable (II) A81
Tabelle 168: Multivariate Analyse der Übernahmen *nordamerikanischer* Energieversorgungsunternehmen – CAR für das [-1;+1]-Intervall der hypothetischen Gemeinschaftsunternehmen als abhängige Variable (III) A82
Tabelle 169: Multivariate Analyse der Übernahmen *europäischer* Energieversorgungsunternehmen – CAR für das [-1;+1]-Intervall der Käuferunternehmen als abhängige Variable (I) A84
Tabelle 170: Multivariate Analyse der Übernahmen *europäischer* Energieversorgungsunternehmen – CAR für das [-1;+1]-Intervall der Käuferunternehmen als abhängige Variable (II) A85

Tabelle 171: Multivariate Analyse der Übernahmen *europäischer* Energieversorgungsunternehmen – CAR für das [-1;+1]-Intervall der Käuferunternehmen als abhängige Variable (III) A86
Tabelle 172: Multivariate Analyse der Übernahmen *europäischer* Energieversorgungsunternehmen – CAR für das [-1;+1]-Intervall der Zielunternehmen als abhängige Variable (I) A87
Tabelle 173: Multivariate Analyse der Übernahmen *europäischer* Energieversorgungsunternehmen – CAR für das [-1;+1]-Intervall der Zielunternehmen als abhängige Variable (II) A88
Tabelle 174: Multivariate Analyse der Übernahmen *europäischer* Energieversorgungsunternehmen – CAR für das [-1;+1]-Intervall der Zielunternehmen als abhängige Variable (III) A89
Tabelle 175: Multivariate Analyse der Übernahmen *europäischer* Energieversorgungsunternehmen – CAR für das [-1;+1]-Intervall der hypothetischen Gemeinschaftsunternehmen als abhängige Variable (I) A90
Tabelle 176: Multivariate Analyse der Übernahmen *europäischer* Energieversorgungsunternehmen – CAR für das [-1;+1]-Intervall der hypothetischen Gemeinschaftsunternehmen als abhängige Variable (II) A91
Tabelle 177: Multivariate Analyse der Übernahmen *europäischer* Energieversorgungsunternehmen – CAR für das [-1;+1]-Intervall der hypothetischen Gemeinschaftsunternehmen als abhängige Variable (III) A92
Tabelle 178: Erfolgs-, Leistungs- und Investitionskennzahlen der hypothetischen Gemeinschaftsunternehmen vor und nach der Übernahme A94
Tabelle 179: Branchenbereinigte Erfolgs-, Leistungs- und Investitionskennzahlen der hypothetischen Gemeinschaftsunternehmen A95
Tabelle 180: Branchenbereinigte Größen- und Kapitalstrukturkennzahlen *nordamerikanischer* Käuferunternehmen vor und nach der betrachteten Übernahme A96
Tabelle 181: Branchenbereinigte Erfolgs-, Leistungs- und Investitionskennzahlen *nordamerikanischer* Käuferunternehmen A97
Tabelle 182: Branchenbereinigte Größen- und Kapitalstrukturkennzahlen *europäischer* Käuferunternehmen vor und nach der betrachteten Übernahme A98
Tabelle 183: Branchenbereinigte Erfolgs-, Leistungs- und Investitionskennzahlen *europäischer* Käuferunternehmen A99
Tabelle 184: Multivariate Analyse - branchenbereinigte Cash-flow-Performance der Käuferunternehmen als abhängige Variable (I) A101
Tabelle 185: Multivariate Analyse - branchenbereinigte Cash-flow-Performance der Käuferunternehmen als abhängige Variable (II) A102
Tabelle 186: Multivariate Analyse - branchenbereinigte Cash-flow-Performance der Käuferunternehmen als abhängige Variable (III) A103
Tabelle 187: Multivariate Analyse - branchenbereinigte Cash-flow-Performance der Käuferunternehmen als abhängige Variable (IV) A104
Tabelle 188: Multivariate Analyse - branchenbereinigte Cash-flow-Performance der hyp. Gesamtunternehmen als abhängige Variable (I) A105
Tabelle 189: Multivariate Analyse - branchenbereinigte Cash-flow-Performance der hyp. Gesamtunternehmen als abhängige Variable (II) A106

Tabelle 190: Multivariate Analyse - branchenbereinigte Cash-flow-Performance der hyp. Gesamtunternehmen als abhängige Variable (III) A107
Tabelle 191: Multivariate Analyse - branchenbereinigte Cash-flow-Performance der hyp. Gesamtunternehmen als abhängige Variable (IV) A108

Abbildungsverzeichnis

Abbildung 1: Stromerzeugung in Europa (Stand 2001) und den Vereinigten Staaten (Stand 2002) nach Primärenergiequellen 8
Abbildung 2: Entwicklung der Stromerzeugung in Europa nach Primärenergiequellen 9
Abbildung 3: Entwicklung der Stromerzeugung in den USA nach Primärenergiequellen 9
Abbildung 4: Neue Kraftwerkskapazitäten und Prognose der Erzeugungskosten nach Primärenergiequellen für die Vereinigten Staaten 10
Abbildung 5: Stromverbrauch in den USA 13
Abbildung 6: Gasverbrauch in den USA 16
Abbildung 7: Öffnung des Endkundenmarktes für Strom in den USA, Stand 2003 19
Abbildung 8: Anbieterstrukturen auf dem US-amerikanischen Strommarkt 20
Abbildung 9: Entwicklung der nominalen Strompreise in den USA 21
Abbildung 10: Entwicklung der realen Strompreise in den USA (Basisjahr 1996) 21
Abbildung 11: Entwicklung der nominalen Export- und Importpreise für kanadischen Strom 22
Abbildung 12: Entwicklung der realen Großhandelspreise für Gas in den USA 24
Abbildung 13: Öffnung des Endkundenmarktes für Gas in den Vereinigten Staaten 25
Abbildung 14: Nominale Gaspreisentwicklung auf den Märkten AECO, Dawn und Chicago 26
Abbildung 15: Deregulierung der deutschen Stromversorgung 29
Abbildung 16: Anbieterstrukturen auf dem deutschen Strommarkt, Stand: 2001 31
Abbildung 17: Entwicklung der Strompreise für Großkunden in Europa (Mindestabnahme von 24 GWh/Jahr) 32
Abbildung 18: Deregulierung der deutschen Gasversorgung 33
Abbildung 19: Entwicklung der nominalen Gaspreise für Großkunden in Europa (ab 420 TJ/Jahr) 35
Abbildung 20: Unternehmenszusammenschlüsse von europäischen (EU) und nordamerikanischen Energieversorgern 36
Abbildung 21: Bedeutung von Privatisierungen als Treiber für die Übernahmewelle 37
Abbildung 22: Übernahmen unter Beteiligung US-amerikanischer Unternehmen 77
Abbildung 23: Kumulierte abnormale Renditen für alle Käufer-, Ziel- und hypothetische Gemeinschaftsunternehmen 114
Abbildung 24: Kumulierte abnormale Renditen für börsennotierte Käuferunternehmen – Vergleich aller Transaktionen mit den Übernahmen von börsennotierten und privaten Zielunternehmen 126

Abbildungen im Anhang (auf beiliegender CD-ROM):

Abbildung 25: Übertragungsnetze innerhalb der Vereinigten Staaten A1
Abbildung 26: Elektrizitätsaustausch zwischen mitteleuropäischen Ländern A2
Abbildung 27: Kapazitäten für einen Austausch zwischen Kanada und den Vereinigten Staaten A3

Abbildung 28: Traditionelle Wertschöpfungsstufen der Stromversorgung Anfang der 1990er Jahre am Beispiel Deutschlands A4
Abbildung 29: Traditionelle Wertschöpfungsstufen der Gasversorgung Anfang der 1990er Jahre am Beispiel Deutschlands A5

Abkürzungsverzeichnis

adj.	adjustiert
AECO	Alberta Energy Companies
Arab.	Arabische
ARE	Arbeitsgemeinschaft regionaler Energieversorgungsunternehmen
Arithm. Mittel	Arithmetrisches Mittel
BDI	Bundesverband der Deutschen Industrie
BGW	Bundesverband der deutschen Gas- und Wasserwirtschaft
CAR	kumulierte abnormale Rendite
CIR	Cost-Income-Ratio
Diff.	Differenz
DVG	Deutsche Verbundgesellschaft
EEX	European Energy Exchange
EIA	Energy Information Administration
EltVU	Elektrizitätsversorgungsunternehmen
EnWG	Energiewirtschaftsgesetz
EPACT	Energy Policy Act
et al.	Et alii (und andere)
EU	Europäische Union
EVU	Energieversorgungsunternehmen
EWGen	exempt wholesale generators
FERC	Federal Regulatory Commission
ff.	Fortfolgende
Gemeinschaftsunt.	Gemeinschaftsunternehmen
Gesamtres.	Gesamtreserven
ggü.	gegenüber
GVU	Gasversorgungsunternehmen
GW	Gigawatt
GWh	Gigawattstunden
HEW	Hamburgische Electricitäts-Werke

hyp.	hypothetische, hypothetischen
ISO	Independent System Operator
Käuferunt.	Käuferunternehmen
Koeff.	Koeffizient
Konzentrationsstrat.	Konzentrationsstrategie
Korrelationskoeff.	Korrelationskoeffizient
kWh	Kilowattstunden
LNG	Liquified natural gas
M&A	Mergers and Acquisitions
M/B-Relation	Marktwert-Buchwert-Relation
Mio.	Millionen
MWh	Megawattstunden
n.V.	nicht verfügbar
NAFTA	North American Free Trade Agreement
Neg.	Negativ
NGPA	Natural Gas Policy Act
NYMEX	New York Mercantile Exchange
OLS	Ordinary Least Squares
Pos.	Positiv
PURPA	Public Utility Regulatory Policies Act
Rent.	Rentabilität
RoA	Return on Assets, Kapitalrentabilität
RoE	Return on Equity, Eigenkapitalrentabilität
RoS	Return on Sales, Umsatzrentabilität
SEC	Securities and Exchange Commission
SIC	Standard Industry Classification Index
Std.abw.	Standardabweichung
TJ	Terrajoule
TV	Transaktionsvolumen
TWh	Terrawattstunden
Tx.	Transaktion, Transaktionen

Untern., - unt.	Unternehmen, Unternehmens-, -unternehmen
US	United States
USD	United States Dollar
VDEW	Verband der Elektrizitätswirtschaft
VDN	Verband der Netzbetreiber
VIK	Verband der Industriellen Energie- und Kraftwirtschaft
VKU	Verband kommunaler Unternehmen
Weltprod.	Weltproduktion
Zielunt.	Zielunternehmen

I. Einführung

I.1 Motivation und Ziele der Arbeit

Der Markt für Unternehmen erlebte in den 1990er Jahren einen Boom in einem bis dahin noch nicht gekannten Ausmaß. Allein im Jahr 1999 wurde das weltweite Übernahmevolumen auf 2,3 Bill. USD geschätzt. Im Vergleich dazu waren es 1985 lediglich 165 Mio. USD und 1992 nur 286 Mio. USD.[1] Nach Andrade et al. (2001) waren 1998 knapp 3% der börsennotierten Unternehmen der Vereinigten Staaten an einer Übernahme beteiligt, 1992 waren es nur rund 1%.

Unternehmen aus dem Bereich der Energieversorgung waren während dieser letzten sogenannten „Übernahmewelle" besonders aktiv. Pryor (2001) schätzt ihren Anteil am weltweiten Übernahmevolumen für das Jahr 1999 auf 6,3%. Damit lagen sie hinter dem verarbeitenden Gewerbe, der Telekommunikationsbranche, Banken und Versicherungen sowie den Dienstleistungsunternehmen auf dem fünften Platz.

Die zunehmende Beliebtheit von Übernahmestrategien bei Energieversorgern wird zumeist der weitreichenden Deregulierung vieler nationaler Versorgungsmärkte zugeschrieben: Ursprünglich wurde die Energieversorgung als natürliches Monopol aufgefasst, das einer umfangreichen Regulierung bedurfte. Seit Beginn der 1980er Jahre setzte sich zunächst in Nordamerika und später auch in Europa die Auffassung durch, dass lediglich einzelne Teilaufgaben der Energieversorgung die Charakteristika natürlicher Monopole aufweisen.[2] Die Gesetzgeber vieler Länder reagierten mit einer schrittweisen Einführung von Wettbewerbselementen. Die sogenannten Binnenmarktrichtlinien für Strom und Gas 1997 und 1998 schafften in Europa die Grundlage für die Liberalisierung auf der Ebene der einzelnen Mitgliedsstaaten. In Nordamerika wurden wichtige Gesetzesänderungen bereits Anfang der 1990er Jahre verabschiedet.

Trotz der großen empirischen Bedeutung von Übernahmestrategien für Energieversorgungsunternehmen liegen überraschenderweise kaum fundierte Erkenntnisse darüber vor, wie diese Strategien aus unternehmerischer Perspektive bewertet werden können. Die bisherigen Untersuchungen beschränken sich darüber hinaus auf US-amerikanische Unternehmen. Die Übernahmen von Versorgern des zweitgrößten, nämlich des europäischen Versorgungsmarktes wurden bislang in der Forschung nur aus einer volkswirtschaftlichen Sicht analysiert.[3]

Diese Lücke erscheint vor dem Hintergrund der Ergebnisse branchenübergreifender Untersuchungen zu den Auswirkungen von Übernahmen umso erstaunlicher. Diese weisen für die Aktionäre der Käuferunternehmen mehrheitlich keine Wertzuwächse durch Zusammen-

1 Vgl. Pryor (2001), S. 828.
2 Vgl. Drasdo et al. (1998), S. 31ff.; Isser (2004), S. 219ff; Kiesling (2004), S. 53.
3 Vgl. für einen Literaturüberblick Kapitel II.5.

schlüsse aus, sondern negative oder insignifikante Wertveränderungen.[4] Die Shareholder der Zielunternehmen profitieren hingegen mehrheitlich von den Übernahmen.[5] Angesichts dieser Ergebnisse stellt sich die Frage nach den Motiven der Käuferunternehmen für eine Übernahme.

Am weitesten verbreitet sind die Ansätze, die Übernahmen mit der Absicht des Managements erklären, die Effizienz der beteiligten Unternehmen zu steigern. In Frage kommen beispielsweise operative Synergien, die durch Skalen- oder Verbundeffekte vor allem im Produktionsbereich genutzt werden können. Denkbar sind aber auch manageriale Synergien, die dadurch zustande kommen, dass die überlegenen Fähigkeiten der Geschäftsführung des Käuferunternehmens auch für das Übernahmeziel eingesetzt werden.[6]

Eine andere Erklärung geht davon aus, dass die Shareholder der Käuferunternehmen durch Übernahmen von einer Rentenumverteilung profitieren können. Dies ist beispielsweise dann möglich, wenn durch die Übernahme die Marktmacht der dominierenden Anbieter einer Branche derart steigt, dass kollusives Verhalten und infolgedessen Preissteigerungen zu Lasten der Konsumenten möglich werden.[7]

Populär ist auch ein Erklärungsansatz, nach dem das Management Übernahmen nur zur Maximierung seines privaten Nutzens realisiert. Durch den Kauf eines anderen Unternehmens vergrößern sich aus der Perspektive des Managements die Macht, der private Profit und die Reputation des Managements, während sich das Risiko gleichzeitig verringert.[8]

Die Hybris-Hypothese von Roll (1986) erklärt Übernahmen hingegen damit, dass das Management des Käuferunternehmens seine Fähigkeit überschätzt, Effizienzsteigerungen durchzusetzen. Daher ist es bereit, eine relativ hohe Übernahmeprämie für das Zielunternehmen zu zahlen. In der Konsequenz wird der Börsenwert der Zielunternehmen zu Lasten der Käuferunternehmen gesteigert.[9]

In verschiedenen empirischen Untersuchungen wurden Hinweise auf die Relevanz für jeden dieser Erklärungsansätze gefunden. Da sich die Evidenzen aber zum Teil widersprechen, gehört es nach wie vor zu einer der ungeklärten Fragen der aktuellen wirtschaftswissenschaftlichen Forschung, warum sich Käuferunternehmen für eine Übernahme entscheiden.[10]

Ein Grund für die bislang uneinheitlichen Untersuchungsergebnisse liegt möglicherweise darin, dass sich die meisten empirischen Untersuchungen zumeist nur auf einen der dargestellten Erklärungsansätze konzentrieren.[11] Darüber hinaus wird die Forschung von branchenübergreifenden Studien dominiert.[12] Die Unterschiede zwischen den einzelnen

4 Vgl. Walker (2000), Andrade et al. (2001), Mitchell und Stafford (2000), Schwert (1996), Moeller et al. (2003).
5 Vgl. Mulherin und Boone (2000), Eckbo und Thorburn (2000), Goergen und Renneboog (2004).
6 Vgl. Jensen (1993).
7 Vgl. Kim und Singal (1993); Mulherin und Boone (2000), Tombak (2002).
8 Vgl. Jensen (1986a).
9 Vgl. Malmendier und Tate (2003).
10 Vgl. Scherer (2002), S. 1.
11 Vgl. etwa Song und Walkling (2000); Hayward und Hambrick (1997).

Branchen hinsichtlich der Anbieter- und Eigentümerstrukturen sowie des Managements können zu unscharfen Beobachtungen führen.

Die Übernahmen von Energieversorgungsunternehmen der 1990er Jahre bieten vor diesem Hintergrund eine gute Möglichkeit, die verschiedenen Erklärungsansätze innerhalb einer Branche zu testen. Im Vergleich zu anderen Industriezweigen hat die Energieversorgung den Vorteil, dass diese Branche durch die Bindung der Versorgung an Leitungsnetze und die Homogenität der gelieferten Endprodukte Gas und Strom[12] relativ klar abzugrenzen ist.

Ziel der vorliegenden Arbeit ist es, die Auswirkungen von Übernahmen nordamerikanischer und europäischer Energieversorgungsunternehmen aus einer unternehmerischen Perspektive, d.h. aus der Sicht von Anteilseignern und Unternehmensleitung, zu messen. Die Ergebnisse hinsichtlich der Auswirkungen werden anschließend verwendet, um den Beitrag der konkurrierenden Ansätze für die Erklärung von Übernahmeentscheidungen zu testen.

Für die Auswahl des nordamerikanischen und des europäischen Wirtschaftsraumes sprechen verschiedene Gründe. Nordamerika und Europa sind die größten Strom- und Erdgasmärkte der Welt.[13] Gleichzeitig entfielen 1999 über 80% des geschätzten weltweiten Übernahmevolumens auf nordamerikanische und europäische Unternehmen.[14] Die parallele Betrachtung beider Märkte stellt sicher, dass die Untersuchungsergebnisse nicht nur spezifisch für einen Wirtschaftsraum und den jeweiligen regulatorischen Rahmen gelten. Ein weiterer Vorteil liegt darin, dass die Marktliberalisierung in beiden Wirtschaftsräumen vergleichsweise einheitlich verlaufen ist. Diese Homogenität ermöglicht es, die Übernahmen von Energieversorgern auf der Ebene der Wirtschaftsräume weitgehend ohne einzelstaatliche Verzerrungen zu analysieren.

Die Einschätzung der Auswirkungen von Übernahmen erfolgt auf Basis zweier sich ergänzender Untersuchungsmethoden. Zum einen werden die Reaktionen der Börsenkurse von Käufer-, Ziel- und hypothetischen Gemeinschaftsunternehmen sowie unmittelbaren Branchenwettbewerbern im Rahmen einer Ereignisstudie betrachtet. Unter der Annahme eines halbstreng effizienten Kapitalmarktes spiegeln die resultierenden Ankündigungseffekte die tatsächlichen Veränderungen der Unternehmenswerte durch die jeweilige Übernahme wider.[15] Wird auf die restriktive Annahme eines halbstreng effizienten Kapitalmarktes verzichtet, kann anhand der Kursreaktionen zumindest die durchschnittliche Erwartung der Investoren hinsichtlich der zukünftigen Wertveränderung abgelesen werden.

Die zweite Untersuchungsmethode basiert auf Bilanz- und Jahresabschlussdaten von Käufer- und Zielunternehmen. Anhand verschiedener Indikatoren wird die Entwicklung der Unternehmensleistung in den Jahren vor und nach der Übernahme untersucht. Ergänzend wird

12 Vgl. Isser (2004), S. 219.
13 Vgl. Bundesministerium für Wirtschaft und Technologie (2003), S. 43ff.
14 Vgl. Pryor (2001), S. 834.
15 Vgl. Andrade et al. (2001), S. 109; Fama (1998); Fama (1970).

die Entwicklung von Leistungsindikatoren betrachtet, die um Brancheneffekte bereinigt wurden. Hierdurch soll der von den Übernahmen unabhängige Strukturwandel in der Energieversorgung seit Beginn der 1990er Jahre berücksichtigt werden.

I.2 Aufbau der Arbeit

Die Arbeit ist in acht Kapitel gegliedert: I. Einführung, II. Transformationsprozesse und Übernahmen in der Energieversorgung, III. Erklärungsansätze für Unternehmenszusammenschlüsse, IV. Untersuchungsmethodik und Datensample, V. Bewertung der Zusammenschlüsse durch den Kapitalmarkt, VI. Entwicklung der Unternehmensleistung nach der Übernahme, VII. Zusammenfassung.

Kapitel II führt in die aktuellen Entwicklungen in der Energieversorgung ein. Dafür werden zunächst die für diese Arbeit zentralen Begriffe des „Energieversorgers“ und der „Übernahme“ abgegrenzt. Auf diesem Verständnis aufbauend werden die Wertschöpfungsstufen der Strom- und der Gasversorgung dargestellt (Kapitel II.2). Das folgende Unterkapitel (Kapitel II.3) gibt einen Überblick über den Wandel der regulatorischen Rahmenbedingungen sowie über die Entwicklung von Marktstrukturen und Preisen der nordamerikanischen und europäischen Energieversorgung. Kapitel II.4 erläutert die von diesen Veränderungen ausgelöste sogenannte „Übernahmewelle“ in der Energieversorgung, d.h. die wellenartige Zu- und Abnahme der Zahl von Übernahmen durch Energieversorger. Der Höhepunkt der Übernahmewelle wurde im Jahr 2000 erreicht. Den Stand der bisherigen Forschung zu den Auswirkungen von Übernahmen durch Energieversorger fasst das anschließende Unterkapitel zusammen. Bislang liegen kaum Erkenntnisse für die letzte Übernahmewelle vor.

In Kapitel III werden mögliche Erklärungsansätze für die beobachteten Übernahmen von Energieversorgungsunternehmen entwickelt. Eine erste Gruppe von Ansätzen basiert auf der Annahme, dass Unternehmensübernahmen Ergebnis eines rationalen Prozesses seien (Kapitel III.1). Ziel einer Übernahme ist diesen Ansätzen zufolge, entweder den Nutzen der Anteilseigner oder den des Managements zu steigern. Der Nutzen der Anteilseigner kann durch Effizienzverbesserungen, eine Umverteilung der Renten zu ungunsten anderer Stakeholder oder durch private Informationen hinsichtlich einer Unterbewertung des Zielunternehmens maximiert werden. Der Nutzen des Managements kann im Rahmen von Übernahmen etwa durch einen Machtzuwachs gesteigert werden. Gemäß dieser Erklärungsansätze würde eine Übernahme nur dann realisiert, wenn der Erwartungswert für eine Nutzensteigerung von Anteilseignern und / oder Management positiv ist. Eine zweite Gruppe von Erklärungsversuchen sieht Übernahmen nicht als das Ergebnis einer rationalen Entscheidung, sondern eines Entscheidungsprozesses (Kapitel III.2). Bei diesen Ansätzen steht die beschränkte Rationalität der Akteure im Mittelpunkt. Die Suche nach Informationen und Handlungsalternativen wird nicht notwendigerweise abgeschlossen, Bewertungen können unvollständig sein, und kognitive Vereinfachungen, etwa Heuristiken, werden angewendet. Die Hybris-Hypothese von Roll (1986) proklamiert etwa, dass sich Manager bei Übernahmeentscheidungen regelmäßig überschätzen. Um den Beitrag der verschiedenen Theorien für die Erklärung der Übernahmen in der Energieversorgung empirisch zu prüfen, werden für jeden Ansatz testbare Hypothesen formuliert.

Kapitel IV stellt die Untersuchungsmethodik und den Datensatz vor. Im ersten Teil werden die Auswirkungen von Übernahmen auf zwei Wegen operationalisiert. Auf der einen Seite werden die Kapitalmarktreaktionen auf die Ankündigung von Übernahmen betrachtet (Kapitel IV.1.1). Auf der anderen Seite wird die mittelfristige Veränderung der Unternehmensleistung im Zuge der jeweiligen Übernahme untersucht (Kapitel IV.1.2). Die Auswahl des Untersuchungssamples, bestehend aus Übernahmen nordamerikanischer und europäischer Energieversorger, wird im anschließenden Kapitel IV.2 erläutert. Darauf folgt eine deskriptive Analyse des Datensatzes (Kapitel IV.3).

In Kapitel V werden die Auswirkungen der betrachteten Übernahmen von Energieversorgern aus der Perspektive des Kapitalmarktes untersucht. Im ersten Teil (Kapitel V.1) werden die Kursreaktionen von Käufer- und Zielunternehmen sowie dem hypothetischen Gesamtunternehmen bestehend aus den beiden einzelnen Unternehmen analysiert. Unter Einbeziehung verschiedener Einflussvariablen werden die in Kapitel III entwickelten Hypothesen überprüft. Im zweiten Teil (Kapitel V.2) werden die Kursreaktionen der wichtigsten Wettbewerber der Käuferunternehmen beispielhaft für die beiden größten nationalen Märkte - USA und Deutschland - betrachtet. Kapitel V.3 verbindet die vorangegangenen Analysen in einer multivariaten Analyse, die den Erklärungsbeitrag der verschiedenen Hypothesen simultan überprüft.

Das Kapitel VI stellt die Auswirkungen der Übernahmen im Hinblick auf die mittelfristige Unternehmensleistung vor. Dabei wird die rohe und die branchenbereinigte Leistungsentwicklung untersucht (Kapitel VI.1 und Kapitel VI.2). Den Abschluss des Kapitels bildet analog zur Untersuchung der Kapitalmarktreaktionen eine multivariate Analyse, durch welche die verschiedenen Hypothesen zur Erklärung der beobachteten Übernahmen verbunden getestet werden.

Kapitel VII fasst die Ergebnisse der einzelnen Untersuchungsschritte zusammen und skizziert Implikationen für Forschung und Praxis.

II. Transformation der Märkte für Energieversorgung und Übernahmeaktivitäten in Nordamerika und Europa

Im ersten Abschnitt von Kapitel II werden zunächst wichtige Begriffe abgegrenzt. Anschließend werden die Wertschöpfungsketten der Strom- und Gasversorgung kurz vorgestellt und darauf aufbauend die Veränderungen des regulatorischen Rahmens in den 1980er und 1990er Jahren in Nordamerika und Europa skizziert. In Kapitel II.4 wird die große empirische Bedeutung von Übernahmen für die Entwicklung der nordamerikanischen und europäischen Energieversorgung aufgezeigt. Das Kapitel II.5 stellt den Stand der Forschung zu den Auswirkungen von Übernahmen durch Energieversorger vor.

II.1 Begriffliche Abgrenzung

In den folgenden Abschnitten werden die Begriffe „Unternehmenszusammenschluss", „Energiewirtschaft" und „Energieversorgungsunternehmen" abgregrenzt.

II.1.1 Unternehmenszusammenschlüsse

Im Kontext von Unternehmenszusammenschlüssen werden in der Literatur zahlreiche Begriffe verwendet, die je nach Zusammenhang unterschiedlich definiert werden. In dieser Arbeit sollen in Anlehnung an Weston et al. (1997, S. 20) die Begriffe „Unternehmenskauf", „Akquisition", „Zusammenschluss", „Übernahme", „Beteiligung" und „M&A-Transaktion" synonym verwendet werden.[17] Sie stehen dabei für den „Eigentumserwerb eines Unternehmens oder eines wesentlichen Teiles davon durch Übertragung von Gesellschaftsanteilen oder durch Vermögensübertragung an den Erwerber."[18] Darunter fällt nach dem hier verwendeten Verständnis auch die Verschmelzung von Unternehmen mit vorherigem Anteilserwerb.[19]

Häufig werden Unternehmenszusammenschlüsse anhand des Verhältnisses klassifiziert, in dem die Geschäftsaktivitäten von Käufer- und Zielunternehmen stehen.[20] Bei horizontalen Zusammenschlüssen sind die beteiligten Unternehmen in der gleichen Branche aktiv und stehen im direkten Wettbewerb zueinander. Ein Beispiel für einen horizontalen Zusammenschluss ist die Übernahme der Bewag AG durch die Hamburgischen-Electricitätswerke AG. Gehören Käufer- und Zielunternehmen vor- oder nachgelagerten Wertschöpfungsstufen an, bezeichnet man eine Übernahme als vertikal, beispielsweise die Zusammenführung des ostdeutschen Stromversorgers VEAG AG mit der Braunkohlegesellschaft LAUBAG AG.

Produkterweiterungs- oder konzentrische Zusammenschlüsse sind dadurch geprägt, dass die beteiligten Unternehmen ähnliche, aber nicht identische Produkte oder Dienstleistungen

---

17 Vgl. für eine ausführliche Darstellung der Begriffsverwendung im deutschen Sprachraum Beitel (2002), S. 9.

18 Eckardt (1999), S. 20. Ähnlich auch Gerpott (1993), S. 22.

19 Vgl. Achleitner (1999), S. 22.

20 Vgl. Weston (1963), Federal Trade Commission (1969), Gitman (2000), Kapitel 19.

anbieten und nicht in einem direkten Wettbewerb zueinander stehen. Eine konzentrische Übernahme ist etwa die Übernahme von Thames Water durch die RWE AG.

Stehen die Geschäftsaktivitäten von Käufer- und Zielunternehmen in keiner Beziehung zueinander, spricht man von einer Diversifikation. Ein Beispiel für diese Art von Übernahme ist die Beteiligung des US-amerikanischen Versorgers Citizens Utilities am Telekommunikationsunternehmen Century Communications aus dem Jahre 1992.

II.1.2 Energiewirtschaft und Energieversorgungsunternehmen

Der Begriff „Energiewirtschaft" bezeichnet einen Bereich des Produzierenden Gewerbes, „der alle mit Erzeugung und Verteilung von Elektrizität (Wärme- und Wasserkraftwerke) und Gas (Kokereien und Gaswerke) befassten Betriebe, wie Elektrizitäts- und Gaswerke, auch Wasserkraftwerke und Talsperren, Überlandzentralen, Leitungs- und Röhrennetze umfasst."[21]

Nach der Definition des Energiewirtschaftsgesetzes (EnWG) sind Energieversorger alle die „Unternehmen und Betriebe, die andere mit Energie versorgen oder ein Netz für die allgemeine Versorgung betreiben."[22] Energie im Sinne des Gesetzes sind „Elektrizität und Gas, sofern sie zur leitungsgebundenen Energieversorgung verwendet werden."[23]

In Anlehnung an diese Definition wird im Folgenden unter einem Strom- oder Elektrizitätsversorgungsunternehmen (EltVU) ein Unternehmen verstanden, das andere mit Strom versorgt oder ein Stromnetz für die allgemeine Versorgung betreibt. Der Begriff Stromversorger wird synonym verwendet.

Analog wird ein Gasversorgungsunternehmen bzw. Gasversorger (GVU) als ein Unternehmen definiert, das andere mit Gas versorgt oder ein Gasnetz für die allgemeine Versorgung betreibt.

II.2 Wertschöpfungsstufen der leitungsgebundenen Energieversorgung

II.2.1 Stromversorgung

Die Stromversorgung wird üblicherweise in die Wertschöpfungsstufen Erzeugung, Transport und Verteilung/Handel eingeteilt. Unter Erzeugung versteht man in diesem Zusammenhang die Produktion von Strom aus Primärenergiequellen. Der Transport (oder die Übertragung) von Elektrizität bezeichnet die Stromlieferungen über Hochspannungsnetze von Kraftwerken zu den Gebieten, in denen der Endverbrauch stattfindet. Mit Verteilung/Handel ist schließlich die Lieferung von Strom an Endkunden über Niederspannungsnetze gemeint.[24]

---

21 Gabler (1994), S. 960.
22 §2 Abs. 4 EnWG.
23 §2 Abs. 1 EnWG.
24 Vgl. Brunekreeft (2004), S. 288ff.; Drasdo et al. (1998), S. 31ff.

Abbildung 1: Stromerzeugung in Europa (Stand 2001) und den Vereinigten Staaten (Stand 2002) nach Primärenergiequellen

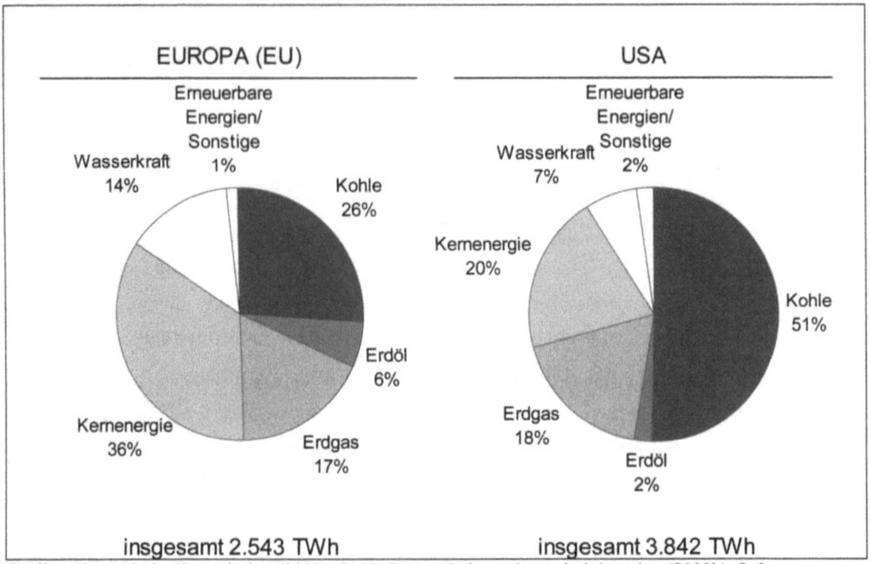

Quellen: Europäische Kommission (2003), S. 12; Energy Information Administration (2003b), S. 3.

Die wichtigsten Primärenergiequellen für die *Stromerzeugung* sind Kohle, Gas, Kernenergie, Erdöl und Wasserkraft. Auf erneuerbare Energiequellen entfällt nur ein geringer Anteil.

Abbildung 1 stellt die Anteile der Primärenergieträger an der Stromerzeugung in den Vereinigten Staaten von Amerika und Europa dar. Während in Europa auf die Kernenergie der größte Anteil entfällt, wird in den USA rund die Hälfte des Stromes aus Kohle erzeugt. In beiden Wirtschaftsräumen wird mehr als ein Sechstel des Stromes in Gaskraftwerken erzeugt.

Abbildung 2 und Abbildung 3 zeigen die Entwicklung der Stromerzeugung nach Primärenergieträgern seit 1996. Für Europa und die Vereinigten Staaten hat die Bedeutung der Gasverstromung in den letzten Jahren kontinuierlich zugenommen. Ebenfalls zugenommen hat die Nutzung von Kernenergie. Diese Steigerung ist weitgehend auf eine höhere Auslastung der bestehenden Kernkraftwerke zurückzuführen.[25] Inwieweit sich dieser Trend in Zukunft fortsetzen lässt, erscheint insbesondere für Europa fraglich. Bekanntlich hat die Bundesrepublik Deutschland mit der Atomgesetznovelle vom April 2002 den Ausstieg aus der Kernenergie beschlossen.

25 Vgl. Energy Information Administration (2001).

Abbildung 2: Entwicklung der Stromerzeugung in Europa nach Primärenergiequellen

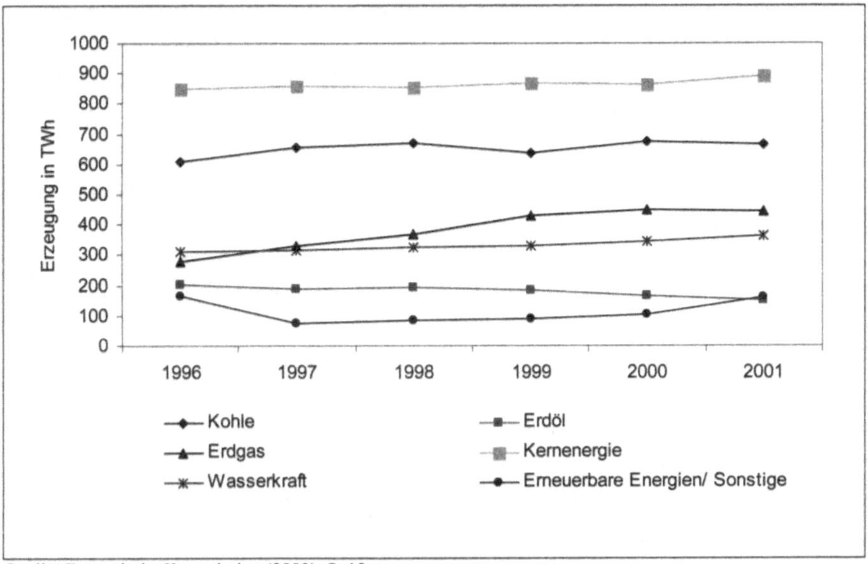

Quelle: Europäische Kommission (2003), S. 12.

Abbildung 3: Entwicklung der Stromerzeugung in den USA nach Primärenergiequellen

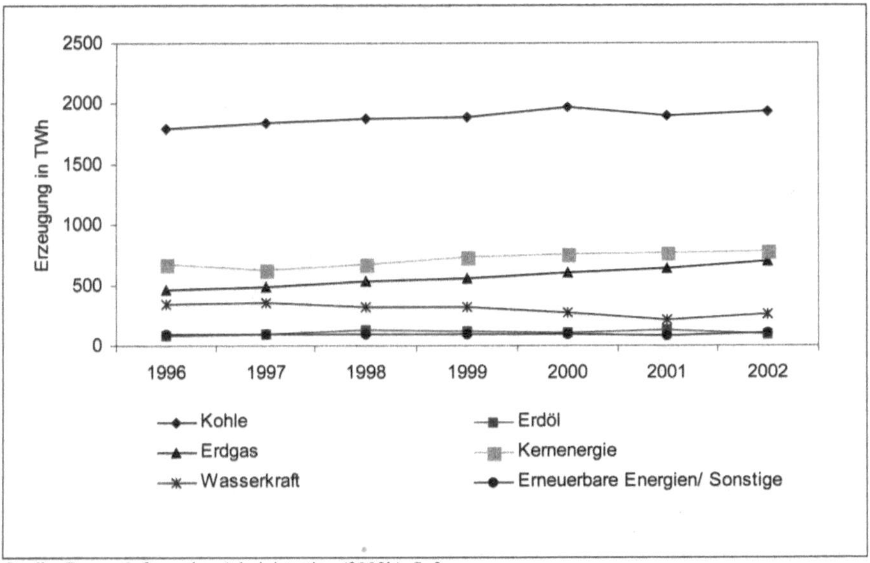

Quelle: Energy Information Administration (2003b), S. 3.

Im Gegensatz dazu kann für die Stromerzeugung aus Gas auch zukünftig mit signifikanten Wachstumsraten gerechnet werden. Die Abbildung 4 zeigt den erwarteten Ausbau von Kraftwerkskapazitäten in den Vereinigten Staaten bis zum Jahr 2025. Erfüllt sich diese Prognose der Energy Information Administration (EIA), werden zusätzliche Kraftwerkskapazitäten vor allem durch den Bau neuer Gaskraftwerke geschaffen. Damit würde sich der Anteil der Verstromung von Gas an der gesamten Elektrizitätserzeugung weiter erhöhen.

Der zunehmende Anteil von Gaskraftwerken lässt sich mit der erwarteten Entwicklung der Vollkosten pro kWh unterschieden nach Primärenergieträgern begründen (vgl. rechte Seite der Abbildung 4). Für das kommende Jahrzehnt stellen Gaskraftwerke der EIA zufolge mit Vollkosten von knapp 5 ct/kWh die kostengünstigste Erzeugungsmöglichkeit dar. Aufgrund prognostizierter steigender Gaspreise werden sie allerdings bis zum Jahr 2025 von den Kohlekraftwerken als Spitzenreiter abgelöst. In Europa wird der Kostenvorteil von Gaskraftwerken zukünftig durch die Einführung der Emissionsrechte ausgebaut, da bei der Kohleverstromung mehr klimaschädliche Gase (insbesondere CO_2) freigesetzt werden.[26]

Die wachsende Bedeutung des Primärenergieträgers Erdgas gibt bereits einen ersten Hinweis darauf, dass die Märkte für Strom und Gas zukünftig noch enger miteinander verbunden sein werden. Diese Entwicklung stellt eine wichtige Determinante für die Entwicklung von Übernahmestrategien von Strom- und Gasversorgern dar.

Abbildung 4: Neue Kraftwerkskapazitäten und Prognose der Erzeugungskosten nach Primärenergiequellen für die Vereinigten Staaten

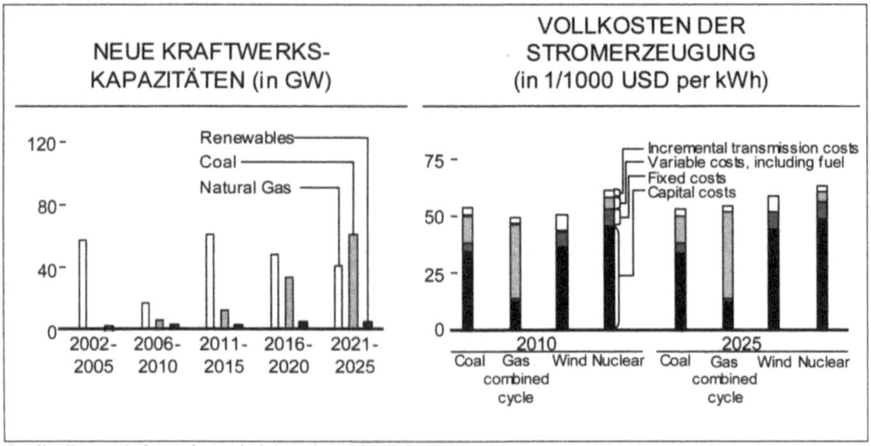

Quelle: Energy Information Administration (2004), S. 82.

Die *Stromübertragung* umfasst die Fortleitung elektrischer Energie im Höchst- bzw. Hochspannungsnetz vom Ort der Stromerzeugung bis zum Anschlusspunkt eines Verteilungsnet-

[26] Vgl. Bergius (2004), S. 16.

zes über Kabel und Freileitungen.[27] Neben dieser reinen Fortleitungsfunktion erbringen die Netzbetreiber weitere Leistungen, wie die Systemsteuerung und das Bereitstellen von Netzdienstleistungen.[28]

In den USA besteht das Übertragungsnetz aus drei Subnetzen, dem sogenannten Eastern Interconnect, dem Western Interconnect und dem Texas Interconnect. Die Kapazität für einen Austausch zwischen diesen Netzen ist extrem beschränkt. Deshalb operieren die verschiedenen Netze weitgehend unabhängig voneinander.[29] In Europa verhält es sich mit dem Zusammenspiel der ursprünglich nationalen Netze ähnlich.[30] In Kanada beläuft sich der Austausch zwischen den Netzen der einzelnen Bundesstaaten auf lediglich 10%. Kanadische Energieversorger exportieren rund 9% der nationalen Stromerzeugung in die USA und importieren rund 3%.[31] Diese Zahlen zeigen, dass die Stromversorgung bislang weitgehend regional bzw. in Europa national ausgerichtet ist.

Die *Stromverteilung* bildet die letzte Stufe in der Stromversorgung. Sie umfasst die Lieferung von Strom von den Übertragungsnetzen bis zu den Endverbrauchern. Die Verteilungssysteme beginnen an den Ausspeisepunkten der Übertragungsnetze, an denen der Strom von Hoch- auf Niederspannung transformiert wird. Die Verteilung endet an den Stromverbrauchszählern der Endabnehmer.[32]

Zunehmend spielt auf der Ebene der Verteilungsnetze auch die dezentrale Erzeugung eine Rolle. Darunter werden kleine Erzeugungseinheiten verstanden, die nahe des Ortes der Endabnahme betrieben werden und die nicht mit dem Übertragungsnetz verbunden sind. Vorrangige Erzeugungstechnologien sind Wind- und Solarenergie sowie zukünftig voraussichtlich Brennstoffzellen.[33]

Dieser Wertschöpfungsstufe wird häufig auch der Handel mit Strom auf der Großhandelsebene zugerechnet, d.h. Stromhandelsgeschäfte zwischen verschiedenen Energieversorgungsunternehmen und reinen Stromhändlern. Der Handel erfolgt entweder über eine bilaterale Vereinbarung zweier Vertragspartner als sogenanntes „Over-the-Counter (OTC)"-Geschäft. Die Handelspartner derartiger Transaktionen sind sich in der Regel gut bekannt. In einigen nationalen Strommärkten haben sich außerdem Strombörsen etabliert. In Europa gibt es derzeit 14 Strombörsen. An der deutschen European Energy Exchange (EEX) in Leipzig können etwa Termin- und Spotkontrakte gehandelt werden. Im Jahr 2002 wurden an der EEX

---

27 Vgl. Energy Information Administration (2001), S. 13.

28 Die zentrale Aufgabe der Systemsteuerung ist das Aufrechterhalten des stromwirtschaftlichen Gleichgewichts, z.B. durch Ausgleich von Stromüberschüssen und Angebotsengpässen. Unter Netzdienstleistungen versteht man Leistungen des Netzbetreibers, die dazu dienen, die Qualitätseigenschaften des transportierten Stromes sicher zu stellen. Zu den Netzdienstleistungen gehören etwa die Frequenz- und Spannungshaltung sowie das Vorhalten von Schnellstartreserven. Vgl. Drasdo et al. (1998), S. 260ff.

29 Vgl. Energy Information Administration (2001), S. 14.

30 Vgl. Anhang I für eine Darstellung der nordamerikanischen und europäischen Stromnetze.

31 Vgl. National Energy Board (2001), S. 4 f.

32 Vgl. Energy Information Administration (2001), S. 15.

33 Vgl. Energy Information Administration (2001), S. 15.

Terminkontrakte über 117 Millionen MWh sowie Spotkontrakte über 33 Millionen MWh bei einem Jahresdurchschnittspreis von 22,55 Euro/MWh gehandelt - im Vergleich zum Vorjahr eine Verdreifachung des Handelsvolumens. Dennoch geht man davon aus, dass der OTC-Markt das börsengehandelte Volumen und selbst die jährliche in Deutschland produzierte Strommenge von über 550 Millionen MWh nach wie vor weit übersteigt.[34] Durch den Zusammenbruch des international äußerst aktiven Stromhandelsunternehmens Enron im Jahr 2001 war das Handelsvolumen zwischenzeitlich um 40% geschrumpft. Seitdem hat sich der Handel wieder erholt. Der Anteil der spezialisierten Stromhändler wie Dynegy oder Aquila ist allerdings deutlich geringer als zuvor. Der Großhandel dient heute den Versorgern vor allem dazu, Erzeugung und Vertrieb ins Gleichgewicht zu bringen, also überschüssige Leistung zu verkaufen und bei Engpässen Energie für den Vertrieb zu beschaffen.[35]

Vor der Energiekrise in Kalifornien bestanden in den USA vier zentralisierte Strombörsen, die jeweils einzelne Regionalmärkte bedienten: die California Power Exchange, die New York ISO, die ISO New England, Pennsylvania, New Jersey, Maryland ISO and Trading Hub. Daneben haben sich sogenannte Electricity Trading Hubs entwickelt. Sie repräsentieren Knotenpunkte, an denen der Strom physikalisch seinen Eigentümer wechselt.[36]

Eine entscheidende Rolle für die Auslastung der einzelnen Wertschöpfungsstufen hat die Entwicklung des Stromverbrauchs. Abbildung 5 zeigt die Entwicklung des Energieverbrauchs der Vereinigten Staaten nach Energieform. Durchschnittlich wächst der US-amerikanische Strommarkt seit 1980 jährlich um 2,3%. In den letzten Jahren ist das Wachstum allerdings etwas abgeflacht. In Kanada belief sich das jährliche Wachstum im Zeitraum von 1998 und 2002 auf 4%. In Europa betrug das durchschnittliche jährliche Wachstum des Stromverbrauchs im Zeitraum von 1996 bis 2001 rund 2,5%.[37] Insgesamt kann lediglich von einem moderaten Wachstum der Stromnachfrage in Europa und Nordamerika ausgegangen werden.

---

34 Vgl. Fried (2003), S. b03.
35 Vgl. Flauger (2003a), S. 12.
36 Vgl. Consline (2002), S. 31f.
37 Vgl. Europäische Kommission (2003), S. 11.

Abbildung 5: Stromverbrauch in den USA

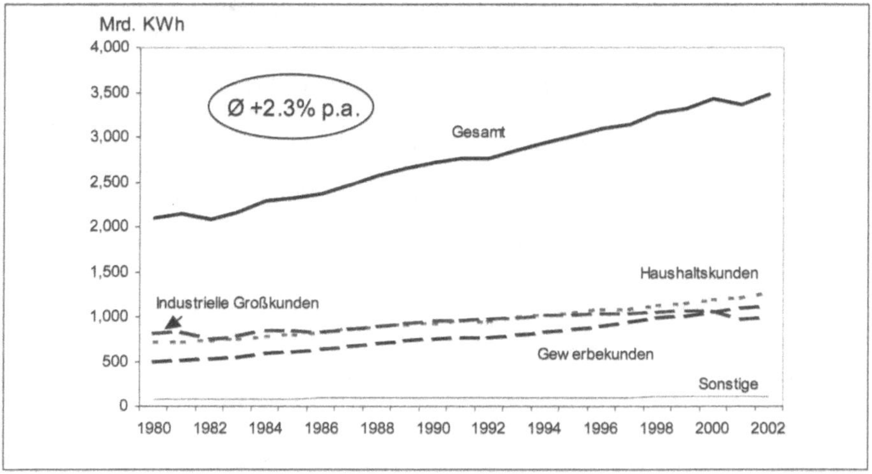

Quelle: Energy Information Administration (2003a), S. 239, Eigene Darstellung.

II.2.2 Gasversorgung

Analog zur Stromversorgung lassen sich die Aktivitäten der Gasversorgung in drei Wertschöpfungsstufen einteilen: Förderung/Import, Transport und Verteilung/Handel.[38]

Während für Erdöl oder Kohle ein Weltmarkt besteht, haben sich beim Erdgas drei unabhängige regionale Märkte herausgebildet:

- der nordamerikanische Erdgasmarkt der North American Free Trade Agreement (NAFTA)-Staaten
- der ostasiatische Erdgasmarkt und
- der europäische Erdgasmarkt (neben europäischen Staaten werden diesem Markt auch Anbieter aus Nordafrika, dem Mittleren Osten und der Region um das kaspische Meer zugerechnet).[39]

Für diese regionale Struktur der Märkte sind vor allem die hohen Transportkosten verantwortlich, die etwa zehnmal so hoch sind wie für Erdöl.[40]

Tabelle 1 zeigt die *Produktion* und Reserven der größten Erdgasfördernationen für das Jahr 2002. Gemeinsam fördern Russland und die USA knapp 44% der Weltproduktion. Zu den größten europäischen Förderländern gehören das Vereinigte Königreich, Norwegen und die Niederlande. Russland verfügt gleichzeitig über die größten Reserven (30,5% der Gesamtre-

38 Vgl. Drasdo et al. (1998), S. 42ff; MacAvoy (2000), S. 3ff.
39 Vgl. Seeliger (2004), S. 4.
40 Vgl. Drasdo et al. (1998), S. 119.

serven), die bei heutigem Produktionsniveau mindestens noch für weitere 80 Jahre ausreichen. In den USA reichen die Reserven bei gleichbleibender Produktion lediglich für knapp 10 Jahre.

Tabelle 1: Produktion und Reserven der größten Förderländer für Erdgas, Stand 2002

	Produktion		Reserven		Verhältnis Reserven/ Produktion
	Bill. M^3	Anteil an Weltprod.	Trill. M^3	Anteil an Gesamtres.	
Russland	554,9	22,0%	47,57	30,5%	81,2
USA	547,7	21,7%	5,19	3,3%	9,6
Kanada	183,5	7,3%	1,70	1,1%	9,3
Vereinigtes Königreich	103,1	4,1%	0,70	0,4%	6,8
Algerien	80,4	3,2%	4,52	2,9%	56,3
Indonesien	70,6	2,8%	2,62	1,7%	37,1
Norwegen	65,4	2,6%	2,19	1,4%	33,5
Iran	64,5	2,6%	23,00	14,8%	>100
Niederlande	59,9	2,4%	1,76	1,1%	25,5
Saudi Arabien	56,4	2,2%	6,36	4,1%	>100
Usbekistan	53,8	2,1%	1,87	1,2%	33,0
Turkmenistan	49,9	2,0%	2,01	1,3%	38,2
Malaysia	50,3	2,0%	2,12	1,4%	42,2
Vereinigte Arabische Emirate	46,0	1,8%	6,01	3,9%	>100

Quelle: BP (2003), S. 22ff.; Eigene Darstellung.

Bereits heute ist die USA der größte Importeur von Erdgas, gefolgt von Deutschland und Japan (vgl. Tabelle 2). Das Importvolumen der USA wird fast ausschließlich durch kanadisches Erdgas abgedeckt. Kanada exportiert über die Hälfte seiner Erdgasproduktion und ist nach Russland der weltweit größte Exporteur.

Erdgas wird häufig über große Entfernungen von der Quelle bis zum Verbraucher transportiert. Der *Transport* von Gas kann dabei entweder durch Pipelines oder eine sogenannte „LNG-Kette"[41] erfolgen. LNG steht hierbei für „liquified natural gas", d.h. Flüssiggas. Die Kosten von Erdgastransportprojekten werden im wesentlichen durch die Investitionskosten bestimmt. Betriebs- und Instandhaltungskosten sind vergleichsweise gering. LNG-Ketten sind im Vergleich zu Pipelines erst rentabel, wenn die Transportentfernung 4.000 km überschreitet. Sie werden daher fast ausschließlich für den interkontinentalen Transport oder als Zusatzabsicherung eingesetzt.[42]

41 Eine „LNG-Kette" umfasst die folgenden technischen Einrichtungen: Das Erdgas wird zunächst unter Überdruck abgekühlt. Dadurch wird das Volumen auf ein 1/600 reduziert. Das Flüssiggas wird in wärmegedämmten Speichern zwischengelagert und anschließend mit speziellen Tankschiffen transportiert.

42 Vgl. Hensing et al. (1998), S. 80; Drasdo et al. (1998), S. 271ff.

Tabelle 2: Importe und Exporte der größten Ausfuhr- und Einfuhrländer für Erdgas

Importe	Bill. M^3	Anteil an Gesamtimporten	Exporte	Bill. M^3	Anteil an Gesamtexporten
USA	115,39	19,8%	Russland	128,22	22,1%
Deutschland	81,68	14,1%	Kanada	108,80	18,7%
Japan	72,74	12,5%	Norwegen	61,19	10,5%
Italien	58,18	10,0%	Algerien	57,76	9,9%
Frankreich	44,26	7,6%	Niederlande	42,70	7,3%
Südkorea	24,06	4,1%	Indonesien	34,33	5,9%
Spanien	20,78	3,6%	Malaysia	20,78	3,6%
Türkei	17,62	3,0%	Katar	18,59	3,2%
Belgien	16,98	2,9%	USA	15,12	2,6%
Ungarn	10,55	1,8%	Vereinigtes Königreich	14,16	2,4%
Tschechische Republik	9,97	1,7%	Australien	10,03	1,7%
Niederlande	9,13	1,6%	Brunei	9,14	1,6%
Polen	7,70	1,3%	Oman	7,96	1,4%
Slowakei	7,70	1,3%	Nigeria	7,84	1,3%
Mexiko	7,45	1,3%	Vereinigte Arab. Emirate	6,85	1,2%
Taiwan	7,00	1,2%	Myanmar	6,20	1,1%
Österreich	6,65	1,1%	Argentinien	5,84	1,0%
Thailand	6,20	1,1%	Trinidad & Tobago	5,32	0,9%
Kanada	5,97	1,0%	Turkmenistan	4,90	0,8%
Chile	5,34	0,9%	Deutschland	4,15	0,7%

Quelle: BP (2003), S. 22ff.; Eigene Darstellung.

In der europäischen und nordamerikanischen Energiewirtschaft dominiert der leitungsgebundene Gastransport. Knapp 90% der Importe europäischer Länder wird über Pipelines bezogen. In Nordamerika und Kanada sind es sogar fast 95%. Diese starke Bindung an Übertragungsleitungen hat ähnlich wie in der Stromwirtschft zur Folge, dass der geographische Fokus eines Gasversorgungsunternehmens eine wichtige strategische Determinante darstellt.

Die *Speicherung* von Erdgas dient in erster Linie dem Ausgleich von Nachfrageschwankungen sowie der Absicherung der Lieferfähigkeit bei Ausfällen oder Engpässen auf der Beschaffungsseite. Die Speicherung erfolgt entweder in großvolumigen Untertagespeichern (z.B. in Salzkavernen) oder in oberirdischen Gasbehältern, die vor allem für die dezentrale Speicherung kleinerer Volumen und den Ausgleich von kurzfristigen Nachfragespitzen eingesetzt werden. Die Betreiber von Transportnetzen übernehmen darüber hinaus noch bestimmte Systemleistungen, wie etwa die Aufrechterhaltung von Gasdruck und –qualität.[43]

Die *Verteilung* und der *Handel* mit Gas bildet das letzte Glied der Wertschöpfungskette. Die Gasverteilung beinhaltet den Transport des Gases vom Übergabepunkt im Hochdrucknetz bis zum Endverbraucher. Typischerweise erfolgt die Entnahme aus dem Niederdruck-

[43] Vgl. Drasdo et al. (1998), S. 275ff.

netz. Gasanschluss, Messung und Abrechnung sind häufig in die Leistung der Gasverteilung integriert.

Der Gasverkauf erfolgt entweder auf der Großhandels- (Belieferung von Weiterverteilern) oder der Einzelhandelsebene (Belieferung von Letztverbrauchern). In den Vereinigten Staaten haben sich seit Mitte der 1990er Jahre regionale Spotmärkte für Gas entwickelt. Einer der Schlüsselmärkte ist der sogenannte „Henry Hub" in Louisiana. Die Preisentwicklung dieses Marktes wird häufig als Referenzindex verwendet. An der NYMEX wurde außerdem der Handel mit Gas-Futures und Optionen zugelassen. In Deutschland wird Gas bislang noch nicht über eine Börse, sondern nur im Rahmen von bilateralen Verträgen gehandelt. Die European Energy Exchange in Leipzig hat jedoch angekündigt, künftig auch den Handel mit Gas und anderen Energieträgern aufzunehmen.[44]

Abbildung 6: Gasverbrauch in den USA

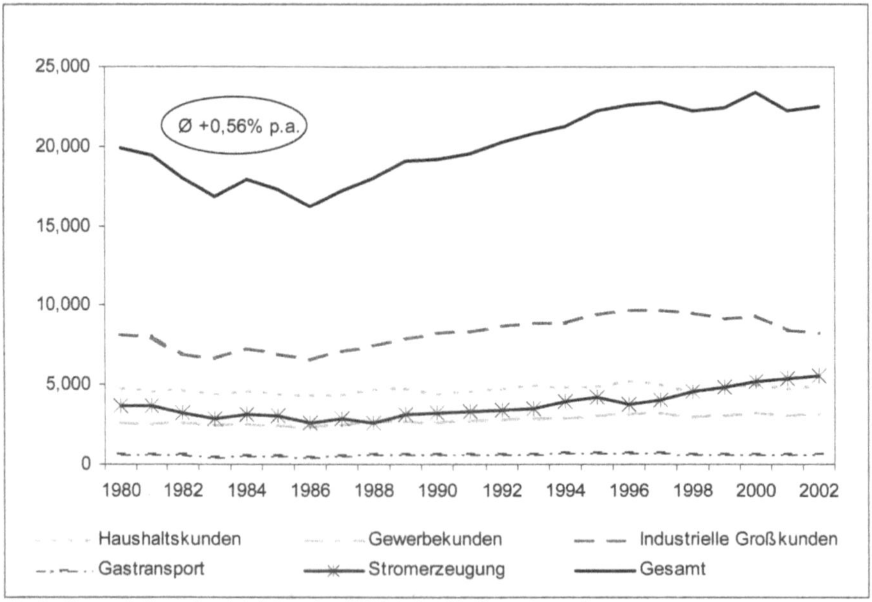

Quelle: Energy Information Administration (2003a), S. 189, Eigene Darstellung.

Abbildung 6 zeigt die Entwicklung des Gasverbrauchs in den USA seit 1980. Mit einer durchschnittlichen jährlichen Rate von 0,56% (1,33%) fällt das Wachstum seit 1980 (1990) relativ bescheiden aus. Die Entwicklung des Gasverbrauchs in Europa verlief ähnlich. Das durchschnittliche jährliche Wachstum seit 1996 betrug lediglich 0,9%.[45]

---

44 Vgl. EEX (2004).

45 Vgl. Europäische Kommission (2003), S. 11; eigene Berechnung.

II.3 Wandel der Rahmenbedingungen, Wettbewerbsaspekte und Marktstrukturen in der Energieversorgung

Nachfolgend werden der Wandel der Rahmenbedingungen, Wettbewerbsaspekte und Marktstrukturen in der Energieversorgung zunächst für Nordamerika, anschließend für Eurpa skizziert.

II.3.1 Nordamerika

II.3.1.1 Stromversorgung

Zu Beginn des 20. Jahrhunderts wurde die Stromversorgung in den USA und Kanada von vertikal integrierten Verbundunternehmen dominiert, welche die gesamte Wertschöpfungskette von der Erzeugung bis zur Belieferung der Endkunden übernahmen. Hintergrund für diese Anbieterstruktur war die Überzeugung, dass es sich bei der Erzeugung, dem Transport und der Verteilung von Elektrizität um ein natürliches Monopol handele. Denn in der Tat konnte (zu der Zeit) Elektrizität nur in großen zentralen Kraftwerken zu den niedrigsten Kosten produziert werden. Für Übertragungs- und Verteilungsnetze erschien ein Wettbewerb ebenfalls nicht möglich, da das Verlegen von konkurrierenden Leitungsnetzen aus ökonomischen und praktischen Gründen nicht als sinnvoll erschien. Den Stromversorgern wurde für ihre jeweiligen Versorgungsgebiete eine Monopolstellung gestattet, mit der eine Versorgungspflicht verbunden war. Zum Schutz der Interessen der Stromabnehmer wurde die Energieversorgung gleichzeitig Gegenstand einer weit reichenden Regulierung. Durch eine sogenannte „rate-based regulation“ sollte garantiert werden, dass die Versorger ihre Machtstellung durch Monopolpreise nicht missbrauchen.[46] Unter einer „rate-based regulation” wird dabei eine staatliche Regelung verstanden, nach der die Preise die Kosten für die Bereitstellung der jeweiligen Dienstleistung nicht überschreiten dürfen.[47]

In den **Vereinigten Staaten** bildeten sich in der ersten Hälfte des letzten Jahrhunderts große private Holdinggesellschaften heraus, die einen Großteil der Stromversorgung kontrollierten. Im Jahr 1921 lieferten private Versorger 94% des insgesamt erzeugten Stroms. Auf Unternehmen im Staatsbesitz entfielen lediglich 6%.[48] In den Folgejahren nahm allerdings der Anteil privater Versorger leicht ab. Versorger in staatlicher Hand schienen weniger anfällig dafür, durch Missbrauch private Renten abzuschöpfen und infolgedessen Strompreise künstlich auf einem hohen Niveau zu halten.[49] Über Jahrzehnte gelang es den Stromversorgern, in

---

46 Vgl. Energy Information Administration (2001), S. 5; National Energy Board (2001), S. 8.

47 Die zuständige Regulierungsbehörde muss für diese Art der Preisregelung zunächst die Kostenstruktur der jeweiligen Unternehmen prüfen und nicht als für die Leistungserstellung erforderlich erachtete Kostenelemente eliminieren. Anschließend ist eine „angemessene“ Rendite zu definieren. Die Preise und ihre Struktur werden anschließend so festgesetzt, dass die resultierenden Erlöse die Kosten decken und eine angemessene Rendite garantieren. Vgl. Berg und Tschirhart (1988), S. 298.

48 Vgl. Energy Information Administration (1985), S. 3.

49 Bis zum Jahr 1941 stieg der Anteil staatlicher Stromversorger auf 12%. Vgl. Edison Electric Institute (1970), S. 2.

diesem Regulierungssystem die steigende Nachfrage zu decken und die Kosten der Bereitstellung zu senken. Diese Entwicklung wurde 1973 unter anderem durch die Ölkrise und strengere Auflagen für den Umweltschutz gestoppt. Um die Abhängigkeit von ausländischem Öl zu verringern und die umweltfreundliche Stromerzeugung zu fördern, verabschiedete der Kongress 1978 den Public Utility Regulatory Policies Act (PURPA). Mit dieser Regelung wurde Unternehmen, die keine Energieversorger waren und bestimmte Voraussetzungen im Hinblick auf Eigentümerschaft, Erzeugungsart[50] und operative Effizienz erfüllten, der Marktzutritt auf der Großhandelsebene gestattet und damit ein Wettbewerb um Großkunden eingeführt. Gleichzeitig wurden die etablierten Versorgungsunternehmen dazu verpflichtet, den neuen Anbietern Leitungskapazitäten zur Verfügung zu stellen und von diesen Strom abzunehmen.

Auch wenn PURPA anfangs von den etablierten Versorgern abgelehnt wurde, konnten sich die neuen Marktteilnehmer in den Folgejahren etablieren. Verantwortlich dafür war zum einen, dass die Energieversorger teilweise bereitwillig auf Investitionen für Kapazitätserweiterungen verzichteten, da zunehmend unsicher erschien, ob die resultierenden Erlöse zur Deckung der Kapitalkosten ausreichen würden. Zum anderen wurden die Rahmenbedingungen für die neuen Anbieter durch den Energy Policy Act (EPACT) von 1992 weiter verbessert. Seit EPACT werden sogenannte „exempt wholesale generators (EWGen)“ zugelassen. Ähnlich wie die neuen Anbieter unter der PURPA-Regelung handeln diese Unternehmen nur auf der Großhandelsebene und besitzen keine eigenen Leitungsnetze. Anders als zuvor gelten für die EWGen keine Einschränkungen hinsichtlich einer energieeffizienten bzw. ökologischen Stromerzeugung. Die Preisregulierung fällt für sie ebenso weg wie die Abnahmeverpflichtung der etablierten Energieversorger. Diese müssen allerdings die Stromdurchleitung durch ihre Netzinfrastruktur ermöglichen.[51]

Während der Wettbewerb auf der Großhandelsebene mit PURPA und EPACT durch Bundesrecht eingeführt wurde, waren für den Endverbrauchermarkt die einzelnen Bundesstaaten verantwortlich. Abbildung 7 gibt einen Überblick über den Stand der Öffnung des Endkundenmarktes. In 24 Staaten ist der Endkundenmarkt entweder bereits geöffnet, oder Gesetzgebungsverfahren sind initiiert worden. In Kalifornien wurde der Wettbewerb aufgrund der drastischen Stromkrise im Sommer 2001 zwischenzeitlich ausgesetzt.[52]

---

50 Nach PURPA konnten sich die Unternehmen für den Marktzugang qualifizieren, die Strom aus Kraft-Wärme-Kopplung und erneuerbaren Energien wie Wind, Solar oder Abfall produzierten. Vgl. Energy Information Administration (2001), S. 32.

51 Vgl. Energy Information Administration (2001), Kapitel 6.

52 Vgl. Borenstein (2002).

Abbildung 7: Öffnung des Endkundenmarktes für Strom in den USA, Stand 2003

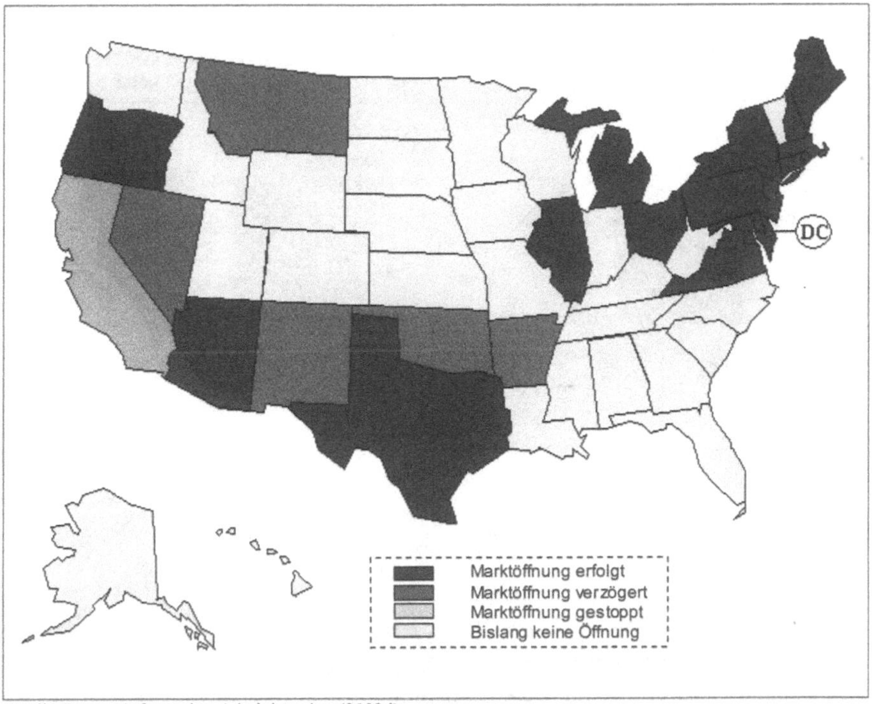

Quelle:Energy Information Administration (2003d).

Die Abbildung 8 zeigt die Anbieterstrukturen der US-amerikanischen Stromversorgung im Jahr 2000. Bezogen auf die Zahl der Versorger dominieren klar die Kommunalversorger mit öffentlichen Eigentümern. Der Anteil der börsennotierten Versorger, darunter auch die unabhängigen Anbieter gemäß PURPA und EPACT, liegt bei unter 10%. Ein anderes Bild ergibt sich jedoch, wenn die Anzahl der von den Versorgergruppen versorgten Endverbraucher betrachtet wird. Mit einem Anteil von über 70% liegen die privaten börsennotierten Versorger auf dem Spitzenplatz. Die große Zahl der Kommunalversorger bedient hingegen lediglich 16% der Endkunden. Cardell et al. (1997) berechnen Herfindahl-Hirschmann Indizes (HHI) für 112 Netzregionen in den USA. Für 90% dieser Regionen beobachten sie HHI-Werte von über 2.500. Für die meisten Regionen kann demnach von einer hohen Konzentration ausgegangen werden.[53]

[53] Nach den Richtlinien der FTC gelten Märkte mit HHI-Werten von über 1800 als „hoch konzentriert". Vgl. Department of Energy (2000), S.1.

Abbildung 8: Anbieterstrukturen auf dem US-amerikanischen Strommarkt

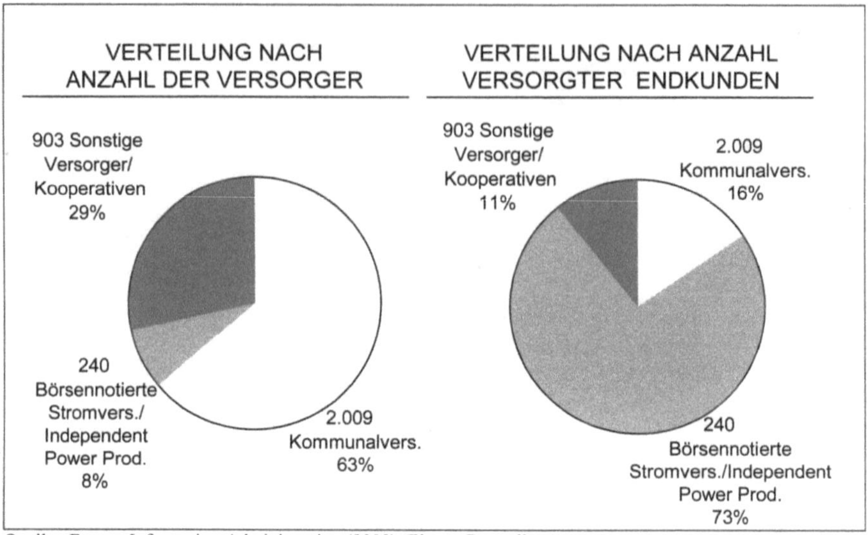

Quelle: Energy Information Administration (2000); Eigene Darstellung.

Der zunehmende Wettbewerb in den 1990er Jahren führte zunächst nur für die industriellen Großkunden zu (schwach) sinkenden Strompreisen (vgl. Abbildung 9). Für Gewerbe- und Haushaltskunden stiegen die Strompreise bis zur Mitte des letzten Jahrzehnts. Bis zum Jahr 2000 folgte eine Phase des durchschnittlichen Preisrückgangs für alle Abnehmergruppen, die von einem deutlichen Preisanstieg im Jahr 2001 unterbrochen wurde. Heute liegen für die drei Kundengruppen die Strompreise über dem Niveau von 1990. Insgesamt deutet die Entwicklung der nominalen Preise nicht darauf hin, dass sich der intensivierte Wettbewerb nachhaltig in sinkenden Preisen für die US-amerikanischen Kunden niedergeschlagen hat.

In Abbildung 10 ist die reale Preisentwicklung (verkettet im Jahr 1996) dargestellt. Hier ergibt sich ein anderes Bild. Seit 1980 sinken die realen Preise für Strom über alle Kundengruppen hinweg. Die einzige Ausnahme bildet das Jahr 2000, in dem es zu einem vorübergehenden Preisanstieg kam. Anders als in den Vereinigten Staaten dominieren in **Kanada** nach wie vor staatliche Stromversorger. Der Großteil der Versorgung wird von vertikal integrierten Verbundunternehmen übernommen. Der Grund für diese Struktur liegt in der Sorge, private Unternehmen könnten ihre Sonderrolle zu Lasten der Endabnehmer missbrauchen. Ein weiterer Unterschied zu den USA liegt darin, dass in Kanada die einzelnen Provinzen weitgehend für die Regulierung des Strommarktes verantwortlich sind. Die nationale Regierung hat lediglich die Kontrolle über Stromexporte, grenzüberschreitende Übertragungsnetze und Fragen der Kernenergie.[54]

Abbildung 9: Entwicklung der nominalen Strompreise in den USA

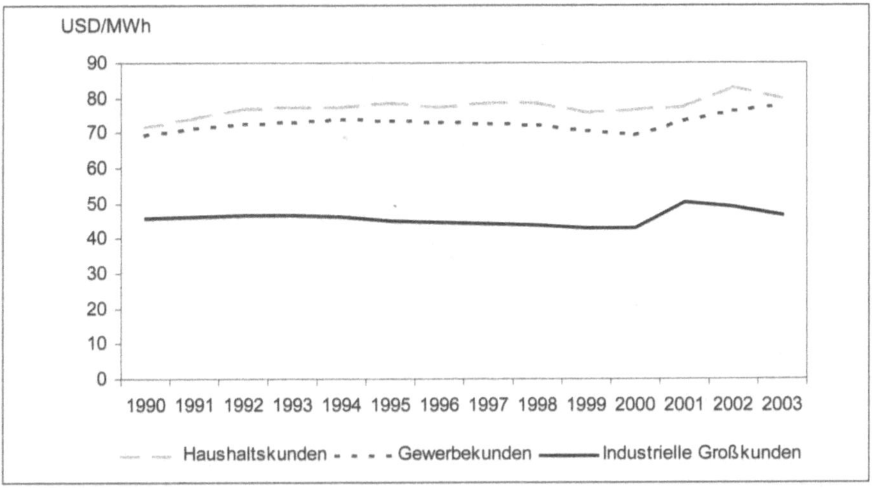

Quelle: Energy Information Administration (2003e).

Abbildung 10: Entwicklung der realen Strompreise in den USA (Basisjahr 1996)

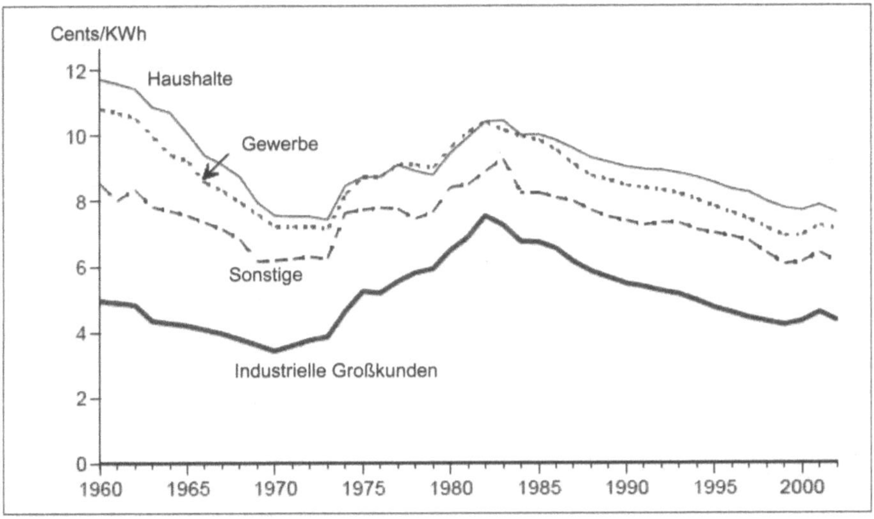

Quelle: Energy Information Administration (2003e).

[54] Vgl. National Energy Board (2003), S.2 ff.

Seit Beginn der 1990er Jahre hat ein Teil der Provinzen seine Groß- und Endkundenmärkte geöffnet. Bisher haben allerdings nur Ontario und Alberta eine vollständige Öffnung durchgesetzt. Zur Zeit plant keine der übrigen Provinzen nachzuziehen. Tabelle 3 zeigt den Stand der Marktöffnung für die kanadischen Provinzen. Hauptziele der Restrukturierung des Stromsektors sind niedrigere Preise und größere Wahlmöglichkeiten für die Kunden. Bislang hat sich allerdings noch keine klare öffentliche Meinung darüber gebildet, ob die Neuordnung tatsächlich zu geringeren Preisen führt. Daher ist damit zu rechnen, dass auch zukünftig der Grad der Marktöffnung in den einzelnen kanadischen Provinzen uneinheitlich bleibt.[55]

Tabelle 3: Öffnung des Strommarktes in Kanada

	Öffnung des Großhandelsmarktes	**Öffnung des Endkundenmarktes**
British Columbia	Ja	Nur Großkunden
Yukon Territory, Northwest Territories & Nunavut	Nein	Nein
Alberta	Ja	Ja
Saskatchewan	Ja	Nur in den Städten Saskatoon und Swift Current
Manitoba	Ja	Nein
Ontario	Ja	Ja
Québec	Ja	Für Großkunden
New Brunswick	Ja	Für Großkunden ab 2003
Prince Edward Island	Nein	Nein
Nova Scotia	Nein	Nein
Newfoundland und Labrador	Nein	Nein

Quelle : National Energy Board (2001), S. 4.

Abbildung 11: Entwicklung der nominalen Export- und Importpreise für kanadischen Strom

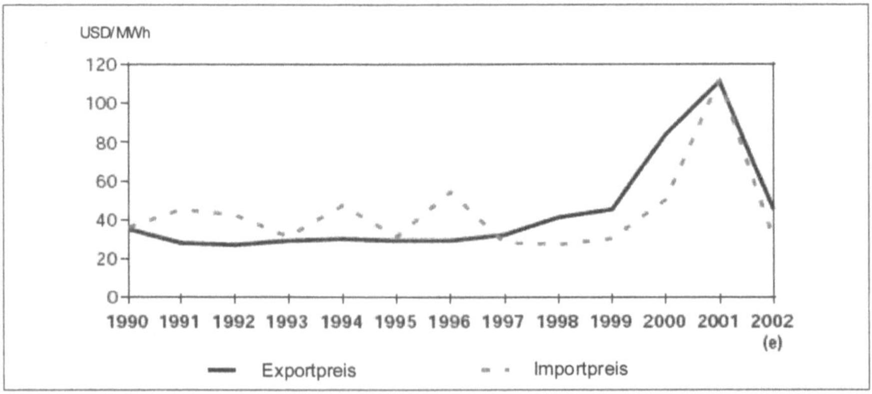

Quelle: National Energy Board (2003), S. 12.

Da keine aggregierten Daten zur Preisentwicklung im kanadischen Strommarkt nach Abnehmergruppen zur Verfügung stehen, muss auf die Entwicklung der Import- und Export-

55 Vgl. National Energy Board (2001), S. 59.

preise zurückgegriffen werden. Aufgrund des hohen Anteils der kanadischen Exporte an der Gesamterzeugung[56] können diese Daten als Indikator zumindest für die langfristige Preisentwicklung im Großhandelsmarkt herangezogen werden. Analog zur Entwicklung in den USA sanken die Strompreise zu Beginn der 1990er Jahre auf rund 30 USD/MWh bis sie zu Beginn des neuen Jahrtausends auf einen Spitzenwert von über 100 USD/MWh anstiegen. Seitdem sind die Exportpreise wieder gefallen, liegen aber nach wie vor über dem Niveau von 1990 (vgl. Abbildung 11).

II.3.1.2 Gasversorgung

Die Gasversorgungswirtschaft in Nordamerika war, ähnlich wie der Strommarkt (vgl. Kapitel II.3.1.1), bis in die 1980er Jahre streng reguliert. Auch für die Gaswirtschaft galt die herrschende Meinung, dass es sich bei der leitungsgebundenen Versorgung um ein natürliches Monopol handele. Da dieser Argumentation zufolge Wettbewerb als Kontroll- und Anreizmechanismus als ineffizient erachtet werden musste, wurden staatliche Regelungen an dessen Stelle gesetzt. Ein weiteres Ziel der Regulierung war, eine angemessene Nutzung und Erhaltung der natürlichen Ressource Erdgas zu garantieren.[57]

Anders als in der Stromversorgung bildeten sich in Nordamerika jedoch keine integrierten Verbundunternehmen heraus. Statt dessen haben sich spezialisierte Unternehmen für die Förderung, den Transport und die Verteilung von Erdgas entwickelt. Die Gasförderung wurde von den großen Ölkonzernen oder unabhängigen Gasproduzenten übernommen. Für den Gastransport zwischen verschiedenen Bundesstaaten waren die Betreiber der Gaspipelines verantwortlich. Sie kauften das Gas von den Erzeugern und lieferten es an die Verteilerunternehmen, öffentliche oder private Energieversorger, die zumeist in ihrem Versorgungsgebiet gleichzeitig Strom lieferten.

In den **Vereinigten Staaten** wurden bis 1978 die Preise auf allen Wertschöpfungsstufen kontrolliert. Der Natural Gas Policy Act (NGPA) sah eine partielle Deregulierung auf der Erzeugungsstufe vor. Bislang waren die Preise für Erdgas durch eine „price-cap"-Regelung gedeckelt worden.[58] Nach der NGPA wurden hochpreisige Gase und neue Gasvorkommen von der Preiskontrolle ausgenommen. Beschleunigt durch eine schwache Nachfrage nach Erdgas zu Beginn der 1980er Jahre entwickelte sich rasch ein funktionsfähiger Spotmarkt für das „unkontrollierte" Gas. 1984 erließ die zuständige Federal Regulatory Commission (FERC) die Order 436, welche die Betreiber der Pipelines dazu verpflichtete, ihre Netze für die Durchleitung fremden Gases zu öffnen. Damit wurden direkte Geschäfte zwischen Gas-

56 Durchschnittlich betrug der Anteil der Exporte an der kanadischen Stromerzeugung für den Zeitraum von 1997 – 2001 knapp 10%. Für einzelne Provinzen lag der Anteil deutlich darüber. Manitoba exportierte sogar knapp 30% der erzeugten Elektrizität. Vgl. National Energy Board (2003), S. 9.

57 Vgl. Lee (2004), S. 239f.

58 Im Rahmen einer Preisobergrenzenregulierung („price-cap"-Regelung) setzt die Regulierungsbehörde eine Preisobergrenze fest. Die Anpassung der Preisobergrenze im Zeitverlauf richtet sich nicht bzw. nicht ausschließlich an der Kostenentwicklung des regulierten Unternehmens. Vgl. Fritsch et al. (2001), S. 239.

produzenten und Verteilerunternehmen möglich. Gleichzeitig wurden letztere dazu ermächtigt, langfristige Lieferverträge mit den Pipeline-Betreibern zu lösen. Das Ergebnis war ein erster Schritt in Richtung auf ein sogenanntes „Unbundling“, d.h. eine Entflechtung der von den Pipeline-Betreibern angebotenen Dienste in Transportleistungen und Gaslieferungen. Diese Entwicklung wurde durch die FERC Order 636 im Jahr 1992 fortgeführt. Sie verpflichtete die Pipeline-Betreiber, den Transport und den Handel mit Gas organisatorisch zu trennen. Die Transportpreise wurden durch eine „rate-based regulation“ staatlich administriert. Der Zugang zu den Transportdienstleistungen muss seitdem ohne Diskriminierung allen Gashändlern zur Verfügung gestellt werden. Die Regelungen führten dazu, dass sich ein funktionsfähiger Wettbewerb auf der Großhandelsebene entwickeln konnte.[59]

Die Einführung dieser Wettbewerbselemente verlief weitgehend reibungslos. So waren die Großhandelspreise für Gas in den 1990er Jahren leicht rückläufig. Im gleichen Zeitraum stieg der Gasverbrauch kontinuierlich an. Mit dem Beginn des neuen Jahrtausends sind die Gaspreise allerdings volatiler geworden. Abbildung 12 zeigt den ausgeprägten Anstieg der realen Gaspreise auf der Großhandelsebene im Jahr 2000. Seitdem hat sich das Gaspreisniveau wieder weitgehend normalisiert.

Abbildung 12: Entwicklung der realen Großhandelspreise für Gas in den USA

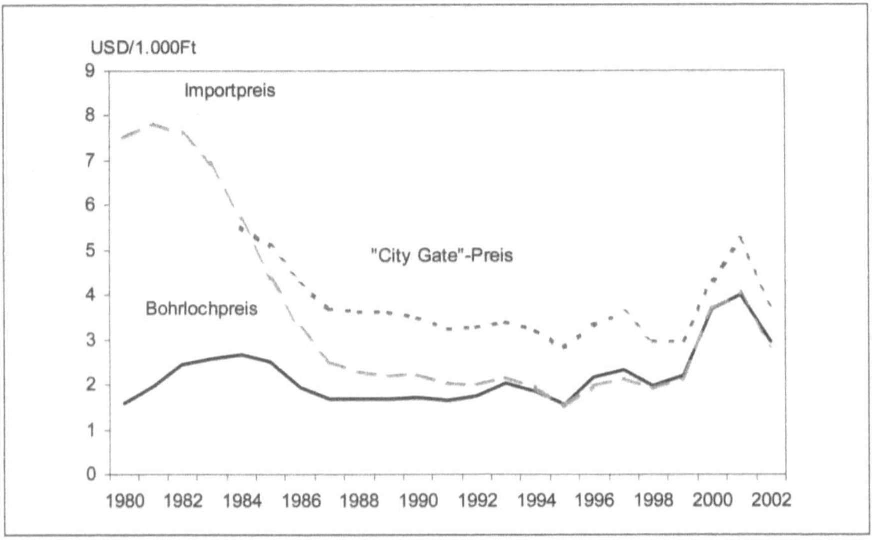

Quelle: Energy Information Administration (2003a), S. 193.

[59] Vgl. Lee (2004); MacAvoy (2000), S. 79ff.

Seit Mitte der 1990er Jahre arbeiten viele Bundesstaaten daran, Wettbewerb auch im Endkundenmarkt einzuführen. Der jeweilige Stand der Liberalisierungsprogramme ist allerdings äußerst heterogen (vgl. Abbildung 13).

Abbildung 13: Öffnung des Endkundenmarktes für Gas in den Vereinigten Staaten

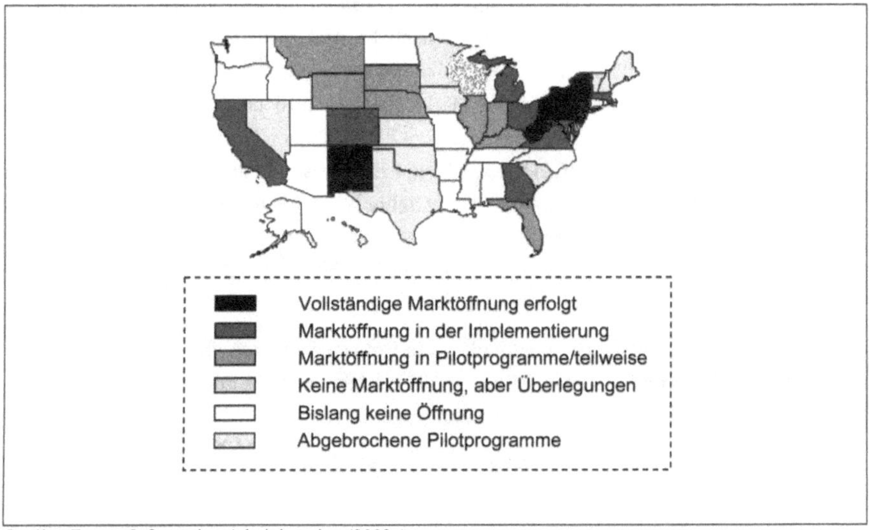

Quelle : Energy Information Administration (2003c).

Insgesamt haben 20 Bundesstaaten und der District of Columbia Programme auf den Weg gebracht, die für Haushalte und Kleinabnehmer eine freie Wahl des Gaslieferanten vorsehen. Die Reaktionen der Endkunden auf die Marktöffnung fielen in den einzelnen Bundesstaaten unterschiedlich aus. In einigen Staaten, wie Nebraska and Wyoming, haben alle zur freien Anbieterwahl berechtigen Kunden diese Option genutzt. In New Mexico und Virginia lag die Beteiligungsquote am Marktöffnungsprogramm bei nahezu null. Die durchschnittliche Gesamtbeteiligung an den Programmen lag bei 19,6% der Kunden, die eine Teilnahmemöglichkeit hatten. Diese vergleichsweise geringe Beteiligungsquote und die Erfahrungen mit den Auswirkungen der Liberalisierung des Strommarktes in Kalifornien haben dazu geführt, dass einige Staaten Pilotprogramme zur Einführung von Endkundenwettbewerb abgebrochen oder aufgeschoben haben.[60] Trotz dieser partiellen Öffnung des vormals monopolistischen Marktes stiegen die nominellen Gaspreise für Endverbraucher in den 1990er Jahren um rund 70% (vgl. Abbildung 13).

In **Kanada** verlief die Öffnung des Gasmarktes weitgehend parallel zur Entwicklung in den Vereinigten Staaten. Den ersten wichtigen Schritt zur Deregulierung der Gasversorgung unternahm die kanadische Regierung 1985 mit der Verabschiedung des „Agreement on Natu-

[60] Vgl. Energy Information Administration (2003c).

ral Gas Prices and Markets". Bis zu diesem Zeitpunkt wurden die Gaspreise staatlich reguliert und Endverbraucher konnten Gas (analog zur Regelung in den USA) lediglich von den Pipeline-Betreibern zu einem Verbundpreis erwerben, der die Kosten für das Gas und für den –transport abdeckte. Die neue Vereinbarung erlaubte es erstmalig auch den Endkunden aus Provinzen, die keine eigene Gasproduktion hatten, Erdgas direkt von den Produzenten zu erwerben und mit diesen den Preis frei zu verhandeln. Anders als in den USA wurde damit nicht nur der Groß-, sondern auch der Endkundenmarkt dem Wettbewerb geöffnet. Die Betreiber der Gaspipelines sind seit dieser Marktöffnung verpflichtet, Gaslieferungen anderer Anbieter diskriminierungsfrei durch ihre Netze zu leiten. Da der Transport von Gas nach wie vor als natürliches Monopol aufgefasst wird, sind die Preise für die Netznutzung nach wie vor staatlich reguliert.[61] Seit Beginn der 1990er Jahre hat sich ein Sekundärmarkt für Durchleitungskapazitäten entwickelt, der es den Gashändlern ermöglicht, reservierte Pipelinekapazitäten weiter zu veräußern.[62] Auch liquide Spotmärkte, unter ihnen der AECO und der Dawn Hub, entwickelten sich im letzten Jahrzehnt.[63]

Inzwischen hat der Anteil der Endkunden, die Erdgas direkt von den Produzenten beziehen, deutlich zugenommen. Bereits Mitte der 1990er Jahre wurden nur noch 60% des Erdgases über die etablierten Versorgungsunternehmen geliefert.[64]

Abbildung 14: Nominale Gaspreisentwicklung auf den Märkten AECO, Dawn und Chicago

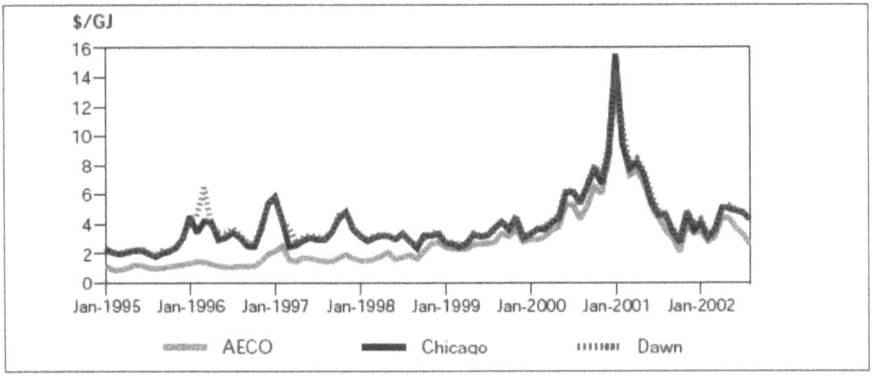

Quelle: National Energy Board (2002), S. 28.

Parallel zur Marktöffnung der kanadischen Erdgasversorgung wurde die Integration des nordamerikanischen Gasmarktes vorangetrieben. Heute kann Gas über das gesamte US-amerikanische und kanadische Gasnetz gehandelt und transportiert werden.[65] Wenig über-

61 Die Höhe der maximalen Durchleitungsgebühren wurde zunächst nach dem „rate-of-return"-Verfahren festgelegt.

62 Vgl. National Energy Board (1996), S. 21.

63 Vgl. National Energy Board (2002), S. 7.

64 Vgl. National Energy Board (1996), S. 29.

65 Vgl. National Energy Board (2002), S. 4.

rascht es daher, dass die Gaspreisentwicklung in Kanada zur US-amerikanischen weitgehend parallel verläuft. Abbildung 14 zeigt die Großhandelspreise der kanadischen Spotmärkte AECO und Dawn sowie des Chicago Hub.

II.3.2 Europa

II.3.2.1 Stromversorgung

Bis Anfang der 1990er Jahre waren die nationalen Strommärkte innerhalb Europas durch Gebietsmonopole und umfangreiche staatliche Regulierung geprägt. Vor dem Hintergrund der zunächst positiven Erfahrungen mit der Öffnung der nordamerikanischen Strom- und Gasmärkte wurden jedoch die Stimmen zunehmend lauter, die eine Neuregelung der Strommärkte forderten.

Großbritannien gilt als Vorreiter der Liberalisierungsbewegung in Europa. Bereits 1990 wurde der britische Elektrizitätsmarkt weitgehend dereguliert. Die Wertschöpfungsstufen Erzeugung, Transport und Verteilung wurden entbündelt. Dazu wurde der bislang staatliche Erzeugungs- und Transportmonopolist, das „Central Electricity Generating Board", in eine Transportnetzgesellschaft und drei Erzeugungsgesellschaften gespalten. Zwei dieser drei Erzeugergesellschaften wurden anschließend ebenso wie die bisher staatlichen Verteilungsgesellschaften („Area Boards") privatisiert. Gleichzeitig wurde im Erzeugungsmarkt Wettbewerb eingeführt, insbesondere durch die Schaffung eines nationalen „Strompools" und die Öffnung des Marktes für neue Anbieter.[66] Dem Beispiel Großbritanniens folgten Schweden und Finnland, die bis Mitte der 1990er Jahre ihre nationalen Strommärkte ebenfalls dem Wettbewerb öffneten.

Die sogenannte „Binnenmarktrichtlinie Elektrizität" gibt seit 1997 auf der Ebene der Europäischen Union den ordnungsrechtlichen Rahmen für die Liberalisierung der Strommärkte vor.[67] Sie ist das Ergebnis einer langen, seit 1988 mit zunehmender Intensität geführten Diskussion.[68] Die Richtlinie wurde vom Europäischen Rat mit dem Ziel verabschiedet, die nationalen Strommärkte der EU-Mitgliedsstaaten für den internationalen Wettbewerb zu öffnen und hierdurch die Effizienz der Energieversorgung zu steigern.[69] Sie beinhaltet Regelungen zu Organisation, Funktionsweise und Marktzugang des Stromsektors sowie hinsichtlich des Betriebs der Stromnetze. Die Mitgliedsstaaten hatten die Direktive bis zum 17. Februar 1999 in nationales Recht umzusetzen. Die Energieversorgungsunternehmen konnten sich aber aufgrund der zeitaufwendigen Diskussionen bereits zu Beginn der 1990er auf Veränderungen der Rahmenbedingungen einstellen.

---

66 Vgl. für eine Analyse der Deregulierung in Großbritannien Domah und Pollitt (2000), Helm (1994), Newberry und Pollitt (1997), Vickers und Yarrow (1991).

67 Vgl. Richtlinie 96/92/EG des Europäischen Parlaments und Rates vom 19. Dezember 1996, Amtsblatt der EG, Nr. L027, 30.01.1997.

68 Vgl. Handelsblatt (1988), S. 19.

69 Vgl. Europäische Kommission (2004), S. 3.

Die Binnenmarktrichtlinie Elektrizität sieht mehrere Stufen für die Marktöffnung vor. Die erste Stufe beinhaltet eine Mindestmarktöffnung von 26,48%, die auf der Grundlage der Gemeinschaftsquote des Stromverbrauchs der Endabnehmer mit einem Jahresverbrauch von mindestens 40 GWh ermittelt wird. Darüber hinaus sind alle Endabnehmer mit einem Jahresverbrauch von über 100 GWh für den Wettbewerb zuzulassen. Diese erste Liberalisierungsstufe musste von den Mitgliedsstaaten im Jahr 1997 umgesetzt werden. Die zweite Stufe verpflichtet alle Mitgliedsstaaten, bis Februar 2000 einen Marktöffnungsgrad von mindestens 30,27% zu erreichen. Diese Quote errechnet sich aus dem Anteil der Endabnehmer mit einem Verbrauch von mindestens 20 GWh. Ab Februar 2003 ist auf der dritten Stufe ein Marktöffnungsgrad von mindestens 35% zu garantieren, der einem Schwellenwert von 9 GWh Jahresverbrauch entspricht. Den Mitgliedsstaaten steht es allerdings auch frei, sofort alle Verbraucher als marktzugangsberechtigt zu definieren. Wettbewerbsverzerrungen zwischen den Mitgliedsstaaten durch ungleichgewichtige Öffnungsgrade sollen durch eine Reziprozitätsklausel vermieden werden. Gemäß dieser Klausel kann der internationale Stromhandel eingeschränkt werden. Bis Ende 2005 soll die Europäische Kommission die bisherigen Maßnahmen und Umsetzungen einer Prüfung unterziehen und einen Vorschlag für die weitere Marktöffnung unterbreiten.

Die Betreiber von Übertragungsnetzen werden nach der Binnenmarktrichtlinie verpflichtet, den Netzzugang nach objektiven, transparenten und diskriminierungsfreien Kriterien zu gewährleisten. Sie haben außerdem die mit dem Übertragungssystem verbundenen Tätigkeiten zumindest auf der Verwaltungsebene von allen übrigen Tätigkeiten des Unternehmens zu trennen (organisatorisches und buchhalterisches „Unbundling"). Um Wettbewerbselemente auch auf der Übertragungsebene zu ermöglichen, müssen die Regelungen der Mitgliedsstaaten außerdem den Bau von Direktleitungen gestatten.[70]

In Deutschland wurde die Binnenmarktrichtlinie 1998 durch Neuregelung des Energiewirtschaftsgesetzes (EnWG) in nationales Recht überführt. Es wurde darauf verzichtet, den Wettbewerb auf bestimmte Kundengruppen zu beschränken, d.h. alle Kunden können ihren Stromlieferanten frei wählen. Die bisherigen Gebietsmonopole wurden damit abgeschafft. Die Übertragungsnetzbetreiber müssen die Durchleitung durch ihre Netze gewähren. In einer sogenannten Verbändevereinbarung zwischen der Vereinigung Deutscher Elektrizitätswerke (VDEW), dem Bundesverband der Deutschen Industrie (BDI), der Arbeitsgemeinschaft regionaler Energieversorgungs-Unternehmen (ARE), der Verband der Netzbetreiber (VDN), dem Verband kommunaler Unternehmen (VKU), der Deutschen Verbundgesellschaft (DVG) und dem Verband der Industriellen Energie- und Kraftwirtschaft (VIK) wurden Kriterien zur Be-

---

[70] Vgl. Schuppe und Nolden (1999), S. 1.

stimmung von Durchleitungsentgelten festgelegt.[71] Abbildung 15 fasst die Deregulierung der europäischen Stromversorgung am Beispiel von Deutschland zusammen.

Abbildung 15: Deregulierung der deutschen Stromversorgung

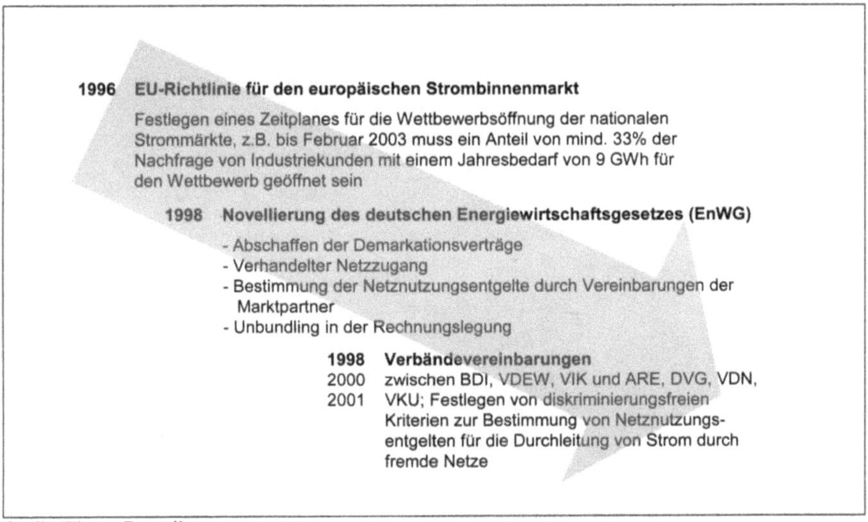

Quelle: Eigene Darstellung.

Inzwischen ist die Implementierung der Binnenmarktrichtlinie in den ursprünglichen Mitgliedsstaaten der Europäischen Union weit fortgeschritten. Tabelle 4 zeigt den aktuellen Stand. In acht Nationen ist der Markt bereits für alle Kundengruppen geöffnet. In Frankreich können allerdings erst 37% der Endkunden ihren Stromlieferanten frei wählen.

Die Entbündelung der Übertragungs- und Verteilungsnetzaktivitäten von Stromerzeugung, -handel und –vertrieb ist bereits weitgehend umgesetzt. In allen Mitgliedsstaaten findet zumindest eine buchhalterische Trennung statt, so dass eine effektive Kontrolle überall möglich ist.

71 Die erste Fassung dieser Vereinbarung datiert vom 22. Mai 1998. In den nachfolgenden Jahren wurden weiterentwickelte Vereinbarungen getroffen. Zusätzlich wurde in §19 Abs.4 Nr. 4 des novellierten Gesetzes gegen Wettbewerbsbeschränkungen für alle Arten von Netzbetreibern festgelegt, dass Missbrauch durch ein marktbeherrschendes Unternehmen vorliegt, wenn dieses Unternehmen einem anderen Unternehmen den Zugang zu den eigenen Netzen gegen angemessenes Entgelt verweigert. Vgl. Schuppe und Nolden (1999), S. 5; Brunekreeft (2004), S. 290f.; Spauschus (2004); Köster (2004).

Tabelle 4: Implementierung der EU-Richtlinie Strom, Stand 2. Halbjahr 2003

	Marktöffnung (%)	Unbundling des Übertragungsnetzes (Betreiber/ Eigentümer)	Unbundling des Verteilungsnetzes	Marktanteil des größten Stromerzeugers	Marktanteil der drei größten Erzeuger
Österreich	100	Rechtlich	Bilanziell	67	33
Belgien	80	Rechtlich	Rechtlich	59	66
Dänemark	100	Rechtlich	Rechtlich	0	25
Finnland	100	Eigentum	Bilanziell	11	29
Frankreich	37	Management	Bilanziell	78	86
Deutschland	100	Rechtlich	Bilanziell	23	61
Griechenland	34	Rechtlich/ Management	Bilanziell	85	87
Irland	56	Rechtlich/ Management	Management	80	90
Italien	66	Eigentum/Rechtlich	Rechtlich	43	72
Luxemburg	57	Bilanziell	Bilanziell	0	0
Niederlande	63	Eigentum	Rechtlich	unbekannt	33
Portugal	45	Eigentum	Management	59	74
Spanien	100	Eigentum	Rechtlich	37	79
Schweden	100	Eigentum	Rechtlich	16	50
Vereinigtes Königreich	100	Eigentum	Rechtlich	16	37
Norwegen	100	Eigentum	Bilanziell	12	24
Estland	10	Bilanziell	Bilanziell	15	21
Lettland	11	Rechtlich	Rechtlich	0	0
Litauen	17	Rechtlich	Rechtlich	0	29
Polen	51	Management	Bilanziell	4	25
Tschechische Republik	30	Rechtlich	Bilanziell	43	53
Slowakei	41	Rechtlich	Rechtlich	29	40
Ungarn	30	Bilanziell	Bilanziell	5	41
Slowenien	64	Rechtlich	Bilanziell	16	43
Zypern	0	Management	Kein	100	100
Malta	0	Derogation	Kein	100	100
Weitere Beitrittskandidaten					
Rumänien	33	Rechtlich	Bilanziell	unbekannt	44
Bulgarien	15	Bilanziell	Bilanziell	unbekannt	45
Türkei	23	Rechtlich	Bilanziell	unbekannt	62
Andere Nachbarstaaten					
Kroatien	9	Kein	Kein	40	unbekannt
Bosnien	0	Kein	Kein	unbekannt	unbekannt
Serbien/Montenegro	0	Kein	Kein	unbekannt	unbekannt
Albanien	0	Kein	Kein	69	70

Quelle: Europäische Kommission (2004), S. 4; Eigene Darstellung.

Problematisch für einen wirksamen Wettbewerb erscheint allerdings die in den meisten europäischen Ländern hohe Anbieterkonzentration gemessen am Anteil des erzeugten Stroms. In Frankreich hat das größte Erzeugungsunternehmen einen Marktanteil von 78%, in Irland beträgt der Anteil sogar 80%. In Deutschland vereinen die drei größten Stromproduzenten einen Marktanteil von 61% auf sich. Dieser Markt kann ebenfalls als hochkonzentriert angesehen werden. Abbildung 16 zeigt die Anbieterstrukturen auf dem deutschen Strommarkt bezogen auf die Endkundenversorgung.

Abbildung 16: Anbieterstrukturen auf dem deutschen Strommarkt, Stand: 2001

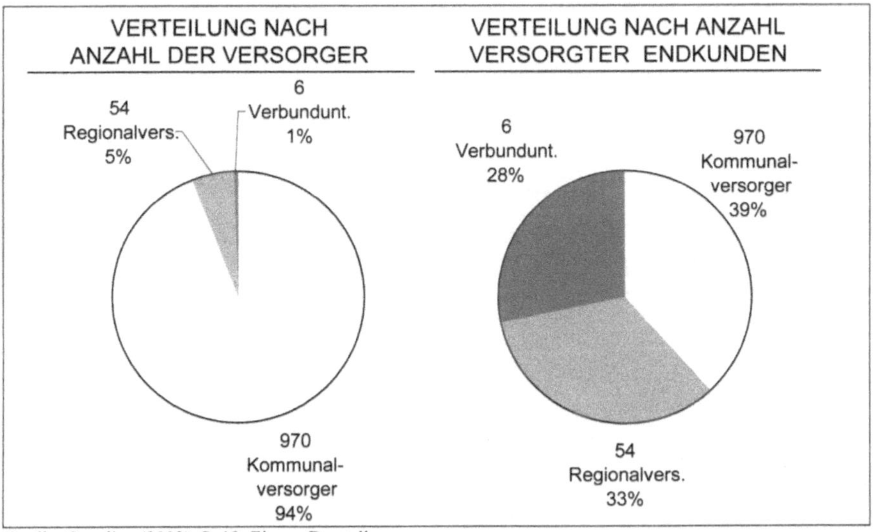

Quelle: Consline (2002), S. 18; Eigene Darstellung.

Von den insgesamt über 1.000 Stromversorgungsunternehmen bedienten im Jahr 2001 sechs Verbundunternehmen knapp 30% der Endkunden.[72] Auf die große Zahl der rund 970 Kommunalversorger entfielen nur 39% der Endkundenversorgung. In den letzten Jahren hat die Anbieterkonzentration weiter zugenommen. Durch Zusammenschlüsse hat sich die Zahl der Kommunalversorger auf 930 und der Verbundunternehmen auf vier reduziert. In den meisten europäischen Ländern zeigt die Marktstruktur ein ähnliches Bild.[73] In Anhang I zeigt Abbildung 28 für Deutschland, welche Anbietergruppen auf den einzelnen Wertschöpfungsstufen aktiv sind.

Die Öffnung der Elektrizitätsmärkte blieb nicht ohne Auswirkungen auf die Strompreise. Abbildung 17 zeigt die Preisentwicklung für Großkunden in den Mitgliedsstaaten der EU. Nach Inkrafttreten der Binnenmarktrichtlinie Strom führte ein hartnäckiger Verdrängungswettbewerb in vielen europäischen Ländern zu einem deutlichen Strompreisverfall. In Deutschland sanken die Preise von knapp 70 Euro/MWh im Januar 1997 auf nur noch rund 50 EUR/MWh im Januar 2000. In Norwegen sanken die Preise im gleichen Zeitraum von gut 35 EUR/MWh auf 25 EUR/MWh.

72 Im Vergleich zur Konzentration gemessen auf Basis der erzeugten Elektrizität fällt folglich die Konzentration bezogen auf die Endkundenbelieferung niedriger aus. Die großen Verbundunternehmen dominieren aber dennoch auch die Endkundenbelieferung im deutschen Markt.

73 Vgl. Europäische Kommission (2004), S. 21.

Abbildung 17: Entwicklung der Strompreise für Großkunden in Europa (Mindestabnahme von 24 GWh/Jahr)

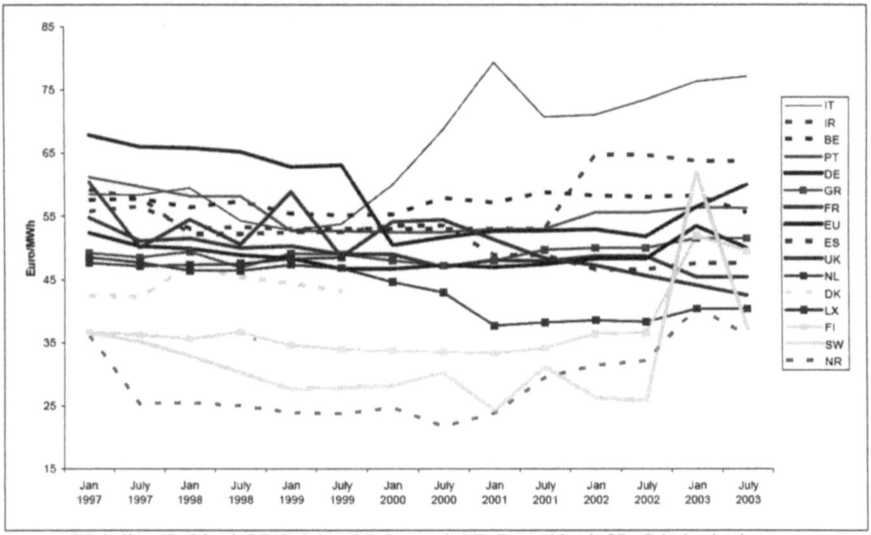

IT=Italien; IR=Irland; BE=Belgien; PT=Portugal; DE=Deutschland; GR=Griechenland; FR=Frankreich; EU=Europäische Union; ES=Spanien; UK=Vereinigtes Königreich; NL=Niederlande; DK=Dänemark; LX=Luxemburg; FI=Finnland; SW=Schweden; NR=Norwegen;
Quelle: Europäische Kommission (2004), S. 23.

Seit Anfang des neuen Jahrtausends zeigt sich noch ein zweiter Trend: In den meisten europäischen Ländern ist ein Anstieg der Strompreise zu beobachten. In Italien setzte diese Entwicklung sogar schon in der zweiten Jahreshälfte 1999 ein. Interpretiert man die Preisentwicklung als Indikator für die Intensität des Wettbewerbs, so ist eine Beruhigung des unmittelbar nach der Marktöffnung hitzigen Verdrängungswettbewerbs zu konstatieren.

Neben Preisnachlässen setzten viele Versorgungsunternehmen bei der Verteidigung bzw. für den Zugewinn von Marktanteilen auf groß angelegte Werbekampagnen. In Deutschland stieg infolgedessen der Werbeaufwand der Energieversorger zwischen 1995 und 1999 von 58 Mio. DM auf 366 Mio. DM um 531% an.[74]

II.3.2.2 Gasversorgung

Auch für den Gasmarkt gibt eine Richtlinie des Europäischen Parlaments auf der Ebene der EU den Rahmen für die Deregulierung in den Mitgliedsstaaten vor. Bereits seit 1989 wurde über verschiedene Entwürfe für eine Neuregelung diskutiert. Am 10. August 1998 trat die Binnenmarktrichtlinie Gas schließlich in Kraft.[75] Ziel der Richtlinie ist es, durch einheitliche

74 Vgl. Focus (2000), S. 30.

75 Vgl. Richtlinie 98/30/EG des Europäischen Parlaments und Rates vom 22. Juni 1998, Amtsblatt der EG, Nr. L 204, 21.07.1998.

Regeln für den Transport, die Verteilung, die Versorgung und Speicherung von Erdgas einen Gas-zu-Gas Wettbewerb innerhalb der Europäischen Union zu schaffen. Analog zur Binnenmarktrichtlinie Elektrizität soll der Wettbewerb schrittweise eingeführt werden. Auf der ersten Stufe ist eine Marktöffnung von 25% vorgeschrieben. Dieser Prozentsatz erhöht sich fünf Jahre nach Inkrafttreten der Richtlinie auf 28% und nach 10 Jahren auf 33%. Alle Endverbraucher mit einem Jahresverbrauch von mehr als 25 Mill. m^3 Gas sowie Betreiber von gasbefeuerten Stromerzeugungsanlagen sind grundsätzlich zum Wettbewerb zuzulassen. Die Mindestverbauchswerte der erstgenannten Kundengruppe sinken nach 5 Jahren auf 15 Mill. m^3 und nach 10 Jahren auf 5 Mill. m^3.

Ähnlich wie im Strommarkt enthält die Richtlinie außerdem Vorschriften zur Entbündelung der Erzeugungs-, Transport- und Verteilungsaktivitäten integrierter Erdgasunternehmen. Sie schreibt eine zumindest buchhalterische Trennung der Transportleistungen von den übrigen Aktivitäten vor.[76] In Deutschland erfolgte die rechtliche Umsetzung der Binnenmarktrichtlinie Gas analog zur Marktöffnung im Strommarkt durch die Novellierung des EnWG und anschließend getroffene Vereinbarungen der Industrieverbände zur Regelung der Durchleitung. Abbildung 18 fasst die Entwicklung zusammen.

Abbildung 18: Deregulierung der deutschen Gasversorgung

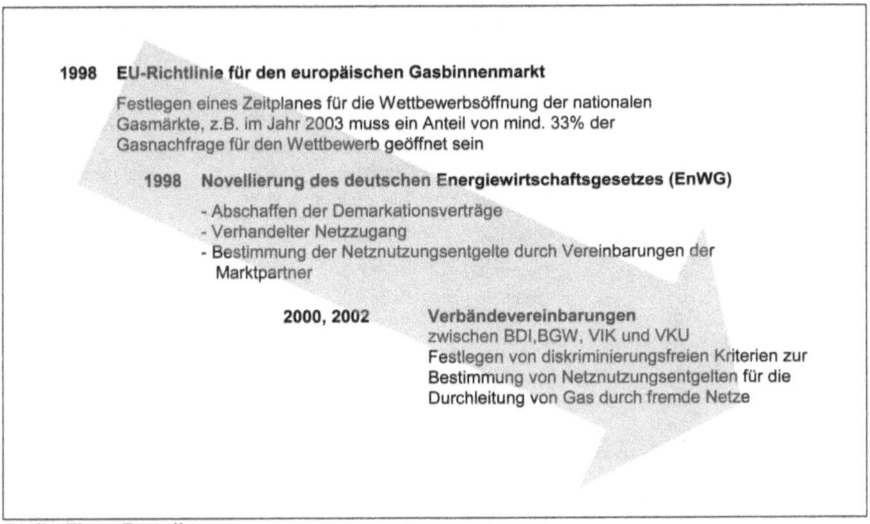

Quelle: Eigene Darstellung.

Auch in den übrigen europäischen Ländern ist die Öffnung des Gasmarktes inzwischen weit fortgeschritten. Tabelle 5 zeigt den Stand der Implementierung in den Mitgliedsländern der EU. Auch für den Gasmarkt sticht Frankreich mit einer vergleichsweise geringen Markt-

76 Vgl. Schuppe und Nolden (1999), S. 2ff.

öffnung von nur 37% unter den Ländern Kerneuropas als Nachzügler heraus. In Österreich, Dänemark, Deutschland, Italien, Spanien und Großbritannien haben bereits alle Kundengruppen Zugang zum Wettbewerb. In vielen europäischen Ländern ist der Großhandelsmarkt allerdings noch von einer hohen Anbieterkonzentration geprägt. In 16 von 20 Mitgliedsstaaten kontrolliert das jeweils größte Unternehmen mindestens 50% des Gasangebots. Inwieweit in diesen Märkten tatsächlich ein effektiver Wettbewerb herrscht, erscheint also fraglich.

Tabelle 5: Implementierung der EU-Richtlinie Gas, Stand 2. Halbjahr 2003

	Marktöffnung (%)	Unbundling des Übertragungs-netzes (Betrei-ber/ Eigentümer)	Unbundling: Verteilungsnetz	% des gesamten Gasabsatzes, der vom größten Anbieter kontrol-liert wird	Konzentration auf Großhan-delsebene
Österreich	100	Rechtlich	Rechtlich	>90	Ja
Belgien	83	Rechtlich	Rechtlich	100	Ja
Dänemark	100	Eigentum	Rechtlich	90	Ja
Frankreich	37	Bilanziell	Bilanziell	64	moderat
Deutschland	100	Management	Bilanziell	50	moderat
Irland	85	Management	Management	40	Nein
Italien	100	Rechtlich	Rechtlich	80	Ja
Luxemburg	72	Management	Management	100	Ja
Niederlande	60	Management	Rechtlich		moderat
Spanien	100	Rechtlich	Rechtlich	85	Ja
Schweden	51	Bilanziell	Bilanziell	100	Ja
Vereinigtes König-reich	100	Eigentum	Eigentum	25	Nein
Estland	80	Kein	Kein	100	Ja
Lettland	0	Rechtlich	Rechtlich	100	Ja
Litauen	80	Bilanziell	Bilanziell	43	moderat
Polen	34	Bilanziell	Bilanziell	100	Ja
Tschechische Repu-blik	0	Bilanziell	Bilanziell	99	Ja
Slowakei	33	Rechtlich	Rechtlich	97	Ja
Ungarn	0	Rechtlich	Bilanziell	100	Ja
Slowenien	50	Bilanziell	Bilanziell	100	Ja
Beitrittskandidaten					
Rumänien	25	Rechtlich	Bilanziell		moderat
Bulgarien	80	Bilanziell	Kein	100	Ja
Türkei	80	Bilanziell	Bilanziell	100	Ja

Quelle: Europäische Kommission (2004), S. 7; Eigene Darstellung.

Abbildung 19 zeigt die Entwicklung der nominalen Gaspreise für Großkunden (ab 420 TJ/Jahr) seit 1997 für verschiedene europäische Länder. Von 1997 bis 1999 fielen die Gaspreise auf den meisten nationalen Märkten. Es folgte eine Phase deutlich steigender Preise mit einem vorläufigen Maximum im Sommer 2001. Seitdem sinken die durchschnittlichen Gaspreise wieder. Bislang haben sie aber noch nicht wieder das Preisniveau von vor der Verabschiedung der Binnenmarktrichtlinie erreicht. Die Gaspreise für kleine Geschäftskunden und Haushaltsabnehmer entwickelten sich im gleichen Zeitraum ähnlich.[77] Zusammenfassend kann festgestellt werden, dass die Einführung von Wettbewerb in den meisten europäischen Ländern bislang nicht zu einer nachhaltigen Reduktion der durchschnittlichen Gaspreise geführt hat.

Abbildung 19: Entwicklung der nominalen Gaspreise für Großkunden in Europa (ab 420 TJ/Jahr)

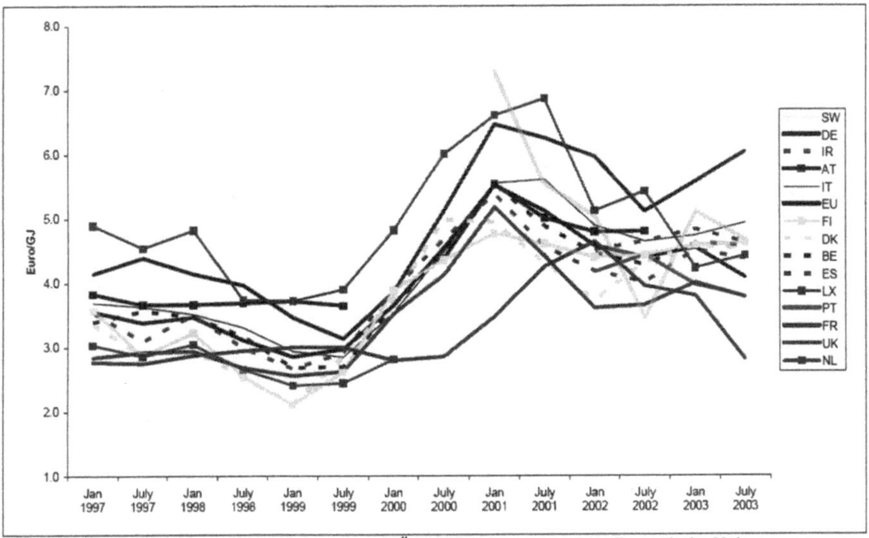

SW=Schweden; DE=Deutschland; IR=Irland; AT=Österreich; IT=Italien; EU=Europäische Union; FI=Finnland; DK=Dänemark; BE=Belgien; ES=Spanien; LX=Luxemburg; PT=Portugal; FR=Frankreich; UK=Vereinigtes Königreich; NL=Niederlande. Quelle:Europäische Kommission (2004), S. 40.

II.3.3 Zusammenfassung

Die Entwicklung der Strom- und Gasmärkte in Nordamerika und Europa seit 1990 ist von einschneidenden Veränderungen gekennzeichnet. Die Charakteristika dieses Transformationsprozesses können wie folgt zusammengefasst werden:

- Die Strom- und Gasmärkte wachsen in beiden Wirtschaftsräumen nur sehr schwach. Die Möglichkeiten für ein organisches Unternehmenswachstum sind folglich beschränkt.
- In der Stromerzeugung ist ein zunehmender Trend zu Gaskraftwerken zu beobachten, was zu einem zunehmenden Verschmelzen der Strom- und Gasmärkte führt.
- Seit 1990 wurden die Strom- und Gasmärkte Europas und Nordamerikas auf der Großhandelsebene weitgehend dem Wettbewerb geöffnet. Auch auf den Endkundenmärkten erfolgte eine partielle Marktöffnung. Die Folge waren ein in vielen Ländern intensiver

77 Vgl. Europäische Kommission (2004), S. 40.

Wettbewerb und sinkende Preise (bis zum Jahr 2000). In den letzten Jahren sind die Strom- und Gaspreise allerdings wieder angestiegen.

Diese Veränderungen stellen erhebliche Anforderungen an die Strategieentwicklung der Energieversorger. Durch den Preisverfall drohten deutlich sinkende Umsätze, die nicht von einem etwaigen Marktwachstum kompensiert werden konnten. Gleichzeitig stieg die Unsicherheit darüber, wie sich die Energiemärkte zukünftig entwickeln würden.

II.4 Übernahmen von Energieversorgern

Viele Energieversorger reagierten auf die Veränderungen und Herausforderungen der 1990er Jahre mit der Einführung von Übernahmestrategien. Die Abbildung 20 zeigt Anzahl und Volumina von Übernahmen nordamerikanischer und europäischer Energieversorgungsunternehmen.

Abbildung 20: Unternehmenszusammenschlüsse von europäischen (EU) und nordamerikanischen Energieversorgern

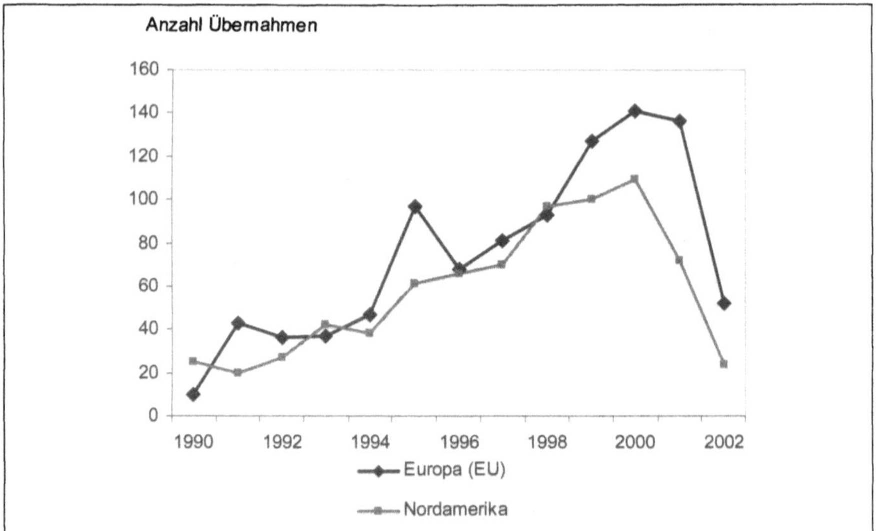

Transaktionsvolumina (in Mrd. USD)

	1990	1991	1992	1993	1994	1995	1996	1997	1998	1999	2000	2001	2002	Gesamt
EU	1,5	4,3	4,8	1,8	2,0	9,9	11	8	38	31	33	35	10	190
NA	2,1	0,5	5,1	1,9	5,6	12,4	33	21	34	66	48	30	5	265
Gesamt	4	5	10	4,8	7,6	22,3	44	29	71	96	81	65	15	455

Quelle: Thomson Financial; Eigene Darstellung.

Deutlich erkennbar stieg die Anzahl der Übernahmen in beiden Wirtschaftsräumen von 1990 bis 2000 um ein Vielfaches an. In den folgenden Jahren reduzierte sich die Anzahl der Übernahmen und lag 2002 nahezu auf dem Niveau von 1990. Die Übernahmeentwicklung des letzten Jahrzehnts hat demnach eine Wellenform. Häufig wird daher in diesem Zusammenhang von einer sogenannten „Übernahmewelle“ gesprochen. Das Gesamtvolumen dieser Übernahmen entwickelte sich analog. Das durchschnittliche Volumen pro Transaktion lag bei 256 Mio. USD. Die Übernahmewelle in der Energiewirtschaft verlief damit parallel zur weltweiten branchenübergreifenden Entwicklung des M&A-Marktes.[78]

Nur bei einem geringen Teil der Übernahmen von Energieversorgern war die Privatisierung des Zielunternehmens Auslöser für die Transaktion. Abbildung 21 zeigt die Entwicklung der Übernahmen getrennt nach rein privatwirtschaftlichen Transaktionen und Privatisierungen.[79] Der Anteil der Privatisierungen insgesamt liegt bei lediglich 8,7%. Die häufigsten Übernahmen im Rahmen von Privatisierungen fanden im Jahr 2000 statt. Damit scheiden die Privatisierungsprogramme, die seit Anfang der 1990er Jahre in der Strom- und Gaswirtschaft aufgelegt wurden, als Haupttreiber für die beobachtete Übernahmewelle aus.[80]

Abbildung 21: Bedeutung von Privatisierungen als Treiber für die Übernahmewelle

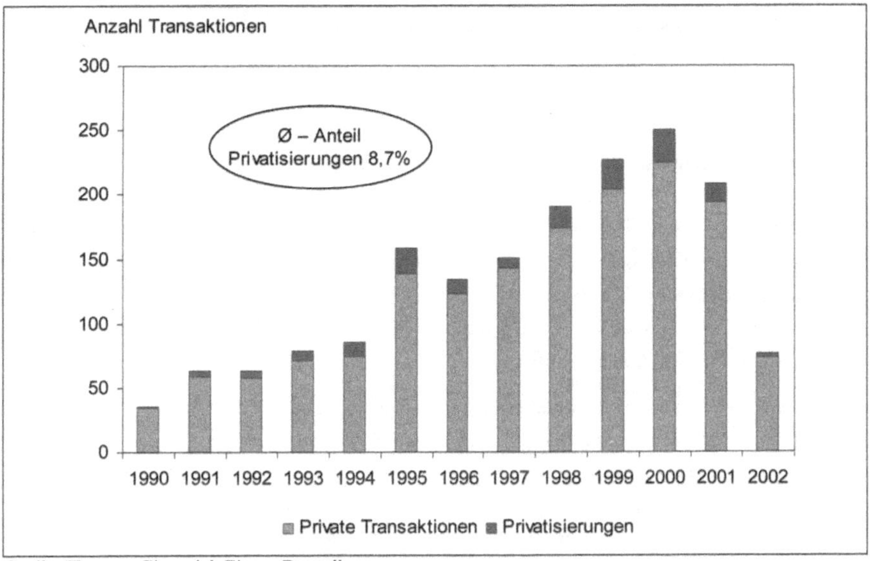

Quelle: Thomson Financial; Eigene Darstellung.

78 Vgl. beispielsweise Herden und Mueller (2004).

79 Unter einer „Privatisierung“ wird hier eine Übernahme verstanden, bei der der Verkäufer des Unternehmens bzw. eines Teils des Zielunternehmens eine öffentlich-rechtliche Einrichtung ist.

80 Bei 1,1% der betrachteten Übernahmen handelte es sich um „Staat-Staat-Merger“, d.h. ein öffentlich-rechtlicher Energieversorger beteiligt sich an einem anderen öffentlich-rechtlichen Unternehmen.

II.5 Stand der Forschung zu den Auswirkungen von Übernahmen durch Energieversorger

Im folgenden wird der Stand der Forschung zu Übernahmen von Energieversorgern zusammengefasst. Der Fokus liegt dabei auf den Studien, welche die Auswirkungen der Zusammenschlüsse aus einem betriebswirtschaftlichen Blickwinkel analysieren. Auf Untersuchungen, die Auswirkungen auf die volkswirtschaftliche Gesamtwohlfahrt betrachten,[81] wird nicht näher eingegangen, da diese keine Hinweise auf die Motive des Managements für die Entscheidung zu einer Übernahme geben.

Die für diese Arbeit relevanten Untersuchungen mit einer betriebswirtschaftlichen Perspektive lassen sich nach Art der verwendeten Untersuchungsmethode einteilen in Ereignisstudien und Performancestudien.

II.5.1 Ereignisstudien

Ereignisstudien messen die Auswirkungen eines spezifischen Ereignisses, beispielsweise einer Übernahmeankündigung, auf den Börsenwert des oder der beteiligten Unternehmen. Sind Kapitalmärkte effizient, spiegelt die Veränderung des Börsenwertes die ökonomischen Auswirkungen verzerrungsfrei wider. Daher kann auf Basis der Wertpapierpreise kurz vor und nach dem Ereignis (beispielsweise einen Tag vor bis einen Tag nach dem Ereignis) ein valides Maß für die Ankündigungseffekte konstruiert werden.[82] Üblicherweise werden bei Übernahmeereignissen die Kursreaktionen der Käufer- und der Zielunternehmen betrachtet. In einigen Untersuchungen wird zusätzlich die Reaktion des hypothetischen Gesamtunternehmens berücksichtigt. Diese errechnet sich als gewichtetes Mittel der Kursreaktionen von Käufer- und Zielunternehmen. Als Gewichte werden dabei die Börsenwerte der beiden Unternehmen vor der Ankündigung verwendet.[83]

Die bisher veröffentlichten Studien unterscheiden sich insbesondere hinsichtlich ihres geographischen Fokus, des Zeitraums der betrachteten Zusammenschlüsse, der Art der betrachteten Energieversorger, der Größe des Samples und in ihrer Methodik. Tabelle 6 gibt einen Überblick über die Ereignisstudien zu Unternehmenszusammenschlüssen von Energieversorgern. Bislang wurden sieben Untersuchungen veröffentlicht, die sich ausnahmslos mit Übernahmen US-amerikanischer Energieversorger beschäftigen. Es liegen keine Studien für die europäische Versorgungswirtschaft vor.

---

81 Vgl. beispielsweise Kennedy (1997) oder zu den Auswirkungen von Privatisierungen Plane (1999), Emmons (1997), Côte (1989), Newberry und Pollitt (1997);Yarrow (1994).

82 Vgl. MacKinlay (1997), S. 13.

83 Vgl. Bradley et al. (1988); Berry (2000).

Tabelle 6: Ereignisstudien zu Übernahmen von nordamerikanischen und europäischen Energieversorgern

Studie	Geographischer Fokus	Betrachtete Übernahmen	Zeitraum	n	Ereignisfenster	Verwendete Benchmark	Ergebnis
Ray und Thompson (1990)	USA	Übernahmen von Energieversorgern	1985-1989	5	[-10;+10]	wertgewichteter Marktindex (CRSP[84])	Positive CAR in vier der fünf Fälle für Käufer-, Ziel- und hypothetische Gemeinschaftsunternehmen
Bartunek et al. (1993)	USA	Übernahmen von Energieversorgern	1980-1991	57	[-30;-2], [-1], [0], [-1;0], [+1;+10]	Marktindex (CRSP)	Signifikant positive CAR (+4,9%) für Zielunternehmen, signifikant negative CAR (-0,3%) für Käuferunternehmen, signifikant positive CAR (+3,6%) für hypothetische Gemeinschaftsunternehmen am Tag vor der Übernahme
McLaughlin und Mehran (1995)	USA	Öffentliche Übernahmeangebote von Energieversorgern	1960-1990	18	[-1;+1]	gleichgewichteter Marktindex (CRSP)	Signifikant positive CAR (11,49%) für Zielunternehmen, insignifikante CAR für Käuferunternehmen in einem [-1;+1]-Ereignisintervall
Burns et al. (1998)	USA	Übernahmen von Energieversorgern	1981-1993	110	[-20;0]	wertgewichteter Marktindex (CRSP)	Signifikant positive CAR (+3,9%) für die Käuferunternehmen bei horizontalen Übernahmen für das [-20;+20]-Ereignisintervall; keine signifikanten CAR für diversifizierende Übernahmen
Berry (2000)	USA	Übernahmen von Stromversorgern	1995-1998	36	[-30;+2], [-1], [0], [-1;0], [+1;+5]	wertgewichteter Marktindex (CRSP)	Signifikant positive CAR (+9,9%) für Zielunternehmen, signifikant negative CAR (-1,8%) für Käuferunternehmen, signifikant positive CAR (+1,3%) für hypothetische Gemeinschaftsunternehmen
Leggio und Lien (2000)	USA	Übernahmen von Stromversorgern	1983-1996	76	[-1;+2]	gleichgewichteter Marktindex	Positive CAR (6,61%) für Zielunternehmen und insignifikante CAR für das Käuferunternehmen in einem [-1;2]-Ereignisintervall
Aggarwal und Harper (2002)	USA	Erwerb von Assets oder Unternehmen im Ausland durch US-amerikanische Stromversorger	1993-2000	72	[0], [-1;0], [0;+1], [-1;+1], [-3;3]	wertgewichteter Marktindex (CRSP)	Signifikant positive CAR (+0,34%) für Käuferunternehmen am Tag der Ankündigung

Quelle: Eigene Darstellung.

84 Index des Center for Research in Security Prices (CRSP), Chicago.

Der überwiegende Teil der Studien beschäftigt sich mit Übernahmen, die vor der Mitte der 1990er Jahre angekündigt wurden. Lediglich die Untersuchung von Aggarwal und Harper (2002) erfasst Transaktionsankündigungen bis zum Jahr 2000 und deckt damit zumindest den Höhepunkt der Übernahmewelle ab. In dieser Studie werden allerdings nur grenzüberschreitende Transaktionen betrachtet.[85]

Die Größe des Untersuchungssamples variiert in den Studien zwischen 5 und 110 Übernahmeankündigungen. Die Aussagekraft der Ergebnisse von Studien mit sehr kleinem Sample ist aus statistischer Perspektive fraglich, da sie äußerst sensibel auf Ausreißer in den Daten reagieren.[86] Die Übertragbarkeit der Resultate von Ray und Thompson (1990) sowie McLaughlin und Mehran (1995) auf Übernahmen von Energieversorgern im Allgemeinen ist daher kritisch zu bewerten.

Unterschiede liegen auch in der Art der betrachteten Übernahmen. Ray und Thompson (1990), Bartunek et al. (1993) und Burns et al. (1998) betrachten Übernahmen von Energieversorgern im Allgemeinen. McLaughlin und Mehran (1995) beschränken Ihre Untersuchung auf öffentliche Übernahmeangebote von Energieversorgern. Berry (2000), Leggio und Lien (2000) und Aggarwal und Harper (2002) analysieren hingegen ausschließlich die Übernahmen von Stromversorgern (keine Gasversorger).

Methodisch unterscheiden sich die Untersuchungen insbesondere im Hinblick auf die gewählten Ereignisfenster und die Performance-Benchmark. Als Ereignisfenster wird die Zeitperiode vor und nach dem betrachteten Ereignis bezeichnet, während der die Veränderung des Unternehmenswertes untersucht wird. Kurze Perioden haben den Vorteil, dass die Wahrscheinlichkeit von Verzerrungen durch andere überlappende Ereignisse gering ist und dass die Beobachtungsergebnisse aus statistischer Perspektive belastbarer sind. Lange Ereignisperioden haben hingegen den Vorteil, dass sie auch die Effekte erfassen, die durch ein frühzeitiges „Durchsickern" von Übernahmeentscheidungen („information leakage") oder eine verspätete Reaktion des Kapitalmarktes verursacht werden.[87] Durch eine parallele Betrachtung von Ereignisfenstern mit unterschiedlicher Länge können die jeweiligen Nachteile minimiert werden. In vier der vorliegenden Studien wird lediglich ein einziges Ereignisfenster betrachtet, mit Periodenlängen zwischen 20 und 3 Tagen. Die Nachteile von kurzen bzw. langen Ereignisperioden werden folglich in diesen Fällen nicht ausgeschlossen. Die Belastbarkeit der Ergebnisse dieser Studien ist infolgedessen fraglich.

Eine Performance-Benchmark wird in Ereignisstudien dafür benutzt, die beobachteten Ankündigungseffekte um Markteffekte zu bereinigen, die nicht dem jeweiligen Ereignis zuge-

---

85 Neben Unternehmensübernahmen besteht das Sample auch aus dem Erwerb von Assets. Deswegen ist das Sample mit insgesamt 72 Transaktionen relativ groß.

86 Vgl. McWilliams und Siegel (1997), S. 634 f.

87 Vgl. McWilliams und Siegel (1997), S. 636 ff.; Brown und Warner (1985), S. 15; Vgl. zur Analyse der Kursreaktionen für die Periode unmittelbar vor einer Übernahmeankündigung, dem sogenannten „markup pricing", auch Schwert (1996), S. 159.

rechnet werden können. Die bisherigen Studien zu Übernahmen von Energieversorgern verwenden wertgewichtete oder gleichgewichtete Marktindize, die in den meisten Fällen vom Center for Research in Security Prices (CRSP) bereit gestellt werden. Beide Indizes sind in Ereignisstudien üblich, von Verzerrungen durch die Indexwahl ist daher nicht auszugehen.[88]

Die Ergebnisse der vorliegenden Studien liefern eindeutige Hinweise darauf, dass die Shareholder von Zielunternehmen durch die Ankündigung einer Übernahme signifikante Wertzuwächse realisieren können. Die in den Untersuchungen ermittelten Wertsteigerungen liegen zwischen 4,9%[89] und 9,9%[90].

Ein anderes Bild ergibt sich aus der Perspektive der Käuferunternehmen. Bartunek et al. (1993) und Berry (2000) messen signifikant negative Kursreaktionen von –0,3% bzw. –1,8%. McLaughlin und Mehran (1995) und Leggio und Lien (2000) können in ihren Untersuchungen hingegen keine signifikanten Kursreaktionen feststellen. Drei Untersuchungen berichten von positiven Ankündigungseffekten für Käuferunternehmen, allerdings jeweils nur für bestimmte Transaktionsarten oder einzelne Transaktionen wie bei Ray und Thompson (1990). Für Übernahmen von Unternehmen, deren Hauptaktivitäten in der gleichen Versorgungssparte (Strom oder Gas) liegen wie die der Käuferunternehmen, ermitteln Burns et al. (1998) signifikant positive Ankündigungseffekte in Höhe von 3,9%. In der Untersuchung von Aggarwal und Harper (2002) realisieren US-amerikanische Stromversorger bei der Übernahme von ausländischen Energieversorgern bzw. von Unternehmensteilen signifikant positive Wertzuwächse in Höhe von 0,34%. Insgesamt liefern die vorliegenden Untersuchungen also widersprüchliche Anhaltspunkte dafür, wie sich der Börsenwert von Energieversorgern zum Zeitpunkt der Ankündigung einer Übernahme verändert.

Die Wertveränderungen der hypothetischen Gemeinschaftsunternehmen, bestehend aus Käufer- und Zielunternehmen, werden nur in drei Studien betrachtet. In beiden Fällen ermitteln die Autoren positive Ankündigungseffekte. Bartunek et al. (1993) geben Wertzuwächse in Höhe von 3,6%, Berry (2000) ermittelt Wertveränderungen in Höhe von 1,3% für die hypothetischen Gemeinschaftsunternehmen an. Ray und Thompson (1990) messen für vier der fünf von ihnen betrachteten Übernahmen positive abnormale Wertzuwächse.

Die Ergebnisse der Untersuchungen zu Übernahmen von Energieversorgern sind weitgehend konsistent mit den branchenübergreifenden Befunden. Andrade et al. (2001) fassen die Resultate ihrer und anderer Ereignisstudien zu den Wertveränderungen durch Übernahmen so zusammen: *„Mergers seem to create value for shareholders overall, but the announcement period gains from mergers accrue entirely to the target firm shareholders. In fact, acquiring firm shareholders appear to come dangerously close to actually subsidizing these transactions."*[91] In ihrer Untersu-

88 Vgl. MacKinlay (1997), S. 18.
89 Vgl. Bartunek et al. (1993).
90 Vgl. Berry (2000).
91 Vgl. Andrade et al. (2001), S. 111.

chung ermitteln sie für Zielunternehmen signifikant positive Kursreaktionen von 16%, für Käuferunternehmen insignifikant negative Wertveränderungen von –0,7% und für die hypothetischen Gemeinschaftsunternehmen signifikant positive Kursreaktionen in Höhe von 1,8%.[92] Das umfassende Sample der Autoren besteht aus 3.688 Übernahmen US-amerikanischer Unternehmen im Zeitraum von 1973 bis 1998. Sie bestätigen damit die Ergebnisse vorhergehender Untersuchungen, wie sie etwa in den Übersichtsartikeln von Bruner (2001), Jensen und Ruback (1983) oder Jarrell et al. (1988) zusammengefasst wurden.

II.5.2 Performancestudien

In Performancestudien werden im Gegensatz zu Ereignisstudien Zeiträume von mehreren Jahren betrachtet. Üblicherweise wird dabei die Unternehmensleistung vor mit der Leistung nach einem Ereignis verglichen. Mögliche Unterschiede in der Performance werden dem Ereignis zugerechnet.

Tabelle 7: Performancestudien zu Übernahmen von nordamerikanischen und europäischen Energieversorgern

Studie	Geographischer Fokus	Betrachtete Übernahmen	Zeitraum	n	Verwendete Performancemaße	Ergebnis
Bacon et al. (1997)	USA	Übernahmen von ländlichen Elektrizitäts-kooperativen	1942-1988	42	verschiedene Maße für Profitabilität, Effizienz, operative Leistung	Effizienzsteigerungen für die gemeinsamen Unternehmen
Burns et al. (1998)	USA	Übernahmen von Energieversorgern	1981-1993	110	Tobin's Q	Signifikante Steigerung der Unternehmensleistung bei konzentrischen Übernahmen (5,27%); keine signifikante Veränderung der Unter- nehmensleistung bei horizontalen, vertikalen und diversifizierenden Übernahmen
Khurana und Pereira (2002)	USA	Übernahmen von privaten Strom-versorgern	1988-2000	62	Cash-flow-Rendite, Kapitalumschlag, Mitarbeiter, Aufwand für Altersvorsorge/Mitarbeiter	Sinkende Cash-flow-Rendite, steigender Kapitalschlag, steigende Mitarbeiterzahl, sinkender Rentenaufwand

Quelle: Eigene Darstellung.

Die verwendeten Leistungsindikatoren basieren in der Regel auf Informationen aus den Bilanzen und Gewinn- und Verlustrechnungen der beteiligten Unternehmen. Im Zusammen-

92 Die Angaben beziehen sich auf den Betrachtungszeitraum von 1 Tag vor bis 1 Tag nach der Übernahmeankündigung.

hang mit Unternehmenszusammenschlüssen werden als Indikatoren etwa Tobin's Q[93] oder die Cash-flow-Rendite[94] verwendet.[95] Bislang liegen drei Studien zu den Performance-Auswirkungen von Übernahmen durch Energieversorger vor.

Tabelle 7 zeigt die wichtigsten Charakteristika und Ergebnisse dieser Untersuchungen.

Bacon et al. (1997) betrachten horizontale Übernahmen von US-amerikanischen ländlichen Elektrizitätskooperativen zwischen 1942 und 1988. Als Indikatoren verwenden sie ein Bündel von Profitabilitäts-, Effizienz- und operativen Leistungskennzahlen. Die Autoren messen signifikante Effizienzsteigerungen in den Jahren nach den betrachteten Übernahmen. Die Veränderungen der Profitabilität und der operativen Leistung sind nicht signifikant.

Burns et al. (1998) untersuchen Übernahmen US-amerikanischer Energieversorger, die im Zeitraum zwischen 1981 und 1993 abgeschlossen wurden. Als Leistungskennzahl verwenden sie Tobin's Q. Die Autoren ermitteln nur für konzentrische Übernahmen einen signifikanten Einfluss auf die Unternehmensleistung, d.h. für Transaktionen, bei denen ein Energieversorger einen anderen Versorger übernimmt, dessen Hauptaktivitäten nicht in der Versorgersparte des Käufers liegen (ein Gasversorger kauft einen Stromversorger oder umgekehrt). Für alle anderen Übernahmen – horizontal, vertikal oder diversifizierend – ist der Einfluss auf die Unternehmensleistung nicht signifikant. In der Studie werden neben den Leistungsveränderungen auch die Ankündigungseffekte im Rahmen einer Ereignisstudie betrachtet (vgl. Kapitel II.4.1). Die hier ermittelten Einschätzungen des Kapitalmarktes spiegeln nur in begrenztem Umfang die tatsächlichen Leistungsveränderungen wider. Gemäß der Erwartungen des Kapitalmarktes führen nur horizontale – und nicht Bündel-Übernahmen – zu einer Wertsteigerung.

Khurana und Pereira (2002) liefern erste Hinweise auf die Performanceauswirkungen für die Übernahmewelle der 1990er Jahre. Sie untersuchen Übernahmen von privatwirtschaftlichen Stromversorgern der USA. Sie verwenden als Indikatoren die von Healy et al. (1992) vorgeschlagenen Maße der Cash-flow-Rendite, des Kapitalumschlags, des Mitarbeiterwachstums und des Aufwands für die Altersvorsorge pro Mitarbeiter. Ihre Ergebnisse liefern keine eindeutigen Indizien: Zwei Kennzahlen deuten auf eine Leistungssteigerung, die anderen beiden auf eine Leistungsminderung hin.

---

93 Nach Brainard und Tobin (1968) und Tobin (1969) wird das Maß Q als der Marktwert der finanziellen Ansprüche der Stakeholder dividiert durch die Wiederbeschaffungskosten der Vermögenswerte definiert. Die Wiederbeschaffungskosten werden in diesem Zusammenhang als Approximation für den Wert der Vermögensgegenstände bei alternativer Nutzung verwendet. Wenn das eingesetzte Vermögen nicht mindestens einen Marktwert erzielt, der den Wiederbeschaffungskosten entspricht, dann wäre ein alternativer Einsatz effizienter. Ist Tobin's Q für ein Unternehmen größer eins, wird davon ausgegangen, dass es seine Ressourcen effektiv einsetzt. Vgl. Lewellen und Badrinath (1997), S. 78.

94 Die Cash-Flow-Rentabilität ist definiert als der Cash-flow dividiert durch den Marktwert des Eigenkapitals zuzüglich des Buchwerts von Verbindlichkeiten und Vorzugsaktien. Der Cash-flow wird dabei berechnet als Umsatz, abzüglich „Costs of Goods sold“ und administrative Kosten, zuzüglich Abschreibungen und Goodwill-Aufwendungen. Vgl. Healy et al. (1992).

95 Vgl. Healy et al. (1992); Burns et al. (1998).

Diese widersprüchlichen Hinweise auf die Performanceveränderung durch Übernahmen in der Energieversorgung finden sich ähnlich auch in den Ergebnissen branchenübergreifender Untersuchungen. Ravenscraft und Scherer (1988) berichten, dass die Unternehmensleistung von Zielunternehmen nach der Übernahme im Vergleich zu den vorangehenden Jahren sinkt. Herman und Lowenstein (1988) untersuchen die Postmerger-Performance feindlicher Übernahmen und finden widersprüchliche Evidenzen. Zwei aktuellere Studien berichten hingegen andere Ergebnisse. Healy et al. (1992) kommen für ihr Sample von 50 Übernahmen US-amerikanischer Unternehmen zu dem Schluss, dass "the merged firms have significant improvements in operating Cash-flow returns after the merger, resulting from increases from asset productivity relative to their industries."[96] Die Autoren finden außerdem Hinweise darauf, dass die Leistungssteigerung nach der Übernahme stark korreliert mit den Kapitalmarktreaktionen auf die Transaktionsankündigung. Dies spricht für eine akkurate Einschätzung der Auswirkungen der Übernahme durch den Kapitalmarkt. Ramaswamy und Waegelein (2003) bestätigen diese Ergebnisse in ihrer kürzlich erschienenen Studie. Mit einer ähnlichen Methodik wie Healy et al. (1992) ermitteln sie für ein größeres Sample (162 Übernahmen) eine signifikant positive Veränderung der Unternehmensleistung nach der Übernahme. Die Autoren finden außerdem einen signifikant positiven Einfluss von Größenunterschieden zwischen Käufer- und Zielunternehmen auf die Postmerger-Performance. Ihre Untersuchungsergebnisse deuten außerdem auf einen negativen Zusammenhang zwischen der sogenannten „Relatedness", d.h. der Ähnlichkeit der Aktivitäten von Käufer- und Zielunternehmen, und der Performance-Veränderung hin.

Eine mögliche Erklärung für die divergierenden Ergebnisse der jüngeren branchenübergreifenden Studie und der für Energieversorger spezifischen Untersuchungen liegt in der verwendeten Methodik. Im Vergleich zu den jüngeren branchenübergreifenden Untersuchungen wählen die drei oben aufgeführten Untersuchungen einen einfachen Ansatz:

Die Untersuchungen betrachten lediglich die Performanceauswirkungen aus der Perspektive der Käuferunternehmen. Durch Ausblenden der Zielunternehmen insbesondere vor der Übernahme werden die Ergebnisse verzerrt.

Auf eine Bereinigung von Brancheneffekten wurde verzichtet. Daher lassen sich die beobachteten Leistungsveränderungen nicht zwingend den zugrundeliegenden Übernahmen zurechnen. Sie sind möglicherweise lediglich Ausdruck eines allgemeinen Branchentrends. Vor dem Hintergrund der umfangreichen Deregulierung können allerdings gerade in der Energieversorgung Nordamerikas branchenweite Leistungsveränderungen erwartet werden.

Alle Studien betrachten nur die absolute Veränderung des jeweiligen Leistungsindikators. Dadurch werden Effekte, die sich aus einer bereits vor der Übernahme überdurchschnittlich hohen Unternehmensleistung ergeben, nicht identifiziert. Das von Healy et al. (1992) vorgeschlagene Maß für die abnormale Performance-Veränderung greift diesen Aspekt auf.

---

[96] Healy et al. (1992), S. 164.

In den verschiedenen Untersuchungen wird als einzige Einflussvariable die Relatedness von Käufer- Zielunternehmen betrachtet. Charakteristika, wie etwa die Art der Übernahmefinanzierung oder die Akquisitionserfahrung, werden nicht betrachtet.

Aus methodischer Perspektive scheinen die bislang vorliegenden Ergebnisse zu Übernahmen von Energieversorgern daher nur bedingt belastbar und die Erkenntnisse über die Zusammenhänge, die zu einer Leistungsveränderung führen, äußerst unvollständig.

II.5.3 Kritik an den Untersuchungsansätzen von Ereignis- und Performancestudien

In der Literatur werden den Untersuchungsansätzen von Ereignis- und Performancestudien verschiedene Stärken und Schwächen zugeschrieben. Die wichtigsten Kritikpunkte an den Ansätzen sollen im Folgenden knapp dargestellt werden.

Aus statistischer Perspektive gelten Ereignisstudien als relativ belastbar. Andrade et al. (2001, S. 109) schreiben dazu: „The most statistically reliable evidence on whether mergers create value for shareholders comes from traditional short-window event studies, where the average abnormal stock market reaction at merger announcement is used as a gauge of value creation or destruction. In a capital market that is efficient with respect to public information, stock prices quickly adjust following a merger announcement, incorporating any expected value changes."

Genau an diesem letzten Punkt setzt aber gleichzeitig eine fundamentale Kritik an. Ereignisstudien liefern nur dann akkurate Informationen über die Wertveränderung von Übernahmen, wenn eine (halbstrenge) Effizienz des Kapitalmarktes vorausgesetzt werden kann. Die Ergebnisse verschiedener Untersuchungen deuten aber darauf hin, dass Zweifel an dieser Grundannahme berechtigt sind. Loughran und Vijh (1997) untersuchen etwa die langfristige Aktienkursperformance von Käuferunternehmen nach einer Übernahme. In Abhängigkeit von der Art der Übernahmefinanzierung – Barmittel oder Aktien – ermitteln sie abnormale Renditen von 224% und 19%. Bei einer vollständigen und unmittelbaren Verarbeitung der Informationen über die Übernahme durch den Kapitalmarkt zum Zeitpunkt der Übernahme wären hier keine signifikanten Renditedifferenzen zu erwarten. Rau und Vermaelen (1998) liefern bezogen auf Unterschiede in den Wachstumsraten bei den Zielunternehmen ähnliche Hinweise. Mitchell et al. (2004) finden Hinweise auf sogenannte „price pressures" zum Zeitpunkt der Übernahmeankündigung. Nach Scholes (1972) sind darunter kurzfristige Abweichungen von den informationseffizienten Gleichgewichtspreisen zu verstehen, die durch einen Nachfrageanstieg von schlecht informierten Kapitalanlegern hervorgerufen wird. Auch wenn folglich nicht zwingend von der Effizienz der Kapitalmärkte ausgegangen werden kann, so liefern Ereignisstudien aber zumindest valide Informationen über die Erwartungen der Kapitalmarktteilnehmer zum Zeitpunkt der Übernahme.

Ein offensichtlicher weiterer Nachteil von Ereignisstudien ergibt sich daraus, dass für ihre Anwendbarkeit die betroffenen Unternehmen börsennotiert (öffentlich) sein und die erforderlichen Kursrenditen zur Verfügung stehen müssen. Die Auswirkungen von Zusammenschlüssen privater Unternehmen können daher in Ereignisstudien nicht berücksichtigt werden. Inwieweit die Ergebnisse durch diesen „sample bias“ repräsentativ sind, kann nicht ohne weiteres gesagt werden.[97] Untersuchungen, wie die von Fuller et al. (2002), lassen eine gewisse Skepsis angemessen erscheinen. Die Autoren ermitteln deutliche Unterschiede in den abnormalen Renditen der Käuferunternehmen in Abhängigkeit davon, ob das Übernahmeziel börsennotiert oder in privater Hand ist.

Healy et al. (1992) weisen auf eine andere Schwäche hin. Ereignisstudien liefern nur Hinweise auf die Gesamteinschätzung einer Übernahme durch den Kapitalmarkt. Diese lassen aber keine direkte Lokalisierung der Quellen für etwaige Wertveränderungen zu.

Andere Kritikpunkte beziehen sich auf einzelne Ausgestaltungsformen von Ereignisstudien. In vielen Untersuchungen wird die Kursreaktion zum Ereigniszeitpunkt auf der Basis eines Marktmodells ermittelt, das von einem linearen Zusammenhang von Risiko und Rendite ausgeht. In den vergangenen Jahrzehnten sind jedoch viele empirische Evidenzen für sogenannte Anomalien, d.h. Abweichungen von einem linearen Risiko-Rendite-Zusammenhang, gesammelt worden.[98] Diese Bedenken spielen allerdings nur für lange Beobachtungszeiträume eine Rolle. Andrade et al. (2001, S. 113) verdeutlichen dies folgendermaßen: “This problem is not a major one for short-window event studies where three-day expected returns are virtually zero regardless of what model of expected returns is used. Announcement period returns of 1 to 3 percent over three days are easy to reject as normal returns when the expected return is on the order of 0.05 percent. However, the model of expected returns becomes increasingly important as the holding period is lengthened, becoming crucial for multiyear horizons.”

Bedenken an der Validität von Ereignisstudien fußen auch auf der Beobachtung, dass sich durch Unternehmenszusammenschlüsse das systematische Risiko der beteiligten Unternehmen verändert. Wird dieser Einfluss bei der Ermittlung der Kursreaktionen nicht berücksichtigt, können Verzerrungen nicht ausgeschlossen werden. Weiterentwicklungen der ursprünglichen Untersuchungsmethodik[99] beziehen diese potentiellen Veränderungen bereits mit ein.[100]

Der wohl wichtigste Vorteil von Performancestudien liegt darin, dass sie sich auf tatsächliche Veränderungen in der Unternehmensleistung und nicht auf die Erwartungen von Kapitalmarktteilnehmern stützen.[101] Anders als Ereignisstudien geben sie außerdem präzisere Hinweise auf die Quellen für mögliche Veränderungen in der Unternehmensleistung.[102]

97 Vgl. Rhoades (1994), S. 6.
98 Vgl. für einen Überblick Fama und French (1996).
99 Vgl. Ball und Brown (1968), Fama et al. (1969).
100 Vgl. etwa Boehmer et al. (1991), Brockett et al. (1999).
101 Vgl. Rhoades (1994), S. 8.
102 Vgl. Healy et al. (1992), S. 136.

Der Ansatz von Performancestudien ist aber auch Gegenstand von Kritik. Zu nennen ist dabei vor allem der lange Betrachtungshorizont. Üblicherweise wird ein Zeitraum von drei bis fünf Jahre vor und drei bis fünf Jahre nach der Übernahme betrachtet. In diesem langen Zeitraum wird aber die Unternehmensleistung nicht ausschließlich durch die jeweilige Übernahme beeinflusst, sondern etwa auch durch produktpolitische Entscheidungen, Veränderungen des Managements oder durch andere Übernahmen. Je länger der Untersuchungszeitraum, desto geringer die Zurechenbarkeit der Performanceveränderungen.[103] Wenn allerdings davon ausgegangen werden kann, dass die Einflüsse, die nicht in einem direkten Zusammenhang mit der Übernahme stehen, bei den beteiligten Unternehmen nicht systematisch anders auftreten als bei einer Vergleichsgruppe, dann könnten die Verzerrungen (eine entsprechende Größe des Samples vorausgesetzt) vernachlässigt werden.

Fisher und McGowan (1983) weisen auf ein weiteres grundsätzliches Problem von Performancestudien hin. Im Mittelpunkt ihrer Kritik steht die Beobachtung, dass auf Jahresabschlussinformationen basierende Leistungsmaße deutlich von der ökonomischen Leistung abweichen können. Die Ursache für diese Abweichung liegt darin, dass in Performancestudien die Unternehmensleistung zumeist durch das Produkt aus aktuellen Überschüssen und aktueller Kapitalisierung gemessen wird. Da üblicherweise ein gewisser Teil des Kapitals erst relativ kurz vor dem Betrachtungszeitpunkt investiert wurde, sind für diese Investitionen die erwirtschafteten Überschüsse noch nicht in der Kennzahl enthalten. Die verwendeten Leistungsmaße werden durch diesen Effekt verzerrt. Weitere Abweichungen ergeben sich durch Bilanzierungswahlrechte etwa im Hinblick auf Abschreibungen.

Zusammenfassend kann festgestellt werden, dass auf der Basis von Performance- auf der einen und Ereignisstudien auf der anderen Seite unterschiedliche Arten von Aussagen über Zusammenschlüsse getroffen werden. Der bedeutendste Unterschied liegt darin, dass die Ergebnisse von Ereignisstudien auf Erwartungen basieren und Performancestudien ex post tatsächliche Leistungsveränderungen messen. Für eine umfassende Analyse der Auswirkungen von Übernahmen empfiehlt sich daher, die Ansätze von Ereignis- und Performancestudien zu kombinieren.

II.5.4 Zusammenfassung

Seit Beginn des vergangenen Jahrzehnts wurden die Auswirkungen von Übernahmen durch Energieversorgungsunternehmen im Rahmen verschiedener Ereignis- und Performancestudien untersucht. Alle bislang vorliegenden Untersuchungen konzentrieren sich auf Transaktionen US-amerikanischer Versorger. Für Übernahmen europäischer Energieversorger liegen bisher keine Studien vor. Die Übernahmewelle der 1990er Jahre wurde ebenfalls noch nicht vollständig abgedeckt.

---

[103] Vgl. Rhoades (1994), S. 8.

Die Ergebnisse der bisherigen Ereignisstudien geben klare Hinweise darauf, dass die Anteilseigner von Zielunternehmen von Übernahmeankündigungen profitieren. Auch für die hypothetischen Gemeinschaftsunternehmen, bestehend aus Käufer- und Zielunternehmen, sind Wertzuwächse zu diagnostizieren. Ein uneinheitliches Bild ergibt sich hingegen für die Käuferunternehmen, für die in den verschiedenen Untersuchungen entweder positive, negative oder keine signifikanten Wertveränderungen ermittelt werden. Diese widersprüchlichen Indizien lassen keine Rückschlüsse auf die Motivation der Käuferunternehmen für diese Übernahmen zu.

Die empirischen Befunde für den Einfluss von Übernahmen auf die Unternehmensleistung sind für Energieversorger äußerst spärlich. Wie bei den Ereignisstudien beschränken sich die drei vorliegenden Untersuchungen auf US-amerikanische Versorger. Die Ergebnisse der verschiedenen Studien sind nicht konsistent und erlauben daher kein abschließendes Urteil hinsichtlich des Zusammenhangs von Übernahmen und Entwicklung der Unternehmensleistung. Die verwendete Untersuchungsmethodik muss im Vergleich zu branchenübergreifenden Studien als wenig belastbar eingeschätzt werden.

Die unterschiedlichen Untersuchungsansätze von Ereignis- und Performancestudien führen dazu, dass ihre Ergebnisse verschieden zu interpretieren sind. Ereignisstudien ermitteln die Erwartungen der Kapitalmarktteilnehmer, die nur unter Annahme eines effizienten Kapitalmarktes die Veränderungen des fundamentalen Unternehmenswertes akkurat vorhersagen. Performancestudien messen ex post die Wertveränderungen im Übernahmezeitraum. Für eine umfassende Beurteilung der betriebswirtschaftlichen Auswirkungen von Übernahmen empfiehlt sich daher der kombinierte Einsatz von Ereignis- und Performancestudien.

III. Erklärungsansätze für Unternehmenszusammenschlüsse

Warum sich Unternehmen an anderen Unternehmen beteiligen, gehört trotz einer inzwischen großen Zahl empirischer Untersuchungen nach wie vor zu den ungeklärten Fragen der aktuellen wirtschaftswissenschaftlichen Forschung.[104] In den letzten beiden Jahrzehnten haben sich zu dieser Fragestellung drei Forschungsströmungen entwickelt, die in Tabelle 8 dargestellt sind. Sie unterscheiden sich vorrangig hinsichtlich der Grundannahmen darüber, auf welcher Basis das Management des Käuferunternehmens die Entscheidung über eine Beteiligung trifft.

In der Literatur werden von einigen Autoren neben den aufgeführten Erklärungsansätzen „strategische Motive" als weitere Erklärungskategorie aufgeführt.[105] Auf diese zusätzliche Kategorie wird in Anlehnung an die angelsächsische Literatur verzichtet, da sich die aufgeführten strategischen Ziele unter die oben dargestellten Ansätze subsumieren lassen. So kann etwa das strategische Ziel, die eigene Marktposition zu sichern, beispielsweise durch den Erhalt des Effizienzniveaus, der Marktmacht sowie der sog. „private benefits" erklärt werden.

In den folgenden Abschnitten werden die verschiedenen Erklärungsansätze erläutert und auf die Übernahmen von Energieversorgungsunternehmen übertragen.

Tabelle 8: Ansätze zur Erklärung von Unternehmenszusammenschlüssen

Unternehmenszusammenschlüsse als	**Auslöser**
Ergebnis einer rationalen Entscheidung des Managements	Suche nach Effizienzsteigerung Rentenumverteilung Fehl-/Unterbewertung Sicherung privater Vorteile für das Management
Ergebnis eines Strategieprozesses	Hybris Legitimation
Reaktion auf einen makroökonomischen Prozess	Anpassung an veränderte Umwelt

Quelle: In Anlehnung an Trautwein (1990), Lewellen (1971); eigene Darstellung.

III.1 Unternehmenszusammenschlüsse aus der Perspektive der Rational Choice-Theorie

Die wohl prominenteste Forschungsströmung sieht Unternehmenszusammenschlüsse als Ergebnis einer rationalen Entscheidung: Das Management entschließt sich demnach zu einer Akquisition, weil es erwartet, so den Wert des eigenen Unternehmens oder den eigenen Nutzen zu steigern. Die wirtschaftlichen Konsequenzen von Zusammenschlüssen stehen daher konsequenterweise im Mittelpunkt der bisherigen empirischen Untersuchungen.[106] Im Fol-

[104] Vgl. Scherer (2002), S. 1.
[105] Vgl. etwa Achleitner (1999).
[106] Vgl. Trautwein (1990), S. 284.

genden werden die Motive des Managements zur Maximierung des Unternehmenswertes und des eigenen Nutzens dargestellt.

III.1.1 Unternehmenswertmaximierende Motive

Eine Steigerung des Unternehmenswertes der beteiligten Unternehmen kann durch eine Verbesserung der Effizienz, durch eine Umverteilung von Renten zwischen den Interessengruppen oder durch das Nutzen privater Information erreicht werden (vgl. Tabelle 9).

III.1.1.1 Wertmaximierung durch Effizienzsteigerung

Bei öffentlichen Ankündigungen von Zusammenschlüssen wird durch die Unternehmensleitung besonders häufig auf Effizienzsteigerungs- bzw. Synergiepotentiale hingewiesen.[107] Nach Lubatkin (1983) können positive Synergien realisiert werden, wenn zwei Geschäftseinheiten gemeinsam effizienter (d.h. mit niedrigeren Kosten) und/oder effektiver (d.h. mit einer angemesseneren Allokation knapper Ressourcen) geführt werden können als getrennt. Negative Synergien oder Dyssynergien sind ebenfalls möglich. Im Gegensatz zu positiven Synergien führen sie zu einer Verringerung des Unternehmenswertes.[108] In dieser Arbeit liegt der Fokus auf positiven Synergien. Daher sind im Folgenden mit dem Begriff „Synergien“ stets positive Synergieenffekte gemeint.

Tabelle 9: Unternehmenszusammenschlüsse als Ergebnis rationaler Entscheidungen

Ziel des Managements	**Zielerreichung durch**	
Steigerung des Wertes des Käuferunternehmens	Effizienzsteigerung	• Operative Synergien • Finanzielle Synergien • Manageriale Synergien
	Rentenumverteilung	• Nutzen von Marktmacht • Minderung der Steuerlast • Reduktion des Personalaufwands • Reduktion des Wertes von Verbindlichkeiten
	Private Information	• Identifikation von unterbewerteten Assets
Maximierung des Managementnutzens	Sicherung privater Vorteile	• Macht • Entlohnung • Risikoreduktion

Quelle: Eigene Darstellung.

Steht das Ziel der Effizienzsteigerung im Vordergrund, kann angenommen werden, dass die Unternehmensleitungen von Käufer- und Zielunternehmen eine Übernahme nur dann abschließen, wenn die Anteilseigner beider Unternehmen Wertsteigerungen erwarten.[109] Anders ausgedrückt bedeutet dies, dass nur die Übernahmen realisiert werden, die einen positi-

107 Vgl. etwa Hamburgische Electricitäts-Werke (2002) oder Klinger (2000), S. 13.
108 Vgl. Ebert (1998), S. 19.
109 Vgl. Berkovitch und Narayanan (1993), S. 350.

ven Erwartungswert hinsichtlich der Veränderung des Unternehmenswertes infolge der Transaktion haben. Sind die Erwartungen des Managements rational und bilden die Kapitalmarktakteure auf dieser Informationsgrundlage ebenfalls rationale Erwartungen, muss durchschnittlich mit einer positiven Veränderung des Börsenwertes von Käufer- und Zielunternehmen bei der Ankündigung einer Transaktion gerechnet werden.

Die Verteilung der Gesamtwertsteigerung zwischen Käufer- und Zielunternehmen hängt maßgeblich von der Verhandlungsmacht der beteiligten Akteure ab. Diese wird beeinflusst durch die Anzahl potentieller Erwerber und die Varianz derer Erwartungen hinsichtlich des fairen Preises für das Zielunternehmen.[110] Unabhängig von der konkreten Verteilung der Anteile an der Gesamtwertsteigerung ist bei zunehmender Gesamtwertsteigerung mit einer positiven Wertentwicklung von Käufer- und Zielunternehmen zu rechnen.

Ist der Erwartungswert für eine Veränderung des Unternehmenswertes aufgrund von erwarteten Effizienzsteigerungen positiv, bedeutet dies gleichzeitig, dass von einer durchschnittlichen Steigerung der Unternehmensleistung von Käufer- oder Zielunternehmen in den Jahren nach dem Abschluss des Zusammenschlusses ausgegangen werden kann.

Aus diesen Überlegungen leiten sich unmittelbar die folgenden Hypothesen ab.

Hypothese 1a)	*Unternehmensakquisitionen sind vorrangig durch Effizienzsteigerungen motiviert. Die Kursreaktionen (Veränderungen der Unternehmensleistung) von Käufer-, Ziel- und hypothetischen Gemeinschaftsunternehmen sind daher im Durchschnitt positiv.*
Hypothese 1b)	*Die Kursreaktionen von Käufer- und Zielunternehmen sind positiv mit der gesamten Wertveränderung korreliert.*

Als Quellen für Effizienzsteigerungen im Rahmen von Unternehmenszusammenschlüssen kommen operative, finanzielle und manageriale Synergien in Frage. Ihre Bedeutung für Übernahmen von Energieversorgungsunternehmen werden nachfolgend diskutiert.

Operative Synergien

Operative Synergien, teilweise auch als „technical economies" bezeichnet[111], entstehen vor allem durch Größendegressionseffekte („economies of scale" bzw. Skaleneffekte) und Verbundvorteile („economies of scope"). Erstere liegen vor, wenn die Durchschnittskosten zur Herstellung eines Produkts mit steigender Produktions- oder Absatzmenge sinken.[112] Unter Verbundvorteilen werden die Kostenvorteile verstanden, die durch die parallele Herstellung unterschiedlicher Produkte entstehen.[113] Dieses Verständnis von „economies" deutet bereits darauf hin, dass eine Verwandtschaft der Wertschöpfungsprozesse von den am Zusammenschluss beteiligten Unternehmen eine Voraussetzung für operative Synergien ist.

110 Vgl. Varaiya (1988), S. 211.
111 Vgl. Lubatkin (1983), S. 219.
112 Vgl. Varian (2001), S. 295.
113 Vgl. Baumol et al. (1982), S. 71.

Bei Strom- und Gasversorgungsunternehmen wird in nahezu allen Unternehmensbereichen von Einsparpotentialen durch Größendegressionseffekte ausgegangen. Für die Stromerzeugung lag in der Vergangenheit die mindestoptimale Betriebsgröße bei etwa 400 MW pro Einheit für fossile Kraftwerke.[114] Bei einer durchschnittlichen Größe deutscher Kraftwerke von etwa 250 MW Anfang der 1990er Jahre deutet dies auf erhebliche Synergiepotentiale durch Größendegressionseffekte hin. Inzwischen haben neue Kraftwerkstechnologien die Grenze der betriebsoptimalen Größe allerdings gesenkt.[115] Hinzu kommt, dass im liberalisierten Strommarkt zunehmend kleinere Kraftwerke an Attraktivität gewinnen, da sie sich in Abhängigkeit von der Nachfrage- und Preissituation flexibel einsetzen lassen.[116] Rhine (2001) ermittelt - konsistent mit dieser Erklärung - in einer aktuellen Studie nur schwache Skaleneffekte für fossile und nukleare Kraftwerke in den USA.

Auch im Stromtransport wird von erheblichen Skaleneffekten ausgegangen. Denn während die Leitungskosten proportional mit der Spannung steigen, wächst die Übertragungskapazität mit der Spannungshöhe überproportional. Üblicherweise haben deshalb Übertragungsleitungen eine hohe Spannung (in Deutschland mit bis zu 360 kV). Hinzu kommen Durchmischungseffekte, die sich aus der Belieferung verschiedener Kunden mit unterschiedlichem Nachfrageverhalten ergeben.[117] Eine Erhöhung der Anzahl an das Netz angeschlossener Nachfrager führt zu einer Glättung des Lastgangs und infolgedessen zu einer Reduktion der Differenz aus maximal verfügbarer und durchschnittlich beanspruchter Leistung. Reservekapazitäten können reduziert und der Kraftwerkseinsatz optimiert werden. Weitere Effizienzsteigerungspotentiale werden in der Internalisierung externer Effekte gesehen. Dies gilt besonders im Hinblick auf Leitungsverluste. Leitungsverluste wachsen exponentiell mit der Stromstärke. Sie sind deshalb nahe der Kapazitätsgrenze besonders hoch. Während sich die Leitungsverluste gleichgerichteter Übertragungen gegenseitig verstärken, verringern gegenläufige Ströme die Verluste. Ihre Übertragung ist folglich mit externen Effekten verbunden.[118] Diese werden durch eine Integration vormals getrennter Stromnetze mit teilweise gegenläufigen Übertragungen perfekt internalisiert.

Im Verteilungsbereich, also der physischen Stromlieferung vom Übertragungsnetz bis zu den Entnahmepunkten der Endabnehmer, werden ebenfalls erhebliche Skaleneffekte in Form von Dichtevorteilen angenommen. Unter Dichtevorteilen versteht man sinkende Verteilungskosten pro Abnehmer bei einem Anstieg der Abnehmerzahl in einem bestimmten geographischen Gebiet. Ökonometrische Schätzungen bestätigen die intuitive Erwartung, dass sich zwei Kabel fast zu gleichen Kosten verlegen lassen wie ein einzelnes Kabel.[119] Inwieweit Größenvorteile durch eine Ausdehnung des geographischen Versorgungsgebiets entstehen, ist

---

114 Vgl. Joskow und Schmalensee (1983), S. 49 ff.

115 Vgl. Kumkar (1998), Abschnitt II.A.2.

116 Vgl. Drasdo et al. (1998), S. 32.

117 Vgl. Hensing et al. (1998), S. 115.

118 Vgl. Drasdo et al. (1998), S. 33.

119 Vgl. Drasdo et al. (1998), S. 36.

hingegen umstritten. Aufgrund der hohen Dichtevorteile wird der Verteilungsbereich häufig als natürliches Monopol gesehen.[120] Yatchew (2000) berichtet für kanadische Stromverteilungsunternehmen von sinkenden Skalenerträge bis zu einer Größe von 20.000 Kunden pro Unternehmen.

Der Stromvertrieb gehört zu den Bereichen, für den vergleichsweise geringe Skaleneffekte erwartet werden können. Als Ausdruck dieser Einschätzung mag das Entstehen einer Vielzahl kleiner, neuer Stromvermarkter nach der Liberalisierung des deutschen Strommarktes gesehen werden. Beispiele sind die Ampere AG, astromo AG oder die Ares Energie AG. Inzwischen hat sich diese Entwicklung aber weitgehend umgekehrt: Fast alle neuen Anbieter sind vom Markt verschwunden. Deutschlandweit dominieren in der Wahrnehmung eine kleine Zahl bekannter Marken, die mit einem hohen Marketingaufwand präsentiert werden. Von 1995 bis 1999 stieg der Werbeaufwand der Stromversorger um mehr als das Zehnfache auf 315 Mio. DM an.[121] Diese hohen Aufwendungen lassen Skaleneffekte bei der Markenbildung vermuten. Inwieweit beim Aufbau von Vertriebsstrukturen im Strommarkt eine Größendegression vorliegt, wurde in empirischen Studien bislang nicht überprüft. Ähnliches gilt für Abrechnungssysteme, mit deren Zusammenlegung Energieversorger hohe Erwartungen an Einsparungspotentiale verbinden.[122]

Die für Stromversorgungsunternehmen erläuterten Skaleneffekte gelten zum Teil analog für Gasversorgungsunternehmen.[123] Im Gegensatz zur Erzeugungsstufe im Strommarkt ist bei der Gaserzeugung von einer geringeren Kapitalintensität und einer relativ geringeren Bedeutung der betriebsoptimalen Größe auszugehen. Prinzipiell sprechen unter Effizienzgesichtspunkten keine Argumente dagegen, dass unterschiedliche Erdgasfelder von unterschiedlichen Fördergesellschaften bewirtschaftet werden.[124]

Auf der Übertragungsstufe sinken die Kosten pro übertragener Einheit mit zunehmendem Durchmesser der Pipeline, allerdings mit abnehmender Rate.[125] Trotz der sich aus diesem Zusammenhang ergebenden Skaleneffekte gibt es auch Argumente für einen Bau paralleler Leitungen: Durch die Konzentration aller Übertragungskapazitäten auf eine einzelne Leitung sinkt die Versorgungssicherheit. Technische Defekte an der Pipeline würden sogleich einen Versorgungsausfall bedeuten. Bei wachsenden Märkten kann zudem der sukzessive Zubau von Leitungen mit kleiner Kapazität kostenminimal sein, wenn andernfalls für einen längeren Zeitraum Überkapazitäten nicht genutzt werden könnten.[126] Beide Aspekte schwächen die Bedeutung von Skaleneffekten in der Gasübertragung beim Zusammenschluss von zwei Versorgungsunternehmen ab.

---

120 Vgl. Yatchew (2000), S. 187ff.; Salvanes und Tjotta (1998), 669ff.
121 Vgl. Focus (2000), S. 30.
122 Vgl. Flauger (2003b), S. 16.
123 Vgl. Weizsäcker (1994).
124 Vgl. Drasdo et al. (1998), S. 42.
125 Vgl. IEA (1994), S. 48.
126 Vgl. Drasdo et al. (1998), S. 44.

Im Unterschied zu Strom kann Erdgas gespeichert werden. Die Produktion von Gas muss deshalb nicht zum gleichen Zeitpunkt erfolgen wie sein Verbrauch. Nachfrageschwankungen können durch Gasspeicher und die Veränderung des Pipeline-Druckes ausgeglichen werden. Inwieweit die Gasspeicherung im relevanten Bereich mit Größeneffekten verbunden ist, kann aufgrund der unterschiedlichen geologischen Gegebenheiten in Verbindung mit regionalen Nachfragedichten und –volumina nicht eindeutig beantwortet werden.[127]

Dem Strombereich entsprechend wird für die Gasverteilung von erheblichen Dichtevorteilen und infolgedessen Größendegressionseffekten ausgegangen. Die Ausführungen für den Stromvertrieb gelten analog für die Gasversorgung.

Die dargestellten Potentiale zur Realisierung von Größendegressionseffekten im Rahmen von Zusammenschlüssen setzen voraus, dass die beteiligten Unternehmen der gleichen Branche angehören, d.h. beide entweder Gas- oder Stromversorgungsunternehmen sind. Andernfalls würde ein Zusammenschluss nicht zu einem Anwachsen der betriebsrelevanten Größe führen.

Für den Großteil der aufgeführten Skaleneffekte ist es zusätzlich erforderlich, dass die beteiligten Unternehmen in demselben Stromnetz agieren. Für die Potentiale auf der Transport- und Verteilungsstufe, wie etwa Durchmischungseffekte, ist dies offensichtlich. Ähnliches gilt für die Optimierung des Kraftwerkparks. Eine Ausnahme könnten Skaleneffekte bilden, die mit dem Aufbau einer Marke verbunden sind.

Verbundvorteile werden für Energieversorgungsunternehmen als Ergebnis der Kombination verschiedener leitungsgebundener Energieträger und Rohstoffe erwartet. Unter dem Schlagwort „Multi Utility“ vereint etwa seit Ende der 1990er Jahre der größte deutsche Energieversorger RWE AG Aktivitäten aus den Bereichen Strom-, Gas- und Wasserversorgung.[128] Die E.On AG konzentriert sich hingegen lediglich auf die Strom- und Gasversorgung. In den USA ist der gleiche Trend zu beobachten. Nach Angaben der Energy Information Administration wurden von 1997 bis April 2000 über 20 Zusammenschlüsse von Gas- und Stromversorgern registriert.[129]

Verbundvorteile einer gemeinsamen Versorgung mit Strom und Erdgas lassen sich auf der *Erzeugungsstufe* insbesondere beim Betrieb von Gaskraftwerken realisieren. Auf der einen Seite wird erwartet, durch ein gemeinsames Absatz- und Beschaffungsmarketing für Gas Synergieeffekte zu nutzen.[130] Durch höhere Abnahmemengen und infolgedessen eine höhere Marktmacht sollen etwa niedrigere Einstandspreise erzielt werden. Darüber hinaus sollen die Transaktionskosten pro Einheit erworbenen Gases gesenkt werden. Der Betreiber des Gaskraftwerkes erhält außerdem die Möglichkeit, Schwankungen im sog. „spark spread“ zu nut-

---

127 Vgl. Drasdo et al. (1998), S. 46.
128 Vgl. RWE (1999).
129 Vgl. Energy Information Administration (2001), S. 98.
130 Vgl. Energy Information Administration (2001), S. 102.

zen. Unter dem „spark spread" wird die Differenz zwischen dem Strompreis und den spezifischen Gasbezugskosten für die Erzeugung einer Stromeinheit verstanden. Steigende Gaspreise kann der Betreiber eines Gaskraftwerkes etwa nutzen, indem er das zuvor zu niedrigen Preisen eingekaufte Gas nicht wie vorgesehen für die Stromerzeugung verwendet, sondern zu höheren Preisen am Gasmarkt veräußert. Den ausstehenden Strombedarf kann der Produzent, eine ausreichende Liquidität des Strommarktes vorausgesetzt, von einem Dritten beziehen.[131]

Dieser sogenannten „spark spread option" wird vor allem in den USA eine hohe Bedeutung beigemessen. Der Anteil der Gaskraftwerke an der gesamten Stromerzeugungskapazität (776 GW) betrug dort im Jahr 1998 rund 23%.[132] Bis 2020 werden nach einer Schätzung der Energy Information Administration (2004) etwa 300 GW neuer Stromerzeugungskapazität benötigt. Voraussichtlich etwa 90% dieser neuen Kraftwerke werden Gas- oder kombinierte Gas-/ Heizölkraftwerke sein. Die Bedeutung von Gas als Primärenergieträger für die Stromerzeugung wird folglich deutlich steigen.

Für den *Transport- und Verteilungsbereich* werden durch die Verbindung der verschiedenen leitungsgebundenen Versorgungsarten nur geringe Vorteile vermutet. Denn die Verlegung der erforderlichen Kabel und Rohre erfolgt schon heute in Abstimmung zwischen den beteiligten Unternehmen. Das Land Berlin gibt seinen Versorgungsbetrieben beispielsweise vor, die verschiedenen Leitungen nach Möglichkeit gleichzeitig zu verlegen.[133]

Für die *Handels- und Vertriebsstufe* kann hingegen von erheblichen Einsparpotentialen für eine parallele Vermarktung von Gas und Strom ausgegangen werden. In den USA wird als eines der häufigsten Argumente für einen Zusammenschluss von Strom- und Gasversorgungsunternehmen angegeben, dass Wissen und Erfahrung des Gasversorgungsunternehmens mit dem Marketing und Handel in liberalisierten Märkten vom Stromversorgungsunternehmen genutzt werden sollen.[134] Da der Gasmarkt in den USA bereits 1980 liberalisiert wurde, konnten die Gasversorgungsunternehmen einen erheblichen Know-how-Vorsprung vor den Stromversorgern erarbeiten. Im Rahmen eines Zusammenschlusses kann dieses Wissen innerhalb der neuen Unternehmensgrenzen transferiert werden.

Weitere Vorteile können sich aus der gemeinsamen Vermarktung verschiedener leitungsgebundener Produkte ergeben, u.a. aus dem Bereich der Wasserversorgung oder Telekommunikation. Von einigen Kunden wird ein „one-stop shopping" gerade bei den commodities als angenehm empfunden, da sie die erforderliche Aufmerksamkeit aus der Perspektive des Kunden verringern. Der Kunde erhält etwa statt drei bis vier verschiedener Rechnungen nur noch eine einzige. Neben diesem potentiellen Mehrwert für den Kunden können langfristig die

131 Vgl. Hsu und Quan (1998), S. 27ff.
132 Vgl. Energy Information Administration (1999)
133 Unternehmensinformation der Bewag AG, Berlin.
134 Vgl. Energy Information Administration (2001), S 102.

Kosten für die Verbrauchsmessung und die Abrechnung reduziert werden.[135] Wachstumspotentiale können auch durch ein „cross-selling" von Gas- und Stromprodukten erschlossen werden. Besonders bei nicht stark überlappenden Kundengruppen der beteiligten Unternehmen spielt dieser Aspekt eine Rolle.[136]

Über alle Wertschöpfungsstufen hinweg betrachtet, können Verbundvorteile folglich vorrangig für Verflechtungen von Gas- und Stromversorgungsunternehmen erwartet werden.

In der angelsächsischen Literatur hat sich unter dem Schlagwort der „relatedness"-Hypothese[137] in den 1980er und 1990er Jahren eine intensive Diskussion darum entwickelt, ob Zusammenschlüsse verwandter Unternehmen tatsächlich einen höheren Wertzuwachs erzielen als unverbundene Geschäftskombinationen, bei denen keine operativen Synergien genutzt werden können. Die Verwandtschaft zweier Geschäftsfelder wird dabei etwa anhand der Ähnlichkeit der eingesetzten Technologie, der Forschung sowie der Produkte und Märkte beurteilt.[138] Empirische Studien operationalisieren den Grad der Verwandtschaft zumeist, indem sie die Übereinstimmung der Produkte und Märkte anhand der Branchenzugehörigkeit und des nationalen Heimatmarktes prüfen.[139]

Trotzdem inzwischen eine große Zahl empirischer Evidenzen für den Zusammenhang zwischen der relatedness und den Kapitalmarktreaktionen auf Übernahmeankündigungen vorliegt, ist es nicht gelungen, ein einheitliches Muster nachzuweisen. Studien wie die von Chatterjee (1986), Matsusaka (1993) und Lubatkin und O'Neill (1987) ermitteln für verbundene Unternehmensakquisitionen keine höheren Ankündigungseffekte. Singh und Montgomery (1987) hingegen berichten von signifikant niedrigeren Wertzuwächsen für unverbundene Zusammenschlüsse.

Auch im Hinblick auf Zusammenschlüsse von Energieversorgern sind die bisherigen Forschungsergebnisse widersprüchlich. Burns et al. (1998) ermitteln einerseits eine durchschnittliche Steigerung des Börsenwertes für die Käuferunternehmen bei horizontalen Übernahmen. Für diversifizierende Akquisitionen sind die abnormalen Renditen hingegen nicht signifikant von null verschieden. Die Autoren überprüfen die Ergebnisse aus der Analyse der Kursreaktionen, indem sie die Entwicklung der Unternehmensleistung untersuchen. Sie finden nur für konzentrische Zusammenschlüsse, d.h. Zusammenschlüsse zwischen Strom- und Gasversorgern, Hinweise auf eine signifikante Steigerung der Unternehmensleistung. Für alle anderen Zusammenschlüsse sind die Veränderungen nicht signifikant.

Die folgenden Hypothesen fassen die Überlegungen zur Relevanz operativer Synergieeffekte zusammen.

---

135 Kurzfristig ist hingegen durch die erforderliche Integration der zunächst getrennten Informationssysteme der beteiligten Unternehmen mit hohen Synergiekosten zu rechnen.
136 Energy Information Administration (2001), S. 103.
137 Vgl. Barney (1988), S. 71.
138 Vgl. etwa Singh und Montgomery (1987), S. 382.
139 Vgl. beispielsweise Agrawal et al. (1992), Anand und Singh (1997), Hubbard und Palia (1999).

Hypothese 1c)	*Unternehmenszusammenschlüsse von Energieversorgern sind vorrangig durch operative Synergien motiviert. Akquisitionen von anderen Energieversorgern (derselben Branche) werden vom Kapitalmarkt positiver bewertet bzw. führen zu einer größeren Leistungssteigerung als Übernahmen branchenfremder Unternehmen.*
Hypothese 1d)	*Unternehmensakquisitionen sind vorrangig durch operative Synergien in Form von Skaleneffekten motiviert. Nationale Übernahmen werden durch den Kapitalmarkt positiver bewertet bzw. führen zu einer größeren Leistungssteigerung als andere Transaktionen.*
Hypothese 1e)	*Zusammenschlüsse zwischen Stromversorgern und Gasversorgern des gleichen nationalen Marktes sind durch operative Synergien in Form von Verbundeffekten motiviert. Sie werden durch den Kapitalmarkt positiver bewertet bzw. führen zu einer größeren Leistungssteigerung als unverbundene Diversifikationen.*

Finanzielle Synergien

Die Bedeutung finanzieller Synergien ist ebenfalls stark umstritten. Das große Interesse der wirtschaftswissenschaftlichen Forschung an ihrer Relevanz lässt sich vor allem damit erklären, dass das Konzept der finanziellen Synergie eine Erklärung für das Bestehen von konglomeraten Unternehmensformen bietet. Der großen Zahl von Untersuchungen, die positive Evidenz für diese Form der Synergien finden,[140] stehen allerdings ebenfalls zahlreiche gegensätzliche Befunde gegenüber.[141]

Finanzielle Synergien senken die Kapitalkosten der beteiligten Unternehmen. Drei Mechanismen wurden in diesem Zusammenhang besonders intensiv diskutiert: eine erhöhte Kapazität zur Fremdkapitalaufnahme durch den Coinsurance-Effekt, ein besserer Zugang zum Kapitalmarkt und eine erhöhte Effizienz interner Kapitalmärkte.[142]

Das erste Argument nimmt Bezug auf die sog. „Coinsurance-Theorie" von Lewellen (1971). Deren Ausgangspunkt bildet die Feststellung, dass die Varianz eines Cash-flows, der aus zwei nicht perfekt miteinander korrelierten Zahlungsströmen zusammen gesetzt ist, niedriger ausfällt als die Streuung der zugrunde liegenden einzelnen Cash-flows. Die geringere Varianz und damit einhergehend das geringere Ausfallrisiko des gemeinsamen Unternehmens, die aus der unternehmensinternen Diversifikation folgen, führen zu einer höheren Verschuldungskapazität und ermöglichen eine niedrigere Eigenkapitalquote des Unternehmens. Unter der Annahme, dass die Kosten für Fremdkapital niedriger ausfallen als die Eigenkapitalkosten, hat eine Verringerung der Eigenkapitalquote eine Steigerung des Unternehmenswertes zur Folge.

140 Vgl. beispielsweise für aktuelle Untersuchungen Liebeskind (2000); Fluck und Lynch (1999); Klein (2001); Hadlock et al. (2001).

141 Vgl. etwa Haugen und Langetieg (1975); Hyland und Diltz (2002); Lubatkin und O'Neill (1987).

142 Vgl. Trautwein (1990), S. 284.

Die Größe des Coinsurance-Effekts hängt von der Korrelation der Cash-flows der beteiligten Unternehmen ab. Je schwächer diese miteinander korreliert sind, desto größer die Risikodiversifikation. Bei Unternehmen mit ähnlichen Geschäftsaktivitäten ist eine hohe Korrelation der Cash-flows zu erwarten, bei Unternehmen aus sehr verschiedenen Branchen eine negative Korrelation. Dieser Argumentation folgend, ist also besonders für unverbundene Diversifikationen mit einer Wertsteigerung zu rechnen.[143] Zum anderen hängt die Auswirkung dieser Risikodiversifikation davon ab, inwieweit die beteiligten Unternehmen einen höheren maximalen Verschuldungsgrad nutzen können. Besonders für Unternehmen mit einer niedrigen Eigenkapitalquote vor dem Zusammenschluss kann durch den Coinsurance-Effekt eine weitere Reduzierung der Kapitalkosten und infolgedessen eine Wertsteigerung möglich werden.[144]

Ein Großteil der Energieversorgungsunternehmen ist bislang nicht börsennotiert. Dies gilt vor allem für Kontinentaleuropa. In Deutschland sind derzeit nur 21 von rund 900 Versorgern börsennotiert.[145] Sind an einem Zusammenschluss börsennotierte und private Unternehmen beteiligt, wird eine Diversifikation des unsystematischen Risikos möglich, die in dieser Form nicht durch die Kapitalanleger über die Wertpapierbörse erfolgen kann. Neben der oben beschriebenen positiven Auswirkung auf den maximalen Verschuldungsgrad kann in diesem Fall eine zusätzliche Wertsteigerung erreicht werden.

Als zweite Quelle finanzieller Synergien werden Größeneffekte in der Kapitalbeschaffung diskutiert. Fazzari et al. (1988) finden in ihrer Untersuchung US-amerikanischer Unternehmen Belege dafür, dass die Finanzierungsmöglichkeiten kleiner Unternehmen beschränkt sind. Im Gegensatz zu großen Unternehmen sind diese stärker auf Bankkredite angewiesen. Kapitalbegebungen an der Wertpapierbörse oder das Auflegen von Unternehmensanleihen sind aufgrund der geringen Größe häufig nicht möglich. Besonders in Zeiten schwacher Konjunktur laufen kleine Unternehmen Gefahr, unter Kreditrationierungen der Banken zu leiden. Zusätzlich erhalten kleinere Unternehmen systematisch schlechtere Kreditkonditionen. Wie bereits Stoll (1984) zeigen konnte, sinken die Zinssätze von Krediten mit zunehmender Höhe. Neben einem Verweis auf die möglicherweise niedrigeren spezifischen Transaktionskosten können diese Unterschiede mit Informationsasymmetrien zwischen Kreditgeber und –nehmer erklärt werden. Eine Besonderheit des Kapitalmarktes im Vergleich zu anderen Märkten liegt darin, dass der Zinssatz nicht notwendigerweise auf der Höhe des Marktgleichgewichtspreises liegt. Stiglitz und Weiss (1981) erklären dies damit, dass der Zinssatz nicht nur die Kapitalnachfrage beeinflusst, sondern auch das mit den Krediten verbundene Risiko. Mit wachsendem Zinssatz und damit auch zunehmendem Risiko begrenzen daher die Kapitalgeber den Umfang ihrer bereitgestellten Kredite.[146] Da die Kapitalgeber im Vergleich zur Unternehmensführung wenig über die Fähigkeiten des

143 Vgl. Lubatkin und O'Neill (1987), S. 1987.
144 Vgl. Ghosh und Jain (2000).
145 Vgl. Ising und Schiereck (2003); Drasdo et al. (1998).
146 Vgl. Audretsch und Elston (2002).

Managements und die Investitionsprojekte von kleinen Unternehmen wissen, können sie das Risiko entsprechender Kredite nur schlecht einschätzen. Jaffe und Russell (1978) zeigen, dass es besonders in dieser Situation zu Kreditrationierungen kommt. Das beschriebene Phänomen ist ein Anwendungsbeispiel für das Modell adverser Selektion von Akerlof (1970). Im Ergebnis leiden kleinere Unternehmen wesentlich häufiger unter Kreditbeschränkungen als ihre größeren Wettbewerber.[147]

Das dritte Argument, das für die Existenz finanzieller Synergien spricht, setzt an der Effizienz des unternehmensinternen Kapitalmarktes an, der durch Unternehmenszusammenschlüsse geschaffen oder ausgedehnt wird. Erfolgt die Mittelallokation durch den internen Kapitalmarkt effizienter als durch den externen, können die Kapitalkosten gesenkt werden.[148] Effizienzvorteile werden aus verschiedenen Gründen erwartet. So kann zunächst von geringeren Transaktionskosten als bei einer externen Kapitalaufnahme über eine Wertpapierbörse ausgegangen werden. Ebenso können die Kosten verringert werden, die durch Informationsasymmetrien zwischen externen Kapitalgebern und dem Unternehmen entstehen. Diese Kosten sind besonders bei begrenztem Zugang zu externer Finanzierung relevant.[149] Hadlock et al. (2001) finden in ihrer Untersuchung von „equity issues“ etwa Hinweise darauf, dass das Problem einer adversen Selektion bei diversifizierten Unternehmen mit internem Kapitalmarkt von geringerer Bedeutung ist als bei fokussierten Unternehmen. Außerdem wird angeführt, dass der interne Kapitalmarkt der Unternehmensleitung eine bessere Kontrolle bei der Auswahl von geeigneten Projekten erlaubt. Bei interner Finanzierung ist die Entscheidung für ein Projekt nicht von schlechter informierten externen Kapitalgebern abhängig.[150] Allerdings können die Eigennutzorientierung von Divisionsmanagern,[151] Verhandlungsprobleme innerhalb des Unternehmens[152] oder eine „Überbürokratisierung“[153] die Effizienz einer Allokation über den internen Kapitalmarkt reduzieren.

Aus diesen Argumenten für die Relevanz finanzieller Synergien lassen sich folgende Hypothesen ableiten:

Hypothese 2a)	*Energieversorger nutzen durch Unternehmenszusammenschlüsse den Coinsurance-Effekt. Zusammenschlüsse, bei denen die Cash-flows der beteiligten Unternehmen nur schwach korreliert sind, werden durch den Kapitalmarkt positiver bewertet bzw. führen zu einer größeren Leistungssteigerung als andere Übernahmen.*

147 Audretsch und Elston (2002) untersuchen die Besonderheiten des deutschen Marktes. Sie kommen zu dem Ergebnis, dass besonders mittlere Unternehmen unter einem beschränkten Zugang zum Kapitalmarkt leiden. Kleinere Unternehmen würden insbesondere durch Genossenschaftsbanken und Sparkassen ausreichend mit Kapital versorgt.

148 Vgl. Klein (2001).

149 Vgl. Hubbard und Palia (1999), S. 1138. In der Literatur wird dieses Argument teilweise auch unter der Bezeichnung „Financial Slack“-Hypothese dargestellt. Vgl. etwa Eckardt (1999).

150 Vgl. Stein (1997); Weston (1970); Williamson (1975).

151 Vgl. Scharfstein und Stein (2000).

152 Vgl. Rajan et al. (2000).

153 Vgl. Shin und Stulz (1998).

Hypothese 2b)	*Energieversorger nutzen den Coinsurance-Effekt vor allem dann, wenn der Zugang eines der beteiligten Unternehmen zu externer Finanzierung beschränkt ist. Zusammenschlüsse, bei denen die Cash-flows der beteiligten Unternehmen nur schwach oder negativ korreliert sind und der Verschuldungsgrad relativ hoch ist, werden durch den Kapitalmarkt positiver bewertet bzw. führen zu einer größeren Leistungssteigerung als andere Übernahmen.*
Hypothese 2c)	*Vor allem kleine Unternehmen können durch Zusammenschlüsse ihre Kapitalkosten senken, da sie nur über einen eingeschränkten Zugang zu externen Kapitalmärkten verfügen. Übernahmen relativ kleiner Unternehmen werden daher durch den Kapitalmarkt positiver bewertet bzw. führen zu einer größeren Leistungssteigerung.*

Manageriale Synergien

Ein weiteres Motiv für Unternehmenszusammenschlüsse kann darin liegen, Unterschiede in der Effizienz des Managements von Käufer- und Zielunternehmen zu nutzen. Arbeitet das Management des Zielunternehmens vergleichsweise ineffizient, kann durch einen Zusammenschluss die höhere Effizienz des kaufenden Unternehmens für das nun gemeinsame Gesamtunternehmen genutzt werden. Wenn der Kapitalmarkt über ausreichende Informationen verfügt, um die Veränderung der Managementqualität zu bewerten, besteht die Wertsteigerung aus der Differenz zwischen dem Wert des Akquisitionsobjektes mit dem neuen effizienten Management und dem Wert des bisherigen Managements.[154]

Ineffizienzen des Managements können in fehlenden Managementfähigkeiten oder eigennützigem Verhalten begründet sein.[155] Fehlende Managementqualitäten können beispielsweise zu einem Problem werden, wenn kleine Unternehmen stark wachsen. Das bisherige Management hat möglicherweise keine Erfahrung mit der Führung eines großen Unternehmens. Im Rahmen einer Übernahme kann die Unternehmensleitung eines größeren Käuferunternehmens das erforderliche Wissen zur Verfügung stellen.[156] Dabei ist davon auszugehen, dass sich manageriale Synergien besonders dann nutzen lassen, wenn das Management des Käuferunternehmens über das für die Branche des Zielunternehmens erforderliche spezifische Wissen verfügt.[157]

Beispiele für eigennütziges Verhalten sind exzessive Vergünstigungen für das Management, teure Club-Mitgliedschaften, luxuriöse Büroräume, Dienstwagen oder eine geringe Anstrengung des Management. Dieses Verhalten ist Ausdruck des von Jensen und Meckling (1976) beschriebenen Agency-Problems. Durch die Trennung von Eigentum und Kontrolle in

---

154 Vgl. Easterbrock und Fischel (1981).

155 Vgl. Eckardt (1999), S. 60.

156 Vgl. Gaughan (1991), S. 147.

157 Vgl. Gordon und Yagil (1981), S. 119.

Unternehmen[158] bedarf es eines Mechanismus, der sicherstellt, dass das Management nicht in eigenem, sondern im Interesse der Eigentümer handelt. Aufgrund der Unmöglichkeit, für das Management des Unternehmens vollständige Verträge zu formulieren, bedarf es zusätzlicher Kontrollinstrumente.

An diesem Punkt setzt das „Management Competition Modell" von Jensen (1986b) an, das eine Weiterentwicklung der Diskussion um manageriale Synergien darstellt. Übernahmen kommt in diesem Modell die Rolle einer disziplinierenden Kraft des Kapitalmarktes zu, der die Funktion eines „market for corporate control"[159] übernimmt. Unternehmen mit schlechtem Management und geringer Profitabilität werden von effizienteren Unternehmen übernommen. Da das Management des Zielunternehmens im Rahmen von den teilweise feindlichen Übernahmen zumeist ersetzt wird, geht von diesen Transaktionen eine disziplinierende Wirkung auch für unbeteiligte dritte Unternehmen aus.

Verschiedene empirische Studien stützen in der Tat die Hypothese, dass Ineffizienzen in der Unternehmensführung ein Motiv für Übernahmen sein können. Morck et al. (1989) kommen in ihrer Untersuchung zu dem Ergebnis, dass eine schlechte Unternehmensleistung die Wahrscheinlichkeit erhöht, zum Ziel einer Übernahme zu werden. Mitchell und Lehn (1990) finden Hinweise darauf, dass Unternehmen, die wertvernichtende Unternehmenszusammenschlüsse durchführen, anschließend mit einer höheren Wahrscheinlichkeit selbst übernommen werden. Martin und McConnell (1991) ermitteln eine höhere Wechselrate in der Besetzung der Führungspositionen des Zielunternehmens nach einer Übernahme. Besonders bei den Zielunternehmen mit schwacher Unternehmensleistung vor der Übernahme waren anschließende Veränderungen in der Besetzung des Managements zu beobachten. Diese Studien deuten auf einen direkten Zusammenhang zwischen Übernahmen und schlechter Leistung des Managements hin. Empirische Evidenz findet sich auch für eine indirekte disziplinierende Wirkung von Übernahmen. Denis und Denis (1995) finden in ihrer Untersuchung von Managementwechseln Hinweise darauf, dass der Abschluss von vorgesehenen Übernahmen keine notwendige Bedingung für eine Steigerung der Managementleistung ist. Die Autoren finden einen Zusammenhang zwischen Rücktritten des Top-Managements und im Zusammenhang mit Übernahmen ausgeübtem disziplinierendem Druck. Über gescheiterte „takeover contests" berichten Denis und Serrano (1996), dass Wechsel im Management des ehemaligen Übernahmekandidaten besonders in den Fällen zu beobachten sind, bei denen eine schlechte Unternehmensleistung und Käufe von einflussreichen „Blockholdern" zusammenfallen. Diese empirischen Befunde deuten insgesamt auf eine enge Wechselwirkung von internen und externen Kontrollmechanismen hin.[160]

---

[158] Vgl. Berle und Means (1932).
[159] Manne (1969).
[160] Vgl. Denis und Kruse (2000).

Aus den voranstehenden Überlegungen und den Ergebnissen der empirischen Studien lassen sich für die in der vorliegenden Arbeit untersuchten Zusammenschlüsse von Energieversorgern folgende Hypothesen ableiten:

Hypothese 3a)	*Energieversorger wollen durch Übernahmen manageriale Synergien nutzen. Die Zielunternehmen sind daher durch eine schlechtere Unternehmensleistung gekennzeichnet als die Käuferunternehmen.*
Hypothese 3b)	*Zusammenschlüsse, bei denen die Unternehmensleistung der beteiligten Unternehmen stark differiert, werden durch den Kapitalmarkt positiver bewertet bzw. führen zu einer größeren Leistungssteigerung als andere Übernahmen.*

III.1.1.2 Wertmaximierung durch Rentenumverteilung

Für die Anteilseigner des Käuferunternehmens kann eine Akquisition auch dann attraktiv sein, selbst wenn sie zu keiner Gesamtwertsteigerung führt. Dies gilt für die Fälle, in denen es Anteilseignern der Käuferunternehmen gelingt, durch einen Nettowerttransfer von anderen Stakeholdern zu profitieren. Im Folgenden werden verschiedene Hypothesen diskutiert, welche Umverteilungsprozesse zu Akquisitionen motivieren können.[161]

Umverteilung zu Lasten der Konsumenten

Einen für die Wettbewerbspolitik besonders bedeutsamen Aspekt greift die Hypothese auf, das Streben nach Marktmacht sei ein wichtiger Auslöser für Unternehmenszusammenschlüsse. Das Ergebnis sei eine Umwandlung von Konsumenten- in Monopolrente.

Im Mittelpunkt der Diskussion um die potentiellen Auswirkungen von Marktmacht stehen horizontale Unternehmenszusammenschlüsse.[162] Die Argumentation wird von den Protagonisten der Marktmachthypothese wie folgt geführt: Der Anreiz für verschiedene Anbieter, ihre Produktionsraten untereinander abzustimmen, hängt von den Kontrollkosten kollusiver Vereinbarungen ab. Durch einen horizontalen Zusammenschluss wird die Zahl der unabhängigen Anbieter reduziert. Je weniger Anbieter in einem Markt aktiv sind, desto sichtbarer sind die Aktionen jedes einzelnen und desto größer ist die Wahrscheinlichkeit, dass eine nicht vereinbarungskonforme Steigerung der Produktionsmenge („cheating") entdeckt wird. Je niedriger die Kontrollkosten bzw. je höher die Wahrscheinlichkeit, dass „cheating" aufgedeckt wird, desto stabiler, profitabler und infolgedessen attraktiver sind Kartellvereinbarungen.[163] Erfolgen Absprachen lediglich stillschweigend, wird von „tacit collusion" gesprochen. Auch für diese Variante abgestimmten Verhaltens gilt, dass je nachvollziehbarer der Einfluss einiger weniger Anbieter auf Produktpreise und Profite ist, desto stärker ist der Anreiz für die Produzenten, die Ausbringungsmenge zu reduzieren. Ergebnis derartiger expliziter oder im-

[161] Vgl. für einen Überblick Weston et al. (1997), S. 83 ff.
[162] Vgl. etwa Eckbo (1983), S. 272.
[163] Vgl. Eckbo (1983); Stigler (1950).

pliziter Absprachen sind Monopolrenten für alle Anbieter, die durch höhere Preise erzielt werden.[164] Eine wichtige Voraussetzung für die Wirksamkeit dieses Mechanismus ist es daher, dass der regulatorische Rahmen den beteiligten Anbieter erlaubt, Preissteigerungen durchzusetzen bzw. Preissenkungen zu verhindern. Wie bereits in Kapitel 2 erläutert, ist dies in den Vereinigten Staaten für den Großteil des Stromabsatzes seit 1992 und in den verschiedenen europäischen Ländern teilweise seit Mitte der 1990er Jahre möglich. Für den Gasmarkt gilt bislang für die meisten europäischen Länder eine Preisregulierung. In den USA wird seit 1984 ein großer Teil des Gasabsatzes wettbewerblich veräußert. Unter einer kostenorientierten Preisregulierung kann eher von geringeren Anreizen zu einem Ausbau von Marktmacht ausgegangen werden, da die Preise auch nach einer Abstimmung mit Wettbewerbern nicht autonom angehoben werden können, sondern erst durch die Regulierungsbehörde unter Betrachtung der Bereitstellungskosten genehmigt werden müssen.[165]

Unternehmenszusammenschlüsse zweier Wettbewerber haben nach dieser Argumentation positive Wertveränderungen der übrigen Anbieter des relevanten Marktes zur Folge, da die Wahrscheinlichkeit für stabile Preisabsprachen steigt. Ob der relevante Markt ein regionaler, nationaler oder internationaler Markt ist, kann nicht ohne weiteres beantwortet werden und ist häufig Gegenstand intensiver Diskussionen im Rahmen von Kartellverfahren.[166] Für Energieversorgungsunternehmen konnte in der Vergangenheit zumeist von regionalen oder nationalen Märkten ausgegangen werden.

Die bisherigen Ausführungen in diesem Kapitel bezogen sich auf horizontale Zusammenschlüsse, denn nur bei diesem Übernahmetyp wird die Zahl der Wettbewerber reduziert und die Kontrollkosten für kollusive Vereinbarungen infolgedessen gesenkt. Aber auch durch konglomerate Zusammenschlüsse kann Marktmacht aufgebaut werden. Die Vertreter der „mutual forbearance"-Theorie[167] identifizieren zwei Mechanismen, die durch implizites kollusives Verhalten von Wettbewerbern, die in mehreren Märkten aufeinander treffen, zu einem Aufbau von Marktmacht führen.[168] Sie argumentieren zum einen, dass Unternehmen, die nicht nur in einem Absatzmarkt aufeinander treffen, sich mit höherer Wahrscheinlichkeit als Rivalen erkennen und infolgedessen Informationen über das Verhalten des anderen sammeln. Je mehr Informationen über einen wichtigen Wettbewerber vorliegen, desto besser kann ein Unternehmen die Interdependenz von eigener Aktion und Reaktion des Rivalen einschätzen. Durch diese Vertrautheit („familiarity"[169]) mit dem Verhalten von Rivalen werden stillschweigende Vereinbarungen zur Beschränkung des Wettbewerbs in beiderseitigem Interesse erst möglich.

---

164 Vgl. Weston et al. (1997), S. 83.
165 Vgl. Fritsch et al. (2001), S. 230.
166 Vgl. etwa Europäische Kommission (1997)
167 Vgl. Edwards (1955).
168 Vgl. Jayachandran et al. (1999), S. 51.
169 Vgl. Baum und Korn (1999).

Damit es aber tatsächlich zu abgestimmtem Verhalten kommt, müssen die jeweiligen Wettbewerber das Potential haben, sich gegenseitig massiven finanziellen Schaden als Vergeltungsmaßnahme für schädigendes Verhalten zuzufügen. Fehlt diese Art der Abschreckung („deterrance“[170]), gibt es für starke Unternehmen keinen Anreiz, auf einen aggressiven Wettbewerb mit relativ schwächeren Rivalen zu verzichten.[171] In der Regel führt ein „multimarket contact“ dazu, dass Wettbewerber vielfältigere Möglichkeiten haben, sich im Rahmen von Vergeltungsmaßnahmen zu schädigen. Die Abschreckung ist in diesen Fällen besonders wirksam.[172] Eine konglomerate Akquisition kann das Abschreckungspotential etwa dann steigern, wenn ein Unternehmen hierdurch in den wichtigsten Markt eines Wettbewerbers eintritt. Verfügt dieser ebenfalls über eine entsprechende Position im bedeutendsten Markt des ersten Unternehmens, kann es für die beteiligten Unternehmen vorteilhaft sein, stillschweigend auf einen intensiven Wettbewerb zu verzichten.[173] Die „mutual forbearance“-Hypothese wird durch die bisherigen empirischen Untersuchungen überwiegend bestätigt, gegenteilige Evidenzen liegen aber ebenfalls vor.[174] Ein Abschluss der Diskussion steht daher noch aus.

Neben der „mutual forbearance“ können diversifizierte Unternehmen auch dadurch Marktmacht nutzen, indem sie einzelne Sparten mit den Erlösen anderer Unternehmensbereiche quersubventionieren. Dies kann es möglich machen, die Marktposition in der entsprechenden Sparte zu sichern oder auszubauen.[175]

Zusammengefasst kann somit davon ausgegangen werden, dass auch konglomerate Akquisitionen kollusives Verhalten fördern bzw. zu einem Marktmachtzuwachs führen können. Dies ist allerdings nur unter den oben ausgeführten Voraussetzungen der Fall. Diese Einschränkung lässt erwarten, dass Marktmachtmotive nur bei einem kleineren Teil der konglomeraten Transaktionen eine Rolle spielen im Vergleich zu horizontalen Übernahmen. Konsistent mit dieser Überlegung wären durchschnittlich geringere Kursreaktionen der Wettbewerber bei konglomeraten Transaktionen.

Folgende Hypothesen fassen den Stand der Diskussion zusammen:

Hypothese 4a) *Für Unternehmenszusammenschlüsse ist die Steigerung von Marktmacht ein wichtiges Motiv. Unternehmenszusammenschlüsse zwischen Strom- oder Gasversorgern führen daher zu einer Steigerung des Börsenwertes der nationalen Branchenwettbewerber.*

170 Vgl. Edwards (1955).
171 Vgl. Teece et al. (1997).
172 Dieses Abschreckungspotential wirkt sich dabei möglicherweise nicht nur auf bestehende, sondern auch auf potentielle Wettbewerber aus. Vgl. für die Auswirkungen potentiellen Wettbewerbs Steiner (1975).
173 Vgl. Porter (1985).
174 Vgl. für einen Überblick Jayachandran et al. (1999).
175 Vgl. Trautwein (1990).

Hypothese 4b)	*Besonders durch horizontale Unternehmenszusammenschlüsse innerhalb eines nationalen Marktes kann Marktmacht aufgebaut werden. Ihre Ankündigung führt daher zu ausgeprägteren Kursreaktionen bei den nationalen Wettbewerbern.*

In verschiedenen Untersuchungen wurden in der Tat Hinweise auf einen positiven Zusammenhang zwischen der Ankündigung eines Zusammenschlusses und der Veränderung des Marktwertes von Wettbewerbern gefunden.[176] Der Nachweis dieses Zusammenhangs ist lediglich eine notwendige, aber keine hinreichende Bedingung für die Marktmachthypothese. Eckbo (1983) argumentiert, dass eine positive Wirkung ebenfalls auf einen Informationseffekt zurückgeführt werden kann. Dies ist beispielsweise dann der Fall, wenn der Kapitalmarkt davon ausgeht, dass die beteiligten Unternehmen durch den entsprechenden Zusammenschluss eine effizientere Produktions- oder Investitionsstrategie verfolgen können. Da enge Wettbewerber in der Regel sehr ähnliche Produktionsverfahren haben, kann ein Zusammenschluss daher signalisieren, dass unbeteiligte Wettbewerber zukünftig ebenfalls Effizienzpotentiale durch weitere Zusammenschlüsse nutzen können.

Song und Walkling (2000) entwickeln diese Argumentation weiter. Sie untersuchen, ob die Stärke der Kursreaktionen rivalisierender Unternehmen davon abhängt, ob weitere Zusammenschlüsse in der jeweiligen Branche zu erwarten sind. Als Indikator für den Grad der Erwartbarkeit wählen die Autoren die Länge des Zeitraums seit dem letzten Zusammenschluss in der gleichen Branche. Sie stellen fest, dass überraschende Übernahmeankündigungen, d.h. Ankündigungen, die das Ende einer branchenweiten „Ruhephase" ohne Übernahmeaktivität markieren, tatsächlich stärkere Kursreaktionen bei rivalisierenden Unternehmen auslösen. Darüber hinaus fallen diese Reaktionen bei den Wettbewerbern besonders stark aus, die in der Folgezeit selbst zu einem Übernahmeziel werden. Ihre Ergebnisse stützen die sogenannte „acquisition probability"-Hypothese, die besagt, dass nicht ein Zuwachs von Marktmacht, sondern vielmehr die in der Ankündigung enthaltene Information über zukünftige Übernahmen für die Kursreaktionen von Wettbewerbern verantwortlich sind.

Hypothese 4c)	*Die Ankündigung von Zusammenschlüssen von Strom- oder Gasversorgungsunternehmen wirkt als Signal für Effizienzsteigerungspotentiale. Sie führt zu einer Steigerung des Unternehmenswertes der Wettbewerber. Diese fällt in der Anfangsphase einer Übernahmewelle höher aus als in späteren Phasen.*
Hypothese 4d)	*Die Ankündigungseffekte fallen bei den Wettbewerbern besonders groß aus, die in der Folgezeit selbst zu Übernahmeobjekten werden.*

Im Gegensatz zum Synergiemotiv wird der Ausbau von Marktmacht als Argument für Akquisitionen öffentlich allerdings kaum als Grund genannt. Dies ist angesichts der potentiellen Gefahr kaum verwunderlich, da Organe der Fusionskontrolle wie das Bundeskartellamt oder

[176] Vgl. Eckbo (1983); Eckbo (1985); Eckbo und Wier (1985); Jensen (1983); Mitchell und Mulherin (1996); Song und Walkling (2000); Stillman (1983).

die Federal Trade Commission, durch den eigenen Verweis auf Marktmachtzuwachs eher dazu veranlasst sein könnten, die entsprechende Übernahme zu untersagen.[177]

Umverteilung zu Lasten der Fremdkapitalgeber

Umverteilungen sind auch von den Fremdkapitalgebern zugunsten der Eigenkapitalgeber denkbar. Jensen und Meckling (1976) argumentieren, dass es für Aktionäre einen Anreiz gibt, das Unternehmensrisiko durch riskante Investitionsprojekte zu steigern. Denn der Maximalverlust ist im Gegensatz zum –gewinn auf die Höhe des Aktienwertes beschränkt. Da auch Unternehmensakquisitionen eine Art der Investition darstellen, gibt es demzufolge für die Eigenkapitalgeber einen Anreiz, Unternehmen zu kaufen, die die Variabilität der Cash-flows steigern. Weil der Wert des Fremdkapitals durch das gestiegene Risiko eines Bankrotts verringert wird, gewinnen die Eigenkapitalgeber zulasten der Fremdkapitalgeber. Positive Veränderungen des Wertes von Käuferunternehmen würden dieser Argumentation folgend die Höhe der Rentenumverteilung anzeigen.[178]

Die überwiegende empirische Evidenz spricht gegen die Gültigkeit dieser Hypothese. Asquith und Kim (1982), Dennis und McConnell (1986), Kim und McConnell (1977) und Maquieira et al. (1998) finden keine Hinweise auf einen Werttransfer zulasten der Fremdkapitalgeber. Eine Ausnahme scheinen lediglich „highly leveraged buyouts" zu bilden.[179]

Aufgrund der schwachen empirischen Hinweise für die Bedeutung einer Umverteilung zu Lasten der Fremdkapitalgeber wird dieser Mechanismus in der vorliegenden Untersuchung nicht aufgegriffen.

Umverteilung zu Lasten der Arbeitnehmer

Durch Zusammenschlüsse kann der Unternehmenswert auch dann gesteigert werden, wenn es dem Management gelingt, für das gemeinsame Unternehmen ein geringeres Lohnniveau oder eine Reduzierung der Beschäftigtenzahl durchzusetzen. In diesem Fall kommt es zu einer Umverteilung zu Lasten der Arbeitnehmer.

Allerdings kann diese Umverteilung auch als Ergebnis einer Effizienzsteigerung aufgefasst werden: Durch operative Synergien kann die Zahl der erforderlichen Mitarbeiter und der Personalaufwand gesenkt werden. Eine Verringerung des Personalaufwands in der Folgezeit einer Übernahme kann auch ein Indiz für eine höhere Leistungsfähigkeit des neuen Managements sein. Dieser Fall wäre dann ein Beispiel für manageriale Synergien.[180] Für ein eigenständiges Übernahmemotiv käme eine Umverteilung zu Lasten der Arbeitnehmer nur dann in Frage, wenn sich durch Übernahmen die Machtverhältnisse zwischen Arbeitnehmern und -gebern stark verschieben. Nach Geroski und Knight (1983) lösen Unternehmenszusammen-

177 Vgl. Eckardt (1999), S. 57; Trautwein (1990), S. 286.
178 Vgl. Asquith und Kim (1982).
179 Vgl. Welch und Warga (1993).
180 Vgl. Weston et al. (1997), S. 86.

schlüsse Veränderungen der internen Organisation aus, die zu einer Verbesserung der Verhandlungsposition der Unternehmensleitung gegenüber den Arbeitnehmern führen. Verfügen Unternehmen über mehrere Produktionsanlagen, verringert sich zudem die Abhängigkeit von einzelnen Produktionsstätten. Der potentielle Schaden durch Bestreiken eines Werks wird begrenzt und damit einhergehend auch das Drohpotential der Arbeitnehmer und Gewerkschaften.

In der vorliegenden Arbeit wird aufgrund der starken Überschneidung mit Effizienzmotiven darauf verzichtet, die Umverteilung zu Lasten der Arbeitnehmer als eigenständiges Übernahmemotiv zu untersuchen.

Umverteilung zu Lasten der Steuerzahler

Steuereinsparungen können ein weiteres Motiv für Übernahmen sein. Sie bewirken einen Werttransfer von Steuerzahlern zugunsten der Shareholder des Käufer- oder Zielunternehmens. Die wichtigste Quelle für Steuereinsparungen sind operative Nettoverluste und daraus resultierende Steuergutschriften eines der beteiligten Unternehmen. Erwirtschaftet das zweite Unternehmen Gewinne, kann das zu versteuernde Einkommen und damit die Steuerlast durch die Verrechnung von Gewinnen und Verlusten der beiden Unternehmen reduziert werden.[181]

Die empirischen Untersuchungen stützen nur bedingt die Hypothese, dass Steuereinsparungen für Übernahmeentscheidungen eine wichtige Rolle spielen. Für das Sample von Auerbach und Reishus (1988) können nur 6,5% der berücksichtigten Unternehmen ihre Steuerlast durch Übernahmen senken. Hayn (1989) vergleicht in einer weiteren Untersuchung Zusammenschlüsse, die potentiell zu einer Reduktion der Steuerlast führen, mit steuerlich neutralen Transaktionen. Erstere wurden vom Kapitalmarkt mit signifikant höheren positiven abnormalen Renditen zum Zeitpunkt der Ankündigung begrüßt als die Vergleichsgruppe. Diese Effekte sind aber auch auf verschiedene weitere Transaktionsparameter wie etwa die Einstellung des Managements, die Art der Finanzierung oder Größenunterschiede zwischen Käufer- und Zielunternehmen zurückzuführen. Nur ein kleiner Teil des in den betrachteten Zusammenschlüssen gewährten Premiums lässt sich dieser Untersuchung zufolge Steuereinsparungen zurechnen.

Aufgrund der empirischen Evidenz für die geringe Bedeutung von Steuereinsparungen wird in der vorliegenden Arbeit auf einen Test der Steuerhypothese verzichtet.

III.1.1.3 Wertmaximierung durch private Information

Für die bisher formulierten Hypothesen über die Motive für Zusammenschlüsse wurde implizit eine strenge Informationseffizienz des Kapitalmarktes vorausgesetzt. Verfügen hingegen Käuferunternehmen über private Informationen, können sich hieraus Wertsteigerungspotentiale ergeben.

---

181 Vgl. Weston et al. (1997), S. 65.

Den Ausgangspunkt für die Untersuchung privater Informationen als Auslöser für Übernahmen bilden Studien von Bradley (1980) und Dodd und Ruback (1977). Die Autoren beobachten, dass die Aktien von Zielunternehmen nach Übernahmeangeboten häufig deutlich höher notieren als zuvor, obwohl die vorgesehene Übernahme anschließend nicht abgeschlossen wird. Bradley et al. (1983) entwickeln mögliche Erklärungen für dieses Phänomen. Die beiden von den Autoren vorgeschlagenen Ansätze gehen zunächst davon aus, dass für den Kapitalmarkt durch das Übernahmeangebot neue Informationen verfügbar werden. Für die erste Variante wird angenommen, dass der Markt durch das Angebot erkennt, dass das Zielunternehmen zuvor unterbewertet war. Die in dem Übernahmeangebot enthaltene Information führt daher zu einer dauerhaften Höherbewertung des Zielunternehmens. Die zweite Erklärungsvariante geht davon aus, dass die Unternehmensführung des Zielunternehmens durch das Übernahmeangebot zur Implementierung neuer Unternehmensstrategien inspiriert wird. Für beide Erklärungen ist neben der Nachricht über das Übernahmeangebot kein weiterer externer Einfluss erforderlich. Die Autoren präsentieren zusätzlich eine konkurrierende Hypothese. Die Kursgewinne für das Zielunternehmen bei nicht vollzogenen, aber angekündigten Übernahmen könnten durch die Erwartung der Anleger verursacht werden, dass das Zielunternehmen in der Folgezeit von einem anderen Käuferunternehmen übernommen wird. Damit wären die Kursgewinne letztendlich das Resultat zukünftig erwarteter Synergieeffekte. Die Ergebnisse der empirischen Untersuchungen von Bradley et al. (1983) sind konsistent mit dieser konkurrierenden Erklärung und sprechen folglich gegen die Informationshypothese. Roll (1987) findet allerdings Hinweise darauf, dass durch ein rivalisierendes Übernahmeangebot die Wahrscheinlichkeit für die Existenz positiver nicht-öffentlicher Informationen über das Zielunternehmen steigt. Gleichzeitig sinkt die Wahrscheinlichkeit dafür, dass der erste Bieter über exklusive Informationen verfügt. Diese Ergebnisse sind konsistent mit der Informations-Hypothese.

Andere Studien untersuchen, ob Käuferunternehmen über private Informationen hinsichtlich des eigenen Unternehmenswertes statt über den Wert des Zielunternehmens verfügen. Maßgeblichen Einfluss auf die Diskussion hat die auf der Theorie asymmetrischer Information aufbauende Erklärung von Myers und Majluf (1984) genommen. Die Autoren argumentieren, dass durch die Entscheidung des Managements über die Art der Übernahmewährung bewertungsrelevante Informationen preisgegeben werden. Für Unternehmen sei nämlich der Einsatz von Aktien als Zahlungsmittel aus der Perspektive des Käuferunternehmens vor allem dann vorteilhaft, wenn das Management die eigenen Aktien für überbewertet hält. Schätzt das Management die eigenen Aktien im Gegenteil als unterbewertet ein, zieht es Barmittel und eine möglicherweise damit verbundene Aufnahme von Fremdkapital vor. Die Finanzierungsentscheidung im Zusammenhang einer Übernahme stellt daher für die Kapitalmarktteilnehmer ein Signal dar, das eine Neubewertung des Unternehmens- bzw. Aktienwertes erforderlich macht. Die Kursreaktion auf die Ankündigung einer Übernahme hängt also von der Einschätzung der Vorteilhaftigkeit der Übernahme und von der Art der Neubewertung des Käuferunternehmens ab. Besteht zwischen der Vorteilhaftigkeit der Übernahme und der Art der Finanzierung keine Abhängigkeit, so ist ceteribus paribus für aktienfinanzierte Übernahmen mit einer negativen und für aus Barmitteln finanzierte Übernahmen mit einer positiven Börsenreaktion auf die Ankündigung zu rechnen.

Eine entsprechende positive Börsenreaktion kann allerdings auch mit der von Jensen (1986a) vorgeschlagenen „free cash flow“- Hypothese erklärt werden. Verfügt das Management über einen höheren freien Cash-flow als es für Investitionsprojekte mit angemessener erwarteter Profitabilität benötigt, tendiert es Jensen zufolge dazu, in unprofitable Projekte zu investieren. Teile der freien Mittel werden außerdem für die persönliche Nutzenmaximierung eingesetzt, anstatt den freien Cash-flow den Anteilseigner zuzuführen. Eine Reduktion der freien Zahlungsströme kann demnach zu einer Verringerung des derart unprofitabel eingesetzten Kapitals führen. Im Gegensatz zu einer Übernahme in Form eines Aktientausches reduziert eine aus Barmitteln oder Fremdkapital finanzierte Übernahme die freien Zahlungsmittel des Käuferunternehmens und verringert insofern das Kapital, das vom Management verschwenderisch eingesetzt werden kann. Im Ergebnis lässt auch diese Argumentation positivere Kursreaktionen für Käuferunternehmen auf die Ankündigung von Übernahmen erwarten, die durch Barmittel finanziert werden. Verschiedene empirische Untersuchungen haben inzwischen die Prognosen für die Aktienkursreaktionen von Käuferunternehmen bestätigt.[182]

Zwei aktuelle Studien versuchen, einen Zusammenhang zwischen einer Überbewertung und Übernahmewellen herzustellen. Rhodes-Kropf und Viswanathan (2004) entwickeln eine rationale Theorie auf der Basis korrelierter Fehlinformationen. In ihrem Modell sind die Fehler in der Bewertung von Synergien mit einer allgemeinen Überbewertung von Aktien durch den Kapitalmarkt korreliert. Übernahmewellen entstehen den Autoren zufolge daher in Zeiten einer allgemeinen Überbewertung. Shleifer und Vishny (2003) erklären Übernahmewellen mit einem irrationalen Kapitalmarkt und eigennutzorientierten Managern der Zielunternehmen. Weil diese Manager ihren kurzfristigem privaten Gewinn maximieren, akzeptieren sie aktienfinanzierte Übernahmeangebote überbewerteter Käuferunternehmen, auch wenn sie damit einen langfristigen Wertverlust für ihre Aktionäre verursachen. Auch diesem Ansatz zufolge sind Übernahmewellen für Phasen einer hohen allgemeinen Marktbewertung zu erwarten. Auch wenn beide Modelle von einer Fehlbewertung durch den Kapitalmarkt ausgehen, können sie als Varianten anderer Erklärungsansätze eingeordnet werden. Rhodes-Kropf und Viswanathan (2004) erklären Übernahmewellen, ähnlich wie die Hybris-Hypothese von Roll (1986), mit einer Überschätzung der erzielbaren Synergien durch das Käufermanagement. Bei Shleifer und Vishny (2003) basiert die Erklärung auf einer Eigennutzmaximierung des Managements und kann demnach auch dem im folgenden Kapitel dargestellten Ansatz zugerechnet werden. Die empirische Überprüfung dieser beiden Modelle durch Rhodes-Kropf et al. (2003) liefert darüber hinaus keine eindeutigen Hinweise dafür, dass eine Über-

182 Travlos (1987), Brown und Ryngaert (1991) und Peterson und Peterson (1991) berichten von deutlich höheren kumulierten abnormalen Renditen für Käuferunternehmen, wenn die untersuchte Übernahme mit Barmitteln finanziert wurde.

bewertung durch den Kapitalmarkt tatsächlich Auslöser für die Transaktionen der letzten Übernahmewelle war.

Trautwein (1990) führte schon zu Beginn der 1990er Jahre die Schwierigkeiten der empirischen Forschung, belastbare Hinweise auf die Relevanz privater Information für Übernahmeentscheidungen zu liefern, darauf zurück, dass die Validität der Informationshypothese nicht anhand der Auswirkungen von Übernahmen überprüft werden kann.[183] Weil in dieser Arbeit aber genau die Auswirkungen von Übernahmen untersucht werden und die bisherige Evidenz für die Relevanz der Informationshypothese schwach ist, wird die Bedeutung privater Information für die Übernahmeentscheidungen von Energieversorgern im Folgenden nicht weiter untersucht. Der potentielle Einfluss der Transaktionswährung auf die Bewertung des Kapitalmarktes wird jedoch als Kontrollgröße berücksichtigt.

III.1.2 Maximierung des Managementnutzens

Verschiedene Theorien führen die Existenz von Unternehmenszusammenschlüssen auf die von Berle und Means (1932) herausgestellte Trennung von Eigentum und Kontrolle in modernen Unternehmen zurück. Die Autoren beobachten Anfang der 1930er Jahre das Aufkommen des Großunternehmens – wie die frühen Eisenbahngesellschaften in den USA – und in der Folge die Herausbildung des Mehrproduktunternehmens.[184] Diese Unternehmen waren nicht mehr nach dem traditionellen Modell des Eigentümer-Unternehmers zu finanzieren und zu steuern. Kapitalgesellschaften entwickelten sich daher zur dominierenden Organisationsform. Die Verteilung des Eigentums auf viele Anteilsbesitzer[185] führt nach Berle und Means (1932) zu einem Verlust an Kontrolle über die neu entstandene Klasse der Manager. Die eigentliche Verfügungsgewalt über das Unternehmen liegt im so genannten Managerkapitalismus in der Hand der Unternehmensführung, während die Aufsichtsorgane und Anteilsbesitzer im Extremfall die Managemententscheidungen nur noch passiv genehmigen können, wie Marris (1964) ausführte.[186]

Das Verhältnis zwischen der neuen Managerklasse und den Unternehmenseigentümern steht bei der von Jensen und Meckling (1976) begründeten Agency-Theorie im Mittelpunkt der Betrachtung. Demnach ist ein wichtiges Charakteristikum dieser Beziehung, dass die Manager („Agenten") für die Eigentümer („Prinzipale") Dienste, nämlich die Leitung von Unternehmen, in deren Interesse leisten. Dabei werden Entscheidungsbefugnisse auf den Agenten übertragen. Das Risiko für potentielle Fehlentscheidungen verbleibt aber bei den Prinzipalen. Das erzielte Ergebnis aus den Handlungen der Agenten wird zwar durch deren Ar-

183 Vgl. Trautwein (1990), S. 287.

184 Vgl. Chandler (1977).

185 Anfang 1930 hatten 44% der größten 200 US-amerikanischen Unternehmen keinen Anteilseigner, der mehr als 5% des Kapitals kontrollierte. Vgl. Berle und Means (1932). In den folgenden Jahrzehnten setzte sich diese Entwicklung fort. Vgl. für US-Amerika etwa Larner (1970) und für Deutschland Steinmann et al. (1983).

186 Vgl. Nicolai und Thomas (2004).

beitseinsatz beeinflusst, hängt aber wegen der Unsicherheit über externe Einflüsse nicht ausschließlich von ihren Handlungen ab. Die Folge sind Informationsasymmetrien hinsichtlich der Leistung des Managements zwischen Agent und Prinzipal.

Die Agency-Theorie setzt weiter voraus, dass sich beide Parteien nutzenmaximierend verhalten und dass der Agent sich nicht unbedingt im Sinne des Prinzipalen verhält. Der Nutzen des Managers kann vor allem durch ein hohes Einkommen, persönlichen Einfluss, Sicherheit und Prestige gesteigert werden.[187] Zur Maximierung seines Nutzens kann der Manager versteckte Handlungen zum Schaden des Prinzipals vornehmen, so etwa die Verringerung seiner Arbeitsanstrengung oder das Anschaffen luxuriöser Dienstwagen. Damit Manager trotz dieses Interessenkonflikts Unternehmen im Sinne ihrer Eigentümer führen, bedarf es Anreiz- und Kontrollmechanismen, die etwa im Rahmen von Verträgen festgeschrieben werden können. Diese Art der Konfliktlösung ist allerdings mit Kosten verbunden, den sogenannten Agency-Kosten. Sie entstehen, da Verträge nicht kostenfrei zwischen dem Manager („Agenten") und den Eigentümern („Prinzipal") vereinbart und durchgesetzt werden können. Quellen für Agency-Kosten sind der Aufwand für das Formulieren von Verträgen oder die Kosten für die Überwachung und Kontrolle des Managerverhaltens durch die Eigentümer. Weitere Kosten können für den Agenten entstehen, wenn er auf Handlungen verzichtet, die dem Prinzipal schaden oder wenn er bei der Durchführung dieser Handlungen den Prinzipal entschädigen muss. Da trotz dieser Maßnahmen nicht davon ausgegangen werden kann, dass der Agent sich optimal den Zielen des Prinzipals entsprechend verhält – etwa weil die Kosten der Vertragsdurchsetzung höher ausfallen als die resultierenden Vorteile – muss zusätzlich von einem Residualverlust ausgegangen werden.[188]

Das Agency-Problem kann durch die Wahl bestimmter Organisationsformen und durch das Wirken von Marktmechanismen abgemildert werden. So kann etwa die Entscheidungsfreiheit der Manager eingeschränkt werden, indem Entscheidungs- und Kontrollaufgaben personell getrennt werden. Durch eine leistungsorientierte Entlohnung können darüber hinaus die Interessen von Management und Eigentümern angeglichen werden. Ein intensiver Wettbewerb auf dem Arbeitsmarkt wirkt disziplinierend auf Manager, die um eine hohe Entlohnung durchsetzen zu können, eine hohe Reputation aufbauen müssen.[189]

Eine letzte Möglichkeit, eigennütziges Verhalten von Managern zu unterbinden, bietet der Markt für Unternehmen.[190] Sinkt die Unternehmensleistung aufgrund des Agency-Problems oder anderweitiger Ineffizienz des Managements, verringert sich der Marktwert des Unternehmens. Ist für andere Marktteilnehmer die Ursache für den Wertverlust erkennbar, können diese durch eine Übernahme des entsprechenden Unternehmens für eine Ablösung des Managements sorgen. Die resultierende Wertsteigerung bildet den Anreiz für das Käuferunter-

---

187 Vgl. Marris (1963), S. 186 f.; Mueller (1969).
188 Vgl. Macharzina (1995), S. 57f.
189 Vgl. Fama (1980).
190 Vgl. Manne (1969).

nehmen, die Übernahme zu realisieren. Manager müssen aufgrund dieses Zusammenhangs fürchten, durch eigennütziges Verhalten ihren Arbeitsplatz zu verlieren. Die Furcht vor (feindlichen) Übernahmen wirkt daher disziplinierend.

Auch für Käuferunternehmen können Übernahmen das Agency-Problem abschwächen. Gemäß der „free cash flow"-Hypothese von Jensen (1986a) verringert sich durch barmittelfinanzierte Übernahmen der diskretionäre Spielraum des Managements. Da die vormals liquiden Mittel als Kaufpreis den Aktionären des Zielunternehmens zufließen, kann das Management sie nicht mehr für die Maximierung des eigenen Nutzens missbrauchen.

Auf der anderen Seite können Übernahmen auch ganz im Gegenteil als Ausdruck für das Bestehen des Agency-Problems angesehen werden. Die Vertreter dieser sogenannten „Managerialismus-Theorie"[191] argumentieren, dass Manager gerade durch Übernahmen die Möglichkeit haben, ihren privaten Nutzen auf Kosten der Eigentümer zu maximieren.

Ein wichtiges Argument für die Managerialismus-Theorie wird unter dem Schlagwort „growth maximization"-Hypothese[192] diskutiert. Den Ausgangspunkt bildet die Annahme, dass Manager statt oder zumindest neben einer Orientierung an den Unternehmensprofiten auf ein Größenwachstum ihres Unternehmens abzielen. Verschiedene empirische Untersuchungen liefern in der Tat Evidenzen dafür, dass Gehalt, Bonuszahlungen, Beförderungen, Macht und Prestige stärker an die Wachstumsrate als an die Profitabilität des Unternehmens gekoppelt seien.[193] Manager unterliegen infolgedessen dem Anreiz, in Projekte mit negativem Barwert zu investieren, um ein maximales Unternehmenswachstum zu ermöglichen. Ein naheliegender Weg zur Maximierung der Unternehmensgröße kann der Kauf anderer Unternehmen sein. Dass Unternehmenskäufe in der Tat zu einer Steigerung der Managerentlohnung führen können, zeigt eine empirische Untersuchung von Firth (1991).

Die Ergebnisse anderer Untersuchungen sprechen allerdings teilweise gegen die Relevanz der growth-maximization-Hypothese. Lewellen und Huntsman (1970) finden einen signifikanten Zusammenhang zwischen der Profitabilität und der Managemententlohnung. Sie stellen keine Korrelation zwischen der Entlohnung und dem Unternehmenswachstum fest. Damit erscheint fraglich, ob die Grundannahme der diskutierten Hypothese zutreffend ist. Auch für den Zusammenhang zwischen Akquisitionen und nachfolgendem Anstieg der Managerentlohnung liegen gegensätzliche Untersuchungsergebnisse vor. Anders als Firth (1991) beobachten Lambert und Larcker (1987) keine positive Korrelation. Zusammenschlüsse, die vom Kapitalmarkt als wertvernichtend für das Käuferunternehmen eingeschätzt wurden, führten für das untersuchte Sample sogar zu einer Verringerung der Managerentlohnung.

Für angestellte Manager können Unternehmenszusammenschlüsse insbesondere auch dann nutzensteigernd wirken, wenn sie zu einer Verringerung des persönlichen Risikos führen. Da

---

191 Vgl. Trautwein (1990), S. 287.
192 Vgl. Mueller (1969).
193 Vgl. Marris (1964); Penrose (1959).

das Gesamteinkommen von Managern üblicherweise zu großen Teilen aus der Anstellungsvergütung besteht, ist das Einkommensrisiko des Managers eng verknüpft mit dem Unternehmensrisiko. Wirtschaftet das Unternehmen erfolgreicher als erwartet, kann der Manager mit Gehaltszuschlägen in Form von Gewinnen aus Stock-Option-Programmen und Bonuszahlungen rechnen. Wenn die Profitabilität hingegen unterdurchschnittlich ist oder das Unternehmen im Extremfall bankrott ist, dann muss das Management mit dem Verlust des Arbeitsplatzes und damit auch der Anstellungsvergütung rechnen. Gleichzeitig verschlechtern sich die Aussichten auf zukünftige Anstellungs- und Verdienstmöglichkeiten. Dieses „employment risk“[194] kann von Managern nicht effektiv diversifiziert werden, da das Humankapital anders als Aktien nicht auf Wettbewerbsmärkten gehandelt wird. Anders ausgedrückt verfügen Angestellte nicht über ein Portfolio mit verschiedenen Arbeitgebern, innerhalb dessen das unsystematische Unternehmensrisiko eines einzelnen Unternehmens diversifiziert werden kann. Für risikoaverse Manager kann es deshalb lohnenswert sein, das employment risk durch die Reduzierung des unsystematischen Unternehmensrisikos zu verringern. Eine Möglichkeit dafür bieten gemäß der „Coinsurance-Theorie“[195] besonders konglomerate Akquisitionen, die im Allgemeinen den Cash-flow des Unternehmens stabilisieren und durch die möglicherweise sogar ein Bankrott vermieden werden kann. Die Eigentümer hingegen können ihr Risiko effizienter diversifizieren, indem sie ein Portfolio verschiedener Wertpapiere halten. Während also die Vorteile konglomerater Akquisitionen für die Eigentümer fraglich erscheinen, profitieren die Manager von einer höheren Einkommenssicherheit.[196]

Im Ergebnis kann also aus agency-theoretischer Perspektive erwartet werden, dass die jeweiligen Zielunternehmen vom Management in erster Linie deshalb ausgewählt wurden, weil ihre Übernahme die höchste Nutzensteigerung für das Management verspricht. Ein derartiges Verhalten des Managements verursacht Agency-Kosten, die den gemeinsamen Wert von Käufer- und Zielunternehmen verringern. Durchschauen die Akteure des Kapitalmarktes die Motivation des Managements, ist mit negativen Ankündigungseffekten entsprechender Transaktionen zu rechnen. Gleichzeitig ist zu erwarten, dass die Anteilseigner des Zielunternehmens versuchen, einen Teil der Nutzensteigerung des Managements für sich zu beanspruchen. Inwieweit ihnen dies gelingt, hängt maßgeblich von ihrer Verhandlungsmacht ab. Liegen etwa Offerten verschiedener potentieller Käuferunternehmen vor oder können die Shareholder des Zielunternehmens die Übernahme blockieren, muss das Management einen größeren Teil der eigenen Wertsteigerung abgeben. Je größer diese ausfällt bzw. je bedeutender das Agency-Problem ist, desto höher ist folglich auch der Werttransfer zu den Anteilseignern des Zielunternehmens. In der Konsequenz ist also ein negativer Zusammenhang zwischen der Gesamtwertveränderung und der Veränderung des Unternehmenswertes des Übernahmeziels zum Zeitpunkt der Übernahmeankündigung zu

194 Vgl. Amihud und Lev (1981), S. 606.
195 Vgl. zur Coinsurance-Theorie die Ausführungen zu finanziellen Synergien in Kapitel III.1.1.1.
196 Vgl. Amihud und Lev (1981), S. 606.

erwarten. Analog kann bei Gültigkeit der Agency-Hypothese von einer negativen Korrelation der Wertveränderungen von Käufer- und Zielunternehmen ausgegangen werden.[197]

Besonders bei konglomeraten Akquisitionen spricht einiges dafür, dass sie Ausdruck des Agency-Problems sein könnten. So ist zunächst das Potential, durch derartige Transaktionen die Effizienz- oder die Marktmacht des Käuferunternehmens zu steigern, im Allgemeinen als geringer einzuschätzen als für horizontale Akquisitionen (vgl. Kapitel III.1.1.1 und Kapitel III.1.1.2). Zusätzlich können Manager durch konglomerate Akquisitionen besonders effektiv ihren eigenen Nutzen steigern, da sie besonders geeignet sind, das Unternehmensrisiko und die Kontrolle durch Shareholder zu reduzieren. Dies legt die Vermutung nahe, dass besonders bei konglomeraten Zusammenschlüssen die oben beschriebenen Zusammenhänge zwischen der Wertsteigerung eines hypothetischen Gemeinschafts-, des Ziel- und des Käuferunternehmens zu beobachten sind.

Hypothese 5a)	*Übernahmen von Energieversorgern sind primär Ausdruck des Agency-Problems. Sie führen daher zu einer Verringerung des Gesamtwertes bzw. der Unternehmensleistung von Käufer-, Ziel- und hypothetischen Gemeinschaftsunternehmen.*
Hypothese 5b)	*Die Wertveränderungen des hypothetischen Gesamtunternehmens und des Zielunternehmens sowie des Käufer- und des Zielunternehmens sind negativ korreliert, da ein Teil der Nutzensteigerung für das Management des Käuferunternehmens von den Eigentümern des Zielunternehmens beansprucht wird.*

III.2 Unternehmenszusammenschlüsse als Ergebnis eines Strategieprozesses

Eine Reihe von Theorien zur Erklärung von Unternehmenszusammenschlüssen löst sich von der Annahme, Fusionen seien ausschließlich durch rationale Entscheidungen der beteiligten Akteure zu erklären.[198] Zu diesen Ansätzen gehört auch die von Roll (1986) entwickelte Hybris-Hypothese. Sie erklärt das Zustandekommen von Unternehmenszusammenschlüssen mit einer Überschätzung der Übernahmegewinne durch das Management. Den Ausgangspunkt dieser Überlegungen bildet die überwiegende empirische Evidenz für einen im Zuge von Akquisitionen sinkenden Wert des Käuferunternehmens zugunsten einer steigenden Bewertung des Zielunternehmens. Diese gegenläufigen Effekte erklärt Roll damit, dass durch das Zahlen einer Übernahmeprämie ein Werttransfer zwischen den beteiligten Unternehmen stattfindet. In Abwesenheit von signifikanten Synergieeffekten – nach Ansicht von Roll der Normalfall – sind daher keine Auswirkungen auf den Gesamtwert der beteiligten Unternehmen zu erwarten. Lediglich die administrativen Kosten der Übernahme könnten zu einer leichten Verringerung des Gesamtwertes führen.

---

197 Vgl. Berkovitch und Narayanan (1993), Seth et al. (2000).

198 Vgl. Trautwein (1990), S. 288 und zur evolutionären Form der Strategieentwicklung z.B. Nagel und Wimmer (2002) sowie Wimmer und Nagel (2000).

Doch wie kommt es zu einer systematischen Überschätzung der Übernahmegewinne? Roll nimmt an, dass der Kapitalmarkt den Wert des Zielunternehmens korrekt bewertet.[199] Eine Übernahme kommt nur dann zustande, wenn der gebotene Akquisitionspreis über dem Marktwert des entsprechenden Anteils liegt. Andernfalls gibt es für die Anteilseigner des Zielunternehmens keinen Anreiz, ihre Unternehmensanteile zu verkaufen. Roll geht weiter davon aus, dass Manager die erzielbaren Synergieeffekte mit gleicher Wahrscheinlichkeit über- wie unterschätzen. Sind die „wahren“ Synergieeffekte gleich null, wird nur dann ein Gebot für das Zielunternehmen abgegeben, wenn diese überschätzt werden. Die vom Käuferunternehmen geleistete Zahlung macht folglich den Werttransfer vom Käufer- zum Zielunternehmen aus. In dieser strikten Form der Hybris-Hypothese ist demnach keine Steigerung des Gesamtwertes von Käufer- und Zielunternehmen zu erwarten.[200]

Der Wertetransfer von den Käufer- zu den Zielunternehmen führt nach dieser Argumentation zu einer negativen Korrelation der Börsenwertveränderungen von Käufer- und Zielunternehmen. Die Wertzuwächse auf Seiten der Zielunternehmen sind nicht mit den Veränderungen des Gesamtwertes korreliert, da die Synergieeffekte nur in der Erwartung der Käuferunternehmen und nicht der Kaptialmarktteilnehmer bestehen.

Verschiedene empirische Untersuchungen stützen den Erklärungsansatz der Hybris-Hypothese. Berkovitch und Narayanan (1993) untersuchen anhand von Kursreaktionen auf Übernahmeankündigungen US-amerikanischer Unternehmen die Bedeutung der Effizienz-, der Agency- und der Hybris-Hypothese. Sie kommen zwar zu dem Schluss, dass Synergien der Haupttreiber für die untersuchten Akquisitionen sind, finden aber auch Hinweise auf eine systematische Selbstüberschätzung der Manager und auf die Relevanz von Agency-Kosten. Seth et al. (2000) wiederholen die Analyse für grenzüberschreitende Zusammenschlüsse und kommen zu ähnlichen Ergebnissen. Unter welchen Umständen Manager von Käuferunternehmen besonders zu einer Selbstüberschätzung neigen, wurde von Hayward und Hambrick (1997) untersucht. Eine positive Bewertung des CEO durch die Wirtschaftspresse, eine herausragende Stellung des CEO im Vergleich zum restlichen Management und eine positive Unternehmensentwicklung in der Zeit vor der Akquisition führen ihren Ergebnissen zufolge zu einer größeren Selbstsicherheit des Managements und zu der Bereitschaft, hohe Übernah-

[199] Roll geht dabei nicht davon aus, dass alle Marktteilnehmer rational handeln. Er setzt lediglich voraus, dass der sich aus den Einzeleinschätzungen der Akteure gebildete Durchschnittspreis den Rationalitätsanforderungen genügt. Vgl. Roll (1986), S. 199.

[200] In einer abgeschwächten Form lassen sich aber auch schwach positive Gesamtwertveränderungen erklären. Wenn bei einem Teil der Übernahmen Synergieeffekte genutzt werden können, streben rationale Manager danach, sich derartige Wertsteigerungspotentiale zu sichern. Sind die Einschätzungen der Synergieeffekte durch das Management mit Fehlern behaftet, sind die Übernahmepreise, die das Management bereit ist zu zahlen, um den effizienten Preis gestreut. Die Verteilung der Preise wird aber auf der linken Seite durch den Marktpreis beschränkt. Daraus folgt, dass es in diesem Szenario bei Übernahmeangeboten wahrscheinlicher ist, dass das Management des Käuferunternehmens Übernahmeprämien zahlt, welche die tatsächlichen Synergieeffekte übersteigen, als dass die Übernahmeprämien von den Synergieeffekten übertroffen werden. Das Ergebnis ist ein durchschnittlicher Rückgang des Börsenwertes der Käuferunternehmen.Vgl. Roll (1986), S. 200; Seth et al. (2002), S. 927 und zur ähnlichen Argumentation der sogenannten „Winner´s Curse“ Varaiya (1988).

meprämien auszuhandeln. Die entsprechenden Übernahmen wirken aus der Perspektive des Käuferunternehmens langfristig wertvernichtend. Malmendier und Tate (2003) analysieren den Zusammenhang zwischen der Neigung des Managements, die zukünftige Leistung seines Unternehmens zu überschätzen und die Bereitschaft, sich in Mergers & Acquisitions zu engagieren. Die Autoren klassifizieren CEO's als „overconfident", wenn sie trotzdem sie unterdiversifiziert sind, Aktienoptionen ihres Unternehmens bis zur Fälligkeit behalten. Sie finden heraus, dass CEO's, die als „overconfident" eingestuft werden, in der Tat eine höhere Bereitschaft zu Unternehmensakquisitionen haben. Die Ankündigungseffekte für Käuferunternehmen sind negativ und signifikant geringer, wenn der CEO „overconfident" ist.

Die Implikationen der Überlegungen zu einer Management-Hybris werden für die vorliegende Untersuchung in folgenden testbaren Hypothesen zusammengefasst:

Hypothese 6a) *Unternehmenszusammenschlüsse von Strom- und Gasversorgern sind Ausdruck einer Überschätzung der Akquisitionsgewinne durch das Management. Sie führen daher zu einer Verringerung des Gesamtwertes der Käuferunternehmen und zu einer Steigerung des Börsenwertes der Zielunternehmen. Der Börsenwert und die Unternehmensleistung der Gemeinschaftsunternehmen verringern sich durch die Übernahme geringfügig.*

Hypothese 6b) *Die Börsenwertveränderungen des hypothetischen Gesamtunternehmens und des Zielunternehmens sind nicht korreliert. Die Wertveränderungen von Käufer- und des Zielunternehmens sind negativ korreliert, da durch Zusammenschlüsse ein Werttransfer von den Käufer- zu den Zielunternehmen stattfindet.*

III.3 Unternehmenszusammenschlüsse als Reaktion auf makroökonomische Veränderungen

Die in den voranstehenden Kapiteln entwickelten Erklärungsansätze nehmen eine mikroökonomische Perspektive ein. Sie versuchen, Unternehmenszusammenschlüsse aus der Sicht derjenigen zu erklären, die über die Durchführung von Übernahmen zu entscheiden haben, d.h. Manager und Anteilseigner. In den folgenden Abschnitten wird eine makroökonomische Perspektive eingenommen.

Den Ausgangspunkt der Überlegungen bildet die Beobachtung, dass Phasen mit intensiven Übernahmeaktivitäten (Übernahmewellen) von Phasen mit schwachen Übernahmeaktivitäten abgelöst werden. Abbildung 22 zeigt die Entwicklung der Übernahmen unter Beteiligung US-amerikanischer Unternehmen.[201] Seit dem Ende des 19. Jahrhunderts können fünf Phasen identifiziert werden, in denen es zu einem deutlichen Anstieg der Übernahmeaktivitäten kam.

---

[201] Für einen langen Zeitraum liegen nur für US-amerikanische Unternehmen belastbare Informationen über Zusammenschlüsse vor.

In jeder dieser Phasen gab es vorherrschende Strategiemuster, wie etwa eine zunehmende vertikale Integration oder die Bildung von Konglomeraten.[202]

Abbildung 22: Übernahmen unter Beteiligung US-amerikanischer Unternehmen

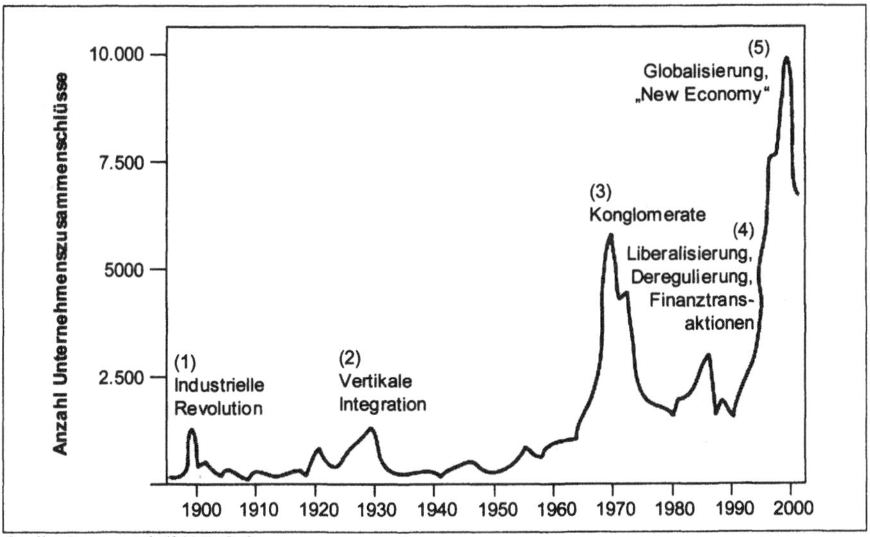

Quelle: Jansen et al. (2004), S. 9.

In den vergangenen Jahrzehnten haben sich zwei Forschungsschwerpunkte entwickelt, die dieses Phänomen aus einer makroökonomischen Perspektive zu erklären versuchen.

Die erste Forschungsströmung analysiert den Einfluss makroökonomischer Variablen auf das Ausmaß der Übernahmeaktivitäten in einer Volkswirtschaft. Golbe und White (1988) berichten für die Vereinigten Staaten von einer positiven Korrelation zwischen dem Niveau des Aktienmarktes (gemessen durch Tobin´s Q) und dem Ausmaß der Übernahmeaktivitäten. Melicher et al. (1983) untersuchen ebenfalls für die USA den Zusammenhang zwischen dem Produktionsniveau, der Anzahl der Geschäftsaufgaben, dem Zins- und Aktienmarktniveau auf der einen Seite und Übernahmeaktivitäten auf der anderen Seite.

Sie finden Hinweise darauf, dass auf einen Anstieg des Aktienmarktniveaus und ein Sinken des Zinsniveaus eine Zunahme der Übernahmeaktivitäten folgt. Das Produktionsniveau und die Anzahl der Geschäftsaufgaben, d.h. die Indikatoren für den ökonomischen Wohlstand, eignen sich hingegen nicht zur Vorhersage der Übernahmeaktivitäten. Die Autoren erklären ihr Ergebnis mit einem Verweis auf die „economic disturbance"-Theorie. Dieser Erklärungsansatz von Gort (1969) führt Übernahmewellen auf ökonomische Schocks zurück. Die wichtigsten Schocks sind seiner Ansicht nach technologischer Wandel und Veränderungen der Wertpapierpreise. Sie lösen eine Veränderung der individuellen Erwartungen aus und führen

---

202 Vgl. für eine ausführliche Darstellung der ersten vier Übernahmewellen Fligstein (1990).

zu einem allgemeinen Anstieg der Unsicherheit. Die Folge ist eine höhere Streuung in der Bewertung von Assets durch die verschiedenen Kapitalmarktteilnehmer. Wenn durch diese Veränderungen ein potentieller Käufer ein Unternehmen höher bewertet als der bisherige Eigentümer, kommt es zu einer Übernahme. Nach Gort (1969) sind die bisherigen Eigentümer vor allem in Zeiten mit einem hohen allgemeinen Kursniveau bereit, ihre Anteile zu veräußern. Liegt das Kursniveau unter dem langfristigen Durchschnitt, halten die Alteigentümer ihre Anteile eher für unterbewertet und würden hohe Prämien verlangen, die eine Übernahme aus Sicht der Käuferunternehmen unattraktiv machen würde.

Die zweite Forschungsrichtung entwickelt die „economic disturbance"-Theorie weiter, indem sie die Branchenbezogenheit von ökonomischen Schocks in den Mittelpunkt stellt. Mitchell und Mulherin (1996, S. 206) definieren „industry shocks" als alle erwarteten und unerwarteten Faktoren, die eine Veränderung der Branchenstruktur hervorrufen. Die Beispiele für derartige Schocks reichen von spezifischen Faktoren wie etwa Deregulierungen oder eine hohe Preisvolatilität bis hin zu weitreichenderen Effekten wie technologischer oder demographischer Wandel. Unternehmen können auf derartige Schocks entweder durch interne oder externe Maßnahmen reagieren. Wenn durch einen technologischen Schock etwa die optimale Betriebsgröße steigt, können Unternehmen durch internes oder durch Übernahmen wachsen. Nach Ansicht der Autoren sind Übernahmestrategien häufig die Alternative mit den niedrigsten Kosten.

In ihrer empirischen Untersuchung für die Übernahmewelle der 1980er Jahre in den USA zeigen Mitchell und Mulherin (1996), dass der Großteil der Übernahmen in den einzelnen Branchen jeweils in einer relativ kurzen Phase stattfand. Diese Phasen waren in den verschiedenen Branchen zeitversetzt. Die Autoren werten diese Konzentration zum einen als ein Indiz dafür, dass branchenweite Faktoren Auslöser für die Zunahme der Übernahmeaktivitäten waren. Zum anderen erklären sie die Verschiebung der Phasen innerhalb der verschiedenen Branchen mit konkreten industry shocks, wie etwa einen zunehmenden internationalen Wettbewerb. Maksimovic und Phillips (2001) finden Hinweise darauf, dass positive branchenweite Nachfrageschocks die Wahrscheinlichkeit für eine Übernahmewelle erhöhen. Andrade et al. (2001) identifizieren für die 1990er Jahre die Deregulierung als vorrangigen industry shock und damit Treiber für die fünfte Übernahmewelle. Mulherin und Boone (2000) bestätigen diese Ergebnisse.

Der Verlauf der Übernahmewelle der Energieversorgungsunternehmen in den 1990er Jahren ist konsistent mit einer Erklärung, die industry shocks als wesentlichen Treiber für Übernahmeaktivitäten sieht. Die Märkte für Gas- und Stromversorgung wurden in Nordamerika und Europa in den 1990er Jahren weitgehend liberalisiert (vgl. Kapitel 2). Die Deregulierung wurde begleitet von einer steigenden Preisvolatilität, die als weiterer verbundener Industrieschock aufgefasst werden kann. Der Höhepunkt der Übernahmeaktivitäten im Jahr 2000 folgte in den USA mit einer zeitlichen Verzögerung von rund acht Jahren auf die letzten bedeutenden Deregulierungsentscheidungen für die Strom- und Gasversorgung. Seit den frühen

1990er Jahren war allerdings schon ein stetiger Anstieg der Übernahmeaktivitäten zu beobachten. In Europa war die Vorlaufzeit kleiner als drei Jahre. Eine branchenübergreifende Analyse könnte weitere Hinweise auf den Zusammenhang zwischen Deregulierungsentscheidungen und der Reaktion des Übernahmemarktes geben. Da sich die vorliegende Untersuchung auf Übernahmen von Energieversorgern beschränkt, wird der makroökonomische Ansatz im Folgenden nicht weiter vertieft.

III.4 Zusammenfassung

Tabelle 10 fasst die Hypothesen zur Erklärung von Übernahmen durch Energieversorgungsunternehmen zusammen. Nach ihrem Erklärungsansatz sind sie den Kategorien Effizienzsteigerung, Ausbau von Marktmacht, Maximierung des Managementnutzens und Hybris zugeordnet.

Tabelle 10: Hypothesen zur Erklärung von Unternehmenszusammenschlüssen in der Energiewirtschaft

A. Effizienzsteigerung
1a) Unternehmensakquisitionen sind vorrangig durch Effizienzsteigerungen motiviert. Die Kursreaktionen (Veränderungen der Unternehmensleistung) von Käufer-, Ziel- und hypothetischen Gemeinschaftsunternehmen sind daher im Durchschnitt positiv.
1b) Die Kursreaktionen von Käufer- und Zielunternehmen sind positiv mit der gesamten Wertveränderung korreliert.
Operative Synergien
1c) Unternehmenszusammenschlüsse von Energieversorgern sind vorrangig durch operative Synergien motiviert. Akquisitionen von anderen Energieversorgern (derselben Branche) werden vom Kapitalmarkt positiver bewertet bzw. führen zu einer größeren Leistungssteigerung als Übernahmen branchenfremder Unternehmen.
1d) Unternehmensakquisitionen sind vorrangig durch operative Synergien in Form von Skaleneffekten motiviert. Nationale Übernahmen werden durch den Kapitalmarkt positiver bewertet bzw. führen zu einer größeren Leistungssteigerung als andere Transaktionen.
1e) Zusammenschlüsse zwischen Stromversorgern und Gasversorgern des gleichen nationalen Marktes sind durch operative Synergien in Form von Verbundeffekten motiviert. Sie werden durch den Kapitalmarkt positiver bewertet bzw. führen zu einer größeren Leistungssteigerung als unverbundene Diversifikationen.
Finanzielle Synergien
2a) Energieversorger nutzen durch Unternehmenszusammenschlüsse den Coinsurance-Effekt. Zusammenschlüsse, bei denen die Cash-flows der beteiligten Unternehmen nur schwach korreliert sind, werden durch den Kapitalmarkt positiver bewertet bzw. führen zu einer größeren Leistungssteigerung als andere Übernahmen.
2b) Energieversorger nutzen den Coinsurance-Effekt vor allem dann, wenn der Zugang eines der beteiligten Unternehmen zu externer Finanzierung beschränkt ist. Zusammenschlüsse, bei denen die Cash-flows der beteiligten Unternehmen nur schwach oder negativ korreliert sind und der Verschuldungsgrad relativ hoch ist, werden durch den Kapitalmarkt positiver bewertet bzw. führen zu einer größeren Leistungssteigerung als andere Übernahmen.
2c) Vor allem kleine Unternehmen können durch Zusammenschlüsse ihre Kapitalkosten senken, da sie nur über einen eingeschränkten Zugang zu externen Kapitalmärkten verfügen. Übernahmen relativ kleiner Unternehmen werden daher durch den Kapitalmarkt positiver bewertet bzw. führen zu einer größeren Leistungssteigerung.
Manageriale Synergien
3a) Energieversorger wollen durch Übernahmen manageriale Synergien nutzen. Die Zielunternehmen sind daher durch eine schlechtere Unternehmensleistung gekennzeichnet als die Käuferunternehmen.
3b) Zusammenschlüsse, bei denen die Unternehmensleistung der beteiligten Unternehmen stark differiert, werden durch den Kapitalmarkt positiver bewertet bzw. führen zu einer größeren Leistungssteigerung als andere Übernahmen.
B. Umverteilung zu Lasten der Konsumenten durch Marktmacht
4a) Für Unternehmenszusammenschlüsse ist die Steigerung von Marktmacht ein wichtiges Motiv. Unternehmenszusammenschlüsse zwischen Strom- oder Gasversorgern führen daher zu einer Steigerung des Börsenwertes der nationalen Branchenwettbewerber.
4b) Besonders durch horizontale Unternehmenszusammenschlüsse innerhalb eines nationalen Marktes kann Marktmacht aufgebaut werden. Ihre Ankündigung führt daher zu ausgeprägteren Kursreaktionen bei den nationalen Wettbewerbern.
4c) Die Ankündigung von Zusammenschlüssen von Strom- oder Gasversorgungsunternehmen wirkt als Signal für Effizienzsteigerungspotentiale. Sie führt zu einer Steigerung des Unternehmenswertes der Wettbewerber. Diese fällt in der Anfangsphase einer Übernahmewelle höher aus als in späteren Phasen.
4d) Die Ankündigungseffekte fallen bei den Wettbewerbern besonders groß aus, die in der Folgezeit selbst zu Übernahmeobjekten werden.

Tabelle 10: Hypothesen zur Erklärung von Unternehmenszusammenschlüssen in der Energiewirtschaft (Fortsetzung)

C. Steigerung des Managementnutzens
5a) Übernahmen von Energieversorgern sind primär Ausdruck des Agency-Problems. Sie führen daher zu einer Verringerung des Gesamtwertes bzw. der Unternehmensleistung von Käufer-, Ziel- und hypothetischen Gemeinschaftsunternehmen.
5b) Die Wertveränderungen des hypothetischen Gesamtunternehmens und des Zielunternehmens sowie des Käufer- und des Zielunternehmens sind negativ korreliert, da ein Teil der Nutzensteigerung für das Management des Käuferunternehmens von den Eigentümern des Zielunternehmens beansprucht wird.
D. Hybris-Hypothese
6a) Unternehmenszusammenschlüsse von Strom- und Gasversorgern sind Ausdruck einer Überschätzung der Akquisitionsgewinne durch das Management. Sie führen daher zu einer Verringerung des Gesamtwertes der Käuferunternehmen und zu einer Steigerung des Börsenwertes der Zielunternehmen. Der Börsenwert und die Unternehmensleistung der Gemeinschaftsunternehmen verringern sich durch die Übernahme geringfügig.
6b) Die Börsenwertveränderungen des hypothetischen Gesamtunternehmens und des Zielunternehmens sind nicht korreliert. Die Wertveränderungen von Käufer- und des Zielunternehmens sind negativ korreliert, da durch Zusammenschlüsse ein Werttransfer von den Käufer- zu den Zielunternehmen stattfindet.

In den folgenden Kapiteln wird überprüft, welche der aufgeführten Hypothesen einen Beitrag zur Erklärung von Unternehmenszusammenschlüssen liefern kann. Zunächst werden aber die Methoden zur Messung der Übernahmewirkungen vorgestellt.

IV. Untersuchungsmethodik und Datensample

Im IV. Kapitel wird zunächst die Untersuchungsmethodik beschrieben. Anschließend werden die Auswahl und die Charakteristika des Datensamples vorgestellt.

IV.1 Methodik zur Messung der Übernahmewirkungen

Die Übernahmewirkungen werden in der vorliegenden Arbeit durch zwei Methoden ermittelt. Auf der einen Seite werden Reaktionen der Aktienkurse betrachtet, welche die Einschätzung der Investoren hinsichtlich einer Veränderung des Unternehmenswertes zum Zeitpunkt der Übernahme widerspiegeln. Auf der anderen Seite wird die reale Entwicklung der Unternehmensleistung in den Jahren nach der Übernahme analysiert.[203] In den folgenden Abschnitten werden die beiden Untersuchungsverfahren erläutert.

IV.1.1 Ereignisstudie

Die Reaktionen des Kapitalmarktes auf die Übernahmeankündigungen werden im Rahmen einer Ereignisstudie gemessen. Dieses Verfahren ermittelt den Einfluss eines bestimmten Ereignisses auf den Börsenwert eines Unternehmens. Beispiele für derartige Ereignisse sind Ankündigungen von Desinvestitionen[204] oder Akquisitionen.[205]

Die dem jeweiligen Ereignis zugerechnete Veränderung des Börsenwertes wird als abnormale Rendite gemessen. Diese ergibt sich aus der Differenz der tatsächlichen Rendite zum Ereigniszeitpunkt und der erwarteten Rendite ohne Auftreten eines Ereignisses.[206]

Die in der vorliegenden Arbeit verwendete Methodik für die Ermittlung der Reaktionen des Kapitalmarktes wird in den folgenden Abschnitten näher erläutert. Im Mittelpunkt der Untersuchung stehen die Börsenwertveränderungen von Käufer-, Ziel- und einer hypothetischen Einheit aus beiden Unternehmen. In einer Zusatzanalyse werden die Kursreaktionen von Energieversorgern auf Übernahmen von Wettbewerbern untersucht. Da im zweiten Fall die Zahl der untersuchten Ereignisse wesentlich größer ist und die durchschnittliche Wartedauer bis zum nächsten Ereignis deutlich kürzer ist, wird für diesen Untersuchungsteil eine leicht abgewandelte Methodik verwendet.

IV.1.1.1 Messung der Kursreaktionen von Käufer-, Ziel- und hypothetischen Gemeinschaftsunternehmen

Die Berechnung der erwarteten Rendite ohne Auftreten eines Ereignisses erfolgt auf der Basis eines Schätzmodells. In der vorliegenden Untersuchung wird dafür das folgende risikoadjustierte

---

203 Vgl. Kapitel II.5.3 für eine Diskussion der Vor- und Nachteile der beiden Verfahren.
204 Vgl. Mulherin und Boone (2000).
205 Vgl. Andrade et al. (2001); Fuller et al. (2002).
206 Vgl. MacKinlay (1997), S. 15.

Marktmodell verwendet:

$$R_{jt} = \alpha_j + \beta_j R_{mt} + \varepsilon_{jt} \tag{1}$$

mit

R_{jt}	:	Aktienrendite des Wertpapiers j zum Zeitpunkt t
R_{mt}	:	Rendite des Marktindexes m zum Zeitpunkt t
α_j, β_j	:	Regressionskonstante und -koeffizient
ε_{jt}	:	Regressionsresiduum des Wertpapiers j zum Zeitpunkt t

Im Vergleich zu anderen Marktmodellen, insbesondere zu dem mittelwertadjustierten („mean adjusted model") oder marktadjustierten („market adjusted model") Modell, führt das risikoadjustierte Marktmodell („market and risk adjusted") zu Ergebnissen mit der größten statistischen Macht. Dies gilt besonders für längere Betrachtungszeiträume.[207] Deshalb ist das risikoadjustierte Marktmodell für die vorliegende Untersuchung besonders geeignet.

Die Parameter des Marktmodells (α, β) werden durch eine OLS-Regression für einen Zeitraum von 220 bis 21 Handelstagen vor dem Ereignis geschätzt.[208] Nationale Indizes der Heimatbörsen der jeweiligen Käufer- und Zielunternehmen werden als Marktindizes verwendet. Auf eine Verwendung von Branchenindizes wurde im Marktmodell verzichtet, da diese gerade für Versorgerunternehmen in den meisten Ländern nur auf der Basis weniger Werte gebildet werden. Dies hat zur Folge, dass eine Übernahmeankündigung eines indexkonstituierenden Unternehmens den Index selbst maßgeblich beeinflussen kann. Darüber hinaus konnten Cybo-Ottone und Murgia (2000) zeigen, dass die Verwendung von Branchenindizes nicht zu einer höheren Validität der Regressionsparameter führt.[209]

Im nächsten Schritt werden auf der Basis der für die Schätzperiode ermittelten Regressionsparameter $\hat{\alpha}_j, \hat{\beta}_j$ die erwarteten Renditen $\hat{R}_{jt}$ berechnet:

$$\hat{R}_{jt} = \hat{\alpha}_j + \hat{\beta}_j R_{mt} \tag{2}$$

Die durch die Verkaufsankündigung induzierte abnormale Rendite am Tag t (AR_{jt}) wird definiert als die Differenz aus realisierter und erwarteter Rendite.

$$AR_{jt} = R_{jt} - \hat{R}_{jt} \tag{3}$$

---

207 Vgl. Brown und Warner (1985), S. 12f.

208 Dodd (1980) kann zwar in einem Vergleich einer 100-tägigen mit einer 200-tägigen Schätzperiode keine signifikanten Unterschiede in den Regressionsparameter feststellen. Da die Mehrzahl der Ereignisstudien eine Schätzperiode von 200 bis 250 Tagen verwendet, wird zur methodischen Vergleichbarkeit für diese Studie ein entsprechendes Intervall gewählt. Vgl. für die Wahl der Schätzperiode von 200 Tagen etwa Corhay und Tourani Rad (2000), Doukas (1995), Eun et al. (1996) oder Servaes (1991).

209 Für die Analyse der Kursreaktionen auf Seiten der Wettbewerber wurden sowohl Branchenindizes als auch branchenübergreifende Marktindizes verwendet. Die Ergebnisse wurden von der Wahl des Index nur geringfügig beeinflusst. Vgl. Kapitel V.2.

Als Ereignisperiode wird vorrangig das [-1;+1]-Intervall betrachtet, d.h. der Zeitraum von einem Tag vor bis einen Tag nach dem Ereignisdatum. Die Vorteile dieses relativ kurzen Intervalls liegen darin, dass die Teststatistiken mächtiger sind[210] und dass die Wahrscheinlichkeit gering ist, dass Verzerrungen durch andere Unternehmensereignisse entstehen.[211] Ein weiterer Vorteil im Kontext der vorliegenden Untersuchung besteht darin, dass bei kurzen Ereignisintervallen nur von geringen Verzerrungen durch eine mögliche Veränderung der Parameter des Marktmodells infolge einer Regulierungsnovelle auszugehen ist.[212]

Ergänzend werden die Kursreaktionen für die Intervalle [-20;+20], [-10;+10], [-5;+5], [-2;+2], [-20;-10], [-9;-1], [+1;9], [+10;+20] und [-20;0] sowie für den Tag {0} der Ankündigung ermittelt. Dadurch werden auch die Effekte erfasst, die durch ein frühzeitiges „Durchsickern“ von Übernahmeentscheidungen („information leakage“) verursacht werden.[213]

Die kumulierten abnormalen Renditen (CAR_j) für die verschiedenen Ereignisperioden $[t_1;t_2]$, die durchschnittlichen kumulierten abnormalen Renditen (CAR) und die durchschnittlichen abnormalen Renditen (AAR) am Ereignistag t werden wie folgt berechnet:

$$CAR_{j,[t1;t2]} = \sum_{t=t_1}^{t_2} AR_{jt} \tag{4}$$

$$CAR_{[t1;t2]} = \sum_{t=t_1}^{t_2} \frac{1}{n} \sum_{j=1}^{n} AR_{jt} \tag{5}$$

$$AAR_{jt} = \left(\frac{1}{n}\right) \sum_{j=1}^{n} AR_{jt} \tag{6}$$

mit

t1, t2	:	zeitliche Grenzen des Betrachtungsintervalls bezogen auf den Ankündigungszeitpunkt; $\lvert t1 \rvert, \lvert t2 \rvert \leq 20$ Tage.
n	:	Anzahl der betrachteten Wertpapiere

Um die Netto-Wertveränderung für die Anteilseigner von Käufer- und Zielunternehmen zu ermitteln, werden die durchschnittlichen und die durchschnittlichen kumulierten abnormalen Renditen für ein hypothetisches gemeinsames Unternehmen bestehend aus Käufer- und Zielunternehmen ermittelt. Ihre Berechnung erlaubt Rückschlüsse auf einen möglichen Wohlstandstransfer zwischen den Shareholdergruppen der beteiligten Unternehmen. Analog

210 Vgl. Brown und Warner (1985), S. 15.

211 Vgl. McWilliams und Siegel (1997), S. 637.

212 Brown und Warner (1980) konnten zeigen, dass die Unterschiede zwischen risikoadjustierten und einfachen Marktmodellen, die ganz auf eine Modellierung des Risikos verzichten, für kurze Ereignisperioden gering sind.

213 Üblicherweise werden daher in den Untersuchungen von Übernahmeankündigungen auch längere Ereignisintervalle untersucht. Vgl. Ghosh und Lee (2000), Seth (1990), Seth et al. (2002).

zur Vorgehensweise von Bradley et al. (1988) werden die abnormalen Renditen mit den jeweiligen Marktkapitalisierungen gewichtet:

$$AR_t^{CE} = \frac{AR_{tK} \cdot MK_K + AR_{tZ} \cdot MK_Z}{MK_K + MK_Z} \tag{7}$$

mit

AR_{tK} : Abnormale Rendite des Käuferunternehmens

AR_{tZ} : Abnormale Rendite des Zielunternehmens

$MK_{K\ bzw.\ Z}$: Marktkapitalisierung von Käufer- bzw. Zielunternehmen am Tage vor Beginn der längsten Ereignisperiode, hier: -21 Tage.

Die Berechnung der kumulierten abnormalen Renditen und der durchschnittlichen abnormalen Renditen erfolgt analog zur Berechnung der entsprechenden Größen für Käufer- bzw. Zielunternehmen.

Als Teststatistik wird das von Boehmer et al. (1991) vorgeschlagene Maß z verwendet. Mit seiner Hilfe wird geprüft, ob die ermittelten abnormalen Renditen für die verschiedenen Ereignisperioden signifikant von null verschieden sind. In Erweiterung zu den gängigen Testgrößen von Brown und Warner (1980) oder Patell (1976) berücksichtigt das hier verwendete Maß einen durch das Ankündigungsereignis induzierten Anstieg der Varianz. Wie Brown et al. (1989) feststellen, führen viele Unternehmensereignisse zu einer Veränderung von Risiko und Rendite des entsprechenden Wertpapiers. Ausgehend von dieser Erkenntnis zeigen Boehmer et al. (1991), dass bereits kleinere Veränderungen der Aktienkursvarianz bei den traditionell verwendeten Testgrößen zu erheblichen Verzerrungen führen. Sie erweitern daher die herkömmliche Berechnung, indem sie die abnormalen Renditen unter Verwendung ihrer Standardabweichung in der Schätzperiode standardisieren (vgl. Gleichung 9). In einem zweiten Schritt werden diese standardisierten abnormalen Renditen um die durchschnittliche Standardabweichung aller betrachteten Wertpapiere in der Ereignisperiode bereinigt. Für die Testgröße z ergibt sich daher Folgendes:[214]

$$z = \frac{\frac{1}{n}\sum_{j=1}^{n} SR_{jt}}{\sqrt{\frac{1}{n(n-1)}\sum_{j=1}^{n}\left(SR_{jt} - \sum_{j=1}^{n}\frac{SR_{jt}}{n}\right)^2}} \tag{8}$$

mit

214 Vgl. Boehmer et al. (1991), S. 269f.

$$SR_{jt} = \frac{AR_{jt}}{\hat{s}_{jt}*} \qquad (9)$$

und

$$\hat{s}_{jt}* = \hat{s}_j \sqrt{1 + \frac{1}{T_j} + \frac{\left(R_{mt} - \overline{R}_m\right)^2}{\sum_{\tau=1}^{T}\left(R_{m\tau} - \overline{R}_m\right)^2}} \qquad (10)$$

AR_{jt}	:	Abnormale Rendite von Wertpapier j zum Zeitpunkt t
SR_{jt}	:	Standardisierte abnormale Renditen des Wertpapiers j zum Zeitpunkt t
$\hat{s}_{jt}*$	:	Adjustierte geschätzte Standardabweichung der abnormalen Renditen von Wertpapier j für den Tag t der Ereignisperiode
$\hat{s}_j$	:	Standardabweichung der abnormalen Renditen von Wertpapier j, geschätzt auf Basis der abnormalen Renditen der Schätzperiode
T_j	:	Anzahl der Tage in der Schätzperiode von Wertpapier j
R_{mt}	:	Rendite des Marktindexes m am Tag t der Ereignisperiode [-20;+20]
$R_{m\tau}$	:	Rendite des Marktindexes m am Tag τ der Schätzperiode
$\overline{R}_m$	:	durchschnittliche Rendite des Marktindexes m während der Schätzperiode

Die auf diesem Weg ermittelte Testgröße z ist t-verteilt mit (T_j-2)-Freiheitsgraden.[215] Sie weist keine Verzerrungen durch einen ereignisinduzierten Varianzanstieg auf. Ein weiterer Vorteil liegt darüber hinaus darin, dass ein gleichzeitiges Vorkommen von verschiedenen Ereignissen, das regelmäßig bei Branchenstudien zu beobachten ist, einen vergleichsweise schwachen Einfluss auf die verwendete Testgröße z hat.[216]

Für die Berechnung der Testgröße z im Falle der hypothetischen Gemeinschaftsunternehmen muss zunächst die Stichprobenvarianz bestimmt werden. Das aus Käufer- und Zielunternehmen bestehende hypothetische Gemeinschaftsunternehmen kann als ein Portfolio zwei-

215 Da die Werte von T_j im vorliegenden Fall groß sind, kann z als approximativ normalverteilt angenommen werden. Vgl. Dodd und Warner (1983), S. 437.

216 Vgl. Boehmer et al. (1991), S. 266.

er Wertpapiere betrachtet werden. Für die Varianz des Gemeinschaftsunternehmens ergibt sich daher:

$$\hat{s}_{jt}^2 = \left(\frac{MK_K}{MK_K + MK_Z}\right)^2 \cdot \hat{s}_{tK}^2 + \left(\frac{MK_Z}{MK_K + MK_Z}\right)^2 \cdot \hat{s}_{tZ}^2 + 2 \cdot \left(\frac{MK_K}{MK_K + MK_Z}\right) \cdot \left(\frac{MK_Z}{MK_K + MK_Z}\right) \cdot \rho_{KZ} \cdot \sqrt{\hat{s}_{tK}^2 \cdot \hat{s}_{tZ}^2} \tag{11}$$

mit

$\hat{s}_{tK}^2$, $\hat{s}_{tZ}^2$	:	modifizierte Stichprobenvarianz des Käufer- und Zielunternehmens gemäß Gleichung (10)
ρ_{KZ}	:	Korrelationskoeffizient der abnormalen Renditen von Käufer- und Zielunternehmen in der Schätzperiode

Um zu prüfen, ob Unterschiede in den durchschnittlichen CAR verschiedener Teilgruppen des Gesamtsamples statistisch signifikant sind, werden Mittelwertdifferenzentests durchgeführt. Als Teststatistik z wird folgende Größe verwendet:[217]

$$z = \frac{CAR_A - CAR_B}{\sqrt{\left(\frac{(n_A - 1)s_A^2 + (n_B - 1)s_B^2}{n_A + n_B - 2}\right) \cdot \left(\frac{n_A + n_B}{n_A \cdot n_B}\right)}} \tag{12}$$

mit

$CAR_{A\ bzw.B}$	:	durchschnittliche kumulierte abnormale Rendite für Teilstichprobe A bzw. B
$n_{A\ bzw.\ B}$	:	Anzahl der Wertpapiere in Stichprobe A bzw. B
$s_{A\ bzw.\ B}$	:	Standardabweichung der kumulierten abnormalen Renditen von Teilstichprobe A bzw. B

Für $(n_A+n_B-2)<31$ folgt die Testgröße z einer Student-Verteilung mit $t(n_A+n_B-2)$, andernfalls approximativ einer N(0;1)-Normalverteilung.

Statistische Voraussetzungen für die Anwendung des Marktmodells sind, dass die Residuen der Kursrenditen der betrachteten Wertpapiere normalverteilt, unabhängig und identisch im Zeitverlauf verteilt sind.[218]

Brown und Warner (1985) weisen darauf hin, dass sowohl Kursrenditen als auch abnormale Renditen einzelner Wertpapiere häufig deutlich von einer Normalverteilung abweichen. In

217 Vgl. Bamberg und Baur (1996), S. 192 f.

218 Vgl. MacKinlay (1997), S. 17; Brown und Warner (1985), S. 4.

einer Querschnittsuntersuchung mit n verschiedenen Wertpapieren sind die durchschnittlichen Kursrenditen und abnormalen Renditen hingegen mit zunehmender Anzahl n näherungsweise normalverteilt. Die Autoren zeigen, dass bei Erfüllung dieses Kriteriums von einer vernachlässigbaren Verzerrung durch nicht normalverteilte Einzelrenditen ausgegangen werden kann.

Die Annahme einer Normalverteilung von Kursrenditen und abnormalen Renditen während der Schätzperiode wird für die vorliegende Untersuchung durch den Jarque-Bera- und den nichtparametrischen Kolmogoroff-Smirnov-Test überprüft.

Der Jarque-Bera-Test vergleicht die Schiefe und die Kurtosis der vorliegenden Verteilung mit der idealen Testverteilung. Für die Normalverteilung ist der Schiefe-Koeffizient gleich 0 und die Kurtosis 3. Die Jarque-Bera-Teststatistik ist definiert als

$$W = T\left[\frac{b_1^2}{6} + \frac{\left(b_2 - 3\right)^2}{24}\right] \tag{13}$$

mit

$$b_1 = \frac{E\left[x^3\right]}{\left(\sigma^2\right)^{\frac{3}{2}}} \text{ und } b_2 = \frac{E\left[x^4\right]}{\left(\sigma^2\right)^2}$$

T	:	Anzahl der Beobachtungen
x	:	Beobachtungswerte
σ	:	Standardabweichung der Beobachtungsstichprobe

Die Teststatistik ist unter der Nullhypothese, dass die Beobachtungswerte normalverteilt sind, asymptotisch χ^2-verteilt mit zwei Freiheitsgraden.[219]

Mithilfe des Kolmogoroff-Smirnov-Anpassungstest kann überprüft werden, ob eine unbekannte Verteilungsfunktion $F(x)$ mit einer hypothetischen Verteilungsfunktion $F_0(x)$ übereinstimmt. Die Nullhypothese lautet $F(x)= F_0(x)$ für alle x.

Die Prüfgröße für den Test der Nullhypothese wird als $\sqrt{n}D_n$ definiert,

mit

$$D_n = \sup_x \left|F_0(x) - S_n(x)\right| \tag{14}$$

$S_n(x)$: Empirische Verteilungsfunktion der Beobachtungen $x_1, x_2, \dots, x_n$

219 Vgl. Brooks (2002), S. 181.

Die Nullhypothese wird verworfen, wenn gilt

$$\sqrt{n}D_n \geq d_{n;1-\alpha}.$$

α gibt das Signifikanzniveau an. Die kritischen Werte für $d_{n;1-\alpha}$ sind einer speziellen Tabellierung zu entnehmen.[220]

In Tabelle 11 sind die deskriptiv statistischen Eigenschaften der durchschnittlichen Tagesrenditen für Käufer-, Ziel- und hypothetische Gemeinschaftsunternehmen dargestellt. Die Nullhypothese, dass diese Renditen normalverteilt sind, kann sowohl durch den Jarque-Bera-Test als auch den Kolmogoroff-Smirnov-Test nicht abgelehnt werden. Das gleiche gilt für die in Tabelle 12 dargestellten abnormalen Renditen. Damit kann die erste wichtige Voraussetzung für die Anwendung einer Ereignisstudie als erfüllt angesehen werden.

Tabelle 11: Ergebnisse des Jarque-Bera- und des Kolmogoroff-Smirnov-Tests auf Normalverteilung für die Kursrenditen (n=200 Tage)

	Käuferunternehmen	Zielunternehmen	Hyp. Gemeinschafts-unternehmen
Mittelwert	0,0005	0,0003	0,0004
Median	0,0005	0,0004	0,0004
Maximum	0,0024	0,0077	0,0038
Minimum	-0,0017	-0,0043	-0,0029
Standardabweichung	0,0008	0,0019	0,0011
Schiefe	-0,0691	0,1188	-0,0083
Kurtosis	2,6426	3,6526	3,0087
Jarque-Bera W	1,2235	4,0192	0,0029
p-Wert	0,5424	0,1340	0,9985
Größte Abweichungen			
Absolut	0,0514	0,0421	0,0419
Positiv	0,0376	0,0305	0,0401
Negativ	-0,0514	-0,0421	-0,0419
Kolmogoroff-Smirnov Z	0,7269	0,5956	0,5930
p-Wert asymptotisch	0,6661	0,8701	0,8735
p-Wert Monte Carlo	0,6409	0,8557	0,8607

220 Vgl. Hartung (1998), S. 183ff.

Tabelle 12: Ergebnisse des Jarque-Bera- und des Kolomogoroff-Smirnov-Tests auf Normalverteilung für die abnormalen Renditen (n=200 Tage)

	Käuferunternehmen	Zielunternehmen	Hyp. Gemeinschafts-unternehmen
Mittelwert	0,0000	0,0000	0,0000
Median	0,0001	0,0000	0,0000
Maximum	0,0018	0,0073	0,0031
Minimum	-0,0020	-0,0043	-0,0032
Standardabweichung	0,0008	0,0018	0,0011
Schiefe	-0,2260	0,1119	0,0544
Kurtosis	2,6129	3,6111	3,0467
Jarque-Bera W	2,9510	3,5294	0,1167
p-Wert	0,2287	0,1712	0,9433
Größte Abweichungen			
Absolut	0,0647	0,0381	0,0500
Positiv	0,0287	0,0303	0,0500
Negativ	-0,0647	-0,0381	-0,0276
Kolmogoroff-Smirnov Z	0,9155	0,5395	0,7071
p-Wert asymptotisch	0,3717	0,9330	0,6994
p-Wert Monte Carlo	0,3607	0,9233	0,6780

Ob die untersuchten durchschnittlichen Renditen unabhängig und im Zeitverlauf identisch verteilt sind – die zweite Anwendungsvoraussetzung für Ereignisstudien - kann mit Hilfe eines von Ljung und Box (1978) entwickelten Tests untersucht werden. Nach diesem Verfahren wird geprüft, ob alle Autokorrelationskoeffizienten innerhalb einer Zeitspanne von m Beobachtungen gleich 0 sind. Als Testgröße wird die Q-Statistik verwendet:

$$Q = T(T+2)\sum_{k=1}^{m} \frac{\hat{\tau}_k^2}{T-k} \tag{15}$$

mit

$\hat{\tau}_k$: Autokorrelationskoeffizient mit k Lags

m : maximale Länge der Lags

T : Anzahl der Beobachtungen

Die Q-Statistik ist asymptotisch χ^2_m -verteilt. Die Nullhypothese des Ljung-Box-Tests lautet, dass alle Autokorrelationskoeffizienten gleich null sind.[221]

221 Vgl. Brooks (2002), S. 233.

Tabelle 13: Test auf Unabhängigkeit der Kursrenditen – Ergebnisse des Ljung-Box-Tests

Lags	Käuferunternehmen		Zielunternehmen		Hyp. Gemeinschafts-unternehmen	
	Q-Statistik	p-Wert	Q-Statistik	p-Wert	Q-Statistik	p-Wert
1	0,0141	0,9055	0,6012	0,4381	0,0137	0,9070
2	2,1517	0,3410	2,2476	0,3250	0,0137	0,9931
3	2,1560	0,5407	4,2339	0,2373	1,4297	0,6986
4	3,5437	0,4713	4,5347	0,3385	3,1345	0,5356
5	5,1246	0,4009	4,5383	0,4748	3,5257	0,6195
6	7,0103	0,3199	4,9447	0,5509	4,2819	0,6386
7	7,2093	0,4074	6,0746	0,5311	4,2959	0,7451
8	8,7650	0,3625	6,3532	0,6077	4,8949	0,7688
9	9,0501	0,4327	7,0551	0,6314	5,4794	0,7907
10	9,5709	0,4789	11,1408	0,3467	5,5957	0,8480
Anzahl d. Beobacht.	200		200		200	

Die Ergebnisse des Ljung-Box-Tests für die durchschnittlichen Kursrenditen und die durchschnittlichen abnormalen Renditen für Lags von 1 bis 10 sind in Tabelle 13 und Tabelle 14 dargestellt. Für keine der untersuchten Lag-Werte konnte die Nullhypothese abgelehnt werden. Folglich kann auch die zweite Voraussetzung für die Anwendung der Ereignisstudienmethodik als erfüllt angesehen werden.[222]

Tabelle 14: Test auf Unabhängigkeit der abnormalen Renditen – Ergebnisse des Ljung-Box-Tests

Lags	Käuferunternehmen		Zielunternehmen		Hyp. Gemeinschafts-unternehmen	
	Q-Statistik	p-Wert	Q-Statistik	p-Wert	Q-Statistik	p-Wert
1	0,0829	0,7734	1,3289	0,2490	0,7522	0,3858
2	3,0763	0,2148	2,8213	0,2440	0,8892	0,6411
3	3,0793	0,3796	4,2586	0,2349	1,7938	0,6163
4	4,9767	0,2897	5,0278	0,2845	2,1096	0,7156
5	5,1866	0,3935	5,0642	0,4081	4,0634	0,5403
6	6,2261	0,3983	6,1151	0,4104	4,2463	0,6434
7	10,8155	0,1469	6,1193	0,5259	4,6327	0,7047
8	11,9668	0,1527	6,2365	0,6208	6,5594	0,5848
9	12,4549	0,1889	6,3620	0,7032	6,9078	0,6467
10	12,5188	0,2518	8,4488	0,5851	6,9344	0,7316
Anzahl d. Beobacht.	200		200		200	

222 Brown und Warner (1985) konnten allerdings ohnehin zeigen, dass für Ereignisstudien, die auf Tagesrenditen basieren, Verzerrungen durch eine Autokorrelation der Renditen gering sind.

IV.1.1.2 Messung der Marktreaktionen auf Übernahmeankündigungen von Wettbewerbern

Die Marktreaktionen auf Übernahmeankündigungen von Branchenwettbewerbern werden anhand eines modifizierten Verfahrens ermittelt, das der in diesem Fall vergleichsweise kurzen Abfolge von Ereignissen Rechnung trägt. Die durchschnittliche Zeit zwischen zwei Ereignissen eines Unternehmens sinkt nämlich durch die höhere Gesamtzahl an Ereignissen, da jede Ankündigung eines Energieversorgers zum Ereignis für alle Wettbewerber wird. Die Wahrscheinlichkeit ist daher hoch, dass sich die Ereignisperioden verschiedener Übernahmeankündigungen überlappen. Verzerrungen in den Schätzern des Marktmodells wären die Folge.

Daher wird für diesen Teil der Analyse das folgende angepasste Marktmodell verwendet:

$$AR_{jt} = R_{jt} - R_{mt} \tag{16}$$

mit

AR_{jt}	:	Abnormale Rendite des Wertpapiers j eines Branchenwettbewerbers
R_{jt}	:	Aktienrendite des Wertpapiers j zum Zeitpunkt t
R_{mt}	:	Rendite des Marktindex m zum Zeitpunkt t

Brown und Warner (1980) konnten in einem Vergleich zeigen, dass die Unterschiede zwischen diesem Modell und einem wie im vorangehenden Kapitel beschriebenen risikoadjustierten Marktmodell (Gleichung (3)) besonders für kurze Ereignisperioden relativ gering sind. Jüngere Studien, bei denen sich Ereignisse häufig überlappen, verwenden daher ebenfalls diese Vorgehensweise.[223]

Für große nationale Märkte, wie etwa die USA, wird in diesem Teil der Untersuchung als Marktindex ein lokaler Versorgerindex verwendet, der die größten börsennotierten Versorgungsunternehmen des jeweiligen Heimatlandes enthält. Anders als für die Bestimmung der abnormalen Renditen der Käufer- und Zielunternehmen wird in diesem einfachen Modell auf eine Risikoadjustierung verzichtet. Da alle Branchenwettbewerber naturgemäß aus derselben Branche stammen, wäre es bei Verwendung eines branchenübergreifenden Indexes denkbar, dass durchschnittliche Unterschiede zwischen Aktien- und Marktrenditen nicht der Übernahmeankündigung, sondern Abweichungen des branchenweiten Risiko-Rendite-Niveaus zuzurechnen wären.

Für kleinere nationale Märkte, wie etwa Deutschland, wird ein allgemeiner, branchenübergreifender Index verwendet. Der Grund dafür liegt in der geringen Zahl börsennotierter Versorger. Für Deutschland ist etwa der Utility-Index von Datastream aus den Aktien von ledig-

---

223 Vgl. etwa Fuller et al. (2002).

lich 12 Versorgungsunternehmen zusammengesetzt.[224] Etwaige Kursreaktionen von Branchenwettbewerbern würden sich daher unmittelbar auf die Indexrenditen niederschlagen und die Berechnung der abnormalen Renditen verzerren.

Um zu überprüfen, ob die durchschnittliche abnormale Rendite der betrachteten Wertpapiere am Tag t signifikant von null verschieden ist, wird ein t-Test mit folgender Teststatistik verwendet:

$$T_t = \frac{\overline{AR}_t}{\left(\frac{s_t}{\sqrt{n}}\right)} \tag{17}$$

mit

$$s_t = \sqrt{\frac{\sum_{j=1}^{n}\left(AR_{jt} - \overline{AR}_t\right)^2}{n-1}}$$ Standardabweichung von $\overline{AR}_t$

AR_{jt}	:	Abnormale Rendite des Wertpapiers j eines Branchenwettbewerbers
n	:	Anzahl der Wertpapiere

Die kumulierten abnormalen Renditen werden analog zur im vorangehenden Kapitel beschriebenen Vorgehensweise berechnet. Die Ereignisperioden erstrecken sich lediglich auf einen Zeitraum von maximal fünf Tagen vor und nach der Übernahme, da auf eine Risikoadjustierung verzichtet wird und die Abweichungen zu einer auf einem risikoadjustierten Marktmodell basierenden Schätzung für kurze Ereignisperioden zu vernachlässigen sind.[225]

IV.1.1.3 Multivariate Analyse der Börsenreaktionen

Die Erkenntnisse über die Kapitalmarktreaktionen auf die Ankündigung von Übernahmen sollen durch eine multivariate Analyse der kumulierten abnormalen Renditen von Käufer-, Ziel- und hypothetischen Gemeinschaftsunternehmen sowie der Branchenwettbewerber vertieft werden. Diese verbundene Analyse des Einflusses verschiedener Erklärungsvariablen verspricht Hinweise auf die Zusammenhänge, die zu den beobachteten Kursreaktionen führen. Die verwendeten abhängigen Variablen werden in Kapitel IV herausgearbeitet und werden daher an dieser Stelle nicht näher erläutert.

Für die Regressionsgleichung wird das folgende Grundmodell angenommen:

224 Für die USA wird der Index aus 58 Versorgerwerten konstruiert (Stand: Dezember 2003).
225 Vgl. Brown und Warner (1980).

$$CAR^{K,Z,G} = \alpha + \sum_{j=1}^{n} \beta_j x_j \tag{18}$$

mit

$CAR^{K,Z,G,BW}$	:	Kumulierte abnormale Rendite für das [-1;+1]-Intervall von Käufer-, Ziel- und hypothetischen Gemeinschaftsunternehmen sowie Branchenwettbewerber
α	:	Regressionskonstante
β_j	:	Regressionskoeffizient für Variable x_j
x_j	:	Abhängige Variablen mit j=1, 2, ..., n
n	:	Anzahl unabhängiger Variablen

Die Regressionsschätzung erfolgt durch Anwendung des OLS-Verfahrens.[226]

IV.1.2 Entwicklung der Unternehmensleistung

Neben der Reaktion des Kapitalmarktes auf die Ankündigung von Unternehmenszusammenschlüssen werden ergänzend die Veränderungen der Unternehmensleistung auf der Basis von Jahresabschlussinformationen untersucht. Im Mittelpunkt der Performance-Analyse steht der Vergleich der Leistung vor und nach der Transaktion.

IV.1.2.1 Indikatoren für die Unternehmensleistung

Als Indikatoren für den Einfluss von Zusammenschlüssen auf die Unternehmensleistung werden verschiedene absolute und relative Kennzahlen (vgl. Tabelle 15) verwendet, um die verschiedenen Dimensionen der Leistung eines Unternehmens so präzise wie möglich zu erfassen und Hinweise auf Leistungsveränderungen geben zu können. Die Systematik der Leistungskennzahlen basiert auf den von Healy et al. (1992) verwendeteten Indikatoren.[227] Diese werden ergänzt um in anderen Studien eingesetzte Performance-Kennzahlen, damit eine größtmögliche Vergleichbarkeit der Ergebnisse gewährleistet wird.

---

226 Vgl. Karafiath (1994) für die Verwendung von OLS-Schätzern für Querschnittsuntersuchungen von kumulierten abnormalen Renditen.

227 Im einzelnen sind dies die Veränderung des Buchwertes der Aktiva, die Cash-flow Rentabilität, die Cash-flow Marge, die Umschlagshäufigkeit des Kapitals, die Mitarbeiterentwicklung, die Investitionsrate und die Asset-Sale-Rate. Auf eine Betrachtung der Entwicklung von Aufwendungen für Forschung und Entwicklung wurde verzichtet, da für Energieversorger Forschungsaktiväten eine vergleichsweise geringe Bedeutung haben. Aufgrund einer mangelnden Datenverfügbarkeit konnte die von Healy et al. (1992) ebenfalls untersuchte Entwicklung der Aufwendungen für ebenfasAltersversorgung nicht betrachtet werden.

Tabelle 15: Leistungskennzahlen

Art der Kennzahlen	Kennzahlen-Gruppe	Kennzahlen
Absolute Kennzahlen	Größenkennzahlen	• Umsatz • Buchwert der Aktiva • Anzahl der Mitarbeiter • Buch- und Marktwert des Eigenkapitals.
Relative Kennzahlen	globale Erfolgskennzahlen	• Cash-flow Rentabilität • Kapitalrentabilität (RoA) • Umsatzrentabilität (RoS) • Marktwert-Buchwert-Relation • Tobin's Q
	operative Leistungskennzahlen	• Cash-flow Marge • Umschlagshäufigkeit des Kapitals • Cost-Income-Ratio
	Investitionskennzahlen	• Investitionsrate • Asset-Sale-Rate
	Kapitalstrukturkennzahlen	• Eigenkapitalquote

Die Größenkennzahlen dienen einer Einschätzung darüber, ob die betrachteten Übernahmen ein Wachstum der beteiligten Unternehmen ausgelöst haben. Anhand der globalen Erfolgskennzahlen können Rückschlüsse auf die Effizienzwirkungen der Übernahmen gezogen werden. Die operativen Leistungskennzahlen geben Hinweise auf die Quellen möglicher Effizienzänderungen. Die Investitionskennzahlen erlauben eine Einschätzung darüber, ob sich potentielle Veränderungen von Effizienz bzw. Unternehmenserfolg auf eine Kurzfristoptimierung zurückführen lassen. Ergänzend wird die Kapitalstruktur betrachtet, um mögliche Veränderungen des Leverage zu berücksichtigen. Kombiniert erlauben die Kennzahlen eine fundierte Einschätzung der Leistungsveränderungen im Zuge von Unternehmenszusammenschlüssen und der Ursachen für diese Veränderungen. Mit dieser Kennzahlensystematik können daher die in Kapitel III entwickelten Hypothesen über den Zusammenhang zwischen Unternehmenszusammenschlüssen und den Auswirkungen auf die Leistung der beteiligten Akteure überprüft werden.

In den folgenden Absätzen werden die einzelnen Kennzahlen vorgestellt und erläutert. Zu den absoluten Kennzahlen, die für die Performance-Analyse herangezogen werden, gehören der Umsatz, der Buchwert der Aktiva, die Anzahl der Mitarbeiter sowie der Buch- und der Marktwert des Eigenkapitals.

Die Entwicklung des Umsatzes gibt Aufschluss über die Positionierung des betrachteten Unternehmens im Absatzmarkt. Sinkt der Umsatz etwa im Anschluss an eine Übernahme, weist dies entweder auf einen rückläufigen Absatz hin oder darauf, dass Preise zur Stabilisierung des Absatzes gesenkt werden mussten. Beide Interpretationen lassen eine Schwächung der Marktposition des betroffenen Unternehmens vermuten. Gerade für leitungsgebundene Energieversorger ist der Erhalt des Absatzes von existentieller Bedeutung. Sinkt die abgesetzte Menge, können Größendegressionseffekte auf den Wertschöpfungsstufen Erzeugung, Transport und Verteilung nicht voll genutzt werden (vgl. Kapitel 3). In der Konsequenz drohen Kosten- und damit auch Wettbewerbsnachteile.[228]

Die Veränderung des Buchwertes der Aktiva gibt ähnlich wie die Anzahl der beschäftigten Mitarbeiter weitere Hinweise auf das (positive oder negative) Unternehmenswachstum. Verfolgen die an einem Zusammenschluss beteiligten Unternehmen etwa eine Konsolidierungsstrategie, um Effizienzsteigerungen zu realisieren, ist mit einer Reduktion beider Kenngrößen zu rechnen. Häufig sind mit der Ankündigung von Zusammenschlüssen zweier Energieversorger Hinweise der Unternehmensleitung auf einen Abbau von Personalkapazitäten verbunden.[229] Anhand der Entwicklung von Beschäftigtenzahlen lässt sich überprüfen, ob die entsprechenden Kapazitäten tatsächlich reduziert wurden.[230] An der Entwicklung des Buch- und des Marktwertes des Eigenkapitals lässt sich ablesen, ob im Beobachtungszeitraum bilanziell bzw. an der Börse realisierbar langfristig Wert für die Anteilseigner generiert wurde.[231]

Der Vorteil der absoluten Kennzahlen liegt in ihrer einfachen Berechnung und infolgedessen „eindeutigen" Aussage, da nicht die interdependente Entwicklung verschiedener verknüpfter Kennzahlen untersucht werden muss. Ihre einfache Berechnung stellt aber zugleich die Limitierung dar. Da sie lediglich eindimensional sind, geben sie kaum Hinweise auf mögliche Ursachen ihrer Veränderung. So kann etwa die Reduktion der Mitarbeiterzahl entweder Ausdruck einer zunehmenden Substitution von Humankapital sein oder aber die Folge einer Unternehmensverkleinerung.

Daher werden in Ergänzung zu den absoluten Kennzahlen relative Kennzahlen verwendet. Nach Art des Analyseziels lassen sie sich in globale Erfolgskennzahlen, operative Leistungsindikatoren, Investitions- und Kapitalstrukturkennzahlen unterscheiden.

Im Rahmen dieser Untersuchung kommt der Cash-flow-Rentabilität als globaler Erfolgskennzahl besondere Bedeutung zu. Die Berechnung des Cash-flow erfolgt dabei nach der Definition von Healy et al. (1992). Er wird berechnet als Umsatz, abzüglich „Costs of Goods sold" und administrative Kosten, zuzüglich Abschreibungen und Goodwill-Aufwendungen. Die Cash-flow-Rentabilität wiederum ist definiert als der Cash-flow dividiert durch den Marktwert des Eigenkapitals zuzüglich des Buchwertes von Verbindlichkeiten und Vorzugs-

---

228 Vgl. Kapitel III.1.1.1.

229 Vgl. beispielsweise Hamburgische Electricitäts-Werke (2002).

230 Vgl. zur Verwendung von Beschäftigtenzahlen für die Analyse der Unternehmensleistung etwa D'Souza und Megginson (1999); Harper (2001); Megginson et al. (1994).

231 Die Entwicklung des Marktwertes des Eigenkapitals gehört im engeren Sinne nicht zur Unternehmensleistung, da sie durch die Bewertung des Kapitalmarktes determiniert und nur indirekt von realen ökonomischen Veränderungen beeinflusst wird. Die Marktwertentwicklung wird aber trotzdem im Rahmen der Leistungsanalyse betrachtet, da sie für den gleichen Zeithorizont untersucht wird wie die übrigen Leistungskennzahlen und durch ihre Einbeziehung in der Verbindung mit anderen Fundamentaldaten aussagekräftige Kennzahlen gebildet werden können.

aktien.[232] Die Netto-Verschuldung errechnet sich aus dem Buchwert der kurzfristigen und langfristigen Verschuldung abzüglich des Kassenbestands und äquivalenter Zahlungsmittel.

Die Hauptstärken dieser Cash-flow-orientierten Kennzahl liegen darin, dass sie von der bilanziellen Behandlung und von der Finanzierung eines Unternehmenszusammenschlusses unabhängig ist.

Erworbene Unternehmen können prinzipiell nach der sogenannten „purchase"- oder der „pooling of interests"-Methode in die Bilanz des aufnehmenden Unternehmens integriert werden. Im Rahmen der purchase-Methode werden die Aktiva und Passiva des erworbenen Unternehmens mit dem aktuellen Marktwert neu bewertet. Stellt der Käufer dabei eine Differenz zwischen dem Kaufpreis und dem Marktwert von „Assets" und „Liabilities" fest, so wird diese Differenz als „Goodwill" verbucht und in den Folgejahren abgeschrieben. Eine derartige Neubewertung ist bei einer Anwendung der pooling of interests-Methode nicht erlaubt. Stattdessen werden die bisher in der Bilanz des Zielunternehmens angesetzten Werte übernommen. Ein „Goodwill" muss nicht angesetzt werden.[233] Ein weiterer Unterschied liegt in dem Zeitpunkt, ab dem die Ergebnisse der beteiligten Unternehmen konsolidiert werden. Nach der pooling-Methode werden die Ergebnisse ab Beginn des Geschäftsjahres, in dem die Übernahme stattgefunden hat, vorgenommen. Bei der purchase-Methode wird hingegen das exakte Datum angesetzt, an dem der Zusammenschluss stattgefunden hat.[234]

Käufer, die ein erworbenes Unternehmen nach der purchase-Methode konsolidieren, weisen in den Folgejahren üblicherweise geringere Gewinne aus, als sie dies nach pooling-Methode könnten. Die purchase-Methode steigert die Abschreibungen, die „Costs of goods sold" und die Aufwendungen für den Goodwill. Außerdem fallen die Aktiva der konsolidierten Unternehmen bei Anwendung der purchase-Methode durch die Neubewertung der erworbenen Assets des Zielunternehmens regelmäßig höher aus. Die resultierenden Unterschiede der Profitabilitätsmaße deuten dementsprechend nicht auf ökonomische Ursachen hin, sondern sind rein buchhalterischer Natur.[235] Gewinnorientierte Kennzahlen können daher verzerrt sein, da sie die Art der Konsolidierungsmethode nicht berücksichtigen. Das in dieser Untersuchung verwendete Maß für Cash-flow vermeidet eine derartige Verzerrung, denn es wird nicht von Abschreibung und Goodwill beeinflusst.

Auch die Art der Finanzierung hat einen Einfluss auf die ausgewiesenen Gewinne des Käuferunternehmens. Als Finanzierungsformen kann das Käuferunternehmen in der Regel wäh-

---

232 Für die Jahre nach der Transaktionsankündigung wird der Wertzuwachs innerhalb einer Periode von 20 Tagen vor und nach der Ankündigung vom Marktwert des Eigenkapitals abgezogen. Dies ist erforderlich, da in einem effizienten Kapitalmarkt durch diesen Wertzuwachs die aus der Übernahme resultierenden Leistungssteigerungen schon bereits zum Ankündigungszeitpunkt vorweggenommen werden. Der Cash-flow-Return bezogen auf den Marktwert des Eigenkapitals würde in diesem Fall konstant bleiben, obwohl die operative Unternehmensleistung gestiegen wäre. Vgl. Healy et al. (1992).

233 Weston et al. (1997), S. 44 ff.

234 Healy et al. (1992), S. 140.

235 Healy et al. (1992), S. 140.

len zwischen einer Barzahlung, einer Finanzierung über die Ausgabe eigener Aktien und Mischformen dieser beiden Formen ggf. verbunden mit der Ausgabe anderer Wertpapiere.[236] Wird eine Akquisition mit Barmitteln ohne eine zusätzliche Verschuldung bezahlt, reduziert sich durch die Bestandsverringerung der Zinsertrag des Käuferunternehmens. Wird für die Übernahme neues Fremdkapital aufgenommen, steigt die Zinsbelastung analog. In beiden Fällen ist eine Verringerung des Unternehmensgewinns die Folge. Ein anderes Bild ergibt sich bei der Bezahlung einer Übernahme mit eigenen Aktien. Die Kosten für das Eigenkapital, das zur Bezahlung verwendet wurde, werden im Unternehmensgewinn nicht berücksichtigt. Folglich kann die Wahl der Finanzierungsart einen erheblichen Einfluss auf die Gewinnentwicklung des Käuferunternehmens nach einer Akquisition haben. Die Analyse des Unternehmensgewinns als Maß für die Unternehmensleistung kann folglich durch die Wahl der verschiedenen Finanzierungsformen verzerrt werden. Diese Probleme treten bei der hier verwendeten Definition des Cash-flow nicht auf, denn das Zinsergebnis wird bei der Berechnung nicht berücksichtigt.[237]

Als weitere globale Erfolgskennzahlen werden die Kapitalrentabilität (Return on Assets, RoA) und die Umsatzrentabilität (Return on Sales, RoS) verwendet. Die beiden ersten Kennzahlen nehmen eine ähnliche Analyseperspektive wie die Cash-flow-Rentabilität ein. Sie bleiben allerdings von der Finanzierungs- und der Bilanzierungsform der betrachteten Unternehmenszusammenschlüsse nicht unbeeinflusst. Die Umsatzrentabilität ist darüber hinaus von der vertikalen Integration bzw. von der Stellung des betrachteten Unternehmens in der Wertschöpfungskette abhängig. Von einem Stromhändler kann beispielsweise erwartet werden, dass seine Umsatzrentabilität erheblich niedriger ausfällt als die eines integrierten Verbundunternehmens. Denn seine Wertschöpfung gemessen an seinem Umsatz ist naturgemäß relativ gering. Da beide Kennzahlen aber in Wissenschaft und Praxis im Gegensatz zur Cash-flow-Rentabilität weit verbreitet sind,[238] werden sie hier trotzdem ergänzend betrachtet.

Mit der Marktwert-Buchwert-Relation (Market to Book Ratio, M/B-Relation) und Tobin´s Q werden schließlich die Erwartungen des Kapitalmarktes einbezogen. Die Marktwert-Buchwert-Relation wird definiert als der Quotient aus Marktwert des Eigenkapitals und Buchwert des Eigenkapitals. Anhand dieser Kenngröße lässt sich ablesen, inwieweit es dem Management nach Ansicht der Kapitalmarktteilnehmer gelingt, mit dem zur Verfügung stehenden Eigenkapital Wert zu schaffen. Eine Marktwert-Buchwert-Relation von größer als eins deutet darauf hin, dass es dem Management in der Tat gelingt, das Eigenkapital gewinnbringend einzusetzen.

Ein ähnlicher Gedankengang liegt der Konstruktion von Tobin´s Q zugrunde, das in der Forschung zunehmend als Leistungskennzahl eingesetzt wird. Brainard und Tobin (1968) und

236 Vgl. zum Einfluss der Finanzierungsformen Travlos und Papaioannou (1991).
237 Vgl. Healy et al. (1992), S. 141.
238 Vgl. etwa Cornett und Tehranian (1992), D´Souza und Megginson (1999), Davis und Kay (1990), Villalonga (2000), King et al. (2004).

Tobin (1969) definieren das Maß Q als den Marktwert der finanziellen Ansprüche der Stakeholder dividiert durch die Wiederbeschaffungskosten der Vermögenswerte. Die Autoren begriffen die Wiederbeschaffungskosten als Maß für den Wert der Vermögensgegenstände bei alternativer Nutzung. Wenn also das eingesetzte Vermögen nicht mindestens einen Marktwert erzielt, der den Wiederbeschaffungskosten entspricht, dann wäre ein alternativer Einsatz effizienter. Ist Tobin's Q für ein Unternehmen größer eins, wird davon ausgegangen, dass es seine Ressourcen effektiv einsetzt.[239]

Seit Einführung von Tobin's Q wurde eine Vielzahl verschiedener Verfahren für seine Berechnung entwickelt.[240] In der vorliegenden Arbeit wird die von Whited (2001) vorgeschlagene Berechnungsmethode angewendet. Tobin's Q wird danach approximiert durch den Marktwert des Unternehmensvermögens dividiert durch den entsprechenden Buchwert. Als Marktwert des Vermögens wird die Summe aus dem Buchwert des Unternehmensvermögens und dem Marktwert des Eigenkapitals abzüglich des Buchwerts des Eigenkapitals und latenter Steuern festgelegt.[241]

Die mit den globalen Leistungskennzahlen ermittelten Performance-Veränderungen können verschiedene Ursachen haben. In Frage kommen vor allem eine Veränderung der operativen Leistung oder eine Veränderung der Langfristorientierung.

Als Indikator für die operative Leistung dient die Cash-flow-Umsatz-Relation (Cash-flow Marge), definiert als das Einkommen vor Abschreibungen, Zinsaufwand und Steuern, dividiert durch den Umsatz.[242] Anhand dieser Kennzahl kann gemessen werden, inwieweit es dem Unternehmen auf operativer Ebene gelingt, Überschüsse zu erwirtschaften, von denen etwa die Kapitalkosten gedeckt werden müssen. Ein wichtiges Merkmal dieser Kennzahl ist ihre Unabhängigkeit von Höhe und Art des Unternehmenskapitals.

Dieser Aspekt wird in einer weiteren Kennzahl, der Kapitalumschlagshäufigkeit (Asset turnover), erfasst. Sie wird berechnet als Quotient aus dem Umsatz und dem Marktwert des Kapitals zu Beginn des Jahres. Der Marktwert des Kapitals wird dabei als Summe der Buchwerte von Verbindlichkeiten und Vorzugsaktien plus dem Marktwert des Eigenkapitals definiert. Die Kapitalumschlagshäufigkeit liefert ein Indiz dafür, wie produktiv das Unternehmenskapital eingesetzt wird.[243]

---

239 Vgl. Lewellen und Badrinath (1997), S. 78.

240 Vgl. für eine Darstellung der verbreitetsten Berechnungsverfahren Lewellen und Badrinath (1997).

241 Im Vergleich zu den von Lewellen und Badrinath (1997) diskutierten Berechnungsmethoden stellt der Algorithmus von Whited (2001) geringere Anforderungen an die Datenverfügbarkeit und erlaubt insofern eine deutliche Ausdehnung des analysierbaren Datensamples. Die Autorin vergleicht ihren Algorithmus mit gängigen anderen Verfahren und stellt keine signifikanten Unterschiede in den Ergebnissen fest.

242 Vgl. Healy et al. (1992), S. 150.

243 Vgl. Healy et al. (1992), S. 152f.

Zur besseren Vergleichbarkeit mit anderen Studien[244] wird ergänzend die häufig verwendete Kennzahl der Cost-Income-Ratio als Indikator für die Kosteneffizienz betrachtet. Angepasst auf die Verhältnisse von Energieversorgungsunternehmen wird sie in der vorliegenden Untersuchung als das Verhältnis von operativem Aufwand nach Abschreibungen zum operativen Ertrag nach Abschreibungen definiert. Ein geringer Wert der Cost-Income-Ratio deutet auf eine hohe Effizienz des jeweiligen Unternehmens hin.

Als Ursache einer kurzfristigen Leistungsverbesserung kommt neben einer Steigerung der operativen Performance auch eine geringere Langfristorientierung des Managements in Frage, das auf Kosten des langfristigen Erfolgs in der Gegenwart bessere Ergebnisse erreicht. Da sich die vorliegende Untersuchung auf einen kurzen Zeithorizont beschränkt und infolgedessen die Langfristauswirkungen von Zusammenschlüssen nicht direkt beobachtet werden können, wird das (Des-) Investitionsverhalten der Unternehmen als Indikator für den Zeithorizont des Managements herangezogen. Zum Einen wird daher die Investitionsrate, definiert als Investitionen dividiert durch den Marktwert des Kapitals, betrachtet, deren Verringerung Ausdruck für eine zunehmende Kurzfristorientierung des Managements sein könnte. Zum Anderen wird mit der Relation von Anlageverkäufen zum Marktwert des Anlagevermögens untersucht, ob Veränderungen der Kapitalumschlags durch den Verkauf von Anlagen statt durch eine Veränderung des Kapitalumschlags in bestehenden Anlagen erreicht werden.[245] Ergänzend wird die Eigenkapitalquote als Kennzahl für die Kapitalstruktur betrachtet.

Eine verbundene Betrachtung der verschiedenen Leistungskennzahlen verspricht, auch komplexere Zusammenhänge zwischen Zusammenschlüssen und einer Veränderung der Unternehmensleistung abbilden zu können. Darüber hinaus wird eine größtmögliche Vergleichbarkeit zu den bisherigen Studien sichergestellt. Im Gegensatz zu der Analyse von Kapitalmarktreaktionen bietet die Untersuchung von Fundamentaldaten einen weiteren entscheidenden Vorteil:[246] Für die Analyse der Unternehmensleistung kann auf die Annahme streng effizienter Kapitalmärkte verzichtet werden. In Kapitel II.5.3 wurde bereits erläutert, dass diese Annahme häufig als restriktiv kritisiert wird. Infolgedessen kann bei der Untersuchung von Kapitalmarktreaktionen nicht eindeutig entschieden werden, ob die beobachteten Wertveränderungen Ausdruck für Ineffizienzen des Kapitalmarktes oder für reale ökonomische Gewinne bzw. Verluste sind. Da durch die Analyse der Unternehmensleistung die realen ökonomischen Veränderungen gemessen werden, kommt es hier nicht zu diesen Interpretationsschwierigkeiten.

IV.1.2.2 Veränderung der Unternehmensleistung

Im Mittelpunkt der Performancestudie steht der Vergleich der Leistung von Käufer- und Zielunternehmen vor mit der nach der Übernahme. Für den Vergleich werden Zeiträume von

244 Vgl. etwa Beitel et al. (2004).
245 Vgl. Healy et al. (1992), S. 156.
246 Vgl. Healy et al. (1992), S. 136.

einem bis drei Jahren vor bzw. nach Abschluss des jeweiligen Zusammenschlusses gewählt.[247] Die Unternehmensleistung wird anhand der in Kapitel IV.1.1.2 erläuterten Kennzahlen gemessen. Zusätzlich wird die Performanceentwicklung der Gemeinschaftsunternehmen untersucht. Für die Ermittlung der Unternehmensleistung vor der Übernahme werden die Kennzahlen von Käufer- und Zielunternehmen aggregiert. Bilden Käufer- und Zielunternehmen nach dem Zusammenschluss ein verschmolzenes Gesamtunternehmen, so wird dessen Leistung als die des Gesamtunternehmens gemessen.[248, 249]

Bleiben beide Unternehmen auch nach der Übernahme als unabhängige Einheiten bestehen, werden die Indikatoren für die Post Merger-Phase analog zur Pre Merger-Phase berechnet. Bei dieser Art der Berechnung kann allerdings nicht vollständig ausgeschlossen werden, dass die Leistung der Zielunternehmen in einzelnen Fällen zu stark gewichtet ist. Wird das Zielunternehmen in den Konsolidierungskreis des Käuferunternehmens einbezogen, schlägt sich die Leistung des Zielunternehmens bereits unmittelbar in der Gewinn- und Verlustrechnung sowie der Bilanz der Käuferunternehmen nieder. Dies ist bei insgesamt 17 Transaktionen potentiell der Fall. Um mögliche Verzerrungen zu kontrollieren, werden daher die Leistungsveränderungen der verschmolzenen Unternehmen zusätzlich separat betrachtet.

Die mittlere Unternehmensleistung vor der Übernahme für Käufer-, Ziel- und hypothetische Gemeinschaftsunternehmen wird als der Median aus der jeweiligen Unternehmensleistung in den drei Jahren vor der Übernahme definiert. Die Unternehmensleistung nach der Übernahme ergibt sich analog. Der Unterschied der mittleren Leistung vor und nach der Transaktion dient als primärer Indikator für die Performanceentwicklung.

Die statistische Signifikanz der Veränderung der Medianwerte wird durch einen nichtparametrischen Test, den Wilcoxon-Vorzeichentest, überprüft. Die entsprechende Nullhypothese H_0 lautet: Die Verteilungsfunktion der mittleren Unternehmensleistung vor der Übernahme (F_1) entspricht der Verteilungsfunktion der mittleren Unternehmensleistung nach der Übernahme (F_2). Dafür werden die Ausprägungen der beiden Stichproben zunächst zusammengefasst und geordnet. Anschließend werden den Ausprägungen die Rangplätze r_i zugewiesen. Als Teststatistik ergibt sich:

247 Ghosh (2001), Rau und Vermaelen (1998) und Magenheim und Mueller (1988) wählen ebenfalls diesen Betrachtungszeitraum. In ihrer Studie verwenden Healy et al. (1992) darüber hinaus mit fünf bzw. vier Jahren vor und nach der Transaktion einen zusätzlich etwas längeren Zeitraum als hier gewählt. Die Autoren kommen für kürzere Betrachtungszeiträume zu analogen Ergebnissen. Eine Verkürzung des Zeitraums in der vorliegenden Untersuchung erscheint daher legitim. Die Hauptvorteile der kürzeren Betrachtungsperioden liegen zum einen in der größeren Datenverfügbarkeit und infolgedessen der Möglichkeit, ein breiteres Datensample zu untersuchen. Zum anderen kann bei einer kurzen Betrachtungsperiode eher davon ausgegangen werden, dass die beobachteten Effekte tatsächlich der entsprechenden Übernahme zugerechnet werden können.

248 Vgl. Healy et al. (1992), S. 142.

249 In diesem Fall können natürlich die Kennzahlen für die Unternehmensleistung von Käufer- und Zielunternehmen nach dem Zusammenschluss nicht gesondert berechnet werden.

$$W_{n_1,n_2} = \sum_{i=1}^{n_1} r_i \quad (19)$$

mit

r_i	:	Rangplatz der i-ten Ausprägung
n_1, n_2	:	Anzahl der Beobachtungen der Stichproben 1 und 2 (Unternehmensleistung vor und nach der Übernahme)

H_0 wird zum Signifikanzniveau α verworfen, wenn $W_{n_1,n_2} > W_{krit;1-\alpha/2}$ oder $W_{n_1,n_2} < W_{krit;\alpha/2}$. Die kritischen Werte $W_{krit;1-\alpha/2}$ und $W_{krit;\alpha/2}$ können einer entsprechenden Tabellierung entnommen werden.[250]

Die für die Berechnung der Kennzahlen erforderlichen Bilanzdaten werden für kanadische und US-amerikanische Unternehmen der Datenbank Compustat entnommen. Für die übrigen Unternehmen wird auf die Datenbank Worldscope Disclosure Global zurückgegriffen.

Um sicher zu stellen, dass die gemessenen Veränderungen in den Ausprägungen der verschiedenen Kennzahlen tatsächlich den untersuchten Zusammenschlüssen zuzurechnen sind, werden zusätzlich um branchenweite Effekte bereinigte Indikatoren verwendet. Die bereinigten Kennzahlen werden durch Subtraktion der Branchenentwicklung von der Unternehmensentwicklung im gleichen Zeitraum berechnet. Die verschiedenen Branchen werden nach den ersten beiden Ziffern der SIC-Code-Klassifikation eingeteilt.[251] Für jede Branche werden für die ihr zugehörigen und in Compustat bzw. Worldscope geführten Unternehmen alle oben dargestellten Kennzahlen für jedes Herkunfts- oder Zielland der untersuchten Transaktionen errechnet.[252] Als Indikator für die Branchenentwicklung wird der Median der zugrundeliegenden Unternehmenskennzahl aller Branchenunternehmen eines nationalen Marktes in einem bestimmten Jahr verwendet.

Aus diesen Unternehmenskennzahlen werden rohe und branchenadjustierte *abnormale* Leistungsveränderungen mittels einer Querschnittsregression errechnet:[253]

$$IAK_{post,i} = \alpha + \beta \cdot IAK_{pre,i} + \varepsilon. \quad (20)$$

mit

$IAK_{post,i}$	:	Leistungskennzahl für das Unternehmen i für die Jahre *nach* dem Unternehmenszusammenschluss

250 Vgl. Hartung (1998), S. 514ff.

251 Vgl. Heron und Lie (2002), S. 146.

252 Die Berechnung eines nationalen Branchenindizes für ein Jahr erfolgt nur dann, wenn mindestens für fünf Unternehmen die entsprechenden Fundamentaldaten vorliegen.

253 Vgl. Healy et al. (1992), S. 147.

$IAK_{pre,i}$	:	Leistungskennzahl für das Unternehmen i für die Jahre *vor* dem Unternehmenszusammenschluss
α	:	Regressionskonstante, Maß für die abnormale Unternehmensleistung
β	:	Regressionskoeffizient
ε	:	Regressionsresiduum.

Der Regressionskoeffizient β berücksichtigt möglicherweise bestehende Korrelationen zwischen der Leistung vor und nach der Übernahme. Der Koeffizient misst mit anderen Worten den statistischen Einfluss der branchenadjustierten Unternehmensleistung vor auf die Leistung nach dem Zusammenschluss. Die Regressionskonstante α ist daher unabhängig von der Leistung vor der Übernahme. Auch die abnormalen Leistungskennzahlen werden für Käufer-, Ziel- und Gemeinschaftsunternehmen berechnet.

IV.1.2.3 Multivariate Analyse der Leistungsentwicklung

Um zusätzliche Hinweise für die Bedeutung der verschiedenen Übernahmemotive zu gewinnen, wird die Entwicklung der Unternehmensleistung im Rahmen einer multivariaten Regression analysiert. Als abhängige Variable wird die Cash-flow-Rentabilität verwendet. Die unabhängigen Variablen werden analog zur multivariaten Analyse der kumulierten abnormalen Renditen gewählt.[254] Damit der Einfluss der erklärenden Variablen unabhängig von der Performance vor der Übernahme gemessen werden kann, wird in alle Regressionsmodelle die Cash-flow-Rentabilität vor der Übernahme als weiterer Regressor aufgenommen.[255] Die Regressionsschätzung erfolgt durch Anwendung des OLS-Verfahrens.

Die verwendeten Regressionsmodelle sind nach der folgenden Struktur aufgebaut:

$$CFR^{K,G}_{post} = \alpha + \beta \cdot CFR^{K,G}_{pre} + \sum_{j=1}^{n} \gamma_j x_j \qquad (21)$$

mit

$CFR^{K,G}_{post}$	:	Mittlere Cash-flow-Rentabilität von Käufer- bzw. kumulierten Gemeinschaftsunternehmen *nach* der Übernahme (Jahre +1 bis +3)
$CFR^{K,G}_{pre}$	:	Mittlere Cash-flow-Rentabilität von Käufer- bzw. kumulierten Gemeinschaftsunternehmen *vor* der Übernahme (Jahre –3 bis –1)

254 Vgl. Kapitel IV.1.1.2.
255 Vgl. Healy et al. (1992), S. 159.

α	:	Regressionskonstante
β	:	Regressionskoeffizient für $CFR^{K,G}_{pre}$
γ_j	:	Regressionskoeffizient für Variable x_j

IV.2 Auswahl des Datensamples

Die Übernahmen und Zusammenschlüsse von europäischen und nordamerikanischen Energieversorgern von 1990 bis 2002 werden für die vorliegende Untersuchung auf der Basis folgender Informationsquellen identifiziert: Thomson SDC International Mergers and Acquisitions Database,[256] Zephus M&A-Database, M&A-Review Transaktionsdatenbank, Finance Dealdatenbank, Bloomberg, VDEW Datenbank – Kooperationen und Übernahmen deutscher Elektrizitätsversorgungsunternehmen.

Die Informationen zu den einzelnen Transaktionen wurden bei abweichenden Angaben der verschiedenen Datenquellen anhand von Recherchen in den Unternehmensdatenbanken von Dun & Bradstreet, Creditreform, und Mergerstat M&A Datenbank sowie in der Wirtschaftspresse (insbesondere im Handelsblatt, der Frankfurter Allgemeine Zeitung und in der Financial Times) und in den Pressemitteilungen der beteiligten Unternehmen verifiziert. Die Wertpapierkurse und die Marktkapitalisierungen von Käufer- und Zielunternehmen werden der Finanzdatenbank Datastream entnommen. Die Berechnung der Tagesrenditen erfolgt auf Basis eines Total Return Indexes, in dem zusätzlich zu den Aktienkursveränderungen auch Dividendenzahlungen berücksichtigt werden.[257] Die Marktindizes sind analog definiert.

Für weitergehende Unternehmensdaten, wie etwa Bilanz- und GuV-Informationen, werden die Datenbanken Compustat (für US-amerikanische Unternehmen) und Worldscope Disclosure sowie die Geschäftsberichte ausgewählter Unternehmen verwendet.

Die Auswahl der in der Untersuchung berücksichtigten Transaktionen erfolgte anhand folgender Kriterien:

- Das Käuferunternehmen ist ein Strom- oder Gasversorger mit Sitz in Nordamerika oder einem Land der EU.

---

256 Fuller et al. (2002), S. 1770 überprüfen anhand einer Stichprobe von 500 Transaktionen die Zuverlässigkeit der Thomson SDC Datenbank. Sie finden heraus, dass die enthaltenen Ankündigungstermine in über 92% der Fälle exakt sind. In keinem der Fälle betrug die Abweichung mehr als zwei Tage.

257 Es wird angenommen, dass Dividendenzahlungen für den Kauf zusätzlicher Aktien verwendet werden. Vgl. Datastream Definition Manual, S. 66.

- Das Käuferunternehmen ist börsennotiert oder im Mehrheitsbesitz eines börsennotierten Strom- und Gasversorgungsunternehmens[258] und die Übernahme erfolgt nicht im Rahmen eines Bieterkonsortiums.
- Für einen Zeitraum von 220 Tagen vor der Transaktion bis 20 Tage nach der Transaktion liegen für das Käuferunternehmen Börsenkurse vor. Für den Schätzzeitraum fehlen aufgrund aussetzender Handelsaktivitäten weniger als 80 Kursdaten, für die Ereignisperiode weniger als zehn Kursdaten (Ausschluss von sogenanntem „Thin Trading"[259]). In den Zeitraum von 20 Tagen vor bzw. nach dem Ankündigungszeitpunkt fiel für das Käuferunternehmen lediglich eine Transaktionsankündigung.[260]
- Die Transaktion wurde zwischen dem 1.1.1990 und dem 30.09.2002 angekündigt.
- Die Transaktion ist abgeschlossen.
- Das Transaktionsvolumen beträgt mindestens 1 Mio. USD.[261]

Insgesamt erfüllen 529 Transaktionen diese Kriterien.[262] Davon war in 167 Fällen auch das Zielunternehmen börsennotiert. Für 164 Übernahmen[263] lagen zusätzlich die Marktkapitalisierungen von Käufer- und Zielunternehmen vor, so dass für diese Transaktionen auch die Wertveränderungen eines hypothetischen Gemeinschaftsunternehmens berechnet werden können.

IV.3 Charakteristika des Datensamples

Tabelle 16 gibt einen Überblick über die zeitliche Entwicklung der betrachteten Übernahmen und über die Herkunft der beteiligten Transaktionspartner. Sowohl bei Käufer- als auch Zielunternehmen dominieren Energieversorger nordamerikanischer Herkunft. Auf Seiten der Käuferunternehmen (Zielunternehmen) stammten 61% (43%) aus Nordamerika, 39% (29%) aus der EU. Der Höhepunkt der untersuchten Übernahmeaktivitäten nach Anzahl der Trans-

258 Informationen über einen mehrheitlichen Anteilseigner eines Käuferunternehmens stammen aus der Thomson Financial SDC Datenbank, der Dun & Bradstreet Firmendatenbank, der Creditreform Bilanzdatenbank, Bloomberg, Worldscope Disclosure, Hoovers Unternehmensdatenbank, Presseberichten sowie den Angaben der entsprechenden Unternehmen in ihrer Selbstdarstellung im Internet und Pressemitteilungen.

259 Vgl. Cowan und Sergeant (1996).

260 Durch den Ausschluss von überlappenden Ereignissen können Verzerrungen infolge einer fehlerhaften Zurechnung von Kursreaktionen zu einer bestimmten Ankündigung vermieden werden. Vgl. zum Ausschluss von überlappenden Ereignissen für M&A-Transaktionen etwa Bartunek, Jessel und Madura (1993), Markides (1994), Travlos (1988), Walker (2000).

261 Vgl. etwa für die Wahl des minimalen Transaktionsvolumens in Höhe von 1 Mio. USD Fuller et al. (2002), S. 1770.

262 Vgl. Anhang I für eine Liste der berücksichtigten Transaktionen.

263 Bei drei Übernahmen konnten die Marktkapitalisierungen der (ausländischen) Zielunternehmen vor der Übernahmeankündigung nicht ermittelt werden.

aktionen wurde sowohl für nordamerikanische als auch europäische Energieversorger im Jahr 1999 erreicht. Das Gleiche gilt für das durchschnittliche Transaktionsvolumen.

Tabelle 16: Zeitliche Entwicklung der Übernahmen und Herkunft der beteiligten Unternehmen

Jahr	Anzahl	Herkunft des Käuferunternehmens		Herkunft des Zielunternehmens			Ø-Transaktionswert (in Mio. USD)
		Nordamerika	EU	Nordamerika	EU	Sonstige	
1990	15	12	3	12	3	0	224
1991	15	7	8	7	8	0	129
1992	23	12	11	10	11	2	324
1993	23	14	9	11	6	6	85
1994	28	20	8	16	8	4	247
1995	42	25	17	18	14	10	361
1996	44	33	11	20	13	11	807
1997	44	34	10	26	8	10	528
1998	64	41	23	28	12	24	669
1999	82	55	27	35	20	27	975
2000	76	40	36	26	22	28	908
2001	53	23	30	13	18	22	691
2002	20	8	12	5	11	4	289
Gesamt	529	324	205	227	154	148	623
		61.2%	38.8%	42.9%	29.1%	28.0%	

Bei einem Großteil der Transaktionen stammen Käufer- und Zielunternehmen jeweils beide entweder aus Europa oder Nordamerika (vgl. Tabelle 17). In lediglich sieben Fällen beteiligten sich europäische Versorger an nordamerikanischen Unternehmen. Immerhin 19 Übernahmen europäischer Unternehmen konnten durch nordamerikanische Energieversorger abgeschlossen werden. Diese Relation spiegelt sich in dem hohen Wert der intrakontinentalen Transaktionen wider. Auf die Beteiligungen an Zielunternehmen außerhalb von Nordamerika und der EU entfällt mit knapp 9% lediglich ein geringer Wertanteil, auch wenn sie gut ein Viertel der Transaktionen ausmachen. Der größte Teil der Zielunternehmen dieser Gruppe stammt aus Osteuropa und Asien.

Tabelle 17: Überblick über die Herkunft von Käufer- und Zielunternehmen

Herkunft des Käuferunternehmens	Herkunft Zielunternehmen: Anzahl Transaktionen				Transaktionswert (in Mio. USD)			
	NA	EU	Sonstige	Gesamt	NA	EU	Sonstige	Gesamt
EU	7	135	63	205	26,021	87,780	12.220	126,021
Nordamerika	220	19	85	324	170,537	16,210	16.929	203,676
Gesamt	227	154	148	529	196,558	103,989	29.149	329,696
	42.9%	29.1%	27,9%	100%	59.6%	31.5%	8,8%	100%

Bei gut 40% der Transaktionen handelt es sich um sogenannte „cross-border takeover“, d.h. Käufer- und Zielunternehmen stammen aus unterschiedlichen nationalen Märkten. Bei den Transaktionen europäischer Versorger sind es wegen der kleineren nationalen Märkte sogar knapp die Hälfte (vgl. Tabelle 18). Dieser insgesamt sehr hohe Anteil grenzüberschreitender Übernahmen ist teilweise auf die Auswahl der Transaktionen zurückzuführen, bei denen das Käuferunternehmen börsennotiert ist. Da diese Unternehmen in aller Regel zu den größten ihrer Branche[264] gehören, verfügen sie über ausreichende finanzielle und organisatorische Kapazitäten für eine internationale Expansion.

Tabelle 18: Geographische Ausrichtung der Transaktionen

Herkunft des Käuferunternehmens	Geographische Ausrichtung der Transaktionen					
	Anzahl Transaktionen			Transaktionswert (in Mio. USD)		
	International	National	Gesamt	International	National	Gesamt
Nordamerika	116	208	324	63,511	62,509	126,021
EU	100	105	205	41,909	161,767	203,676
Gesamt	216	313	529	105,421	224,276	329,696
	40.8%	59.2%	100%	32.0%	68.0%	100.0%

Bei über der Hälfte der betrachteten Übernahmen erwarb der Käufer einen Mehrheitsanteil an den jeweiligen Zielunternehmen und übernahm damit faktisch die Kontrolle über das neue Tochterunternehmen (vgl. Tabelle 19). Bei 17% der Transaktionen überschritt der Käufer mit dem Anteilserwerb die 25%-Schwelle, die zumindest in Deutschland eine erhebliche Ausweitung der Kontrollrechte für den Shareholder zur Folge hat (sogenannte „Sperrminorität"). Dieser Kategorie kommt daher besonders in Europa eine große Bedeutung zu. Bei knapp 15% der Übernahmen wird eine Minderheitsbeteiligung eingegangen.

Für Energieversorger spielen häufig auch kleinere Beteiligungen eine strategische Rolle. Durch die im Vergleich zu anderen Branchen strenge Kartellaufsicht wird es nämlich gerade für größere Versorger zunehmend schwierig, Kontrollübernahmen zu vollenden.[265] Obwohl Minderheitsbeteiligungen nur in sehr begrenztem Umfang dem Käufer Verfügungsrechte garantieren, um etwa die Strategie des Zielunternehmens zu beeinflussen, können durch sie trotzdem häufig die Interessen des Käuferunternehmens gewahrt werden. Insbesondere im Rahmen von langfristigen Lieferantenbeziehungen, wie sie zwischen Stadtwerken und Verbundunternehmen üblich sind, können Minderheitsbeteiligungen Stabilität schaffen. Lieferverträge müssen zumeist vom Aufsichtsrat des abnehmenden Versorgers gebilligt werden. Über ein Aufsichtsratsmandat kann daher auch ein Minderheitsaktionär seinen Einfluss und Informationsvorteile sichern.[266]

264 In Deutschland sind im April 2003 insgesamt 20 Energieversorger börsennotiert. Von den zehn größten Stromversorgern sind lediglich vier nicht börsennotiert. Eine Ausnahme bildet etwa die nicht-börsennotierte Electricité de France, mit einem Umsatz von 40,7 Mrd. EUR im Jahr 2001 drittgrößter Energieversorger Europas. Vgl. Ising und Schiereck (2003), VDEW (2002), Eurelectric (2003).

265 Vgl. etwa Handelsblatt (2003), S. 15.

266 Vgl. für den Zusammenhang von Netzwerkstrukturen, Aufsichtsratsmitgliedern und Strategieentscheidungen etwa Haunschild (1993), Haunschild und Beckman (1998).

Tabelle 19: Art des Kontrollübergangs

Art des Kontrollübergangs	Anzahl Transaktionen				Transaktionswert (in Mio. USD)			
			Herkunft Käuferunt.				Herkunft Käuferunt.	
	Gesamt	Anteil	Nordamerika	EU	Gesamt	Anteil	Nordamerika	EU
Übernahme 51%-Kontrollmehrheit	269	50,9%	201	68	287.873	87,3%	188.313	99.560
Übernahme 25%-Sperrminorität	90	17,0%	33	57	15.622	4,7%	5.152	10.470
Ausbau Mehrheitsbeteiligung	62	11,7%	36	26	9.650	2,9%	5.011	4.639
Ausbau Minderheitsbeteiligung	78	14,7%	32	46	14.429	4,4%	4.162	10.266
Ausbau Sperrminorität	10	1,9%	7	3	1.015	0,3%	271	743
Keine Angabe	20	3,8%	15	5	1.108	0,3%	766	342
Gesamt	529	100,0%	324	205	329.696	100,0%	203.676	126.021

Unterschieden nach der Art der Energieversorger zeigt sich ein deutliches Übergewicht der Stromversorger. Lediglich bei 21.7% der Übernahmen war das Käuferunternehmen ein Gasversorger (vgl. Tabelle 20). Eine noch ausgeprägtere Verteilung ergibt sich bei Betrachtung des Transaktionsvolumens. Der Anteil europäischer Gasversorger fällt dabei deutlich geringer aus als der ihrer nordamerikanischen Vergleichsgruppe. Eine Erklärung für diesen Unterschied liegt darin, dass in Europa die großen Gasversorgungsunternehmen zumeist nur in geringerem Umfang Gas fördern, sondern vorrangig nur an Endkunden verteilen. In Deutschland stammten 2001 lediglich 18.5% des Erdgasaufkommens aus inländischer Produktion, über 80% wurden vorwiegend aus Russland und Norwegen importiert.[267]

Tabelle 20: Transaktionen nach Art der Versorgungsunternehmen

Art der Käuferunternehmen	Anzahl Transaktionen				Transaktionswert (in Mio. USD)			
			Herkunft Käuferunt.				Herkunft Käuferunt.	
	Gesamt	Anteil	Nordamerika	EU	Gesamt	Anteil	Nordamerika	EU
Stromversorger	414	78,3%	228	186	275.840	83,7%	152,005	123.836
Gasversorger	115	21,7%	96	19	53.856	16,3%	51,671	2.185
Gesamt	529	100,0%	324	205	329.696	100,0%	203,676	126.021
			61,2%	38,8%			61,8%	38,2%

In 69 Fällen der insgesamt untersuchten 529 Übernahmen war das Zielunternehmen Gegenstand einer Privatisierung (vgl. Tabelle 21). Unter einer „Privatisierung" wird hier eine Übernahme verstanden, bei der der Verkäufer des Zielunternehmens bzw. eines Teiles des Unternehmens eine öffentlich-rechtliche Einrichtung ist. Der Großteil der in diesem Sample berücksichtigten Privatisierungen fand in Asien und Südamerika statt. In zwanzig Fällen

267 Vgl. Schiffer (2002), S. 145.

wurde ein Zielunternehmen innerhalb der europäischen Union privatisiert. Der Untersuchungsdatensatz enthält keine Privatisierungen aus den Vereinigten Staaten.[268]

Tabelle 21: Privatisierungen nach Art des Kontrollübergangs sowie nach Herkunft und Art des Zielunternehmens

Art des Kontrollübergangs	Anzahl	Ø-Transaktionswert in Mio. USD	Anteil	Herkunft des Zielunternehmens: EU	Europa (ohne EU)	Südamerika, Asien	Art des Zielunternehmens: Stromversorger	Gasversorger	Sonstige
Ausbau Mehrheitsbeteiligung	1	14	1,4%	1			1	0	0
Übernahme 51%-Kontrollmehrheit (vorher <25%)	23	494	33,3%	4	4	15	17	2	4
Übernahme 51%-Kontrollmehrheit (vorher >25%)	2	74	2,9%	1	1		2	0	0
Ausbau Sperrminorität	2	13	2,9%		2		2	0	0
Übernahme Sperrminorität	28	230	40,6%	9	7	12	24	3	1
Übernahme Minderheitsbe-teiligung (<25%)	12	196	17,4%	5	2	5	8	1	3
Keine Angabe	1	140	1,4%			1	0	1	0
Gesamt	69	297	100%	20	16	33	54	7	8
Anteil				28,9%	23,2%	47,8%	78,3%	10,1%	11,6%

In den folgenden Abschnitten werden ausgewählte Größen- und Leistungskennzahlen der Käufer- und Zielunternehmen vorgestellt. Eine ausführliche Analyse der Unternehmensleistung folgt in Kapitel VI.

Tabelle 22 vergleicht anhand verschiedener Kennzahlen die Größe der Käufer- und Zielunternehmen. Je nach gewählter Kennzahl sind die Käuferunternehmen drei- bis viermal so groß wie die von ihnen ausgewählten Übernahmeobjekte. Am stärksten ausgeprägt sind die Unterschiede in der Marktkapitalisierung. Beim bilanziellen Eigenkapital fallen die Differenzen am geringsten aus. Für alle Kennzahlen sind die Unterschiede in Mittelwerten und Medianen statistisch signifikant. Die Größenunterschiede zwischen beiden Gruppen von Akteuren lassen sich damit erklären, dass vor allem finanzstarke, große Unternehmen über ausreichendes Kapital für eine Übernahme verfügen. Je kleiner das Zielunternehmen relativ zum Käufer ist, desto leichter fällt dabei die Finanzierung.

[268] Die insgesamt relativ geringe Zahl an Privatisierungen ergibt sich aus der Konstruktion des Samples, bei der nur die Transaktionen berücksichtigt werden, bei denen das Käuferunternehmen bzw. das beherrschende Mutterunternehmen ein börsennotierter Energieversorger ist, ausreichende Kursinformationen für die Berechnung der Kursreaktionen vorliegen und der Transaktionswert bekannt ist und über 1 Mio. USD beträgt (vgl. Kapitel IV.4). Die Teilprivatisierung der EnBW im Januar 2000 ist etwa nicht enthalten, weil das Käuferunternehmen EdF nicht börsennotiert ist.

Tabelle 22: Ausgewählte Kennzahlen zur Unternehmensgröße von Käufer- und Zielunternehmen (in Mio. USD bzw. Anzahl der Unternehmen)

		Käuferunternehmen	Zielunternehmen	Differenz Ziel-/ Käuferunternehmen	t-Wert für Mittelwerte, W-Wert für Mediane[269]	p-Wert
Marktkapitalisierung	Mittelwert	4,753	1,282	-3,472***	6.7488	0.0000
	Median	2,016	372	-1,644***	7.6817	0.0000
	Standardabweichung	6,508	1,994			
	Anzahl	519	165			
Buchwert der Aktiva	Mittelwert	14,291	4,353	-9,938***	6.6010	0.0000
	Median	8,196	1,525	-6,671***	9.0323	0.0000
	Standardabweichung	17,350	6,550			
	Anzahl	516	138			
Bilanzielles Eigenkapital	Mittelwert	3,651	1,316	-2,335***	5.9537	0.0000
	Median	2,259	590	-1,669***	8.4677	0.0000
	Standardabweichung	4,513	1,778			
	Anzahl	516	138			
Umsatz	Mittelwert	7,468	2,228	-5,241***	5.0310	0.0000
	Median	3,308	871	-2,437***	8.3668	0.0000
	Standardabweichung	12,040	4,155			
	Anzahl	515	138			

*** = signifikant auf einem 1%-Niveau

Ein anderes Bild zeigt sich bei Betrachtung der Kapitalstruktur (vgl. Tabelle 23): Käuferunternehmen zeigen eine geringere Eigenkapital- und eine höhere Verschuldungsquote als ihre Übernahmeziele. Letztere waren dementsprechend „solider" finanziert als ihre späteren Käufer. Mit einem arithmetischen Mittel für die Eigenkapitalquote von 31,12% lagen die Käuferunternehmen deutlich über dem Bundesdurchschnitt in Höhe von 17%, aber deutlich unter der durchschnittlichen Eigenkapitalquote von rund 50% bei US-amerikanischen Unternehmen.[270]

269 Die Signifikanz der Differenzen für die Werte von Ziel- und Käuferunternehmen wird für die Mittelwerte durch einen Mittelwertdifferenzentest und für die Mediane durch einen Wilcoxon-Vorzeichentest ermittelt (vgl. Kapitel IV.1.1.1 und IV.1.2.2 für die Definition der Teststatistiken analog).

270 Vgl. Döring (2002).

Tabelle 23: Ausgewählte Kennzahlen zur Profitabilität und Marktbewertung von Käufer- und Zielunternehmen

		Käuferunternehmen	Zielunternehmen	Differenz Ziel-/ Käuferunternehmen	t-Wert für Mittelwerte, W-Wert für Mediane[271]	p-Wert
Eigenkapitalquote	Mittelwert	31,12%	36,41%	-5,29%***	3,8568	0,0001
	Median	30,33%	35,74%	-5,41%***	4,4854	0,0000
	Standardabweichung	14,02%	15,39%			
	Anzahl	516	138			
Umsatzrentabilität	Mittelwert	8,84%	8,97%	-0,13%	0,0805	0,9359
(Return on Sales)	Median	7,98%	7,50%	0,47%	0,6577	0,5107
	Standardabweichung	18,61%	10,44%			
	Anzahl	515	138			
Gesamtkapitalrentabilität	Mittelwert	3,54%	4,13%	-0,60%*	1,8445	0,0656
(Return on Assets)	Median	3,38%	3,77%	-0,39%	1,6381	0,1014
	Standardabweichung	3,07%	4,32%			
	Anzahl	515	138			
Eigenkapitalrentabilität	Mittelwert	11,46%	8,58%	2,88%*	1,6747	0,0945
(Return on Equity)	Median	11,59%	11,00%	0,59%*	1,8472	0,0647
	Standardabweichung	10,05%	33,94%			
	Anzahl	515	138			
Marktwert-Buchwert-Relation	Mittelwert	180,26%	194,24%	-13,98%	0,5397	0,5896
	Median	145,24%	139,44%	5,80%	0,7824	0,4340
	Standardabweichung	185,40%	460,92%			
	Anzahl	506	136			

* = signifikant auf einem 10%-Niveau *** = signifikant auf einem 1%-Niveau

Hinsichtlich der Umsatzrentabilität ergeben sich keine statistisch signifikanten Unterschiede zwischen Käufer- und Zielunternehmen. Die Gesamtkapitalrentabilität deutet darauf hin, dass die Zielunternehmen profitabler arbeiten (signifikant auf einem 10%-Niveau). Die Eigenkapitalrendite ist allerdings für Käuferunternehmen signifikant höher. Keine signifikanten Differenzen lassen sich zwischen der mittleren Marktwert-Buchwert-Relation der Käufer- und Zielunternehmen beobachten. Auf Basis dieser widersprüchlichen Indizien kann keine eindeutige Aussage zur relativen Effizienz der Käufer- und Zielunternehmen getroffen werden.

271 Die Signifikanz der Differenzen für die Werte von Ziel- und Käuferunternehmen wird für die Mittelwerte durch einen Mittelwertdifferenzentest und für die Mediane durch einen Wilcoxon-Vorzeichentest ermittelt (vgl. Kapitel IV.1.1.1 und IV.1.2.2 für die Definition der Teststatistiken analog).

Die Beobachtungen stützen deshalb auch nicht Hypothese 3a, der zufolge sich Zielunternehmen durch eine schlechtere Unternehmensleistung als Käuferunternehmen auszeichnen.

In den voranstehenden Abschnitten wurden die Untersuchungsmethodik erläutert und der Datensatz als Grundlage für die Analyse der Kursreaktionen und der Performanceentwicklung im Zusammenhang mit Übernahmen von Energieversorgern vorgestellt. Die folgenden Kapitel stellen die Ergebnisse der entsprechenden Untersuchungen vor.

V. Bewertung der Zusammenschlüsse von Energieversorgern durch den Kapitalmarkt

In diesem Kapitel wird die Bewertung der Übernahmen von Energieversorgern durch den Kapitalmarkt untersucht. Dazu werden zunächst die Kapitalmarktreaktionen von Käufer-, Ziel- und hypothetischen Gemeinschaftsunternehmen betrachtet. Es folgt eine Untersuchung der Auswirkungen von Übernahmen auf Branchenwettbewerber. Die multivariate Analyse der Kursreaktionen im dritten Teil baut auf den Ergebnissen dieser Unterkapitel auf. Den Abschluss bildet eine kurze Zusammenfassung.

V.1 Kapitalmarktreaktionen von Käufer-, Ziel- und hypothetischen Gemeinschaftsunternehmen

Im Folgenden werden zuerst die Kapitalmarktreaktionen anhand des gesamten Datensatzes betrachtet. Daran schließt sich eine Untersuchung potentieller Quellen für Verzerrungen in den Kapitalmarktreaktionen an. Auf der Basis von verschiedenen Subsamples werden dann die Hypothesen für die Motive der betrachteten Übernahmen und die Rolle möglicher Einflussvariablen untersucht. Das Kapitel endet mit einem Zwischenfazit.

V.1.1 Untersuchung des gesamten Datensatzes

Die Reaktionen des Kapitalmarkts auf die betrachteten Übernahmeankündungen durch Energieversorgungsunternehmen sind in Abbildung 23 sowie in Tabelle 24, Tabelle 25 und Tabelle 26 dargestellt.

Die Aktionäre der Zielunternehmen realisieren in den Tagen vor und nach einer Übernahme erhebliche Wertzuwächse. Die durchschnittliche kumulierte abnormale Rendite beträgt für die [-20;+20]-Ereignisperiode signifikant positive 12,67%. Der Großteil dieses Wertzuwaches wird in den Tagen unmittelbar vor der Ankündigung realisiert, lediglich rund 2%-Punkte entfallen auf die Zeit nach dem Ereignis. Für das [+10;+20]-Intervall sind die kumulierten abnormalen Renditen nicht signifikant von null verschieden.

Der zeitliche Verlauf der CAR spricht zunächst einmal dafür, dass der Kapitalmarkt zum Zeitpunkt der Übernahmeankündigung die für die Transaktion relevanten Informationen innerhalb kurzer Zeit in der Preisbildung berücksichtigt. Die positiven CAR vor bekannt werden der Transaktion lassen zwei Interpretationen zu. Entweder hat das Käuferunternehmen bereits vor der Veröffentlichung seiner Übernahmeabsicht bereits begonnen, Aktien des Zielunternehmens zu erwerben, oder Markt-Insider wollen durch Zukäufe von Wertpapieren des Zielunternehmens an den erwarteten positiven Übernahmeeffekten partizipieren.[272] Da die CAR für das [-20;-10]-Intervall nicht signifikant von null verschieden sind, kann davon aus-

272 Vgl. zur Analyse der CAR für die Periode unmittelbar vor einer Übernahmeankündigung, dem sogenannten „markup pricing“, Schwert (1996), S. 159.

gegangen werden, dass derartige Effekte vor der betrachteten Ereignisperiode vernachlässigt werden können.

Abbildung 23: Kumulierte abnormale Renditen für alle Käufer-, Ziel- und hypothetische Gemeinschaftsunternehmen

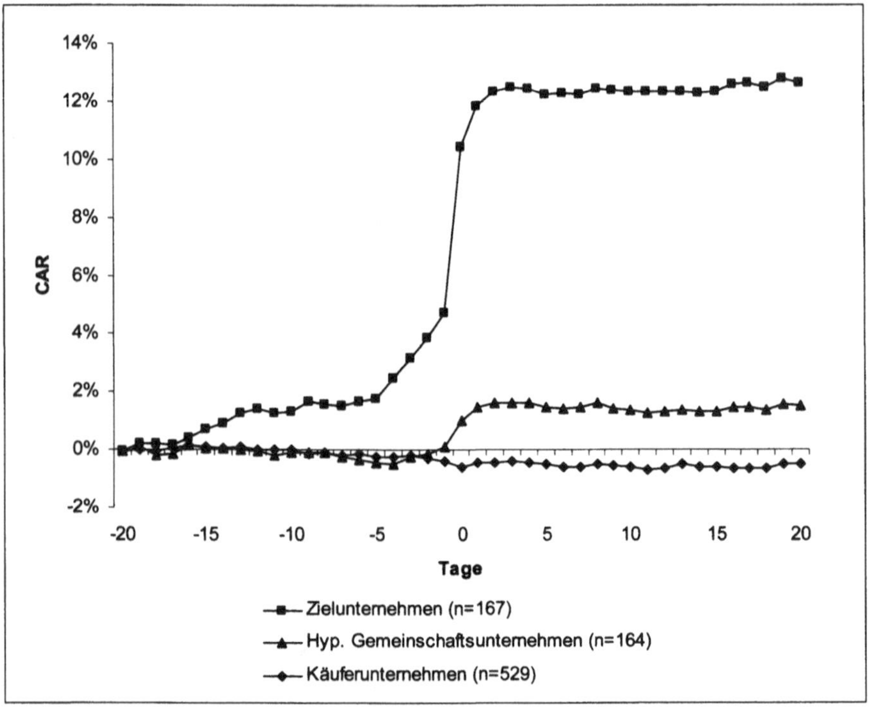

Tabelle 24: Kumulierte abnormale Renditen der Zielunternehmen

	CAR	Min	Max	Pos.	Neg.	Std.abw.	Z-Value	p-value
[-20;+20]	12,67% ***	-35,26%	104,54%	126	41	0,2045	8,5565	0,0000
[-10;+10]	11,09% ***	-43,59%	85,92%	132	35	0,1681	8,6854	0,0000
[-5;+5]	10,54% ***	-16,45%	72,93%	127	40	0,1457	8,9246	0,0000
[-2;+2]	9,18% ***	-17,38%	65,03%	128	39	0,1324	8,4761	0,0000
[-1;+1]	7,98% ***	-15,85%	63,97%	129	38	0,1163	8,6140	0,0000
{0}	5,72% ***	-15,47%	43,69%	117	50	0,0998	7,8788	0,0000
[-20;-10]	1,31% ***	-18,56%	42,05%	88	79	0,0775	7,7879	0,0000
[-9;-1]	3,43% ***	-14,41%	35,42%	113	54	0,0795	8,8156	0,0000
[+1;+9]	1,93% ***	-21,22%	66,21%	77	90	0,1148	4,5502	0,0000
[+10;+20]	0,28% ***	-20,90%	32,07%	85	82	0,0568	3,0077	0,0026
[-20;0]	10,46% ***	-18,86%	69,28%	130	37	0,1522	8,5560	0,0000
Anzahl	167							

*** = signifikant auf einem 1%-Niveau

Tabelle 25: Kumulierte abnormale Renditen der Käuferunternehmen

	CAR	Min	Max	Pos.	Neg.	Std.abw.	Z-Value	p-value
[-20;+20]	-0,52% *	-36,77%	123,31%	237	292	0,1179	-1,7133	0,0867
[-10;+10]	-0,58% **	-36,19%	64,23%	250	279	0,0794	-2,4264	0,0153
[-5;+5]	-0,34% **	-29,14%	31,15%	251	278	0,0646	-2,1826	0,0291
[-2;+2]	-0,27% ***	-26,39%	41,71%	245	284	0,0499	-2,6180	0,0088
[-1;+1]	-0,15% ***	-37,27%	70,09%	254	275	0,0519	-2,6091	0,0091
{0}	-0,22% ***	-17,98%	18,57%	243	286	0,0261	-3,1526	0,0016
[-20;-10]	-0,01% **	-42,60%	30,10%	272	257	0,0578	-2,1251	0,0336
[-9;-1]	-0,39% ***	-24,52%	21,47%	240	289	0,0513	-2,6256	0,0086
[+1;+9]	0,06%	-17,80%	31,08%	258	271	0,0492	-1,1499	0,2502
[+10;+20]	0,04%	-27,58%	58,14%	249	280	0,0585	0,3046	0,7607
[-20;0]	-0,62% **	-31,86%	34,09%	239	290	0,0795	-2,3164	0,0205
Anzahl	529							

* = signifikant auf einem 10%-Niveau ** = signifikant auf einem 5%-Niveau
*** = signifikant auf einem 10%-Niveau

Im Gegensatz zu den Aktionären des Übernahmeziels können die Shareholder des kaufenden Unternehmens keine Wertzuwächse verbuchen. Für das [-20;+20]-Intervall müssen sie sogar eine abnormale Rendite von -0,52% hinnehmen (signifikant auf einem 10%-Niveau). Am Tag der Ankündigung betragen die durchschnittlichen CAR –0,22%. Aus der Perspektive des Kapitalmarktes reduziert folglich die Übernahmeankündigung den Wert des Käuferunternehmens.

In Tabelle 26 sind die CAR für das hypothetische Gemeinschaftsunternehmen dargestellt, die aus den mit der Marktkapitalisierung gewichteten CAR von Käufer- und Zielunternehmen errechnet wurden. Für alle betrachteten Perioden, die den Ereignistag einschließen, waren die CAR positiv. Das bedeutet, dass die Wertminderung der Käuferunternehmen geringer ausfällt als der Wertzuwachs für die Zielunternehmen. Anders ausgedrückt erwartet demnach der Kapitalmarkt durch die betrachteten Zusammenschlüsse eine Gesamtwertsteigerung. Diese Ergebnisse sind konsistent mit denen der Mehrzahl der empirischen Studien, die Ankündigungseffekte von Übernahmen untersuchen. Andrade et al. (2001), Mulherin und Boone (2000) und Bradley et al. (1988) ermitteln ebenfalls leicht negative abnormale Renditen für Käuferunternehmen und positive CAR für Ziel- und hypothetische Gemeinschaftsunternehmen.[273] Moeller et al. (2003) berichten in einer aktuellen Untersuchung ebenfalls von signifikant negativen CAR als Reaktion auf die Ankündigung einer Übernahme eines börsennotierten Unternehmens.[274]

Für US-amerikanische Stromversorgungsunternehmen kommen Berry (2000) und Bartunek et al. (1993) zu analogen Resultaten: Die Anteilseigner von Zielunternehmen erzielen Wertgewinne zulasten der Aktionäre des kaufenden Energieversorgers. Die besondere Marktregulierung für

273 Vgl. für einen Überblick über die Ergebnisse empirischer Untersuchungen von Ankündigungseffekten Jensen und Ruback (1983), Bruner (2002), Andrade et al. (2001).

274 Für private Unternehmen und Tochtergesellschaften ermitteln die Autoren hingegen signifikant positive Ankündigungseffekte in Höhe von 1,5% und 2%. Auf den Einfluss der Börsennotierung wird in Kapitel V.1.4.3 ausführlich eingegangen.

Energieversorgungsunternehmen scheint folglich diesen Zusammenhang nicht grundsätzlich zu beeinflussen.

Tabelle 26: Kumulierte abnormale Renditen der gemeinsamen Einheit aus Käufer- und Zielunternehmen

	CAR	Min	Max	Pos.	Neg.	Std.abw.	Z-Value	p-value
[-20;+20]	1,49% *	-34,78%	72,90%	86	78	0,1188	1,7446	0,0811
[-10;+10]	1,55% **	-35,01%	50,28%	98	66	0,0891	2,5047	0,0123
[-5;+5]	1,80% ***	-15,55%	36,70%	106	58	0,0701	3,6694	0,0002
[-2;+2]	1,88% ***	-10,45%	38,67%	103	61	0,0619	4,3834	0,0000
[-1;+1]	1,59% ***	-8,86%	33,97%	100	64	0,0526	4,4556	0,0000
{0}	0,91% ***	-9,54%	24,24%	97	67	0,0366	4,2290	0,0000
[-20;-10]	-0,11% ***	-18,24%	19,62%	82	82	0,0481	3,2431	0,0012
[-9;-1]	0,22% **	-14,06%	24,26%	90	74	0,0460	2,0327	0,0421
[+1;+9]	0,39% *	-17,48%	36,33%	84	80	0,0584	1,6537	0,0982
[+10;+20]	0,08%	-11,74%	31,44%	76	88	0,0466	0,3313	0,7404
[-20;0]	1,02% *	-17,62%	30,68%	94	70	0,0756	1,7938	0,0728
Anzahl	164							

** = signifikant auf einem 5%-Niveau*** = signifikant auf einem 10%-Niveau

Die beobachtete Steigerung des gesamten Börsenwertes der beteiligten Unternehmen und die positiven Ankündigungseffekte bei den Zielunternehmen stützen zunächst die Hypothese, dass die Maximierung des Unternehmenswertes in der Tat ein wichtiges Motiv für Übernahmen sein könnte (vgl. *Hypothese 1a, Kapitel 3.11*).[275] Gegen diese Interpretation spricht allerdings, dass die Anteilseigner des kaufenden Unternehmens und damit die Initiatoren des Übernahmevorhabens durchschnittlich Wertverluste hinnehmen müssen. Gibt es keine systematischen Unterschiede zwischen der Beurteilung von Übernahmen zwischen Managern und Investoren deuten diese Wertverluste im Gegenteil darauf hin, dass andere Motive ebenfalls eine Rolle für die beobachteten Transaktionen spielen. *Hypothese 1a* kann folglich nicht eindeutig bestätigt werden. Das gleiche gilt für *Hypothese 5a*. Während die negativen Kursreaktionen auf Seiten der Käuferunternehmen die Erklärung stützen, Zusammenschlüsse seien primär das Ergebnis einer Eigennutzmaximierung des Managements, sprechen die positiven Auswirkungen auf den gemeinsamen Börsenwert von Ziel- und Käuferunternehmen dagegen. Aus dem gleichen Grund kann auch die Hypothese, dass eine Fehleinschätzung des Managements der Käuferunternehmen Auslöser des Übernahmenvorhabens seien, nicht bestätigt werden (vgl. *Hypothese 6a*).

Berkovitch und Narayanan (1993) führen die Vieldeutigkeit der Ankündigungseffekte, die auch in der Mehrzahl der bislang vorliegenden empirischen Studien beobachtetet werden, auf die simultane Gültigkeit verschiedener Erklärungsansätze zurück. Die Autoren verweisen in diesem Zusammenhang auf den Erklärungsbeitrag der Korrelationen zwischen den Wertveränderungen von Käufer- und Zielunternehmen sowie Ziel- und hypothetischem Gesamtunternehmen. Diese ermöglichen eine Präzisierung der Interpretation der Börsenwertveränderun-

275 Vgl. Bradley et al. (1988).

gen zum Zeitpunkt einer Übernahmeankündigung. In Kapitel 3.1 wurden bereits die resultierenden Hypothesen hinsichtlich der entsprechenden Korrelationen abgeleitet. Tabelle 27 fasst die dargestellten Erklärungsansätze zusammen. Sind Zusammenschlüsse vorrangig durch die Suche nach Effizienzsteigerungen motiviert, wird ein positiver Zusammenhang zwischen den Wertveränderungen von Ziel- und Käuferunternehmen auf der einen und zwischen den Wertveränderungen von Ziel- und hypothetischem Gemeinschaftsunternehmen auf der anderen Seite erwartet. Die Agency-Hypothese, nach der das Management durch Übernahmen seinen eigenen Nutzen maximiert, lässt hingegen jeweils einen negativen Zusammenhang erwarten. Trifft indessen die Hybris-Hypothese zu, muss von einer negativen Korrelation der Wertveränderung von Ziel- und Käuferunternehmen und von einer fehlenden Korrelation der Wertveränderungen von Ziel- und hypothetischem Gemeinschaftsunternehmen ausgegangen werden.[276]

Tabelle 27: Hypothesen zur Motivation von M&A-Transaktionen und die Implikationen im Hinblick auf die Relationen zwischen abnormalen Renditen von Ziel- und Käuferunternehmen bzw. dem hypothetischen Gemeinschaftsunternehmen[277]

Hypothese	CAR des hyp. Gemeinschafts-unternehmens	CAR des Käufer-unternehmens	Korrelation zwischen CAR des Zielunter-nehmens und des hyp. Gemeinschaftsunter-nehmens	Korrelation zwischen CAR des Zielunterneh-mens und des Käuferunter-nehmens
Synergie (Hypothese 1a/b)	Positiv	Positiv	Positiv	Positiv
Maximierung des Management-nutzens - Agency (Hypothesen 5a/b)	Negativ	Negativ	Negativ	Negativ
Hybris (Hypothese 6a/b)	Null	Negativ	Keine	Negativ

Die dargestellten Hypothesen ließen sich durch das einfache Betrachten der Vorzeichen der beiden Korrelationen testen, wenn davon ausgegangen werden könnte, dass einer der drei Erklärungsansätze exklusiv gilt. Andernfalls ist eine durchschnittliche Betrachtung aller Übernahmen auch für die Korrelationen wenig aussagekräftig. Denn positive Korrelationen zwischen den Wertveränderungen von Ziel- und Gemeinschaftsunternehmen würden negative Korrelationen möglicherweise ausgleichen und fälschlich als Indiz für die Geltung der Hybris-Hypothese interpretiert werden. Im vorliegenden Fall kann wie erläutert in der Tat nicht ausgeschlossen werden, dass alle drei Motive eine Rolle für das Entscheidungsverhalten des Managements spielen. Daher wird der einfache Korrelationstest wie im Folgenden beschrieben ergänzt.

---

276 Vgl. Berkovitch und Narayanan (1993), S. 352.

277 Eigene Darstellung in Anlehnung an Berkovitch und Narayanan (1993), S. 352 und Seth et al. (2000).

Zusätzlich zum Gesamtdatensatz werden separat die Übernahmeankündigungen mit positiver und mit negativer Veränderung des Gesamtwertes betrachtet. Wenn die Maximierung des Managementnutzens für einen Teil der Übernahmeentscheidungen ausschlaggebend ist, so ist zu erwarten, dass dies vorrangig für die Transaktionen zutrifft, die zu einer Verringerung des Gesamtbörsenwertes von Käufer- und Zielunternehmen führen. Für diese Transaktionen scheidet das Synergiemotiv weitgehend aus. Es bleibt folglich zu prüfen, ob auch die Hybris-Hypothese für diese Gruppe bestätigt werden kann. Beide konkurrierenden Erklärungsansätze gehen von negativen Wertveränderungen des Käuferunternehmens und einer negativen Korrelation zwischen den Wertveränderungen von Ziel- und Käuferunternehmen aus. Während aber die Agency-Hypothese von einer negativen Korrelation zwischen den Wertveränderungen von Ziel- und hypothetischem Gesamtunternehmen ausgeht, sagt die Hybris-Hypothese einen fehlenden Zusammenhang voraus.

Analog kann davon ausgegangen werden, dass die Realisierung von Synergieeffekten vorrangig bei Transaktionen mit positiver Veränderung des Gesamtbörsenwertes das primäre Motiv darstellt. Die Maximierung des Managementnutzens kann für diese Fälle als Hauptmotiv hingegen weitgehend ausgeschlossen werden. Erneut ist aber der simultane Erklärungsbeitrag der Hybris-Hypothese zu prüfen. Bei Gültigkeit der Hybris-Hypothese ist von einem negativen Zusammenhang zwischen den Wertveränderungen von Ziel- und Käuferunternehmen auszugehen. Das Synergiemotiv lässt hingegen eine positive Korrelation erwarten.[278]

Diese erweiterten Hypothesen lassen sich empirisch testen. Tabelle 28 stellt die Ergebnisse der erweiterten Analyse für das Ereignisfenster [-1;+1] dar. Der Zusammenhang zwischen den Wertveränderungen des Zielunternehmens und denen des hypothetischen Gesamtunternehmens bzw. des Käuferunternehmens wurde durch folgende Regressionsgleichungen geschätzt:

$$\text{CAR Zielunternehmen} = \alpha + \beta \cdot \text{CAR Gemeinschaftsunternehmen} \quad (22)$$

bzw.

$$\text{CAR Zielunternehmen} = \alpha + \beta \cdot \text{CAR Käuferunternehmen} \quad (23)$$

mit:

α, β : Regressionskonstante, -koeffizient.

Der Zusammenhang zwischen den abnormalen Renditen des Zielunternehmens und des hypothetischen Gemeinschaftsunternehmens ist sowohl für den gesamten Datensatz als auch für die beiden betrachteten Subsample signifikant positiv. Die Schätzer für β liegen in einem relativ engen Intervall von 0,98 bis 1,14. Diese Ergebnisse entsprechen den Voraussagen der Synergie-Hypothese. Sie liefern hingegen keine Hinweise darauf, dass auch die Hybris-

278 Vgl. Seth et al. (2000), S. 392ff.; Berkovitch und Narayanan (1993), S. 352f.

Hypothese und die Eigennutzmaximierung des Managements Erklärungskraft für das Zustandekommen der Zusammenschlüsse besitzen.

Die Ergebnisse für den Zusammenhang zwischen der Wertveränderung des Ziel- und des Käuferunternehmens erlauben keine eindeutige Interpretation. Weder für den Gesamtdatensatz noch für die beiden Untergruppen wird ein signifikant von null verschiedener Schätzer β errechnet. Während Agency- und Hybris-Hypothese von einem negativen Zusammenhang ausgehen, spräche eine positive Korrelation für das Synergie-Motiv.

Tabelle 28: Zusammenhang zwischen den kumulierten abnormalen Renditen von Zielunternehmen, Käuferunternehmen und hypothetischem Gemeinschaftsunternehmen für die Ereignisperiode [-1; +1][279]

Sample		Anzahl	α	β	Adj. R^2
*Panel A - CAR Zielunternehmen= α + β *CAR Gemeinschaftsunternehmen*					
Gesamt		164	0,0593	1,1421	0,2768
	t-Wert		7,9736	5,6711	
	p-Wert		0,0000	0,0000	
Transaktionen mit positiven CAR des Gemeinschaftsunternehmens		100	0,0660	1,0717	0,2190
	t-Wert		4,7596	3,7712	
	p-Wert		0,0000	0,0003	
Transaktionen mit negativen CAR des Gemeinschaftsunternehmens		64	0,0497	0,9805	0,0428
	t-Wert		3,7341	1,7896	
	p-Wert		0,0004	0,0784	
*Panel B – CAR Zielunternehmen= α + β *CAR Käuferunternehmen*					
Gesamt		164	0,0790	0,1882	0,0000
	t-Wert		7,8237	0,5360	
	p-Wert		0,0000	0,5927	
Transaktionen mit positiven CAR des Gemeinschaftsunternehmens		100	0,1096	-0,1296	-0,0083
	t-Wert		9,9319	-0,1884	
	p-Wert		0,0000	0,8510	
Transaktionen mit negativen CAR des Gemeinschaftsunternehmens		64	0,0122	-0,4745	0,0480
	t-Wert		0,9697	-1,5424	
	p-Wert		0,3359	0,1281	

279 Die Residuen aus den Regressionen wurden mit Hilfe des White-Tests auf Heteroskedastizität untersucht. Für die aus dem gesamten Datensatz errechneten Regressionen konnte die Nullhypothese, dass keine Heteroskedastizität vorliegt, nicht zurückgewiesen werden. Alle angegebenen t-Werte sind daher nach dem von White (1980) vorgestellten Verfahren für Heteroskedastizität-konsistente Schätzer errechnet worden.

Die Korrelationsanalyse für das [-1;+1]-Ereignisintervall lässt insgesamt daher keinen eindeutigen Schluss auf die vorherrschenden Motive bei Zusammenschlüssen von Energieversorgern zu. Ergänzend wird daher die Untersuchung für das [-10;+10]-Intervall wiederholt (vgl. Tabelle 29).

Tabelle 29: Zusammenhang zwischen den kumulierten abnormalen Renditen von Zielunternehmen, Käuferunternehmen und hypothetischem Gemeinschaftsunternehmen für die Ereignisperiode [-10; +10]

Sample		Anzahl	α	β	Adj. R^2
*Panel A - CAR Zielunternehmen= α + β *CAR Gemeinschaftsunternehmen*					
Gesamt		164	0,0928	1,0717	0,3213
	t-Wert		8,4847	8,8411	
	p-Wert		0,0000	0,0000	
Transaktionen mit positiven CAR des Gemeinschaftsunternehmens		98	0,0665	1,1900	0,3092
	t-Wert		3,8673	6,6652	
	p-Wert		0,0002	0,0000	
Transaktionen mit negativen CAR des Gemeinschaftsunternehmens		66	0,1579	1,7523	0,3420
	t-Wert		6,6297	5,8982	
	p-Wert		0,0000	0,0000	
*Panel B - CAR Zielunternehmen= α + β *CAR Käuferunternehmen*					
Gesamt		164	0,1126	0,2446	0,0047
	t-Wert		8,4889	1,3309	
	p-Wert		0,0000	0,1851	
Transaktionen mit positiven CAR des Gemeinschaftsunternehmens		98	0,1399	0,0560	-0,0100
	t-Wert		8,1756	0,1972	
	p-Wert		0,000	0,8441	
Transaktionen mit negativen CAR des Gemeinschaftsunternehmens		66	0,0278	-0,5065	0,0102
	t-Wert		0,8154	-1,2932	
	p-Wert		0,4179	0,2006	

Die Ergebnisse entsprechen denen der voranstehenden Analyse: Es besteht ein signifikant positiver Zusammenhang zwischen den abnormalen Renditen von Ziel- und hypothetischen Gemeinschaftsunternehmen. Die abnormalen Renditen von Ziel- und Käuferunternehmen weisen hingegen keinen signifikanten Zusammenhang aus. Folglich lässt auch die Analyse dieses Ereignisintervalls keine eindeutige Interpretation hinsichtlich der Zusammenschlussmotive zu. Es können lediglich schwache Hinweise auf die Relevanz des Synergiemotivs festgestellt werden.

Die in dieser Untersuchung ermittelten Zusammenhänge zwischen den abnormalen Renditen von Ziel-, Käufer- und hypothetischen Gesamtunternehmen stimmen nur zum Teil mit den Ergebnissen anderer empirischer Untersuchungen überein. Seth et al. (2000) untersuchen die Motive US-amerikanischer Unternehmen für die Übernahme ausländischer Gesellschaften. Sie kommen zu dem Schluss, dass die Synergie-Hypothese das Zustandekommen des Großteils der beobachteten Transaktionen erklärt. Gleichzeitig liefert auch die Hybris-Hypothese einen Erklärungsbeitrag für die Übernahmen, die zu einer Steigerung des Börsenwertes des Gesamtunternehmens geführt haben. Für alle anderen Transaktionen finden die Autoren stattdessen Hinweise auf die Relevanz der Agency-Hypothese. Ihre Ergebnisse entsprechen damit weitgehend den Resultaten der früheren Studie von Berkovitch und Narayanan (1993).

Vor dem Hintergrund dieser schwachen Indizien, die sich aus der Analyse der Wertveränderungen von Ziel-, Käufer- und hypothetischem Gemeinschaftsunternehmen gewinnen lassen, erscheinen weitergehende Untersuchungen unter Einbeziehung zusätzlicher Informationen über die beteiligten Unternehmen ratsam. Zunächst wird aber überprüft, ob Verzerrungen in der Kapitalmarktbewertung bzw. ihrer Interpretation für die uneindeutigen Ergebnisse verantwortlich sein können.

V.1.2 Potentielle Verzerrungen der Kapitalmarktbewertung

In dieser Untersuchung werden Kursreaktionen auf Übernahmeankündigungen als Einschätzung des Kapitalmarktes hinsichtlich der Vorteilhaftigkeit der jeweiligen Transaktion aufgefasst. Diese Interpretation der Ankündigungseffekte ist allerdings nur zulässig, wenn die Kapitalmarktakteure Übernahmeankündigungen als relevant für den Börsenwert der beteiligten Unternehmen erachten. Wenn auch dieser Zusammenhang aufgrund der hohen Bedeutung von Übernahmen für die Strategien der beteiligten Unternehmen zunächst unterstellt werden kann, so könnten für die vorliegende Untersuchung zwei Ausnahmen relevant sein:

Das Volumen der betrachteten Transaktion könnte zu gering sein, um Beachtung durch die Kapitalmarktakteure zu finden.

Die Kapitalmarktakteure könnten daran zweifeln, dass die Übernahmeankündigung umgesetzt werden kann.

Gegen eine fehlende Beachtung der Übernahmeankündigung durch die Kapitalmarktakteure spricht zunächst einmal die beobachtete signifikante Reaktion des Börsenwertes der Zielunternehmen. Ein geringes Transaktionsvolumen könnte aber dennoch die Ursache für schwache Kursreaktionen der Käuferunternehmen sein, wenngleich auch diese Beobachtung der überwiegenden Evidenz bisheriger Studien entspricht. Durch die Auswahl lediglich der Übernahmen, die mit einem hohen Transaktionsvolumen verbunden sind, kann sicher gestellt werden, dass die Kapitalmarktakteure die damit verbundenen Ankündigungen als kursrelevantes Ereignis wahrnehmen und infolgedessen die beobachteten Kursreaktionen tatsächlich die Bewertung der Übernahmeankündigung durch den Kapitalmarkt widerspiegeln.

Tabelle 30: Vergleich der CAR für Transaktionen mit einem Volumen von mehr bzw. weniger als 100 Mio. USD

	Transaktionen mit einem Volumen von weniger als 100 Mio. USD	Transaktionen mit einem Volumen von mind. 100 Mio. USD	Mittelwertdifferenz		
	CAR	CAR	Differenz	t-Wert	p-Wert
Käuferunternehmen					
[-20;+20]	0,13%	-1,20% **	1,33%	1,2965	0,1954
[-10;+10]	-0,30%	-0,87% ***	0,57%	0,8239	0,4104
[-5;+5]	0,18%	-0,88% ***	1,06% *	1,8967	0,0584
[-1;+1]	0,21%	-0,53% ***	0,74%	1,6324	0,1032
[-20;0]	-0,18%	-1,08% ***	0,90%	1,3049	0,1925
Anzahl	271	258			
Zielunternehmen					
[-20;+20]	14,66% ***	11,98% ***	2,68%	0,7407	0,4599
[-10;+10]	9,89% ***	11,51% ***	-1,63%	0,5453	0,5863
[-5;+5]	8,30% ***	11,32% ***	-3,01%	1,1702	0,2436
[-1;+1]	5,67% ***	8,79% ***	-3,11%	1,5185	0,1308
[-20;0]	10,79% ***	10,35% ***	0,44%	0,1633	0,8705
Anzahl	43	124			
Hypothetische Gemeinschaftsunternehmen					
[-20;+20]	0,61%	1,80%	-1,18%	0,5603	0,5761
[-10;+10]	0,78%	1,83% **	-1,05%	0,6615	0,5092
[-5;+5]	2,10% ***	1,70% ***	0,40%	0,3186	0,7504
[-1;+1]	1,65% ***	1,57% ***	0,08%	0,0871	0,9307
[-20;0]	-0,17%	1,44% **	-1,61%	1,2011	0,2315
Anzahl	43	121			

In der Tabelle 30 sind daher die CAR für die Fälle angegeben, in denen der Transaktionswert mindestens 100 Mio. USD bzw. weniger als 100 Mio. USD beträgt.[280] Für keine der betrachteten Ereignisperioden können signifikante Unterschiede zwischen den CAR der Zielunternehmen und der hypothetischen Gemeinschaftsunternehmen beobachtet werden. Bei den Käuferunternehmen ergeben sich lediglich für eine Beobachtungsperiode, das [-5;+5]-Intervall, signifikante Differenzen. In Tabelle 31 werden ergänzend die CAR Transaktionen mit einem Volumen von über 100 Mio. USD mit denen des gesamten Samples verglichen. Weder für Käufer-, Ziel- noch hypothetische Gemeinschaftsunternehmen können signfikante Unterschiede in den CAR der beiden Gruppen festgestellt werden.

280 Vgl. für die Verwendung dieser Wertgrenze Beitel und Schiereck (2001).

Tabelle 31: CAR für Transaktionen mit einem Volumen von mehr als 100 Mio. USD im Vergleich zu den Transaktionen des gesamten Samples

	Transaktionen mit einem Volumen von mind. 1 Mio. USD	Transaktionen mit einem Volumen von mind. 100 Mio. USD	Mittelwertdifferenz		
	CAR	CAR	CAR-Differenz	t-Wert	p-Wert
Käuferunternehmen					
[-20;+20]	-0,52%	-1,20% **	0,68%	0,7877	0,4311
[-10;+10]	-0,58%	-0,87% **	0,29%	0,4899	0,6243
[-5;+5]	-0,34%	-0,88% ***	0,54%	1,1039	0,2700
[-1;+1]	-0,15%	-0,53% ***	0,38%	0,9864	0,3242
[-20;0]	-0,62%	-1,08% ***	0,46%	0,7665	0,4436
Anzahl	529	258			
Zielunternehmen					
[-20;+20]	12,67% ***	11,98% ***	0,69%	0,2909	0,7714
[-10;+10]	11,09% ***	11,51% ***	-0,42%	0,2155	0,8295
[-5;+5]	10,54% ***	11,32% ***	-0,78%	0,4569	0,6481
[-1;+1]	7,98% ***	8,79% ***	-0,81%	0,5714	0,5682
[-20;0]	10,46% ***	10,35% ***	0,11%	0,0653	0,9480
Anzahl	167	124			
Hypothetische Gemeinschaftsunternehmen					
[-20;+20]	1,49%	1,80%	-0,31%	0,2099	0,8339
[-10;+10]	1,55% **	1,83% **	-0,28%	0,2571	0,7973
[-5;+5]	1,80% ***	1,70% ***	0,10%	0,1207	0,9040
[-1;+1]	1,59% ***	1,57% ***	0,02%	0,0330	0,9737
[-20;0]	1,02% *	1,44% **	-0,42%	0,4608	0,6453
Anzahl	164	121			

Die Analyse der Übernahmen mit großen Transaktionsvolumina gibt folglich allenfalls äußerst schwache Hinweise darauf, dass die Ankündigungseffekte auf Seiten der Käuferunternehmen auf eine geringe Größe der Zielunternehmen zurückzuführen sein könnten. Verzerrungen durch eine mangelnde Beachtung der Übernahmeankündigung seitens der Kapitalmarktakteure können folglich weitgehend ausgeschlossen werden.

Eine zweite Ursache möglicher Verzerrungen liegt in dem Risiko, dass angekündigte Transaktionen nicht abgeschlossen werden können. Gerade für Energieversorger könnte dieses Risiko besonders hoch sein, da die Energieaufsichts- und Kartellbehörden Zusammenschlüsse dieses (ehemals) stark regulierten Bereichs möglicherweise mit großer Strenge prüfen und infolgedessen mit höherer Wahrscheinlichkeit untersagen oder nur mit strengen Auflagen genehmigen.[281] In Deutschland nehmen die von Unternehmen der Energiewirtschaft initiierten Zusammenschlussvorhaben einen Spitzenplatz in der Liste der vom Bundeskartellamt geprüften Transaktionen ein. Im Jahr 2002 etwa prüfte das Bundeskartellamt lediglich mehr Akquisitionen von Finanz- und allgemeinen Dienstleistungsunternehmen als von Energieversorgern.[282]

Investoren könnten das Risiko, dass die angekündigte Übernahme von den Wettbewerbsbehörden untersagt wird, dadurch berücksichtigen, dass sie einen potentiellen Wertzuwachs durch die Transaktion mit einem Risikoabschlag belegen. Denkbar wäre demnach, dass sich die negativen Ankündigungseffekte der Käuferunternehmen weniger mit erwarteten Wertverlusten durch die Transaktion als vielmehr mit möglichen negativen Folgen eines Eingreifens der Wettbewerbsbehörden erklären lassen.

Eine Genehmigung eines Zusammenschlussvorhabens unter harten Auflagen kann in diesem Zusammenhang eine ähnliche Wirkung entfalten wie eine Untersagung. Wird dem Käuferunternehmen etwa auferlegt, Betriebsteile zu verkaufen, können potentielle Vorteile der betrachteten Akquisition durch die Nachteile der Trennung überkompensiert werden. Die Konsequenz wäre eine Reduzierung des Wertes des Gesamtunternehmens.

Spätestens zum Zeitpunkt des Vollzugs des Zusammenschlusses ist den Investoren bekannt, welchen Einfluss die Entscheidungen der wettbewerbspolitischen Institutionen auf die Vorteilhaftigkeit einer Transaktion ausüben. Eine Begründung für einen Risikoabschlag, der aus den unsicheren Erwartungen hinsichtlich der rechtlichen Realisierbarkeit des Vorhabens resultiert, besteht bei rationalem Verhalten der Kapitalmarktakteure nun nicht mehr. Mögliche Verzerrungen durch einen möglichen Risikoabschlag können folglich vermieden werden, indem die Ereignisperiode bis zum Abschlusstag des Zusammenschlusses verlängert wird.

Tabelle 32 stellt die abnormalen Renditen von Käufer-, Ziel- und hypothetischen Gemeinschaftsunternehmen für den Zeitraum von 21 Tagen nach Ankündigung bis zum Abschluss der Übernahmen dar. Dabei werden die Transaktionen, deren Abschluss innerhalb der Frist von 20 Tagen nach der Ankündigung liegt, von der Betrachtung ausgeschlossen.

Die durchschnittlichen CAR sind, analog zu den oben untersuchten Intervallen, für Käuferunternehmen negativ und für die Gemeinschaftsunternehmen positiv. Sie sind für das betrachtete Kontrollintervall allerdings nicht signifikant von null verschieden. Zumindest teilweise kann dies auf die große Länge des Untersuchungsintervalls und die damit verbundene geringere statistische Robustheit zurückgeführt werden.[283] Die Zielunternehmen realisieren signifikante Wertzuwächse von gut 6%.

281 Vgl. Ekelund Jr. et al. (2001), Knieps (2001).
282 Vgl. Deutscher Bundestag (2003), S. 266 f.
283 Vgl. Brown und Warner (1985), S. 15.

Tabelle 32: Kumulierte abnormale Renditen der Käufer- und Zielunternehmen sowie der gemeinsamen Einheit aus Käufer- und Zielunternehmen

	Anzahl Transaktionen	Durchschnittliche Anzahl der Tage bis zum Abschluss der Übernahme nach Ankündigung	CAR		z-Wert	p-Wert
Käuferunternehmen	304	144	-1,41%		-0,4566	0,6479
Zielunternehmen	127	177	6,33%	***	2,0823	0,0373
Hypothetische Gemeinschaftsunternehmen	126	176	2,18%		0,3205	0,7486

Diese Ergebnisse lassen nicht den Schluss zu, dass die für die übrigen untersuchten Intervalle festgestellten abnormalen Renditen in ihrem Vorzeichen maßgeblich durch die Unsicherheit darüber verzerrt werden, ob die angekündigten Übernahmen tatsächlich abgeschlossen werden. Lediglich für Zielunternehmen finden sich Hinweise auf einen Risikoabschlag, der bis zum Abschluss der Übernahme reduziert wird. Aber auch hier wird nur die Richtung der abnormalen Renditen für die im voranstehenden Kapitel verwendeten Ereignisperioden verstärkt.[284]

Neben diesen Verzerrungen könnte auch die Art der gewählten Darstellung Einfluss auf die dargestellten abnormalen Renditen nehmen. Denkbar wäre, dass der Kapitalmarkt auf Übernahmen, bei denen das Zielunternehmen börsennotiert ist, anders reagiert als auf Übernahmen privater Unternehmen. In den voranstehenden Abbildungen und Tabellen wurden die durchschnittlichen CAR der Käuferunternehmen aller betrachteten Transaktionen angegeben. Ihnen werden naturgemäß nur die abnormalen Renditen eben der Zielunternehmen gegenübergestellt, die börsennotiert sind. Damit unterscheidet sich der Stichprobenumfang für die Gruppe der Käufer- und Zielunternehmen. In Abbildung 24 ist daher die Entwicklung der CAR aller Käuferunternehmen im Vergleich zu den Gruppen der Käuferunternehmen dargestellt, die entweder ein börsennotiertes oder ein privates Zieltunternehmen akquirieren.

Am Ende der Betrachtungsperiode zeichnen sich alle drei Untersuchungsgruppen durch leicht negative CAR aus. Bei Übernahmen börsennotierter Zielunternehmen fallen die CAR auf Seiten der Käuferunternehmen besonders negativ aus. Die Kapitalmarktreaktionen auf Übernahmen privater Zielunternehmen fallen demgegenüber schwächer aus. Die beobachteten negativen CAR der Käuferunternehmen für das gesamte Sample sind folglich keinesfalls darauf zurückzuführen, dass – anders als in vielen Untersuchungen[285] – neben den Übernah-

[284] Für die weiteren Untersuchungen werden die bereits dargestellten Ereignisperioden von bis zu 20 Tagen vor und nach der Ankündigung verwendet. Der wesentliche Vorteil dieser kürzeren Perioden liegt darin, dass die entsprechend ermittelten Ankündigungseffekte robuster sind als bei langen Ereignisperioden. Vgl. Moeller et al. (2003), S. 7; Brown und Warner (1985), S. 15.

[285] Vgl. etwa Beitel et al. (2004), Andrade et al. (2001).

men börsennotierter Zielunternehmen auch Akquisitionen privater Zielunternehmen berücksichtigt werden.[286]

Zusammenfassend kann festgehalten werden, dass keine Hinweise auf eine systematische Verzerrung der Kapitalmarktbewertung vorliegen.

Abbildung 24: Kumulierte abnormale Renditen für börsennotierte Käuferunternehmen – Vergleich aller Transaktionen mit den Übernahmen von börsennotierten und privaten Zielunternehmen[287]

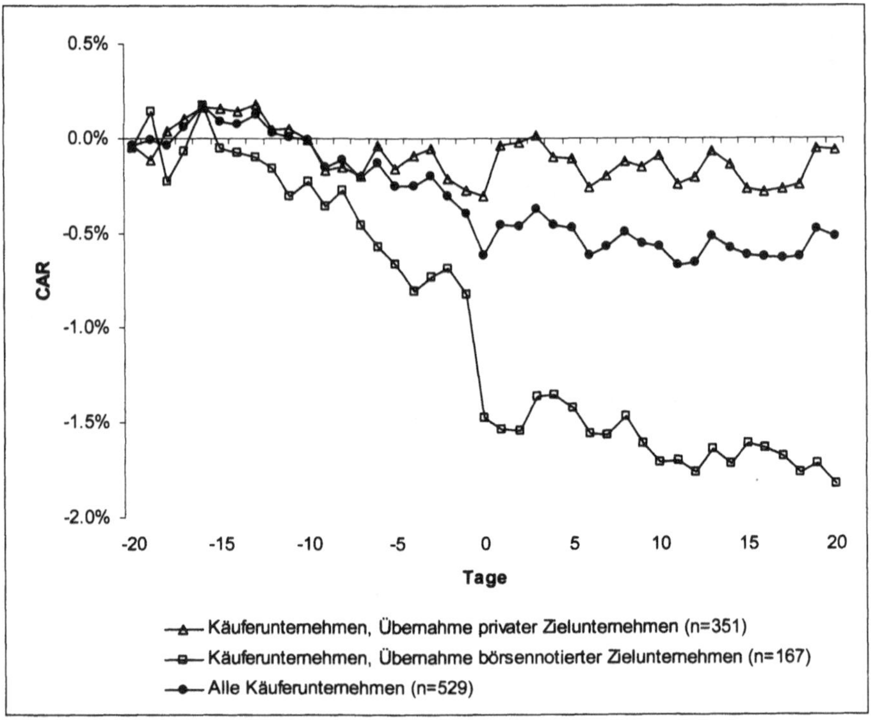

286 An dieser Stelle wird auf eine ausführliche Analyse der Unterschiede zwischen den Ankündigungseffekten von Übernahmen börsennotierter und privater Zielunternehmen verzichtet. In Kapitel V.1.4.3 wird dieser Aspekt erneut aufgegriffen.

287 Es ergibt sich eine Differenz von 11 Transaktionen, bei denen das Zielunternehmen zwar börsennotiert war, aber die Kursinformationen aufgrund eines schwachen Handels nur lückenhaft vorliegen. Um Verzerrungen auszuschließen, wurden diese Übernahmen nicht zu den Transaktionen unter Beteiligung börsennotierter Zielunternehmen gerechnet.

V.1.3 Analyse von Subsamples

Im folgenden Kapitel wird zunächst geprüft, ob es Hinweise darauf gibt, dass die Übernahmen nordamerikanischer Energieversorger zu anderen Ergebnissen führen als die der europäischen Versorger.

Im nächsten Schritt werden die Erkenntnisse über die Übernahmemotive von Energieversorgungsunternehmen und ihre Einschätzung durch den Kapitalmarkt durch Einbeziehung von Transaktions- und Unternehmenscharakteristika präzisiert.

Der Zusammenhang zwischen diesen Merkmalen und den abnormalen Renditen wird in zwei weiteren Schritten analysiert. Im ersten Schritt wird das jeweilige Merkmal dazu verwendet, zwei überschneidungsfreie Untergruppen aus dem Gesamtsample zu bilden. Für diese Untergruppen werden die jeweiligen durchschnittlichen abnormalen Renditen ermittelt. Die Unterschiede in den abnormalen Renditen werden anschließend auf ihre statistische Signifikanz überprüft. Dieser Untersuchungsschritt wird separat für jedes Merkmal durchgeführt.[288] Dabei wird zusätzlich betrachtet, ob die Ergebnisse für die Übernahmen nordamerikanischer und europäischer Energieversorgungsunternehmen divergieren.

Dieses Vorgehen erlaubt zunächst keine Hinweise auf mögliche Wechselwirkungen zwischen den Ausprägungen verschiedener Variablen. Diese Zusammenhänge werden in einer multivariaten Analyse, dem zweiten Untersuchungsschritt, näher beleuchtet.

V.1.3.1 Übernahmen nordamerikanischer und europäischer Energieversorger

Verschiedene Gründe sprechen dafür, dass die Herkunft der Käuferunternehmen einen Einfluss auf die beobachteten Ankündigungseffekte haben könnte. Zunächst einmal ist in diesem Zusammenhang an die unterschiedliche Ausgestaltung des regulatorischen Rahmens für Energieversorger in Nordamerika und Europa zu denken (vgl. Kapitel 2). Zum anderen sind die Kapitalmärkte auf beiden Kontinenten unterschiedlich ausgeprägt. In Europa ist etwa die Integration der einzelnen nationalen Märkte bei weitem noch nicht abgeschlossen. Bislang gibt es in Europa etwa keinen zentralen Regulator, der über ähnliche Befugnisse wie die U.S. Securities and Exchange Commission (SEC) verfügt. Ähnliches gilt für die Regulierung von Übernahmen.[289] Oh (2003) untersucht den Einfluss von nationalen Märkten Europas auf Wertpapierrenditen. Er kommt zu dem Schluss, dass die Integration fortgeschritten, aber noch weit von einem Abschluss entfernt ist. Schließlich ist die verschiedene Form der Corporate Governance in Kontinentaleuropa und Nordamerika eine mögliche Ursache für differierende Kapitalmarktreaktionen auf Übernahmeankündigungen. Diese Verschiedenartigkeit

288 Vgl. für diese Vorgehensweise etwa Moeller et al. (2003); Rau und Vermaelen (1998).

289 Vgl. Berglöf und Burkart (2003).

drückt sich aus etwa in unterschiedlichen Aufgaben des „board of directors“ bzw. des Aufsichtsrates, der Eigentümerstruktur oder der Rolle von institutionellen Investoren.[290]

Tabelle 33 vergleicht die kumulierten abnormalen Renditen für Übernahmen nordamerikanischer und europäischer Energieversorger (EU).

Tabelle 33: Kapitalmarktreaktionen auf Übernahmen von Energieversorgern aus Nordamerika und Europa (EU)

	Übernahmen von Energieversorgern aus Nordamerika	Übernahmen von Energieversorgern aus Europa	Mittelwertdifferenz		
	CAR	CAR	Differenz	t-Wert	p-Wert
Käuferunternehmen					
[-20;+20]	-1,44% **	-2,37% **	0,94%	0,5723	0,5679
[-10;+10]	-1,63% ***	-0,84%	-0,80%	0,6934	0,4891
[-5;+5]	-0,89% **	-0,61%	-0,29%	0,2833	0,7773
[-1;+1]	-1,09% ***	-0,30%	-0,79%	1,0445	0,2978
[-20;0]	-1,26% **	-1,70% **	0,43%	0,3377	0,7360
Zielunternehmen					
[-20;+20]	14,82% ***	8,75% ***	6,08% *	1,8590	0,0648
[-10;+10]	12,64% ***	8,13% ***	4,51% *	1,6839	0,0941
[-5;+5]	12,42% ***	6,96% ***	5,47% **	2,3875	0,0181
[-1;+1]	9,68% ***	4,57% ***	5,10% ***	2,8598	0,0048
[-20;0]	12,52% ***	6,64% ***	5,88% **	2,4529	0,0152
Hypothetische Gemeinschaftsunternehmen					
[-20;+20]	2,33% *	0,10%	2,23%	1,1681	0,2445
[-10;+10]	1,72% **	1,27%	0,45%	0,3101	0,7569
[-5;+5]	2,24% ***	1,09% **	1,16%	1,0244	0,3072
[-1;+1]	2,06% ***	0,82% **	1,24%	1,4748	0,1422
[-20;0]	1,44% **	0,33%	1,11%	0,9074	0,3656
Ø-Transaktionsvolumen in Mio. USD	1.477	1.438	38	0,0888	0,9293
Anzahl	102	62			

Die Zielunternehmen bei Übernahmen nordamerikanischer Käuferunternehmen konnten signifikant höhere abnormale Wertsteigerungen verzeichnen als die Übernahmeziele europäischer Energieversorger. Die kumulierten abnormalen Renditen der nordamerikanischen Käuferunternehmen fielen geringer aus als die der Vergleichsgruppe. Die Mittelwertdifferenzen

290 Vgl. Ooghe und De Langhe (2002).

sind jedoch nicht signifikant. Auch für die hypothetischen Gemeinschaftsunternehmen ergeben sich keine signifikanten Unterschiede, wenngleich sie durchschnittlich für die Übernahmen nordamerikanischer Versorger für das [-1;+1]-Intervall durchschnittlich rund 1,2% höher ausfallen. Die durchschnittlichen Transaktionsvolumina betrugen für beide Teilgruppen rund 1,4 Mrd. USD.

Die Unterschiede in den Ankündigungseffekten deuten darauf hin, dass in Nordamerika die Zielunternehmen einen noch größeren Teil der gesamten Wertsteigerung für sich beanspruchen können. Dieser Effekt lässt sich mit dem unterschiedlichen Entwicklungsstand der Kapitalmärkte in Europa und Nordamerika erklären. Die noch nicht abgeschlossene Integration der europäischen Kapitalmärkte und insbesondere der Märkte für Unternehmenskontrolle hat eine geringere Markttransparenz zur Folge. Diese geringere Markttransparenz kann den Wettbewerb um Zielunternehmen reduzieren. Je stärker verschiedene Käuferunternehmen um ein einzelnes Zielunternehmen konkurrieren, desto höher fallen die erwarteten Übernahmeprämien aus.[291]

Analog zur Vorgehensweise bei der Untersuchung der gesamten Stichprobe soll nachfolgend getrennt für die Übernahmen nordamerikanischer und europäischer Energieversorgungsunternehmen geprüft werden, ob die Korrelationen der kumulierten abnormalen Renditen von Käufer-, Ziel- und hypothetische Gemeinschaftsunternehmen Rückschlüsse auf die jeweiligen Übernahmemotive zulassen. Tabelle 34 zeigt die Analyseergebnisse für die nordamerikanischen Energieversorger. Die Ergebnisse entsprechen denen des gesamten Datensatzes. Es besteht ein positiver Zusammenhang zwischen den CAR der Zielunternehmen und den CAR der hypothetischen Gemeinschaftsunternehmen (signifikant auf einem 1%-Niveau). Kein signifikanter Zusammenhang kann hingegen für die CAR der Ziel- und der Käuferunternehmen festgestellt werden.

291 Vgl. Varaiya (1988), S. 210.

Tabelle 34: Zusammenhang zwischen den kumulierten abnormalen Renditen von Zielunternehmen, Käuferunternehmen und hypothetischem Gemeinschaftsunternehmen für die Ereignisperiode [-1; +1] *in Nordamerika*

Sample		Anzahl	α	β	Adj. R^2
*Panel A - CAR Zielunternehmen= α + β *CAR Gemeinschaftsunternehmen*					
Gesamt		102	0,0744	1,0834	0,2916
	t-Wert		7,4255	4,5792	
	p-Wert		0,0000	0,0000	
Transaktionen mit positiven CAR der Gemeinschaftsunternehmen		64	0,0859	0,9876	0,2301
	t-Wert		4,8622	3,0178	
	p-Wert		0,0000	0,0037	
Transaktionen mit negativen CAR der Gemeinschaftsunternehmen		38	0,0525	0,6385	-0,0027
	t-Wert		2,5169	0,7831	
	p-Wert		0,0164	0,4387	
*Panel B – CAR Zielunternehmen= α + β *CAR Käuferunternehmen*					
Gesamt		102	0,1012	0,4022	0,0226
	t-Wert		7,2118	0,9946	
	p-Wert		0,0000	0,3223	
Transaktionen mit positiven CAR der Gemeinschaftsunternehmen		64	0,1295	0,2268	-0,0090
	t-Wert		9,3050	0,3003	
	p-Wert		0,0000	0,7650	
Transaktionen mit negativen CAR der Gemeinschaftsunternehmen		38	0,0197	-0,4030	0,0244
	t-Wert		1,1212	-1,1244	
	p-Wert		0,2696	0,2683	

In Tabelle 35 sind die Analyseergebnisse für die Teilstichprobe der europäischen Energieversorger dargestellt. Auch hier sind die CAR der Zielunternehmen mit denen der hypothetischen Gemeinschaftsunternehmen positiv korreliert (signifikant auf einem 1%-Niveau). Für die CAR der Ziel- und der Käuferunternehmen wird – zumindest für die nach Vorzeichen der CAR des Gemeinschaftsunternehmens getrennten Teilgruppen – ein negativer Zusammenhang festgestellt. Hinsichtlich dieses Zusammenhanges differieren die Analyseergebnisse von denen des Gesamtsamples und der Stichprobe der nordamerikanischen Energieversorger.

Die Ergebnisse für die beiden Teilstichproben sind aber insgesamt ebenfalls nicht konsistent mit den oben vorgestellten Hypothesen zu Synergie-, Eigennutz- und Hybris-Motiven. Ebenso wie für den Gesamtdatensatz ergibt die Analyse der nordamerikanischen und europäischen Teilstichproben keine eindeutigen Hinweise auf mögliche Übernahmemotive.

Tabelle 35: Zusammenhang zwischen den kumulierten abnormalen Renditen von Zielunternehmen, Käuferunternehmen und hypothetischem Gemeinschaftsunternehmen für die Ereignisperiode [-1; +1] *in Europa*

Sample		Anzahl	α	β	Adj. R^2
*Panel A - CAR Zielunternehmen= α + β *CAR Gemeinschaftsunternehmen*					
Gesamt		62	0,0358	1,2079	0,1808
	t-Wert		3,5199	4,2097	
	p-Wert		0,0008	0,0001	
Transaktionen mit positiven CAR des Gemeinschaftsunternehmens		36	0,0367	1,1067	0,0773
	t-Wert		1,7455	2,4151	
	p-Wert		0,0899	0,0213	
Transaktionen mit negativen CAR des Gemeinschaftsunternehmens		26	0,0531	2,0340	0,2271
	t-Wert		3,4343	3,6865	
	p-Wert		0,0022	0,0012	
*Panel B – CAR Zielunternehmen= α + β *CAR Käuferunternehmen*					
Gesamt		62	0,0440	-0,5677	0,0236
	t-Wert		3,8630	-1,5745	
	p-Wert		0,0003	0,1206	
Transaktionen mit positiven CAR des Gemeinschaftsunternehmens		36	0,0860	-1,7616	0,2257
	t-Wert		5,4189	-2,4490	
	p-Wert		0,0000	0,0196	
Transaktionen mit negativen CAR des Gemeinschaftsunternehmens		26	0,0028	-0,6245	0,0186
	t-Wert		0,1554	-1,7270	
	p-Wert		0,8778	0,0970	

V.1.3.2 Operative Synergien

Hypothese 1c zufolge werden Akquisitionen von Unternehmen der gleichen Branchen, d.h. von anderen Energieversorgern, und des gleichen Marktes aufgrund des höheren Potentials operativer Synergien vom Kapitalmarkt positiver bewertet als Übernahmen unverbundener Unternehmen.

Der Einfluss einer Ähnlichkeit von Geschäftsaktivitäten und Standorten der Käufer- und Zielunternehmen auf der einen und Börsenreaktionen auf der anderen Seite wird im Folgenden schrittweise analysiert. Zuerst wird der Zusammenhang zwischen einer Übereinstimmung der Hauptgeschäftsaktivitäten und kumulierten abnormalen Renditen betrachtet. Anschließend werden grenzüberschreitende und nationale Übernahmen verglichen. Schließlich die Geschäftsaktivitäten und die Internationalität der Transaktionen gemeinsam untersucht.

In Abhängigkeit vom Grad der Übereinstimmung in den Geschäftsaktivitäten von Käufer- und Zielunternehmen werden die Übernahmen in horizontale und konzentrische Akquisitionen sowie unverbundene Diversifikationen eingeteilt.[292] Zur ersten Gruppe werden alle die Transaktionen gerechnet, bei denen Käufer- und Verkäuferunternehmen in demselben Branchensegment hauptsächlich tätig sind. Die Zuordnung zu den Branchensegmenten erfolgt anhand der Codierung des Standard Industry Classification Index (SIC).[293] Stimmen die ersten drei Ziffern des primären SIC-Codes von Käufer- und Zielunternehmen überein, so wird die Übernahme als Konzentrationsakquisition eingestuft. Ein Beispiel für eine derartige Übernahme ist der Erwerb eines Stromversorgers durch einen anderen Stromversorger. Bei diesen Transaktionen ist die Ähnlichkeit der Geschäftsaktivitäten der beteiligten Unternehmen am größten.

Erwirbt ein Energieversorger ein anderes Versorgungsunternehmen einer anderen Sparte, so handelt es sich um eine konzentrische Akquisition. Als Versorgungsunternehmen werden hier Strom-, Gas- und Wasserversorgungsunternehmen verstanden.[294] In diesem Fall stimmen nur die ersten beiden Ziffern, aber nicht die dritte Ziffer des SIC-Codes von Käufer- und Zielunternehmen überein. Ein Beispiel für eine derartige Übernahme ist die Akquisition eines Gasversorgungsunternehmens durch ein Elektrizitätsversorgungsunternehmen. Die Geschäftsaktivitäten der beteiligten Unternehmen sind zwar ähnlich und ggf. miteinander vertikal verbunden, weisen aber dennoch grundlegende Unterschiede auf. Alle übrigen Transaktionen werden als unverbundene Diversifikationen eingestuft. Sie sind charakterisiert durch eine sehr geringe Übereinstimmung in den primären Geschäftsaktivitäten von Käufer- und Zielunternehmen.

Tabelle 36 vergleicht die Ankündigungseffekte von Konzentrations- und konzentrischen Akquisitionen sowie unverbundenen Diversifikationen für das [-1;+1]-Intervall. Mit 101 Transaktionen sind Zusammenschlüsse innerhalb eines Branchensegments am häufigsten. Sie stehen 40 unverbundenen Diversifikationen und 23 konzentrischen Akquisitionen gegenüber. Das Muster der kumulierten abnormalen Renditen ist für alle drei Übernahmetypen identisch: Die Käuferunternehmen müssen zum Ankündigungszeitpunkt Wertverluste hinnehmen, der Börsenwert der Zielunternehmen und der hypothetischen Gemeinschaftsunternehmen steigt.

---

292 In Anlehnung an Ansoff (1965), vgl. Kapitel II.1.1.

293 Die Einstufung der Verbundenheit der Geschäftsaktivitäten von Käufer- und Zielunternehmen anhand der primären SIC-Codes ist in der finanzwirtschaftlichen Forschung weit verbreitet. Vgl. etwa Agrawal et al. (1992), Doukas und Travlos (1988), Graham et al. (2002).

294 Dies entspricht den drei-stelligen SIC-Code-Klassen 491, 492, 493 und 494.

Tabelle 36: Kumulierte abnormale Renditen für das [-1;+1]-Intervall von Energieversorgern nach Akquisitionsstrategien für Übernahmen börsennotierter Zielunternehmen

	Akquisitionsstrategie			Mittelwertdifferenz					
	Konzentrations-akquisitionen	Konzentrische Akquisitionen	unverbundene Diversifikation	Spalten (1)-(2)		Spalten (1)-(3)		Spalten (2)-(3)	
CAR	(1)	(2)	(3)	Differenz	p-Wert	Differenz	p-Wert	Differenz	p-Wert
Käufer	-0,88%	-1,99%	-0,34%	1,11%	0,2774	-0,54%	0,4902	-1,65%	0,2158
t-Wert	*-1,3614*	*-1,3614*	*-1,4512*	*1,0910*		*0,6919*		*1,2507*	
Target	6,61%***	10,10%***	7,75%***	-3,49%	0,1333	-1,15%	0,5563	2,35%	0,4300
t-Wert	5,9937	3,6240	3,8214	1,5111		0,5898		0,7945	
Hyp. Gemeinschafts-nehmen	1,69%***	0,67%	1,07%*	1,01%	0,3637	0,62%	0,4846	-0,40%	0,7015
t-Wert	3,6738	0,3807	1,9110	0,9118		0,7008		0,3851	
Anzahl	101	23	40						

Tabelle 37: Kumulierte abnormale Renditen für das [-1;+1]-Intervall von Energieversorgern nach Akquisitionsstrategien für den gesamten Datensatz

	Akquisitionsstrategie			Mittelwertdifferenz					
	Konzentrations-akquisitionen	Konzentrische Akquisitionen	unverbundene Diversifikation	Spalten (1)-(2)		Spalten (1)-(3)		Spalten (2)-(3)	
CAR	(1)	(2)	(3)	Differenz	*p-Wert*	Differenz	p-Wert	Differenz	p-Wert
Käufer	-0,23%**	-0,58%	0,21%	0,36%	0,4190	-0,44%	0,4120	-0,80%	0.3624
t-Wert	*-1,9640*	*-1,5393*	*-1,0984*	*0,8091*		*0,8212*		*0,9124*	
Anzahl	281	88	160						

Obgleich die Höhe der abnormalen Renditen zwischen den einzelnen Übernahmetypen differiert, sind die Unterschiede in keinem Fall signifikant. Die Analyse aller Transaktionen, d.h. der Übernahmen privater und öffentlicher Zielunternehmen, führt für die Käuferunternehmen zu dem gleichen Ergebnis (vgl. Tabelle 37).

Eine Ursache für das geringe Signifikanzniveau kann die hohe Varianz der ermittelten abnormalen Renditen innerhalb der verschiedenen Akquisitionsgruppen sein, hervorgerufen etwa durch eine heterogene Gruppenzusammensetzung. Im Folgenden werden daher die Übernahmen von Elektrizitäts- und Gasversorgungsunternehmen individuell betrachtet. In Tabelle 38 sind die Ankündigungseffekte von Akquisitionen der beiden Energieversorgerarten dargestellt.

Tabelle 38: Vergleich der CAR der Übernahmen von Elektrizitäts- und Gasversorgern

	Übernahmen von Elektrizitätsversorgern	Übernahmen von Gasversorgern	Mittelwertdifferenz		
	CAR	CAR	CAR-Differenz	t-Wert	p-Wert
Käuferunternehmen					
[-20;+20]	-1,78% ***	-3,51%	1,73%	0,8901	0,3748
[-10;+10]	-1,07% **	-2,83% *	1,76%	1,2180	0,2250
[-5;+5]	-0,61% *	-2,02% **	1,42%	1,1264	0,2617
[-1;+1]	-0,69% ***	-1,91% ***	1,22%	1,3537	0,1777
[-20;0]	-1,62% ***	-1,55%	-0,06%	0,0406	0,9676
Zielunternehmen					
[-20;+20]	11,65% ***	13,38% ***	-1,73%	0,4412	0,6597
[-10;+10]	10,45% ***	10,70% ***	-0,25%	0,0775	0,9383
[-5;+5]	9,81% ***	10,62% ***	-0,80%	0,2893	0,7727
[-1;+1]	6,63% ***	10,84% ***	-4,21% **	1,9907	0,0482
[-20;0]	9,51% ***	13,35% ***	-3,85%	1,2551	0,2113
Hypothetische Gemeinschaftsunternehmen					
[-20;+20]	1,61%	-1,43%	3,04%	1,3715	0,1721
[-10;+10]	2,05% ***	-1,90%	3,96% **	2,3040	0,0225
[-5;+5]	2,09% ***	-0,56%	2,65% **	1,9917	0,0481
[-1;+1]	1,50% ***	0,93%	0,56%	0,5973	0,5511
[-20;0]	0,98%	0,13%	0,85%	0,5669	0,5716
Ø-Transaktionsvolumen in Mio. USD	1.517	1.200	317	0,5765	0,5651
Anzahl	135	29			

Ist das Käuferunternehmen ein Elektrizitätsversorger, sind die CAR der hypothetischen Gemeinschaftsunternehmen für alle Untersuchungsintervalle größer als bei den Übernahmen von Gasversorgern. Die entsprechenden Unterschiede in den CAR sind für das [-1;+1]-Intervall nicht signifikant. Anders sieht es für das [-10;+10]- und das [-5;+5]-Intervall aus. Zielunternehmen realisieren hingegen höhere Ankündigungseffekte, wenn sie von einem Gasversorger übernommen werden (signifikant für das [-1;+1]-Intervall). Für alle Untersuchungsintervalle realisieren Elektrizitätsunternehmen als Käufer höhere abnormale Renditen als Gasversorgungsunternehmen, die Unterschiede sind allerdings in keinem Fall signifikant.

Obgleich die Hinweise auf systematische Unterschiede in den Ankündigungseffekten der Übernahmen von Elektrizitäts- und Gasversorgungsunternehmen schwach sind, werden im Folgenden die Auswirkungen der nach der Ähnlichkeit der Geschäftsaktivitäten unterschiedenen Übernahmetypen für die beiden Versorgerarten getrennt untersucht. Die Ergebnisse sind in Tabelle 39 und Tabelle 40 aufgeführt.

Auf der Ebene der hypothetischen Gemeinschaftsunternehmen ist der Zusammenhang zwischen Ähnlichkeit der Geschäftsfelder und Höhe der Ankündigungseffekte bei Strom- und Gasversorgungsunternehmen gerade umgekehrt: Bei Stromversorgungsunternehmen weisen Konzentrationsakquisitionen die höchsten kumulierten abnormalen Renditen (signifikant auf einem 1%-Niveau) auf. Übernahmen von Gasversorgungsunternehmen werden vom Kapitalmarkt hingegen besonders dann goutiert, wenn die Ähnlichkeit der beteiligten Unternehmen gering ist. Wie bei der gemeinsamen Betrachtung sind die beobachteten Differenzen zwischen den einzelnen Übernahmearten der beiden Versorgergruppen statistisch nicht signifikant.

Bei Akquisitionen von Gasversorgungsunternehmen sind für alle drei Übernahmearten die Kapitalmarktreaktionen aus der Perspektive der Käuferunternehmen negativ (nur für Konzentrationsakquisitionen signifikant auf einem 1%-Niveau). Die kumulierten abnormalen Renditen von Konzentrationsakquisitionen sind signifikant geringer als bei unverbundenen Diversifikationen. Erneut lassen die Ankündigungseffekte auf Seiten der Käuferunternehmen bei Elektrizitätsversorgern einen umgekehrten Zusammenhang vermuten, wenngleich die beobachteten Mittelwertdifferenzen insignifikant sind. Ein ebenso gegensätzliches Bild ergibt sich aus den Unterschieden in den Kapitalmarktreaktionen aus der Sicht der Zielunternehmen.

Tabelle 39: Kumulierte abnormale Renditen für das [-1;+1]-Intervall von Elektrizitätsversorgern nach Akquisitionsstrategien

	Akquisitionsstrategie			Mittelwertdifferenz					
	Konzentrations-strategie	Konzentrische Strategie	unverbundene Strategie	Spalten (1)-(2)		Spalten (1)-(3)		Spalten (2)-(3)	
CAR	(1)	(2)	(3)	Differenz	p-Wert	Differenz	p-Wert	Differenz	p-Wert
Käuferunternehmen	-0,44%**	-1,97%	-0,48%	1,53%	0,1096	0,04%	0,9648	-1,49%	0,3801
t-Wert	-1,9802	-1,3423	-1,2778	1,6132		0,0442		0,8868	
Zielunternehmen	5,83%***	10,83%***	5,94%**	-5,00%	0,0317**	-0,11%	0,9599	4,89%	0,1399
t-Wert	5,8691	4,2995	2,1484	2,1760		0,0503		1,5041	
Hyp. Gemeinschafts-nehmen	1,94%***	0,61%	0,34%	1,33%	0,2516	1,60%	0,2438	0,27%	0,9919
t-Wert	3,7761	1,1534	0,9434	1,1527		1,1718		0,0102	
Anzahl	90	21	24						

Tabelle 40: Kumulierte abnormale Renditen für das [-1;+1]-Intervall von Gasversorgern nach Akquisitionsstrategien

	Akquisitionsstrategie			Mittelwertdifferenz					
	Konzentrations-strategie	Konzentrische Strategie	unverbundene Strategie	Spalten (1)-(2)		Spalten (1)-(3)		Spalten (2)-(3)	
CAR	(1)	(2)	(3)	Differenz	p-Wert	Differenz	p-Wert	Differenz	p-Wert
Käuferunternehmen	-4,44%*	-2,18%	-0,14%*	-2,26%	0,6851	-4,31%	0,0301**	-2,05%	0,4328
t-Wert	-1,8232	-0,5084	0,1813	0,4165		2,2996		0,8046	
Zielunternehmen	12,93%**	2,38%	10,46%**	10,55%	0,3039	2,47%	0,6141	-8,08%	0,3883
t-Wert	2,2406	-0,4545	3,1209	1,0785		0,5106		0,8868	
Hyp. Gemeinschafts-nehmen	-0,35%	1,39%	1,76%***	-1,74%	0,6710	-2,11%	0,1382	-0,37%	0,9159
t-Wert	0,1770	-0,5122	2,3079	0,4364		1,5315		0,1072	
Anzahl	11	2	16						

Zusammenfassend geben die hier beschriebenen Untersuchungsergebnisse keine belastbaren Hinweise auf einen eindeutigen Zusammenhang zwischen der „relatedness" der an einem Zusammenschluss beteiligten Unternehmen und der Beurteilung durch den Kapitalmarkt. Infolgedessen finden sich auch keine Indizien für die Relevanz operativer Synergien für die Bewertung von Übernahmen. Damit fügen sich die Ergebnisse in das uneinheitliche Bild der verschiedenen empirischen Untersuchungen ein, die in Abhängigkeit von den gewählten Stichproben einen unterschiedlichen Einfluss der „relatedness" messen.[295]

Die Internationalität von Übernahmen ist die zweite Dimension, anhand derer der Grad der möglichen operativen Synergien in der vorliegenden Arbeit eingeschätzt wird. Wie in Kapitel III.1.1.1 erläutert, beeinflusst die Herkunft bzw. der Standort von Käufer- und Zielunternehmen, ob bzw. in welchem Umfang durch einen Zusammenschluss Synergieeffekte realisiert werden können. Operative Einsparpotentiale werden für leitungsgebundene Energieversorger vor allem in der Erzeugung, dem Transport und der Verteilung von Energieträgern vermutet. Wegen der beschränkten geographischen Ausdehnung der Versorgungsgebiete können Aktivitäten zumeist nur dann zusammen geführt werden, wenn beide Unternehmen im gleichen nationalen Markt agieren. Wesentliche Ausnahmen bilden lediglich der Aufbau einer Vertriebsmarke oder die Nutzung von Wissen und Lerneffekten, die bei internationalen wie nationalen Übernahmen gleichermaßen genutzt werden können. Im Vergleich zu anderen Branchen sind die potentiellen operativen Synergieeffekte für grenzüberschreitende Übernahmen von Versorgungsunternehmen nur gering.

Es kann folglich erwartet werden, dass operative Synergieeffekte vor allem bei nationalen Zusammenschlüssen ein wichtiges Motiv bilden. Umgekehrt kann ebenfalls gefolgert werden, dass, wenn operative Synergieeffekte bei der Übernahmeentscheidung eine bedeutende Rolle spielen, besonders für nationale Zusammenschlüsse positive abnormale Wertveränderungen zum Ankündigungszeitpunkt zu erwarten sind (vgl. Hypothese 1d).

In Tabelle 41 sind die kumulierten abnormalen Renditen nationaler und internationaler Übernahmen von Energieversorgern dargestellt. Als nationale Übernahmen werden alle die Transaktionen gezählt, bei denen Käufer- bzw. deren letztendliche Mutterunternehmen und Zielunternehmen ihren Unternehmenssitz im gleichen Land haben. Andernfalls werden sie als internationale Übernahmen gewertet.

Die Anteilseigner der Käuferunternehmen müssen bei nationalen Übernahmen signifikante abnormale Wertverluste hinnehmen, je nach Beobachtungsintervall zwischen 1,4% und 3,1%. Die CAR von Ankündigungen grenzüberschreitender Übernahmen sind hingegen leicht positiv, allerdings nicht statistisch signifikant. Auch aus der Perspektive der hypothetischen Gemeinschaftsunternehmen führen internationale Transaktionen zu signifikant höheren Wertzuwächsen als nationale Übernahmen. Lediglich für die abnormalen Veränderungen des Börsenwertes der Zielunternehmen ergeben sich keine signifikanten Unterschiede. Für den Groß-

295 Vgl. Kapitel III.1.1.1.

teil der untersuchten Ereignisperioden übertreffen die CAR der nationalen die der internationalen Übernahmen.

Tabelle 41: Vergleich der CAR internationaler und nationaler Übernahmen von Energieversorgern

	Internationale Übernahmen (Erwerb von Anteilen an einem Zielunternehmen anderer nationaler Herkunft)	Nationale Übernahmen (Erwerb von Anteilen an einem Zielunternehmen gleicher nationaler Herkunft)	Mittelwertdifferenz		
	CAR	CAR	Differenz	t-Wert	p-Wert
Käuferunternehmen					
[-20;+20]	0,23%	-3,12% ***	3,35% **	2,0927	0,0379
[-10;+10]	0,07%	-2,25% ***	2,32% **	2,0614	0,0409
[-5;+5]	0,48%	-1,61% ***	2,09% **	2,1136	0,0361
[-1;+1]	0,08%	-1,37% ***	1,45% *	1,9535	0,0525
[-20;0]	0,78%	-2,87% ***	3,65% ***	2,9437	0,0037
Zielunternehmen					
[-20;+20]	10,55% ***	13,82% ***	-3,27%	1,0015	0,3181
[-10;+10]	9,90% ***	11,62% ***	-1,71%	0,6400	0,5231
[-5;+5]	9,02% ***	11,23% ***	-2,22%	0,9623	0,3373
[-1;+1]	6,73% ***	8,42% ***	-1,69%	0,9330	0,3522
[-20;0]	8,02% ***	11,80% ***	-3,78%	1,5748	0,1173
Hypothetische Gemeinschaftsunternehmen					
[-20;+20]	3,32%	0,28%	3,03%	1,6072	0,1099
[-10;+10]	2,87% **	0,68%	2,19%	1,5468	0,1239
[-5;+5]	2,89% ***	1,09% **	1,80%	1,6174	0,1077
[-1;+1]	2,70% ***	0,87% ***	1,83% **	2,2088	0,0286
[-20;0]	2,29% *	0,19%	2,10% *	1,7499	0,0820
Ø-Transaktionsvolumen in Mio. USD	1.071	1.719	-649	1,5220	0,1300
Anzahl Transaktionen	65	99			

Insgesamt geben die Ergebnisse aus Tabelle 41 keine Hinweise darauf, dass operative Synergien aus der Perspektive der Investoren ein wesentlicher Treiber für Unternehmenszusammenschlüsse von Energieversorgern sind. Dieses Resultat steht im Widerspruch zu der oben diskutierten Hypothese 1d, nach der nationale Übernahmen vom Kapitalmarkt als vorteilhafter im Vergleich zu internationalen Transaktionen eingeschätzt würden.

Die hier gemachten Beobachtungen entsprechen den Ergebnissen der Untersuchung von Berry (2000). Der Autor ermittelt für Zusammenschlüsse US-amerikanischer Stromversorger insgesamt ebenfalls negative abnormale kumulierte Renditen. Die Kursreaktionen auf grenzüberschreitende Übernahmen sind aber positiv. Wie in der vorliegenden Studie sind auch diese Effekte nicht signifikant von null verschieden. Die Kursreaktionen für die entsprechenden Zielunternehmen und hypothetischen Gemeinschaftsunternehmen werden von Berry nicht ermittelt.

Die Ergebnisse branchenübergreifender Untersuchungen hinsichtlich der Vorteilhaftigkeit von internationalen Zusammenschlüssen aus der Perspektive der Anteilseigner von Käuferunternehmen fallen nicht eindeutig aus. Doukas (1995) ermittelt etwa geringe positive abnormale Renditen für Käuferunternehmen bei 463 grenzüberschreitenden Übernahmen von US-Unternehmen für einen Zeitraum von 1975 bis 1987. Conn und Connell (1990) bestätigen diesen Befund für internationale Übernahmen von US-amerikanischen und britischen Unternehmen. Sie messen für die entsprechenden Käuferunternehmen abnormale Renditen in Höhe von 2%. Die aktuellen Ergebnisse von Goergen und Renneboog (2004) liefern mit einem europäischen Sample weitere Evidenz für diese Beobachtung. Eckbo und Thorburn (2000) hingegen können in ihrer Untersuchung von 1.846 Übernahmen kanadischer Unternehmen durch einheimische und US-amerikanische Käufer keine positiven abnormalen Wertveränderungen für Käuferunternehmen in grenzüberschreitenden Transaktionen feststellen. Für nationale Übernahmen ermitteln sie allerdings positive Wertveränderungen. Auch Brealey et al. (1998) finden keine signifikant positiven Ankündigungseffekte für 74 grenzüberschreitende Übernahmen einer weltweiten Untersuchungsgruppe.

Nahezu ebenso widersprüchlich fallen die Ergebnisse der empirischen Studien zu den Kursreaktionen auf Seiten der Zielunternehmen aus. Harris und Ravenscraft (1991) vergleichen 1.114 nationale und 159 grenzüberschreitende Übernahmen zwischen 1970 und 1987. Bei letzterer Gruppe fielen die abnormalen Renditen für die Zielunternehmen im Vergleich zu nationalen Übernahmen um rund 13% höher aus. Swenson (1993) kommt analog für ein ähnliches Sample auf eine knapp 11% höhere abnormale Rendite für grenzüberschreitende Übernahmen. Ebenso ermitteln Shaked et al. (1991) höhere Wertveränderungen für internationale Zusammenschlüsse. Keine signifikanten Unterschiede zwischen grenzüberschreitenden und nationalen Zusammenschlüssen stellt hingegen Dewenter (1995) in ihrer viel beachteten Studie fest, in der sie knapp 400 Transaktionen von US-amerikanischen Chemie- und Handelsunternehmen untersucht. Lowinski et al. (2004) finden für einen europäischen Datensatz ebenfalls keine signifikanten Unterschiede in den CAR für nationale und grenzüberschreitende Zusammenschlüsse.

Diese wenig eindeutigen Ergebnisse zu Wertveränderungen aus der Perspektive von Käufer- und Zielunternehmen bei nationalen und internationalen Zusammenschlüssen geben kaum eine Hilfestellung bei der Interpretation der hier vorgestellten Befunde zu Übernahmen von Energieversorgern.

Vielversprechend erscheint daher die Verknüpfung der Internationalität und der Geschäftsaktivität der beteiligten Unternehmen, da beide Dimensionen die Möglichkeit zur Nutzung von operativen Synergien beeinflussen.

Verbindet man in diesem Sinne die Hypothesen 1d und 1e, sind die größten operativen Synergieeffekte für Energieversorgungsunternehmen zu erwarten, wenn Käufer- und Zielunternehmen der gleichen Aktivität nachgehen und beide im gleichen nationalen Markt operieren. Ein Beispiel für eine derartige Übernahme ist der Zusammenschluss der Hamburgische Electricitäts-Werke (HEW) und Bewag. Beide Unternehmen sind Elektrizitätsversorgungsunternehmen und operieren im deutschen Markt. Das geringste Potential für operative Synergien kann hingegen für die Zusammenschlüsse vermutet werden, in denen sich die Geschäftsaktivitäten und geographischen Wirkungsfelder der beteiligten Unternehmen kaum überschneiden. Dies trifft etwa für die im Jahr 1995 angekündigte Beteiligung der deutschen VEBA AG am britischen Telekommunikationsunternehmen Cable & Wireless zu.

Tabelle 42 vergleicht die Kapitalmarktreaktionen auf verbundene nationale Akquisitionen und unverbundene Diversifikationen. Als verbundene nationale Akquisitionen wurden die Übernahmen gewertet, bei denen das Zielunternehmen in demselben Land beheimatet ist wie das Käuferunternehmen und bei denen Käufer- und Zielunternehmen Energieversorgungsunternehmen sind. In dieser Gruppe wurden die oben separat untersuchten Konzentrations- und konzentrischen Akquisitionen zusammengefasst, um verbunden nach Hinweisen auf Skalen- oder Verbundeffekte zu testen. In der Gruppe der unverbundenen Diversifikationen sind erneut die Transaktionen zusammengefasst, bei denen das Zielobjekt kein Energieversorgungsunternehmen und damit branchenfremd ist. Die erste Gruppe umfasst insgesamt 68 Transaktionen, bei denen die erforderlichen Kursdaten für Käufer- und Zielunternehmen verfügbar sind, die Vergleichsgruppe zählt 40 Transaktionen.

Die kumulierten abnormalen Renditen von Ziel- und hypothetischen Gemeinschaftsunternehmen fallen in der Tat für den Großteil der betrachteten Ereignisperioden bei verbundenen Akquisitionen höher aus als für die Vergleichsgruppe. Die CAR-Differenzen sind allerdings für keines der betrachteten Ereignisintervalle signifikant. Aus der Perspektive der Shareholder von Käuferunternehmen sind hingegen unverbundene Diversifikationen vorteilhafter: Für alle Untersuchungsintervalle sind die kumulierten abnormalen Renditen verbundener Akquisitionen niedriger. Die Differenz ist allerdings nur für das wenig [-20;0]-Intervall signifikant. Die Ergebnisse widersprechen insgesamt den Voraussagen von Hypothesen 1d und 1e) nicht. Aufgrund des sehr niedrigen Signifikanzniveaus können sie jedoch nur als äußerst schwache Bestätigung interpretiert werden.

Tabelle 42: Vergleich der CAR von verbundenen Akquisitionen und unverbundenen Diversifikationen

	Verbundene Akquisitionen	Unverbundene Diversifikation	Mittelwertdifferenz		
	CAR	CAR	Differenz	t-Wert	p-Wert
Käuferunternehmen					
[-20;+20]	-3,17% ***	-1,43%	-1,74%	0,8807	0,3805
[-10;+10]	-2,70% ***	-1,33%	-1,37%	0,9596	0,3395
[-5;+5]	-1,98% **	-0,43%	-1,55%	1,2893	0,2001
[-1;+1]	-1,61% ***	-0,34% **	-1,27%	1,3076	0,1938
[-20;0]	-3,45% ***	-0,39%	-3,07% *	1,9726	0,0511
Zielunternehmen					
[-20;+20]	14,14% ***	13,34% ***	0,80%	0,2134	0,8314
[-10;+10]	12,16% ***	10,65% ***	1,51%	0,4683	0,6405
[-5;+5]	12,04% ***	9,39% ***	2,65%	0,9166	0,3615
[-1;+1]	9,01% ***	7,75% ***	1,26%	0,5730	0,5678
[-20;0]	11,14% ***	13,65% ***	-2,52%	0,8316	0,4075
Hypothetische Gemeinschaftsunternehmen					
[-20;+20]	0,57%	0,33%	0,24%	0,1297	0,8970
[-10;+10]	0,55%	0,44%	0,11%	0,0847	0,9327
[-5;+5]	1,16% **	0,56%	0,60%	0,5650	0,5733
[-1;+1]	0,97% **	1,07% *	-0,10%	0,1327	0,8947
[-20;0]	-0,06%	1,22%	-1,28%	0,9028	0,3687
Ø-Transaktions-volumen in Mio. USD	2.044	938	1.106 **	2,0288	0,0450
Anzahl	68	40			

Sollen durch Übernahmen vorrangig Skaleneffekte erzielt werden, kann besonders für horizontale nationale Übernahmen – hier als nationale Konzentrationsakquisitionen bezeichnet – mit positiven CAR gerechnet werden. Bei unverbundenen Diversifikationen ist nur von einem geringen Potential zur Erzielung von Skaleneffekten auszugehen.

Tabelle 43 vergleicht die kumulierten abnormalen Renditen von nationalen Konzentrationsakquisitionen und unverbundenen Diversifikationen. Bei ersteren übertrifft der im Zuge der Übernahmeankündigung beobachtete gemeinschaftliche Anstieg des Unternehmenswertes von Käufer- und Zielunternehmen den entsprechenden Wertzuwachs unverbundener Diversifikationen.[296] Die Unterschiede in den durchschnittlichen kumulierten abnormalen Renditen sind aber für keine Ereignisperiode signifikant. Für Käufer- und Zielunternehmen fallen die Börsenreaktionen analog zu den oben untersuchten verbundenen Akquisitionen aus. Dieses Ergebnis kann allerdings wegen des niedrigen Signifikanzniveaus erneut nur als schwaches Indiz für die Bedeutung operativer Synergien gewertet werden.

Tabelle 43: Vergleich der CAR von Konzentrationsakquisitionen und unverbundenen Diversifikationen

	Nationale Konzentrationsakquisitionen	Unverbundene Diversifikation	Mittelwertdifferenz		
	CAR	CAR	Differenz	t-Wert	p-Wert
Käuferunternehmen					
[-20;+20]	-3,30% **	-1,43%	-1,87%	0,8644	0,3897
[-10;+10]	-2,53% **	-1,33%	-1,20%	0,7973	0,4274
[-5;+5]	-1,90% **	-0,43%	-1,47%	1,2231	0,2246
[-1;+1]	-1,29% **	-0,34% **	-0,95%	0,9894	0,3252
[-20;0]	-3,01% ***	-0,39%	-2,62%	1,6294	0,1068
Zielunternehmen					
[-20;+20]	12,57% ***	13,34% ***	-0,77%	0,2053	0,8378
[-10;+10]	11,46% ***	10,65% ***	0,81%	0,2340	0,8155
[-5;+5]	10,79% ***	9,39% ***	1,40%	0,4533	0,6514
[-1;+1]	8,27% ***	7,75% ***	0,52%	0,2263	0,8215
[-20;0]	9,39% ***	13,65% ***	-4,26%	1,4990	0,1374
Hypothetische Gemeinschaftsunternehmen					
[-20;+20]	0,82%	0,33%	0,49%	0,2413	0,8098
[-10;+10]	0,86%	0,44%	0,42%	0,2841	0,7770
[-5;+5]	1,16% *	0,56%	0,60%	0,5373	0,5924
[-1;+1]	1,18% **	1,07% *	0,10%	0,1205	0,9044
[-20;0]	0,47%	1,22%	-0,75%	0,4938	0,6227
Ø-Transaktionsvolumen in Mio. USD	2.180	938	1.242 **	2,0679	0,0416
Anzahl	50	40			

Zusammenfassend kann folglich festgestellt werden, dass die Kursreaktionen auf Übernahmeankündigungen kaum Hinweise darauf geben, dass operative Synergien eine Rolle für die Bewertung einer Übernahme durch den Kapitalmarkt spielen. Dieses Ergebnis ist überra-

296 Nur für das [-20;0]-Intervall ist das Verhältnis umgekehrt.

schend: Viele Übernahmeankündigungen werden von den Käuferunternehmen damit begründet, umfangreiche Synergieeffekte realisieren zu wollen. So erklärte der damalige Vorstandsvorsitzende der Hamburgische Electricitäts-Werke AG (HEW) Klaus Rauscher zum Zusammenschluss von HEW, Bewag AG und VEAG AG: „Die Verschmelzungen führen zur Freisetzung erheblicher Kostenersparnisse, da Funktionen gebündelt und Prozesse optimiert werden können. Im Einzelnen erwarten die Vorstände Synergiepotenziale allein aus der Zusammenführung im Projekt- und Administrationsbereich von ca. 100 Mio. Euro.“[297]

Die vorstehend beschriebenen Analysen wurden für die Teilstichproben der Übernahmen nordamerikanischer und europäischer Energieversorgungsunternehmen getrennt wiederholt. Die Ergebnisse sind in Tabelle 116 bis Tabelle 124 im Anhang III dargestellt. Die Ergebnisse entsprechen qualitativ weitgehend denen des gesamten Datensatzes. Sie geben keine Hinweise darauf, dass operative Synergien für die Übernahmeentscheidungen nordamerikanischer und europäischer Energieversorgungsunternehmen eine unterschiedliche Rolle spielen. Daher wird auf eine detaillierte Darstellung der Analyse verzichtet.

Da folglich nicht davon ausgegangen werden kann, dass operative Synergien die beobachteten Wertsteigerungen der hypothetischen Gemeinschaftsunternehmen erklären können, sollen in den nachfolgenden Kapiteln finanzielle und manageriale Synergien als Quellen für Wertsteigerungen untersucht werden.

V.1.3.3 Finanzielle Synergien

Finanzielle Synergien können durch den Coinsurance-Effekt, Größenvorteile in der Kapitalbeschaffung und eine höhere Effizienz interner Kapitalmärkte entstehen. Hypothese 2a zufolge bestätigen relativ höhere positive Ankündigungseffekte von Übernahmen, bei denen die Cash-flows der beteiligten Unternehmen stärker korrelieren, das Vorliegen von finanziellen Synergien.

Tabelle 44 vergleicht die Ankündigungseffekte von Übernahmen mit einer hohen Korrelation der Cash-flows von Käufer- und Zielunternehmen mit den Übernahmeankündigungen, bei denen die Cash-flows der beteiligten Unternehmen negativ oder schwach positiv korrelieren. Der Cash-flow wird dabei nach dem von Healy et al. (1992) vorgeschlagenen Verfahren berechnet (vgl. auch Kapitel V.1.2.1). Der Korrelationskoeffizient wird über einen Zeitraum von fünf Jahren vor der Übernahmeankündigung ermittelt. Lediglich für 79 Zusammenschlüsse konnten sowohl die erforderlichen Cash-flow-Daten als auch die Kursreaktionen von Käufer-, Ziel- und hypothetischem Gemeinschaftsunternehmen ermittelt werden. Aufgrund der niedrigen verfügbaren Fallzahl bestehen die in Tabelle 44 ausgewählten, überschneidungsfreien Übernahmekategorien lediglich aus 30 Transaktionen.

Die Korrelationskoeffizienten der beiden Vergleichsgruppen unterscheiden sich erwartungsgemäß deutlich. Während der durchschnittliche Korrelationskoeffizient für die eine

---

297 Hamburgische Electricitäts-Werke (2002), S. 2.

Gruppe bei rund 0,9 liegt, fällt er für die Vergleichsgruppe mit einem Wert von –0,2 deutlich negativ aus. In der letzten Gruppe ist der Anteil branchenübergreifender Transaktionen (63%) höher als in der Gruppe mit einer hohen Cash-flow-Korrelation (50%).

Tabelle 44: Kapitalmarktreaktionen auf Übernahmen mit geringer und hoher Korrelation der operativen Cash-flows von Käufer- und Zielunternehmen

	Übernahmen mit *geringer bzw. negativer Korrelation* der Cash-flows von Käufer- und Zielunternehmen	Übernahmen mit *hoher Korrelation* der Cash-flows von Käufer- und Zielunternehmen	Mittelwertdifferenz		
	CAR	CAR	Differenz	t-Wert	p-Wert
Käuferunternehmen					
[-20;+20]	-3,75%	-2,94% **	-0,81%	0,2525	0,8016
[-10;+10]	-3,68% **	-2,35% ***	-1,33%	0,7114	0,4797
[-5;+5]	-2,26% **	-1,93% ***	-0,33%	0,1842	0,8545
[-1;+1]	-1,10% *	-1,88% ***	0,78%	0,5170	0,6071
[-20;0]	-3,45% **	-1,53% **	-1,92%	0,7832	0,4367
Zielunternehmen					
[-20;+20]	13,77% ***	16,67% ***	-2,90%	0,5356	0,5943
[-10;+10]	11,11% ***	15,15% ***	-4,04%	0,8918	0,3762
[-5;+5]	10,75% ***	13,69% ***	-2,94%	0,6881	0,4941
[-1;+1]	9,97% ***	7,22% ***	2,75%	0,8957	0,3741
[-20;0]	12,12% ***	13,61% ***	-1,49%	0,3202	0,7500
Hypothetische Gemeinschaftsunternehmen					
[-20;+20]	0,75%	1,02%	-0,27%	0,0913	0,9276
[-10;+10]	-0,09%	1,63%	-1,71%	0,8766	0,3843
[-5;+5]	0,70%	1,53%	-0,83%	0,5012	0,6181
[-1;+1]	1,10% *	1,27%	-0,17%	0,1323	0,8952
[-20;0]	0,23%	2,05%	-1,82%	0,8529	0,3972
Ø-Korrelation zwischen den Renditen von Käufer- und Zielunternehmen	-0,1991	0,9319	-1,1311 ***	15,7946	0,0000
Ø-Transaktionsvolumen in Mio. USD	2.180	938	1.242 **	2,0679	0,0416
Anzahl	30	30			

Entgegen der Voraussage von Hypothese 2a können für die Transaktionen mit einer geringen Korrelation der Cash-flows von Käufer- und Zielunternehmen keine signifikant höheren Ankündigungseffekte festgestellt werden. Im Gegenteil fallen die Ankündigungseffekte sogar durchgängig geringer aus als für die Vergleichsgruppe mit hohem Korrelationskoeffizienten. Die Unterschiede sind allerdings nicht signifikant.

Eine Erklärung für dieses Resultat könnte sich aus der Konstruktion des Korrelationsmaßes ergeben. Zum Einen könnte die restriktive Auswahl der Transaktionen auf der Grundlage der verfügbaren Cash-flow-Daten verzerrend wirken. Naturgemäß liegen in den Datenbanken lediglich für größere und mittlere Unternehmen Jahresabschlussinformationen vor. So überrascht nicht, dass der Median des Transaktionsvolumens der Übernahmen, für die komplette Cash-flow-Informationen vorliegen, mit einem Wert von 790 Mio. USD signifikant höher ausfällt als für die Vergleichsgruppe mit 361 Mio. USD.[298] Zum anderen könnte die Konstruktion des Korrelationskoeffizienten Verzerrungen hervorrufen, da nur die Veränderungen von fünf Wertepaaren als Grundlage für die Berechnung verwendet werden, da nur die fünf Jahre vor der Transaktionsankündigung in die Berechnung eingehen. Diese potentiellen Verzerrungen legen nahe, das Untersuchungsergebnis mittels eines weiteren Indikators zu überprüfen.

Der Grad der Korrelation zwischen den Aktienkursrenditen von Käufer- und Zielunternehmen ist ein indirekter Indikator für das Diversifikations- und Risikoreduktionspotential einer Übernahme.[299] Der entsprechende Korrelationskoeffizient misst, inwieweit sich die Erwartungen der Investoren hinsichtlich zukünftiger Cash-flows der beiden Unternehmen synchron verändern. Unter der Annahme eines effizienten Kapitalmarkts ist der Korrelationskoeffizient ein konsistenter Schätzer für die tatsächlichen Cash-flow-Schwankungen.

In Tabelle 45 sind die CAR der jeweils 50 Übernahmen mit der höchsten und der niedrigsten Korrelation in den Aktienkursrenditen gegenübergestellt. Die Korrelation wurde dabei anhand eines Korrelationskoeffizienten über einen Zeitraum von 220 bis 20 Tagen vor dem Zusammenschluss bestimmt. Die Ankündigungseffekte der Übernahmen mit einer geringen Korrelation bzw. einem hohen Risikoreduktionspotential sind für Käufer-, Ziel- und hypothetische Gemeinschaftsunternehmen deutlich höher. Allerdings ist der relative Zuwachs für die Käuferunternehmen nicht signifikant. Die Ergebnisse sind konsistent mit Hypothese 2a, nach der durch den Coinsurance-Effekt im Rahmen von Zusammenschlüssen der gemeinsame Unternehmenswert gesteigert werden kann. Dies spricht dafür, dass die Erzielung finanzieller Synergien ein Motiv für Unternehmenszusammenschlüsse bildet.

---

298 Der Kruskal-Wallis- Test auf Unterschiede in den Medianen der Transaktionsvolumina beider Gruppen ist auf einem 1%-Niveau signifikant (z=6.8211).

299 Vgl. Morck et al. (1990), S. 37.

Tabelle 45: Kapitalmarktreaktionen auf Übernahmen mit geringer und hoher Korrelation der Wertpapierrenditen von Käufer- und Zielunternehmen vor der Übernahmeankündigung

	Übernahmen mit *geringer bzw. negativer Korrelation* der Aktienkursrenditen von Käufer- und Zielunternehmen	Übernahmen mit *hoher Korrelation* der Aktienkursrenditen von Käufer- und Zielunternehmen	Mittelwertdifferenz		
	CAR	CAR	Differenz	t-Wert	p-Wert
Käuferunternehmen					
[-20;+20]	-2,44% **	-2,71% ***	0,27%	0,1482	0,8825
[-10;+10]	-1,31%	-2,78% ***	1,48%	1,0643	0,2898
[-5;+5]	-0,09%	-1,96% ***	1,87%	1,6512	0,1019
[-1;+1]	-0,32%	-1,60% ***	1,27%	1,4477	0,1509
[-20;0]	-1,39% *	-2,02% ***	0,63%	0,4353	0,6643
Zielunternehmen					
[-20;+20]	17,71% ***	8,34% ***	9,37% **	2,5148	0,0135
[-10;+10]	15,27% ***	8,15% ***	7,12% **	2,0964	0,0386
[-5;+5]	13,40% ***	7,94% ***	5,46% **	1,8485	0,0675
[-1;+1]	10,35% ***	6,23% ***	4,13% **	1,8572	0,0663
[-20;0]	10,63% ***	8,05% ***	2,58%	0,9634	0,3377
Hypothetische Gemeinschaftsunternehmen					
[-20;+20]	1,20%	0,02%	1,19%	0,5699	0,5700
[-10;+10]	1,46%	0,16%	1,30%	0,7935	0,4294
[-5;+5]	2,43% **	0,58%	1,85%	1,4818	0,1416
[-1;+1]	2,74% ***	0,49%	2,25% **	2,0832	0,0398
[-20;0]	0,82%	0,52%	0,30%	0,2180	0,8279
Ø-Korrelationskoeffizient der Renditen von Käufer- und Zielunternehmen	-0,0444	0,3676	-0,4120 ***	19,3390	0,0000
Ø-Transaktionsvolumen in Mio. USD	824	2.517	-1.693 ***	2,8867	0,0048
Anzahl	50	50			

Die niedrigeren Wertzuwächse bei den Käuferunternehmen im Vergleich zu denen der Zielunternehmen deuten darauf hin, dass das Management der Käuferunternehmen bereit oder gezwungen ist, den Vorteil aus finanziellen Synergien in Form einer höheren Übernahmeprämie weitgehend an das Zielunternehmen abzugeben.

Dieses Ergebnis ist konsistent mit der „Winner´s Curse"-Hypothese von Varaiya (1988). Demnach kommen bei einem starken Wettbewerb um die Zielunternehmen nur die Käufer zum Zuge, die den Wert des Übernahmeobjektes überschätzen und die zur Zahlung einer hohen Übernahmeprämie bereit sind. Im Ergebnis verbleiben alle Wertsteigerungen durch die Übernahme auf Seiten der Zielunternehmen.

Im vorliegenden Fall müssen die Anteilseigner der Käuferunternehmen zumindest dann keine signifikant negativen Ankündigungseffekte hinnehmen, wenn der Coinsurance-Effekt genutzt werden kann.

Hypothese 2b greift einen weiteren Aspekt der Coinsurance-Theorie auf, der zufolge das Ausmaß der finanziellen Synergien neben der Cash-flow-Korrelation auch davon abhängt, inwieweit die beteiligten Unternehmen eine höhere maximale Verschuldungsquote als Folge der Risikodiversifikation tatsächlich nutzen können. Besonders von Unternehmen mit einer schwachen Eigenkapitalbasis wird erwartet, dass sie von einer Ausweitung des Verschuldungspotentials profitieren. Demnach würden vor allem die Übernahmen hohe Wertzuwächse erzielen, bei denen die Cash-flows der beteiligten Unternehmen nur schwach oder negativ korreliert sind und deren Verschuldungsquote zusätzlich hoch ist.

Um den Zusammenhang zwischen der Korrelation der Cash-flows und der Verschuldungsquote von Käufer- und Zielunternehmen und den Aktienkursreaktionen auf die entsprechenden Übernahmeankündigungen zu untersuchen, werden aus dem Gesamtsample zwei Übernahmegruppen extrahiert. Zunächst werden lediglich die Übernahmen ausgewählt, bei denen für Käufer- und Zielunternehmen Informationen über die Verschuldungsquote im Jahr vor der Ankündigung, die Marktkapitalisierung sowie die Aktienkursreaktion vorliegen. 134 Übernahmen erfüllen diese Voraussetzung. Aus dieser Gruppe werden anschließend jeweils 60 Transaktionen ausgewählt, welche zum einen die niedrigste und zum anderen die höchsten Korrelationen zwischen den Aktienkursrenditen aufwiesen. Für Käufer- und Zielunternehmen dieser Gruppe werden dann die Verschuldungsquoten, definiert als Quotient aus Fremd- und Eigenkapital, berechnet. Die in den beiden Gruppen ausgewählten Transaktionen werden anhand der maximalen Verschuldungsquote von Käufer- und Zielunternehmen[300] geordnet. Aus der Gruppe der Übernahmen mit einer geringen Aktienkurskorrelation werden die 30 Transaktionen mit der höchsten maximalen Verschuldungsquote ausgewählt. Die Vergleichsgruppe besteht aus den 30 Übernahmen mit einer hohen Aktienkurskorrelation und einer niedrigen maximalen Verschuldungsquote. Tabelle 46 zeigt die durchschnittlichen kumulierten abnormalen Renditen und die Charakteristika der beiden resultierenden Subsamples.

Erwartungsgemäß ist der durchschnittliche Korrelationskoeffizient der Wertpapierrenditen in der ersten Gruppe signifikant geringer und der Verschuldungskoeffizient signifikant höher als in der Vergleichsgruppe. Konsistent mit Hypothese 2b sind die kumulierten abnormalen Renditen der hypothetischen Gemeinschaftsunternehmen bei der ersten Gruppe für alle Beobachtungsintervalle höher als bei der Gruppe mit einem geringen erwarteten Coinsurance-Effekt (signifikant auf einem 10%-Niveau für das [-1;+1]-Intervall). Die Kursreaktionen von

300 Definiert als das Maximimum der Verschuldungsquoten der Käufer- und der Zielunternehmen.

Käufer- und Zielunternehmen fallen für das erste Subsample ebenfalls überwiegend höher aus als für die zweite Gruppe. Die beobachteten Unterschiede sind allerdings nur für ein Beobachtungsintervall statistisch signifikant. Die Ergebnisse geben folglich Hinweise darauf, dass Hypothese 2b zutrifft bzw. der Coinsurance-Effekt in der Tat besonders wirkungsvoll ist, wenn die beteiligten Unternehmen eine relativ schwache Eigenkapitalbasis haben.

Tabelle 46: Zusammenhang zwischen Kapitalmarktreaktionen, der Korrelation von Aktienkursrenditen und dem maximalen Verschuldungskoeffizient der Käufer- und Zielunternehmen

	Übernahmen mit *geringer* Korrelation der Aktienkursrenditen und *großem maximalen* Verschuldungskoeffizienten von Käufer- und Zielunternehmen	Übernahmen mit *hoher* Korrelation der Aktienkursrenditen und *geringem maximalen* Verschuldungskoeffizienten von Käufer- und Zielunternehmen	Mittelwertdifferenz		
	CAR	CAR	Differenz	t-Wert	p-Wert
Käuferunternehmen					
[-20;+20]	-4,10% *	-3,96% ***	-0,14%	0,0577	0,9542
[-10;+10]	-0,12%	-3,50% ***	3,37% *	1,8106	0,0754
[-5;+5]	-0,10%	-2,38% ***	2,28%	1,3226	0,1912
[-1;+1]	-0,99%	-2,16% ***	1,17%	0,9357	0,3533
[-20;0]	-3,57% **	-2,04% **	-1,53%	0,7662	0,4466
Zielunternehmen					
[-20;+20]	13,41% ***	8,49% ***	4,91%	1,1045	0,2739
[-10;+10]	9,95% ***	8,59% ***	1,36%	0,3116	0,7565
[-5;+5]	10,43% ***	8,51% ***	1,91%	0,4990	0,6196
[-1;+1]	8,21% ***	5,53% ***	2,68%	0,9246	0,3590
[-20;0]	9,89% ***	7,16% ***	2,72%	0,7564	0,4525
Hypothetische Gemeinschaftsunternehmen					
[-20;+20]	0,46%	-0,58%	1,04%	0,4993	0,6194
[-10;+10]	1,67%	-0,34%	2,01%	0,8844	0,3801
[-5;+5]	2,35% *	0,35%	2,00%	1,1686	0,2473
[-1;+1]	2,52% *	-0,31%	2,84% *	1,9509	0,0559
[-20;0]	0,58%	-0,08%	0,65%	0,3938	0,6952
Ø-Korrelationskoeffizient	-0,0171	0,3505	-0,3676 ***	11,9163	0,0000
Ø-maximaler Verschuldungskoeffizient	5,9629	1,7076	4,2553 ***	8,1884	0,0000
Ø-Transaktionsvolumen in Mio. USD	1.583	1.733	-150	0,2508	0,8029
Anzahl	30	30			

Hypothese 2c bezieht sich auf die Auswirkungen von Unternehmenszusammenschlüssen auf potentielle Kostenvorteile von internen im Vergleich zu externen Kapitalmärkten. Ihr zufolge profitieren besonders kleine Unternehmen von einer Ausweitung der internen Kapitalmärkte.

Tabelle 47 vergleicht die kumulierten abnormalen Renditen der Übernahmen mit den kleinsten Zielunternehmen und die der Übernahmen mit den größten Zielunternehmen. Die Unternehmensgröße wurde anhand der Bilanzsumme gemessen. Die Zielunternehmen der zweiten Gruppe sind durchschnittlich rund 30 mal größer als die der ersten Gruppe.

Für nahezu alle betrachteten Ereignisintervalle sind die kumulierten abnormalen Renditen der Übernahmen von kleinen Unternehmen für Käufer-, Ziel- und hypothetische Gemeinschaftsunternehmen signifikant größer als für die Vergleichsgruppe. Während die Kursreaktionen auf Seiten der Käuferunternehmen bei Übernahmen der ersten Gruppe nicht signifikant von null verschieden sind, realisieren die Anteilseigner der Zielunternehmen in der [-1;+1]-Ereignisperiode signifikante Wertzuwächse von über 10%. Aus der Perspektive der hypothetischen Gemeinschaftsunternehmen fallen die CAR signifikant höher aus als für die Vergleichsgruppe.

Die Ergebnisse sind folglich konsistent mit Hypothese 2c und deuten damit ebenfalls darauf hin, dass finanzielle Synergien aus der Perspektive der Kapitalmarktakteure ein bedeutendes Motiv für Zusammenschlüsse von Energieversorgern sein können. Zu dem gleichen Schluss führt die Analyse, wenn statt der absoluten die relative Größe der Zielunternehmen als Kriterium verwendet wird (vgl. Tabelle 128 in Anhang III.2).

Allerdings scheint auch eine andere Interpretation möglich: Übernahmen relativ kleiner Zielunternehmen werden von den Kapitalmarktakteuren kaum wahrgenommen bzw. nehmen keinen messbaren Einfluss auf den Börsenwert der zumeist wesentlich größeren Käuferunternehmen.[301] Die Kursreaktionen der Käuferunternehmen sind daher nicht von null verschieden. Nicht erklärt werden kann allerdings mit dieser Begründung, warum die kumulierten abnormalen Renditen des hypothetischen Gesamtunternehmens bei kleinen Übernahmeobjekten signifikant größer sind als bei großen bzw. als bei den Übernahmen des Gesamtsamples. Eine Erklärung der beobachteten Unterschiede in den Ankündigungseffekten mit einer Realisierung finanzieller Synergien erscheint daher plausibel.

Entsprechend der Vorgehensweise für die Untersuchung, welche Bedeutung opererative Synergien für die Übernahmeentscheidung haben, werden für die Analyse der finanziellen Synergien die voranstehenden Analysen für die Teilstichproben der Übernahmen nordamerikanischer und europäischer Energieversorgungsunternehmen wiederholt.[302] Die Ergebnisse

---

301 Die Käuferunternehmen waren in der Gruppe mit den kleinsten Zielunternehmen durchschnittlich 6,7-mal größer als die jeweiligen Übernahmeziele.

302 Auf einige Einzelanalysen musste aufgrund der geringen Größe der Teilstichproben verzichtet werden.

sind in Tabelle 125 bis Tabelle 132 im Anhang III.2 zusammengefasst. Erwartungsgemäß ist das Signifikanzniveau der kleineren Einzelstichproben geringer als für den gesamten Datensatz. Insgesamt finden sich aber keine Hinweise darauf, dass es systematische Unterschiede in der Bedeutung finanzieller Synergien zwischen nordamerikanischen und europäischen Energieversorgern gibt.

Tabelle 47: Kapitalmarktreaktionen auf Übernahmen kleiner und großer Zielunternehmen

	50 Transaktionen mit den *kleinsten Zielunternehmen*	50 Transaktionen mit den *größten Zielunternehmen*	Mittelwertdifferenz		
	CAR	CAR	Differenz	t-Wert	p-Wert
Käuferunternehmen					
[-20;+20]	1,10%	-3,55% ***	4,65% **	2,2913	0,0241
[-10;+10]	-0,07%	-2,04% ***	1,97%	1,4286	0,1563
[-5;+5]	0,34%	-1,72% ***	2,07%	1,5917	0,1147
[-1;+1]	0,02%	-2,01% ***	2,03% **	1,9580	0,0531
[-20;0]	0,58%	-2,92% ***	3,50% **	2,1692	0,0325
Zielunternehmen					
[-20;+20]	21,72% ***	7,09% ***	14,63% ***	4,0568	0,0001
[-10;+10]	18,15% ***	7,34% ***	10,81% ***	3,7042	0,0004
[-5;+5]	16,18% ***	7,01% ***	9,17% ***	3,3769	0,0011
[-1;+1]	11,13% ***	5,55% ***	5,59% **	2,5755	0,0115
[-20;0]	18,01% ***	5,72% ***	12,29% ***	3,9937	0,0001
Hypothetische Gemeinschaftsunternehmen					
[-20;+20]	4,02% ***	-0,25%	4,27% **	2,1925	0,0307
[-10;+10]	2,82% ***	1,09%	1,73%	1,2483	0,2149
[-5;+5]	3,07% ***	0,68%	2,40% *	1,9767	0,0509
[-1;+1]	2,37% ***	0,57% *	1,80% *	1,7404	0,0849
[-20;0]	3,34% ***	0,10%	3,24% *	2,1799	0,0317
Ø-Bilanzsumme Zielunternehmen	389	10.403	-10.014 ***	9,1011	0,0000
Ø-Transaktions-volumen in Mio. USD	319	3.517	-3.198 ***	5,5518	0,0000
Anzahl	50	50			

V.1.3.4 Manageriale Synergien

Eine häufig diskutierte Quelle für Wertsteigerungen im Rahmen von Übernahmen sind manageriale Synergien (vgl. Kapitel III.1.1.1). Im Mittelpunkt steht dabei die Hypothese, dass vergleichsweise effiziente Unternehmen andere Gesellschaften übernehmen, wenn diese infolge eines schwachen Managements eine geringe Effizienz aufweisen. Derartigen Zusammenschlüssen wird eine disziplinierende Wirkung zugesprochen.[303]

Hypothese 3a) zufolge sind Zielunternehmen durch eine schwächere Unternehmensleistung gekennzeichnet als die Käuferunternehmen. Als Maßgröße für die Leistung des Managements werden in empirischen Studien vor allem marktorientierte Indikatoren, wie etwa Aktienrenditen[304], die Marktwert-Buchwert-Relation[305] oder Tobin's Q[306] verwendet. Aber auch auf Jahresabschlussinformationen basierende Kennzahlen kommen zum Einsatz.[307] Ein wesentlicher Vorteil der marktorientierten Indikatoren besteht darin, dass durch das Einbeziehen des Börsenwertes sowohl die aktuelle Unternehmensleistung als auch die Erwartungen hinsichtlich ihrer zukünftigen Entwicklung berücksichtigt werden.[308] Hypothese 3a) wird im Folgenden anhand marktorientierter Kennzahlen, der Marktwert-Buchwert-Relation und der historischen Aktienperformance, sowie Jahresabschluss basierter Indikatoren, der Kapitalrentabilität und der Cost-Income-Ratio, überprüft.[309]

Als wichtigster marktorientierter Indikator wird die Marktwert-Buchwert-Relation untersucht. Sie ist definiert als der Quotient aus dem Börsen- und dem Buchwert des Stammkapitals.[310] Diese Kennzahl unterscheidet sich von empirischen Schätzern für Tobin's Q[311] in erster Linie dadurch, dass weder Vorzugsaktien noch die Verschuldung berücksichtigt werden. Sie stellt damit eine vereinfachte Form des Tobin's Q dar. Ein wichtiger Vorteil der Marktwert-Buchwert-Relation liegt darin, dass sie zu den Standardkennzahlen des Corporate Finance gehört. Ein populäres Lehrbuch schreibt etwa: "The ratio of market-to-book value [...] will be a good measure of the value created by the firm for its shareholders because it equals the present value of the dollars that stockholders receive for each dollar they invest in the business."[312] Daher wird diese Maßzahl von den Kapitalmarktakteuren möglicherweise schärfer wahrgenommen als das vorwiegend im akademischen Diskurs verwendete Tobin's Q. Als zweiter marktorientierter Indikator wird die historische Aktienperformance der beteiligten Unternehmen über 400 Handelstage (bis 20 Handelstage) vor der Übernahmeankündigung verwendet.[313] Im Gegensatz zur Marktwert-Buchwert-Relation berücksichtigt die Aktienper-

303 Vgl. Palepu (1986), S. 16.
304 Vgl. Martin und McConnell (1991).
305 Vgl. Energy Information Administration (1997).
306 Vgl. Lang et al. (1989).
307 Vgl. etwa Weir und Lang (2003).
308 Vgl. Palepu (1986).
309 Vgl. zur Erläuterung von Kennzahlen zur Unternehmensleistung Kapitel IV.1.2.1.
310 Vgl. Kapitel IV.1.2.1.
311 Vgl. Kapitel IV.3.2 zur Definition von Tobin's Q.
312 Shapiro und Balbirer (2000), S. 350.
313 Agrawal und Jaffe (1996) fassen Untersuchungen zur Aktienperformance von Zielunternehmen vor einer Übernahme zusammen. In den von ihnen erfassten Studien wird die Aktienperformance für Zeiträume von 22 bis 119 Monaten bestimmt. Da in der vorliegenden Untersuchung die Performance als Indikator für die Leistung des aktuellen Managements herangezogen wird, scheint eine vergleichsweise kurze Frist von etwa 24 Monaten bzw. 400 Handelstagen angebracht.

formance die Veränderung der Kapitalmarkterwartungen hinsichtlich zukünftiger Unternehmensüberschüsse.

Die Analyse der marktorientierten Indikatoren wird durch Kennzahlen ergänzt, die auf Jahresabschlussinformationen basieren. Sie bieten den Vorteil, dass sie sich auf die reale Entwicklung des Unternehmens in der Vergangenheit und nicht auf die Erwartungen der Kapitalmarktakteure beziehen, die wiederum selbst durch Jahresabschlussinformationen beeinflusst werden. Ein einfaches, im Zusammenhang mit Unternehmenszusammenschlüssen häufig verwendetes Maß ist die (Gesamt-) Kapitalrentabilität (Return on Assets),[314] das auch in dieser Untersuchung eingesetzt wird. Das vierte Maß für die Effizienz der beteiligten Unternehmen ist die Cost-Income-Ratio.

Tabelle 48 vergleicht die Unternehmensleistung aller Käufer- und Zielunternehmen. Für die Marktwert-Buchwert-Relation ergeben sich keine signifikanten Unterschiede. Der Median der historischen Aktienperformance der Käuferunternehmen ist mit einem Wert von 16% hingegen signifikant höher als der entsprechende Wert für die Zielunternehmen. Hypothese 3a) wird folglich von diesem Teilergebnis gestützt.

Ein uneinheitliches Bild ergibt sich bei der Betrachtung der jahresabschlussbasierten Indikatoren. Mit einem Durchschnittswert von 4,1% lag die Kapitalrentabilität der Zielunternehmen signifikant höher als die der Käuferunternehmen (3,5%). Der Vergleich der Cost-Income-Ratios von Käufer- und Zielunternehmen bestätigt dieses Ergebnis aber nicht. Median und arithmetisches Mittel der Käuferunternehmen fallen niedriger aus als die der Zielunternehmen. Sie deuten daher darauf hin, dass die Käuferunternehmen im Durchschnitt effizienter arbeiten als die Zielunternehmen.

Zusammengefasst weisen folglich zwei der Kennzahlen auf eine höhere Leistungsfähigkeit der Käuferunternehmen hin, eine Kennzahl widerspricht dieser Interpretation. Insgesamt können die Ergebnisse aus Tabelle 48 daher bestenfalls als schwaches Indiz für die Relevanz von Hypothese 3a) gewertet werden. Zum gleichen Ergebnis kommt man, wenn nur die Transaktionen betrachtet werden, bei denen sowohl für Ziel- als auch Käuferunternehmen die für die Kennzahlenberechnung erforderlichen Daten vorliegen (vgl. Tabelle 49).

---

314 Die Kapitalrentabilität wird hier definiert als der Quotient aus Gewinn nach Steuern und Bilanzsumme. Vgl. zur Verwendung der Kapitalrentabilität in Studien über Unternehmenszusammenschlüsse etwa Buehner (1991); Cornett und Tehranian (1992); Weir und Lang (2003).

Tabelle 48: Vergleich der Unternehmensleistung von Käufer- und Zielunternehmen – Betrachtung aller Transaktionen

		Käufer-unternehmen	Zielunter-nehmen	Differenz	t-Wert für Mittelwerte, W-Wert für Mediane[315]	p-Wert
Marktwert-Buchwert-Relation	Arithm. Mittel	180,26%	194,24%	-13,98%	0,5397	0,5896
	Median	145,24%	139,44%	5,80%	0,7824	0,4340
	Anzahl	506	136			
Historische Aktienperformance	Arithm. Mittel	26,30%	7,88%	18,42%***	3,6831	0,0002
	Median	15,88%	10,21%	5,67%***	15,6628	0,0001
	Anzahl	506	161			
Kapitalrentabilität	Arithm. Mittel	3,54%	4,13%	-0,60%*	1,8445	0,0656
	Median	3,38%	3,77%	-0,39%	1,6381	0,1014
	Anzahl	515	138			
Cost-Income-Ratio	Arithm. Mittel	1,8758	6,1819	-4,0361	0,8029	0,4223
	Median	4,2026	5,3623	-1,1597***	2,5985	0,0094
	Anzahl	506	140			

Tabelle 49: Vergleich der Unternehmensleistung von Käufer- und Zielunternehmen – Betrachtung der Transaktionen mit verfügbaren Daten für Käufer- und Zielunternehmen

		Käufer-unternehmen	Zielunter-nehmen	Differenz	t-Wert für Mittelwerte, W-Wert für Mediane[316]	p-Wert
Marktwert-Buchwert-Relation	Arithm. Mittel	183,81%	194,46%	-10,64%	0,5831	0,5600
	Median	153,69%	135,79%	17,90%	0,7551	0,4502
	Anzahl	131	131			
Historische Aktienperformance	Arithm. Mittel	126,28%	108,16%	18,13%***	3,4183	0,0007
	Median	116,38%	109,86%	6,52%***	3,6596	0,0003
	Anzahl	151	151			
Kapitalrentabilität	Arithm. Mittel	3,54%	4,07%	-0,53%*	1,8939	0,0587
	Median	3,38%	3,78%	-0,40%*	1,6533	0,0983
	Anzahl	133	133			
Cost-Income-Ratio	Arithm. Mittel	3,6561	5,8420	-2,1859	0,3385	0,7351
	Median	3,5167	5,2904	-1,7737*	1,7539	0,0794
	Anzahl	136	136			

315 Die Signifikanz der Differenzen für die Werte von Ziel- und Käuferunternehmen wird für die Mittelwerte durch einen Mittelwertdifferenzentest und für die Mediane durch einen Wilcoxon-Vorzeichentest ermittelt (vgl. Kapitel IV.1.1.1 und IV.1.2.2 für die Definition der Teststatistiken analog).

316 Die Signifikanz der Differenzen für die Werte von Ziel- und Käuferunternehmen wird für die Mittelwerte durch einen Mittelwertdifferenzentest und für die Mediane durch einen Wilcoxon-Vorzeichentest ermittelt (vgl. Kapitel IV.1.1.1 und IV.1.2.2 für die Definition der Teststatistiken analog).

Nach Hypothese 3b) ist besonders für die Übernahmen eine Steigerung des Börsenwertes zu erwarten, bei denen die Leistungsunterschiede zwischen Käufer- und Zielunternehmen besonders ausgeprägt sind. Als Kennzahlen für die Unternehmensleistung werden erneut die vier markt- und jahresabschlussorientierten Indikatoren verwendet.

In Tabelle 50 sind die CAR von Übernahmen dargestellt, bei denen das Zielunternehmen eine niedrige Marktwert-Buchwert-Relation aufweist. Analog zur oben ausgeführten Argumentation kann dies als Indiz dafür aufgefasst werden, dass die Kapitalmarktakteure das Management dieser Unternehmen als ineffizient einschätzen. Zum Vergleich werden die CAR von Übernahmen gegenübergestellt, bei denen das Management des Zielunternehmens als besonders effizient eingeschätzt wird.

Für Energieversorger, die Unternehmen mit niedriger Marktwert-Buchwert-Relation erwerben, sind die Käufe nicht mit signifikant von null verschiedenen abnormalen Renditen verbunden. Übernahmen von als effizient eingeschätzten Zielunternehmen führen für die Käufer hingegen im [-1;+1]-Intervall zu negativen CAR in Höhe von rund –2,0%. Für kurze Ereignisintervalle ist die Differenz zwischen den CAR beider Übernahmegruppen zudem signifikant. Dieses Ergebnis deutet darauf hin, dass Käuferunternehmen verlieren, wenn sie Anteile an vom Kapitalmarkt hoch bewerteten Unternehmen erwerben. Übernahmen von niedrig bewerteten Zielunternehmen werden von den Investoren neutral beurteilt.

Ursache für dieses Verhältnis könnten besonders hohe Kaufpreise für als effizient geltende Übernahmeobjekte sein. Hinweise darauf geben die CAR der Zielunternehmen. Diese fallen für Transaktionen, bei denen das Zielunternehmen eine niedrige Marktwert-Buchwert-Relation aufweist, deutlich niedriger aus als für die Vergleichsgruppe. Die resultierenden Mittelwertdifferenzen sind jedoch für kein Ereignisintervall signifikant, so dass diese Hypothese nicht bestätigt werden kann. Die kumulierten abnormalen Renditen der hypothetischen Gemeinschaftsunternehmen der beiden betrachteten Transaktionsgruppen sind ebenfalls für keine der Ereignisperioden signifikant verschieden.

Tabelle 50: CAR für Übernahmen von Zielunternehmen mit hoher bzw. niedriger Marktwert-Buchwert-Relation

	Transaktionen mit der *niedrigsten Marktwert-Buchwert-Relation* der Zielunternehmen	Transaktionen mit der *höchsten Marktwert-Buchwert-Relation* der Zielunternehmen	Mittelwertdifferenz		
	CAR	CAR	Differenz	t-Wert	p-Wert
Käuferunternehmen					
[-20;+20]	-1,83%	-2,86% ***	1,03%	0,4983	0,6194
[-10;+10]	-0,67%	-2,60% ***	1,93%	1,3524	0,1794
[-5;+5]	0,59%	-1,95% ***	2,54% **	2,0813	0,0400
[-1;+1]	-0,29%	-1,89% ***	1,60% *	1,6710	0,0979
[-20;0]	-1,71%	-2,82% ***	1,11%	0,6601	0,5107
Zielunternehmen					
[-20;+20]	12,24% ***	10,05% ***	2,19%	0,5701	0,5699
[-10;+10]	8,57% ***	9,59% ***	-1,02%	0,3332	0,7397
[-5;+5]	8,00% ***	10,29% ***	-2,29%	0,8872	0,3772
[-1;+1]	5,20% ***	8,79% ***	-3,59%	1,6495	0,1022
[-20;0]	9,67% ***	10,48% ***	-0,81%	0,2587	0,7964
Hypothetische Gemeinschaftsunternehmen					
[-20;+20]	0,95%	0,23%	0,73%	0,3609	0,7189
[-10;+10]	0,40%	1,09%	-0,69%	0,4355	0,6642
[-5;+5]	1,51% **	1,75% **	-0,24%	0,1972	0,8441
[-1;+1]	0,93%	1,61% **	-0,69%	0,6561	0,5133
[-20;0]	0,53%	0,61%	-0,08%	0,0500	0,9602
Ø-Marktwert / Buchwert-Relation der Zielunternehmen	0,4967	3,7987	-3,3020 ***	3,2189	0,0017
Ø-Transaktionsvolumen in Mio. USD	788	2.248	-1.461 ***	2,8436	0,0054
Anzahl	50	50			

Diese wenig eindeutigen Ergebnisse sollen durch eine weitere Analyse präzisiert werden. Servaes (1991) findet Hinweise darauf, dass besonders die Übernahmen zu hohen Zuwächsen des Börsenwertes führen, bei denen das Käuferunternehmen besonders hoch und das Zielunternehmen besonders niedrig bewertet war. Effizienzgewinne würden demnach möglicherweise nicht in erster Linie bei der Übernahme schwacher Zielunternehmen, sondern für den Zusammenschluss von Unternehmen mit einer großen Effizienzdifferenz erwartet. Um diese Hypothese zu überprüfen, sind in Tabelle 51 die kumulierten abnormalen Renditen für die Übernahmen dargestellt, bei denen auf der einen Seite die Käuferunternehmen eine wesentlich höhere Marktwert-Buchwert-Relation aufwiesen und auf der anderen Seite für die Übernahmen, bei denen das Käuferunternehmen nur unwesentlich höher bewertet ist als das Zielunternehmen.[317]

Tabelle 51: CAR für Übernahmen mit hohem bzw. niedrigem erwarteten Effizienzvorsprung von Käufer- gegenüber Zielunternehmen gemessen an der Marktwert-Buchwert-Relation

	Tx. mit *dem größten erwarteten Effizienzvorsprung* (M/B-Relation) von Käufer- ggü. Zielunternehmen	Tx. mit dem *geringsten erwarteten Effizienzvorsprung* (M/B-Relation) von Käufer- ggü. Zielunternehmen	Mittelwertdifferenz		
	CAR	CAR	Differenz	t-Wert	p-Wert
Käuferunternehmen					
[-20;+20]	-2,93%	-1,88%	-1,04%	0,3263	0,7454
[-10;+10]	-0,65%	-2,20% **	1,55%	0,7853	0,4355
[-5;+5]	-0,07%	-1,95% **	1,88%	0,9796	0,3314
[-1;+1]	-0,37%	-1,44% ***	1,07%	0,8254	0,4125
[-20;0]	-0,65%	-2,76% **	2,11%	0,9100	0,3666
Zielunternehmen					
[-20;+20]	14,18% ***	10,33% ***	3,85%	0,7692	0,4449
[-10;+10]	12,01% ***	10,56% ***	1,45%	0,3035	0,7626
[-5;+5]	11,40% ***	9,83% ***	1,58%	0,4067	0,6857
[-1;+1]	9,04% ***	4,79% ***	4,25%	1,6709	0,1001
[-20;0]	12,88% ***	6,73% ***	6,15%	1,6738	0,0996
Hypothetische Gemeinschaftsunternehmen					
[-20;+20]	2,30%	0,63%	1,67%	0,6380	0,5260
[-10;+10]	1,82% *	0,46%	1,36%	0,5979	0,5522
[-5;+5]	2,40% **	0,50%	1,90%	1,1994	0,2353
[-1;+1]	2,78% **	0,34%	2,45% *	1,8614	0,0678
[-20;0]	3,11% *	-0,65%	3,76% *	1,9151	0,0604
Ø-Differenz Marktwert-Buchwert-Relation der Ziel- und Käuferunt.	-2,6040	-0,1518	-2,4522 ***	5,5624	0,0000
Ø-Transaktionsvolumen in Mio. USD	1.719	1.900	-181	0,2101	0,8343
Anzahl	30	30			

317 Aufgrund einer mangelnden Datenverfügbarkeit konnten hier lediglich zwei überschneidungsfreie Subsample mit jeweils 30 (statt 50) Transaktionen gebildet werden.

Für nahezu alle betrachteten Ereignisperioden fallen die CAR von Käufer-, Ziel- und hypothetischem Gemeinschaftsunternehmen für das Subsample mit einem großen Unterschied in der Marktwert-Buchwert-Relation von Käufer- und Zielunternehmen höher aus als für die Vergleichsgruppe. Dieses Ergebnis stützt folglich zunächst die Hypothese, große Effizienzunterschiede könnten zu einer Steigerung des Börsenwertes führen und die disziplinierende Wirkung von Übernahmen ein bedeutendes Motiv sein. Die Analyse der Mittelwertdifferenzen zwischen den CAR der beiden untersuchten Gruppen relativiert diesen Schluss jedoch, da für keine Ereignisperiode statistisch signifikante Unterschiede in den CAR festgestellt werden können.

Insgesamt liefert die Analyse der Marktwert-Buchwert-Relation also nur schwache Evidenzen dafür, dass die betrachteten Übernahmen von Energieversorgern mit dem Motiv erklärt werden können, Effizienzsteigerungen durch die Disziplinierung eines schwachen Managements des Zielunternehmens zu erreichen.

In Tabelle 52 sind die kumulierten abnormalen Renditen für die Übernahmen mit der schlechtesten bzw. besten Kursrendite der Zielunternehmen – ermittelt über einen Zeitraum von 420 bis 20 Tage vor dem Ankündigungszeitpunkt – angegeben. Die Kursrendite wurde dabei durch Verwendung nationaler Branchenindizes für Versorgungsunternehmen als Benchmark um unternehmensexterne Effekte bereinigt.

Die durchschnittliche Kursperformance der Zielunternehmen mit der schwächsten Kursentwicklung betrug rund –43% im Vergleich zur Entwicklung des Marktes, die der Zielunternehmen mit der besten Kursentwicklung 28%. Die deutlichen Unterschiede in der Aktienrendite vor der Übernahme schlagen sich aber nur bedingt in den CAR nieder. Die höheren kumulierten abnormalen Renditen für Zielunternehmen bei Übernahmen von Unternehmen mit schwacher Kursperformance sind zwar konsistent mit der Hypothese, manageriale Synergien seien ein wichtiges Motiv für Übernahmen. Erneut sind jedoch die Unterschiede zwischen den CAR nicht signifikant von null verschieden. Die CAR von Käufer- und hypothetischen Gemeinschaftsunternehmen geben keine Hinweise auf manageriale Synergien.

Tabelle 52: **Zusammenhang zwischen der historischen Kursperformance des Zielunternehmens über einen Zeitraum von 400 Tagen vor dem Ankündigungszeitpunkt und kumulierten abnormalen Renditen**

	50 Transaktionen mit der *schlechtesten Kursperformance* der Zielunternehmen	50 Transaktionen mit der *besten Kursperformance* der Zielunternehmen	Mittelwertdifferenz		
	CAR	CAR	Differenz	t-Wert	p-Wert
Käuferunternehmen					
[-20;+20]	-1,36%	-1,33%	-0,03%	0,0127	0,9899
[-10;+10]	-0,64%	-1,86% **	1,22%	0,8103	0,4197
[-5;+5]	-0,08%	-1,25% **	1,17%	0,9222	0,3587
[-1;+1]	-1,17% **	-0,37%	-0,80%	0,7976	0,4270
[-20;0]	-1,18%	-0,78%	-0,40%	0,2532	0,8006
Zielunternehmen					
[-20;+20]	18,19% ***	9,97% ***	8,22%	1,8777	0,0634
[-10;+10]	12,37% ***	9,99% ***	2,38%	0,6507	0,5168
[-5;+5]	10,22% ***	10,74% ***	-0,52%	0,1625	0,8713
[-1;+1]	7,54% ***	7,31% ***	0,23%	0,0918	0,9271
[-20;0]	13,03% ***	9,15% ***	3,88%	1,2317	0,2210
Hypothetische Gemeinschaftsunternehmen					
[-20;+20]	1,65%	2,21%	-0,57%	0,2076	0,8359
[-10;+10]	1,04% *	1,92%	-0,88%	0,4615	0,6455
[-5;+5]	1,29% *	2,45% **	-1,15%	0,7968	0,4275
[-1;+1]	0,94%	1,93% ***	-1,00%	0,8865	0,3775
[-20;0]	0,73%	1,51%	-0,78%	0,5052	0,6145
Ø- Kursperformance der Zielunternehmen	-43,43%	27,61%	-0,7104 ***	14,0176	0,0000
Ø-Transaktionsvolumen in Mio. USD	1.418	1.348	70	0,1439	0,8859
Anzahl	50	50			

Auch für Übernahmen von Käuferunternehmen, die als besonders effizient aufgefasst werden, könnten manageriale Synergien ein wichtiges Motiv sein. Analog zur voranstehenden Analyse stellt Tabelle 53 die CAR für die Übernahmen dar, bei denen die Käuferunternehmen durch eine besonders gute bzw. schlechte Kursentwicklung vor der Übernahme charakterisiert sind. Die Kursentwicklung wurde erneut um nationale Brancheneffekte bereinigt. Die durchschnittliche Kursrendite betrug in der Gruppe mit der schlechtesten (besten) Performance der Käuferunternehmen –29% (+46%).

Tabelle 53: Zusammenhang zwischen der historischen Kursperformance des Käuferunternehmens über einen Zeitraum von 420 Tagen vor dem Ankündigungszeitpunkt und kumulierten abnormalen Renditen

	50 Transaktionen mit der *schlechtesten Kursperformance* der Käuferunternehmen	50 Transaktionen mit der *besten Kursperformance* der Käuferunternehmen	Mittelwertdifferenz		
	CAR	CAR	Differenz	t-Wert	p-Wert
Käuferunternehmen					
[-20;+20]	-0,73%	-2,98%***	2,25%	1,0033	0,3182
[-10;+10]	-0,04%	-2,04%***	2,00%	1,3336	0,1854
[-5;+5]	-0,01%	-0,81%*	0,80%	0,5826	0,5615
[-1;+1]	-0,39%	-1,12%***	0,73%	0,6987	0,4864
[-20;0]	-1,63%	-1,84%***	0,21%	0,1158	0,9081
Zielunternehmen					
[-20;+20]	7,36%**	14,14%***	-6,78%	1,6199	0,1085
[-10;+10]	7,04%**	11,93%***	-4,89%	1,4561	0,1486
[-5;+5]	6,93%***	12,18%***	-5,25%*	1,8571	0,0663
[-1;+1]	7,08%***	9,14%***	-2,07%	0,8859	0,3778
[-20;0]	8,40%***	10,50%***	-2,10%	0,6999	0,4857
Hypothetische Gemeinschaftsunternehmen					
[-20;+20]	0,26%	2,73%	-2,47%	0,8931	0,3740
[-10;+10]	1,93%*	1,68%	0,25%	0,1196	0,9051
[-5;+5]	2,10%***	2,63%*	-0,53%	0,3283	0,7434
[-1;+1]	1,96%***	1,83%**	0,13%	0,1068	0,9152
[-20;0]	0,12%	1,25%	-1,13%	0,6745	0,5016
Ø-Kursperformance der Käuferunt.	-29,13%	46,45%	-75,58%***	11,2966	0,0000
Ø-Transaktionsvolumen in Mio. USD	1.575	1.214	360	0,7617	0,4481
Anzahl	50	50			

Die Ergebnisse deuten nicht auf eine Relevanz managerialer Synergien hin. Beachtenswert erscheint, dass Übernahmen von Käuferunternehmen mit schwacher vorheriger Kursperformance vom Kapitalmarkt weniger kritisch beurteilt werden als Übernahmen von Käufern mit einer positiven Kursentwicklung, auch wenn die beobachteten Unterschiede nicht statistisch signifikant sind. Diese Beobachtung widerspricht der von Rau und Vermaelen (1998) vertretenen „performance extrapolation"-Hypothese. Die Autoren finden empirische Hinweise darauf, dass Investoren bei der Beurteilung von Übernahmen auf die Entwicklung des Käuferunternehmens in der Vergangenheit abstellen und nicht nur die Vorteilhaftigkeit der Transaktion beurteilen. Investoren würden demnach die Fähigkeit des Managements überschätzen, das

Zielunternehmen zu führen.[318] In der vorliegenden Untersuchung erfüllen offenbar die angekündigten Übernahmen nicht die Erwartungen der Investoren. Ein Grund dafür könnte die Bereitschaft der erfolgreichen Käuferunternehmen sein, höhere Kaufpreise zu zahlen. Rau und Vermaelen (1998) argumentieren, dass Manager erfolgreicher Unternehmen – als Bewertungsmaßstab dient die Outperformance des Marktes – ein größeres Selbstbewusstsein haben und dass dadurch das Risiko einer Selbstüberschätzung höher ist als bei anderen Unternehmen. Hinzu komme, dass Manager erfolgreicher Unternehmen Akquisitionspläne in den relevanten Aufsichtsgremien leichter durchsetzen könnten. Die in der vorliegenden Untersuchung ermittelten höheren CAR der Zielunternehmen bei Übernahmen von Käuferunternehmen mit positiver Kursentwicklung in der Vergangenheit stützen diese Vermutung. Die Ergebnisse bestätigen in diesem Punkt die Beobachtung von Rau und Vermaelen (1998), dass vom Kapitalmarkt hoch bewertete Unternehmen bereit sind, höhere Übernahmeprämien zu zahlen.

Zusammenfassend gibt die Analyse der marktorientierten Indikatoren lediglich schwache Hinweise darauf, dass die hier untersuchten Übernahmen von Energieversorgern in der Tat darauf abzielen, Effizienzunterschiede zwischen Käufer- und Zielunternehmen zu nutzen.

Die Analyse der marktorientierten Indikatoren wird durch Kennzahlen ergänzt, die auf Jahresabschlussinformationen basieren. Betrachtet werden erneut die Kapitalrentabilität und die Cost-Income-Ratio. In Tabelle 54 werden die kumulierten abnormalen Renditen der Übernahmen verglichen, bei denen die Unterschiede in der Kapitalrentabilität von Käufer- und Zielunternehmen besonders stark bzw. schwach ausgeprägt sind. Die erste Gruppe besteht aus 30 Übernahmen,[319] bei denen das Zielunternehmen durch eine deutlich geringere Kapitalrentabilität als das Käuferunternehmen charakterisiert ist. Die zweite Gruppe enthält 30 Übernahmen, bei denen der Rentabilitätsvorsprung der Käufer- vor den Zielunternehmen besonders gering ist. Interpretiert man die Kapitalrentabilität als Indikator für die Effizienz und sollen durch Übernahmen Synergieeffekte realisiert werden, so sind besonders für die erste Übernahmegruppe mit großen Effizienzunterschieden positive Ankündigungseffekte zu erwarten.

Die durchschnittlichen abnormalen Renditen für die verschiedenen Ereignisfenster geben keine Hinweise auf Wertsteigerungen als Folge von erwarteten managerialen Synergieeffekten. Die Unterschiede zwischen den kumulierten abnormalen Renditen von Käufer-, Ziel- und hypothetischen Gemeinschaftsunternehmen der beiden Untersuchungsgruppen fallen uneinheitlich aus. Eine klare Tendenz lässt sich nicht ablesen.

---

318 Rau und Vermaelen (1998) verwenden die Market-to-book-Ratio als Maß für die Unternehmensleistung.

319 Da die Übernahmen aus der Betrachtung ausgeschlossen werden, bei denen das Zielunternehmen eine höhere Kapitalrentabilität aufweist als das Käuferunternehmen, konnten lediglich zwei überschneidungsfreie Subsample gebildet werden, die jeweils aus 30 (und nicht 50) Transaktionen bestehen.

Tabelle 54: Zusammenhang zwischen der Rentabilität der Zielunternehmen und abnormalen Renditen

	30 Transaktionen mit der *größten Differenz der Kapitalmarktrentabilität* von Ziel- und Käuferunternehmen	30 Transaktionen mit der *geringsten Differenz der Kapitalmarktrentabilität* von Ziel- und Käuferunternehmen	Mittelwertdifferenz		
	CAR	CAR	Differenz	t-Wert	p-Wert
Käuferunternehmen					
[-20;+20]	-0,47%	-4,91% **	4,44% *	1,9199	0,0598
[-10;+10]	-0,57%	-3,62% ***	3,05% *	1,7699	0,0820
[-5;+5]	-1,08%	-0,64%	-0,44%	0,2746	0,7846
[-1;+1]	-1,86% **	-0,81% **	-1,05%	0,9174	0,3627
[-20;0]	-0,76%	-2,56% **	1,80%	0,9399	0,3511
Zielunternehmen					
[-20;+20]	11,19% ***	13,42% ***	-2,23%	0,4295	0,6691
[-10;+10]	8,44% ***	12,74% ***	-4,30%	0,9347	0,3538
[-5;+5]	9,62% ***	11,94% ***	-2,33%	0,6358	0,5274
[-1;+1]	7,20% ***	6,31% ***	0,89%	0,3344	0,7393
[-20;0]	11,40% ***	9,16% ***	2,24%	0,5310	0,5975
Hypothetische Gemeinschaftsunternehmen					
[-20;+20]	1,12%	-1,38%	-2,50%	1,0569	0,2949
[-10;+10]	0,62%	-0,64%	-1,26%	0,5990	0,5515
[-5;+5]	1,01% **	1,16% **	0,15%	0,1106	0,9123
[-1;+1]	0,75%	0,96%	0,20%	0,1926	0,8480
[-20;0]	1,44%	0,07%	-1,36%	0,7592	0,4508
Differenz der Kapitalmarktrentabilität von Käufer- und Zielunternehmen	5,30%	0,70%	4,60% ***	7,3130	0,0000
Ø-Transaktionsvolumen in Mio. USD	2.237	2.239	-2	0,0026	0,9979
Anzahl	30	30			

Als drittes Maß für die Effizienz der beteiligten Unternehmen wird die Cost-Income-Ratio betrachtet. Sie ist definiert als der Quotient aus operativen Aufwendungen und operativem Ergebnis. Je geringer der Wert der Cost-Income-Ratio, umso effizienter wirtschaftet das Unternehmen. Tabelle 55 zeigt die Ankündigungseffekte für die Transaktionen, bei denen die Zielunternehmen eine hohe bzw. eine niedrige Effizienz, gemessen an der Cost-Income-Ratio, aufwiesen.

Tabelle 55: Effizienz der Zielunternehmen gemessen durch die Cost-Income-Ratio und der Zusammenhang zu abnormalen Renditen

	50 Transaktionen mit der *höchsten Cost-Income-Ratio* der Zielunternehmen	50 Transaktionen mit der *niedrigsten Cost-Income-Ratio* der Zielunternehmen	Mittelwertdifferenz		
	CAR	CAR	Differenz	t-Wert	p-Wert
Käuferunternehmen					
[-20;+20]	-1,73%	-2,16% **	0,43%	0,1972	0,8441
[-10;+10]	-0,76%	-2,37% **	1,61%	1,0879	0,2793
[-5;+5]	-0,76%	-2,00% **	1,24%	0,9671	0,3359
[-1;+1]	-0,58%	-1,40% ***	0,82%	0,8062	0,4221
[-20;0]	-1,37%	-2,08% **	0,71%	0,4069	0,6850
Zielunternehmen					
[-20;+20]	16,11% ***	6,07% ***	10,03% ***	2,6788	0,0087
[-10;+10]	12,70% ***	6,58% ***	6,12% *	1,8518	0,0671
[-5;+5]	11,98% ***	7,24% ***	4,74% *	1,6824	0,0957
[-1;+1]	8,99% ***	5,00% ***	3,99% *	1,9569	0,0532
[-20;0]	13,73% ***	3,25% **	10,48% ***	3,6691	0,0004
Hypothetische Gemeinschaftsunternehmen					
[-20;+20]	0,75%	-0,06%	0,81%	0,4051	0,6863
[-10;+10]	0,48% *	0,21%	0,26%	0,1749	0,8615
[-5;+5]	0,74% **	0,78% *	-0,04%	0,0376	0,9700
[-1;+1]	1,13% **	0,75% **	0,38%	0,4700	0,6394
[-20;0]	0,88%	-0,17%	1,04%	0,7064	0,4816
Ø-Cost-Income-Ratio der Zielunt.	204,7450	3,2416	201,5034	7,0760	0,0000
Ø-Transaktionsvolumen in Mio. USD	1.708	1.606	102	0,1754	0,8611
Anzahl	50	50			

Für Käufer- und hypothetische Gemeinschaftsunternehmen sind die Ankündigungseffekte für die Transaktionen höher, bei denen die Zielunternehmen eine hohe Cost-Income-Ratio (entspricht einer niedrigen Effizienz) hatten.[320] Die Mittelwertdifferenzen sind allerdings nicht signifikant. Auch auf Seiten der Zielunternehmen realisieren die Anteilseigner der relativ ineffizienten Übernahmeobjekte signifikant höhere Ankündigungseffekte. Dies deutet darauf hin, dass sich die Wertsteigerungen in höheren Übernahmeprämien niederschlagen.

320 Die einzige Ausnahme bildet das [-5;5]-Intervall bei den hypothetischen Gemeinschaftsunternehmen.

Diese Beobachtungen sind konsistent mit der Hypothese, dass manageriale Synergien ein Motiv für die untersuchten Übernahmen bilden könnten.

Insgesamt liefern die Analysen auf Basis von marktorientierten und buchhalterischen Leistungskennzahlen für den gesamten Datensatz nur schwache Hinweise auf die Bedeutung managerialer Synergien für Übernahmeentscheidungen von Energieversorgungsunternehmen.

Die Untersuchungergebnisse der voranstehenden Analyse der kumulierten abnormalen Renditen, getrennt nach Teilstichproben für nordamerikanische und europäische Energieversorgungsunternehmen, sind in Anhang III.3 aufgeführt.[321] Die Resultate für die beiden Teilgruppen stimmen zu einem großen Teil mit denen des Gesamtsamples überein. Das Signifikanzniveau der Mittelwertdifferenzen ist allerdings häufig niedriger. Schwache Hinweise auf systematische Unterschiede zwischen den Teilgruppen nordamerikanischer und europäischer Energieversorger finden sich beim Vergleich der Ankündigungseffekte für die Transaktionen mit einer niedrigen bzw. hohen Marktwert/Buchwert-Relation der Zielunternehmen. Bei den Übernahmen nordamerikanischer Energieversorger fallen die kumulierten abnormalen Renditen für Käufer-, Ziel- und hypothetische Gemeinschaftsunternehmen höher aus, wenn die Marktwert-Buchwert-Relation der Zielunternehmen niedrig ist (vgl. Tabelle 133). Diese Beobachtung entspricht weitgehend den Ergebnissen für den gesamten Datensatz. Bei den Übernahmen europäischer Energieversorger ist dieses Verhältnis gerade umgekehrt (vgl. Tabelle 134). Die Mittelwertdifferenzen sind allerdings mit Ausnahme des [-5;+5]-Intervalls für die CAR der Zielunternehmen nicht signifikant. Die beobachteten Unterschiede können daher allenfalls als schwaches Indiz dafür gewertet werden, dass manageriale Synergien für die Übernahmen nordamerikanischer Energieversorger von größerer Bedeutung sind als für die ihrer europäischen Gegenüber.[322]

V.1.4 Analyse von Einflussvariablen

In den folgenden Abschnitten werden die Wirkungen verschiedener Einflussgrößen kontrolliert, die sich in der Literatur als besonders relevant gezeigt haben bzw. von denen speziell für die vorliegende Untersuchung eine besondere Relevanz erwartet werden kann. Zu den betrachteten Kontrollvariablen gehören der Grad des Kontrollübergangs, die Art der Ü-

321 Auf mehrere Einzelanalysen musste aufgrund einer geringen Fallzahl (n<25) in den Teilstichproben allerdings verzichtet werden.

322 Ein weiterer Unterschied zwischen den Übernahmen nordamerikanischer und denen europäischer Energieversorger zeigt sich im Ausmaß der CAR-Unterschiede der Zielunternehmen zwischen der Teilgruppe mit der schlechtesten und der besten Aktienperformance der Käuferunternehmen (vgl. Tabelle 137 und Tabelle 138). Die Unterschiede fallen für die europäische Teilstichprobe deutlich höher aus (signifikant auf einem 5%- bzw. 10%-Niveau) als für die nordamerikanischen Übernahmen. Dies spricht dafür, dass Käuferunternehmen mit einer guten Aktienkursperformance besonders in Europa bereit sind, höhere Übernahmeprämien zu zahlen. Für die hypothetischen Gemeinschaftsunternehmen ergeben sich aber nur für das [-20;+20]-Intervall der europäischen Teilstichprobe signifikante Unterschiede (auf einem 10%-Niveau) zwischen den Transaktionen mit schwacher bzw. guter Kursperformance. Da die Unterschiede für die kürzeren Intervalle nicht signifikant sind, muss hier eher von einem statistischen Artefakt ausgegangen werden.

bernahmefinanzierung, die Herkunft der an der Übernahme beteiligten Unternehmen sowie die Übernahmeerfahrung der Käuferunternehmen.

V.1.4.1 Art des Kontrollübergangs

Verschiedene Argumente sprechen dafür, dass die Art des Kontrollübergangs die Auswirkungen von Übernahmen beeinflussen könnte.[323] So erfordern viele Maßnahmen, durch die etwa Synergien zwischen Käufer- und Zielunternehmen realisiert werden sollen, die Zustimmung durch die Anteilseigner der Zielunternehmen. Verfügt das Käuferunternehmen aber lediglich über eine Minderheitsbeteiligung, kann es entsprechende Maßnahmen möglicherweise nicht durchsetzen. Im Kontext von Energieversorgern sind etwa die Stilllegung von Kraftwerken oder die Schaffung einer gemeinsamen Vertriebsorganisation Beispiele für derartige Entscheidungen.

Von Bedeutung könnte für Käufer- und Zielunternehmen auch die Möglichkeit sein, sogenannte „Private Benefits of Control" realisieren zu können. Dyck und Zingales (2004, S. 541) verstehen darunter Vorteile, die kontrollierende Shareholder durch ihre Beteiligung an einer Gesellschaft nutzen, die den übrigen Anteilseignern nicht zur Verfügung stehen. Dazu gehören etwa großzügige Gehälter über Marktniveau, Eigengeschäfte oder Insider-Handel. Für Anteilseigner, die eine Gesellschaft kontrollieren, lohnt sich ein Verkauf ihrer Aktien möglicherweise nur, wenn durch den Verkaufspreis auch die zukünftigen erwarteten Private Benefits abgegolten werden. In diesem Fall wäre eine höhere Übernahmeprämie als ohne ein Vorliegen von Private Benefits zu erwarten. Geht das Management der Käuferunternehmen davon aus, diese Vorteile ebenfalls nutzen zu können, oder erhofft sich durch die Übernahme Effizienzsteigerungspotentiale, ist es ggf. bereit, die geforderte Prämie zu zahlen.[324]

Auf der anderen Seite hat möglicherweise der geringfügige Ausbau einer Mehrheitsbeteiligung keinen Einfluss auf die Unternehmensstrategie, wenn das Käuferunternehmen bereits zuvor alle erfolgversprechenden Maßnahmen durchsetzen konnte. Einige Untersuchungen beschränken sich daher auf die Betrachtung von Übernahmen, bei denen das Käuferunternehmen eine Kontrollmehrheit (Anteil von über 50%) erwirbt.[325] Die vorliegende Arbeit verzichtet auf diese Einschränkung. In der Literatur zur Corporate Governance werden Investoren, die über einen Anteil von über 10% verfügen, bereits als „controlling shareholder" bezeichnet.[326] Die Beschränkung auf Mehrheitsübernahmen erscheint daher zu eng. Wie bereits

---

323 Unter der Art des Kontrollübergangs wird in dieser Studie das Ausmaß verstanden, mit dem das Käuferunternehmen Kontrollrechte über das Zielunternehmen erwirbt. Den größten Kontrollzugewinn erzielt das Käuferunternehmen, wenn es 100% der Anteile des Zielunternehmens übernimmt. Eine schwache Form des Kontrollübergangs wäre der Erwerb oder Ausbau einer kleinen Minderheitsbeteiligung. Vgl. Kapitel IV.3.

324 Hohe Übernahmeprämien als Konsequenz von Private Benefits können insofern Ausdruck für die Absicht des Managements des Käuferunternehmens sein, den Wert des Unternehmens oder des eigenen Nutzens zu maximieren.

325 Vgl. Moeller et al. (2003), Fuller et al. (2002).

326 Vgl. La Porta et al. (2002), S. 1155.

in Kapitel IV.4 ausgeführt, spielen gerade für Energieversorger Minderheitsübernahmen durch eine strenge Wettbewerbsaufsicht eine besondere Rolle.

In Tabelle 56 werden die CAR bei verschiedenen Arten des Kontrollerwerbs verglichen. Unter der Kategorie „Mehrheitsübernahmen" werden die Akquisitionen zusammengefasst, bei denen das Käuferunternehmen durch die Übernahme seinen Anteil am Zielunternehmen auf über 50% steigert. Die zweite Gruppe umfasst alle die Transaktionen, durch die das Käuferunternehmen seinen Anteil am Zielunternehmen auf über 25% erhöht. In einigen europäischen Ländern und insbesondere in Deutschland werden die Kontrollrechte für Anteilseigner bei Überschreiten dieser Schwelle deutlich ausgeweitet (sogenannte „Sperrminorität"). So bedarf etwa eine Satzungsänderung (§179 AktG), eine Kapitalerhöhung (§§ 182, 193 AktG) oder eine Verschmelzung mit anderen Aktiengesellschaften (§ 340 AktG) einer Zustimmung der entsprechenden Großaktionäre.[327]

Die Kategorie „Sonstiger Anteilserwerb" enthält alle übrigen Übernahmen, d.h. die Transaktionen, die zu einem Ausbau einer Minder- oder Mehrheitsbeteiligung führen, ohne die 25%- oder 50%-Grenze zu überschreiten.[328]

Mehrheitsübernahmen weisen die ausgeprägtesten Ankündigungseffekte auf: Die Kursreaktionen auf Seiten der Käuferunternehmen fallen geringer aus als für die übrigen Übernahmegruppen. Für Ziel- und hypothetische Gemeinschaftsunternehmen sind die abnormalen Wertgewinne für Mehrheitsübernahmen am größten. Die Übernahmen der Kategorie „Sonstiger Anteilserwerb" zeigen die schwächsten Kursreaktionen. Die Unterschiede zwischen den Ankündigungseffekten sind allerdings für die Käuferunternehmen nicht signifikant. Bei den hypothetischen Gemeinschafts- und den Zielunternehmen sind nur die Differenzen zwischen Mehrheitsübernahmen und dem sonstigen Anteilserwerb signifikant. Auffällig sind die deutlichen Unterschiede zwischen den Transaktionsvolumina der einzelnen Gruppen. Erneut liegen die Mehrheitsübernahmen an erster und der sonstige Anteilserwerb an dritter Stelle.

327 Vgl. Eckardt (1999), S. 27f.

328 Es wird darauf verzicht, eine gesonderte Kategorie für die Übernahmen zu bilden, bei denen durch die Transaktion die Schwelle eines 75%-Anteils überschritten wird. Dies würde es ermöglichen zu untersuchen, ob der Ausschluss anderer Anteilseigner mit einer Sperrminorität vom Kapitalmarkt andere Reaktionen hervorruft als die übrigen Übernahmen. In der vorliegenden Untersuchung fand aber nur in acht Fällen ein Kontrollübergang statt, bei dem nicht gleichzeitig die 75%-Anteilsgrenze überschritten wurde. Mit dieser geringen Fallzahl ist keine aussagekäftige Analyse möglich.

Tabelle 56: Kumulierte abnormale Renditen für das [-1;+1]-Intervall nach Art des Kontrollübergangs

	Art des Kontrollerwerbs			Mittelwertdifferenz					
	Mehrheitsübernahme	Erwerb einer einflussreichen Minderheitsbeteiligung (25%)	Sonstiger Anteilserwerb	Spalten (1)-(2)		Spalten (1)-(3)		Spalten (2)-(3)	
CAR	(1)	(2)	(3)	Differenz	p-Wert	Differenz	p-Wert	Differenz	p-Wert
Käuferunternehmen	-1,24% ***	0,05%	-0,24%	-1,29%	0,3635	-1,00%	0,2414	0,29%	0,7065
t-Wert	-2,6999	0,0424	-0,9518	0,9125		1,1763		0,3782	
Zielunternehmen	10,37% ***	5,47% **	3,07% ***	4,90%	0,1176	7,30%	0,0002 ***	2,40%	0,2989
t-Wert	7,4674	2,1371	2,6851	1,5774		3,8945		1,0471	
Hyp. Gemeinschaftsunternehmen	2,14% ***	1,68%	0,58%	0,47%	0,7658	1,57%	0,0936 *	1,10%	0,2798
t-Wert	3,9048	1,5657	1,2191	0,2986		1,6879		1,0896	
Ø-Transaktionsvolumen in Mio. USD	2.344	326	222	2.018	0,0120 **	2.121	0,0000 ***	103	0,2860
t-Wert				*2,5535*		*4,6551*		*1,0756*	
Anzahl	96	17	51						

Die analog durchgeführte Analyse der beiden Teilstichproben, bestehend aus den Übernahmen nordamerikanischer und europäischer Energieversorgungsunternehmen, gibt keine Hinweise auf systematische Unterschiede zwischen den beiden Wirtschaftsräumen (vgl. Tabelle 141 und Tabelle 142 in Anhang III.4).

Diese Ergebnisse zeigen, dass der Grad des Kontrollübergangs in der Tat einen Einfluss auf die Ankündigungseffekte von Käufer-, Ziel- und hypothetischen Gemeinschaftsunternehmen hat. Sie bestätigen aber gleichzeitig für alle untersuchten Teilgruppen die bisher beschriebenen Beobachtungen: Die Kursreaktionen der Käuferunternehmen sind signifikant negativ bzw. insignifikant, die der hypothetischen Gemeinschafts- und der Zielunternehmen signifikant positiv. Inwieweit die Differenzen in den Kursreaktionen tatsächlich auf die Art des Kontrollübergangs oder stattdessen auf die Unterschiede in den Transaktionsvolumina zurückzuführen sind, wird durch die simultane Betrachtung beider Einflussgrößen im Rahmen der multivariaten Analyse in Kapitel V.3 betrachtet.

V.1.4.2 Art der Übernahmefinanzierung

Der Zusammenhang zwischen den Kursreaktionen auf die Ankündigung eines Unternehmenszusammenschlusses und der verwendeten Übernahmewährung war in den vergangenen Jahrzehnten Gegenstand zahlreicher theoretischer und empirischer Untersuchungen.[329] Als Finanzierungsformen wurden dabei vor allem eigene Aktien des Käuferunternehmens, Barmittel ("Cash") und Mischformen betrachtet. Maßgeblichen Einfluss auf die Diskussion hat die theoretische Analyse von Myers und Majluf (1984) genommen. Die Autoren argumentieren, dass durch die Entscheidung des Managements über die Art der Übernahmewährung bewertungsrelevante Informationen preisgegeben werden. Aus der Perspektive des Käuferunternehmens sei nämlich der Einsatz von Aktien als Zahlungsmittel vor allem dann vorteilhaft, wenn das Management die eigenen Aktien für überbewertet hält. Schätzt das Management die eigenen Aktien im Gegenteil als unterbewertet ein, zieht es Barmittel und eine möglicherweise damit verbundene Aufnahme von Fremdkapital vor. Die Finanzierungsentscheidung im Zusammenhang einer Übernahme stellt daher für die Kapitalmarktteilnehmer ein Signal dar, das eine Neubewertung des Unternehmens- bzw. Aktienwertes erforderlich macht. Die Kursreaktion auf die Ankündigung einer Übernahme hängt also von der Einschätzung der Vorteilhaftigkeit der Übernahme und von der Art der Neubewertung des Käuferunternehmens ab. Besteht zwischen der Vorteilhaftigkeit der Übernahme und der Art der Finanzierung keine Abhängigkeit, so ist ceteribus paribus für aktienfinanzierte Übernahmen mit einer negativen und für aus Barmitteln finanzierte Übernahmen mit einer positiven Börsenreaktion auf die Ankündigung zu rechnen.

Ein zweites Argument für die Relevanz des Zahlungsmittels lässt sich aus der von Jensen (1986a) vorgeschlagenen „free cash flow“- Hypothese ableiten. Verfügt das Management

[329] Vgl. z.B. Myers und Majluf (1984), Brown und Ryngaert (1991), Davidson III und Cheng (1997).

über einen höheren freien Cash-flow, als es finanzielle Mittel für Investitionsprojekte mit angemessener erwarteter Profitabilität benötigt, tendiert das Management Jensen zufolge dazu, in unprofitable Projekte zu investieren und Teile der freien Mittel für die persönliche Nutzenmaximierung einzusetzen (vgl. Kapitel III.1.2), anstatt den freien Cash-flow den Anteilseignern zuzuführen. Eine Reduktion der freien Zahlungsströme kann demnach zu einer Verringerung des derart unprofitabel eingesetzten Kapitals führen. Im Gegensatz zu einer Übernahme in Form eines Aktientausches reduziert eine aus Barmitteln oder Fremdkapital finanzierte Übernahme die freien Zahlungsströme des Käuferunternehmens und verringert insofern das vom Management verschwenderisch eingesetzte Kapital. Im Ergebnis lässt auch diese Argumentation höhere kumulierte abnormale Renditen für Käuferunternehmen auf die Ankündigung von Übernahmen erwarten, die durch Barmittel finanziert werden.

Auch für die Kursreaktion der Zielunternehmen erscheint ein Zusammenhang zur gewählten Übernahmewährung denkbar. Zum einen hängen die Steuerwirkungen für die Eigentümer des Zielunternehmens von der Art des Zahlungsmittels ab. Wird die Übernahme etwa durch einen Aktientausch finanziert, so werden potentielle Steuerzahlungen auf Kapitalgewinne bis zum Zeitpunkt der Veräußerung der erhaltenen Aktien aufgeschoben. Bei einer Barzahlung werden diese Steuerverpflichtungen hingegen unmittelbar fällig. Unabhängig von der Finanzierungsart profitiert das Zielunternehmen in beiden Fällen von einer höheren Abschreibungsbasis und infolgedessen von Steuerersparnissen. Um die unmittelbar negativen Steuerwirkungen im Falle einer Zahlung mit Barmitteln auszugleichen, muss das Käuferunternehmen einen entsprechend höheren Kaufpreis bieten.[330] Reicht die entsprechende Zusatzprämie nicht aus, um den Steuereffekt zu kompensieren, wären niedrigere Wertzuwächse für das Zielunternehmen zum Ankündigungszeitpunkt die Folge. Zum anderen könnten die Aktionäre des Zielunternehmens die Sicherheit von Barmitteln als Zahlungsmittel gegenüber Aktien bevorzugen. Dieses Argument baut auf die Argumentation von Myers und Majluf (1984). Käuferunternehmen haben einen Anreiz, eigene Aktien als Übernahmewährung zu verwenden, wenn diese aus der Perspektive des Managements überbewertet sind. Zielunternehmen, die Aktien als Übernahmewährung akzeptieren, müssen folglich fürchten, dass die entsprechende Überbewertung in der nachfolgenden Zeit eliminiert wird und der Gegenwert der empfangenen Aktien sinkt. Diese Unsicherheit aufgrund asymmetrischer Informationen bei Käufer- und Zielunternehmen kann durch die Wahl von Barmitteln vermieden werden. Die Aktionäre eines potentiellen Übernahmekandidaten könnten aus diesem Grund Barangebote bevorzugen. Höhere CAR bei barmittelfinanzierten Übernahmen würden diese Hypothese bestätigen.[331]

Eine Reihe empirischer Untersuchungen hat inzwischen die Prognosen für die Aktienkursreaktionen von Käuferunternehmen bestätigt. Travlos (1987), Brown und Ryngaert (1991) und Peterson und Peterson (1991) berichten von deutlich höheren kumulierten abnormalen

---

330 Vgl. Wansley et al. (1983).

331 Vgl. Davidson III und Cheng (1997), S. 466.

Renditen für Käuferunternehmen, wenn die untersuchte Übernahme mit Barmitteln finanziert wurde.

Die empirischen Befunde für den Einfluss der Finanzierungsform von Übernahmen auf die Kursreaktionen der entsprechenden Zielunternehmen fallen ebenfalls eindeutig aus. Wansley et al. (1983), Huang und Walkling (1987) und Davidson III und Cheng (1997) ermitteln für unterschiedliche Sample und Untersuchungszeiträume einheitlich höhere kumulierte abnormale Renditen für Zielunternehmen, wenn Barmittel als Akquisitionswährung eingesetzt werden. Die letztgenannten Autoren berichten darüber hinaus, dass die Aktionäre von Zielunternehmen in der Tat höhere Prämien erhalten, wenn Barzahlungen vereinbart werden.

Tabelle 57 stellt den Einfluss der Akquisitionswährung auf die kumulierten abnormalen Renditen für die in der vorliegenden Untersuchung betrachteten Übernahmen dar. Dabei wird zwischen einer Aktien-, einer Barmittel- und einer gemischten Finanzierung unterschieden. In der letzten Kategorie werden alle die Übernahmen aufgeführt, die aus einer Mischung von Aktien, Barmitteln und Anleihen finanziert werden. Betrachtet werden dabei lediglich die Transaktionen, bei denen für Käufer-, Ziel- und hypothetische Gemeinschaftsunternehmen Kursreaktionen berechnet werden können.

Rund 60% der betrachteten Übernahmen (98 Transaktionen) wurden ausschließlich durch Barmittel finanziert. Nur bei einem geringen Teil waren Aktien die einzige Transaktionswährung (30 Transaktionen, 18% des Untersuchungssamples). Im Vergleich zu branchenübergreifenden Untersuchungen ist der Anteil von rein aktienfinanzierten Übernahmen bemerkenswert gering. Andrade et al. (2001) kommen für ein Sample von über 2.000 branchenübergreifenden Akquisitionen US-amerikanischer Transaktionen im Zeitraum von 1990-1998 auf einen Anteil von knapp 58% für Übernahmen, die ausschließlich durch Aktientausche finanziert wurden. Für diesen deutlichen Unterschied bieten sich drei Erklärungen an: Erstens verfügen Energieversorgungsunternehmen traditionell über relativ hohe freie Cash-flows.[332] Barmittel als Finanzierungsform mögen in vielen Fällen daher eine weniger vorbereitungs- und zeitintensive Alternative darstellen. Zweitens wurden Energieversorgungsunternehmen im vergangenen Jahrzehnt möglicherweise konservativer bewertet als andere Branchen.[333] Nach Myers und Majluf (1984) wären demnach aktienfinanzierte Übernahmen wenig attraktiv. Drittens ist in Europa der Anteil per Barzahlung abgeschlossenen Akquisitionen höher als in den USA.[334] Knapp 40% der Übernahmen der vorliegenden Untersuchung wurden von europäischen Energieversorgern initiiert.

---

332 Vgl. Coy (1997), S. 118.

333 Vgl. Gupta (2000), S. 52.

334 Goergen und Renneboog (2004) untersuchen 158 Übernahmen, in die ein Unternehmen aus dem Vereinigten Königreich involviert war. Nur in 23% der von ihnen untersuchten Transaktionen waren Aktien die alleinige Übernahmewährung.

Tabelle 57: Kumulierte abnormale Renditen für das [-1;+1]-Intervall nach Art der Übernahmefinanzierung

	Art der Übernahmefinanzierung			Mittelwertdifferenz					
	Aktienfinanzierung	Barmittel-finanzierung	Gemischte Finan-zierung	Spalten (1)-(2)		Spalten (1)-(3)		Spalten (2)-(3)	
CAR	(1)	(2)	(3)	Differenz	p-Wert	Differenz	p-Wert	Differenz	p-Wert
Käuferunternehmen	-1,52%**	0,31%	-3,18%***	-1,83%	0,0452**	1,66%	0,2437	3,49%	0,0000***
t-Wert	*-2,0020*	*0,5719*	*-3,8446*	*2,0226*		*1,1767*		*4,5079*	
Zielunternehmen	6,85%***	7,12%***	10,21%***	-0,27%	0,9118	-3,36%	0,1855	-3,10%	0,1741
t-Wert	*3,0912*	*6,4556*	*4,5381*	*0,1109*		*1,3385*		*1,3666*	
Hyp. Gemeinschafts-nehmen	0,52%	2,28%***	0,62%	-1,76%	0,1307	-0,10%	0,9199	1,66%	0,1172
t-Wert	*0,2440*	*4,3369*	*0,9975*	*1,5214*		*0,1010*		*1,5769*	
Ø-Transaktionsvolumen in Mio. USD	2.612	409	2.511	2.203	0,0000***	101	0,9036	-2.102	0,0000***
t-Wert				*5,1422*		*0,1216*		*5,5955*	
Anzahl	30	98	36						

Die Aktienkursreaktionen in Abhängigkeit von der Finanzierungsform sind konsistent mit den Ergebnissen der bisherigen empirischen Forschung. Bei rein mit Aktien finanzierten Übernahmen müssen die Anteilseigner der Käuferunternehmen signifikant negative abnormale Renditen in Höhe von -1,5% hinnehmen. Transaktionen mit Bargeld als Übernahmewährung rufen hingegen positive, wenn auch insignifikante, Kursreaktionen hervor. Die beobachteten Unterschiede in den durchschnittlichen kumulierten abnormalen Renditen sind signifikant auf einem 5%-Niveau.

Dieses Teilergebnis ist konsistent mit den Erwartungen, die sich aus der „free cash flow"-Hypothese und der asymmetrischen Informations-Hypothese ergeben. Überraschend ist hingegen, dass Übernahmen mit Mischfinanzierung geringere negative Kursreaktionen nach sich ziehen als Akquisitionen, die ausschließlich mit Aktien finanziert werden. In diesem Fall sind die beobachteten Unterschiede allerdings nicht signifikant und deshalb wenig belastbar.

Auch aus der Perspektive der Aktionäre der Zielunternehmen ist die Barzahlung mit höheren positiven Veränderungen des Unternehmenswertes verbunden. Die Differenz zwischen den kumulierten abnormalen Renditen von Übernahmen mit Barzahlung und die der aktienfinanzierten Transaktionen ist allerdings nicht signifikant. Dieses Resultat liefert schwache Evidenz für die oben dargestellte Hypothese, dass die Kapitalmarktteilnehmer die geringere Unsicherheit einer Barzahlung vorziehen. Aus der Perspektive der hypothetischen Gemeinschaftsunternehmen werden lediglich mit Barmitteln finanzierte Übernahmen mit signifikant positiven Ankündigungseffekten vom Kapitalmarkt belohnt.

Die separate Analyse der Teilstichproben bestehend aus den Übernahmen nordamerikanischer und europäischer Energieversorger zeigt, dass der Einfluss der Übernahmefinanzierung auf die Höhe der Ankündigungseffekte für die nordamerikanische Teilstichprobe besonders ausgeprägt ist (vgl. Tabelle 143 in Anhang III.4). Aufgrund der geringeren Samplegröße wurde hier lediglich zwischen rein mit Barmitteln finanzierten und den übrigen Übernahmen unterschieden. Die Ankündigungseffekte auf Seiten der Käufer- und Gemeinschaftsunternehmen fallen signifikant höher aus, wenn die Übernahme ausschließlich mit Barmitteln finanziert wurde. Für die Teilstichprobe europäischer Übernahmen ergeben sich hingegen keine signifikanten Unterschiede in den CAR (vgl. Tabelle 144 in Anhang III.4). Eine Ursache für dieses Ergebnis könnte allerdings in der geringen Samplegröße liegen (n=16 für die Teilstichprobe mit gemischter bzw. Aktienfinanzierung).

Insgesamt erscheint es geboten, den Einfluss der Art der Finanzierung bei der Interpretation der Gesamtergebnisse und in der folgenden multivariaten Analyse zu berücksichtigen.

V.1.4.3 Börsennotierung der Zielunternehmen

Nur ein geringer Teil der europäischen und nordamerikanischen Energieversorger ist börsennotiert. Bei 351 Übernahmen der insgesamt 529 in dieser Untersuchung betrachteten Übernahmen börsennotierter Energieversorger war das Zielunternehmen nicht börsennotiert.

Verschiedene Überlegungen sprechen dafür, dass die Ankündigungseffekte auf Seiten der Käuferunternehmen von einer Börsennotierung des Zielunternehmens beeinflusst werden.335 Der Ausgangspunkt des ersten Arguments ist die geringere Liquidität des Marktes für private Beteiligungen. Private Unternehmen und Niederlassungen können nicht so einfach gehandelt werden wie die Anteile börsennotierter Unternehmen. Dieser Mangel verringert den Wert der jeweiligen Unternehmensteile aus der Perspektive des Eigentümers im Vergleich zu Anlageformen, die leichter liquidierbar sind. Während Verkäufe öffentlicher Unternehmen den Charakter einer Auktion mit vielen Akteuren haben, sind bei privaten Unternehmen zumeist nur wenige Investoren beteiligt. Professionelle Arbitrageure fehlen, die bei Veräußerungen öffentlicher Unternehmen für zusätzliches Marktfeedback sorgen. Käuferunternehmen können infolgedessen bei privaten Auktionen einen relativen Verhandlungsvorteil nutzen. In den USA bescheren die Regularien des Kapitalmarkts den Eigentümern von börsennotierten Zielunternehmen weitere Vorteile. So gelten etwa die Veröffentlichungsanforderungen und Wartefristen des Williams Acts lediglich für öffentliche Unternehmen. Diese Nachteile aus der Perspektive der Eigentümer privater Unternehmen führen zu einem Wertabschlag im Vergleich zu öffentlichen Unternehmen. Die empirische Untersuchung von Koeplin et al. (2000) stützt diese Argumentation. Die Autoren ermitteln einen statistisch und ökonomisch signifikanten Abschlag auf private Unternehmen.

Eine andere Erklärung für höhere Ankündigungseffekte bei der Übernahme privater Zielunternehmen setzt an der Corporate Governance der Käuferunternehmen an. Wenn Käuferunternehmen eigene Aktien als Übernahmewährung nutzen und das Zielunternehmen ursprünglich in der Hand einiger weniger privater Eigentümer war, dann steigt durch die Transaktion üblicherweise die Eigentümerkonzentration der Käuferunternehmen. Poulsen und Stegemoller (2002) berichten etwa, dass mehr als 35% der privaten Unternehmen in den USA, die Gegenstand einer Übernahme sind, einen Anteilseigner haben, der mehr als 50% des Unternehmens kontrolliert. Eine höhere Konzentration bei den Eigentümern des Käuferunternehmens kann gemäß der „large shareholder monitoring"-Hypothese von Shleifer und Vishny (1986) die Anreizstruktur so verändern, dass das von Grossman und Hart (1980) beschriebene „Free-Rider"-Problem bei der Kontrolle des Managements entschärft wird.336 Das Ergebnis sind demnach geringere Agency-Kosten, eine höhere Effizienz der Unternehmen und infolgedessen ein höherer Unternehmenswert des jeweiligen Unternehmens. Dieser Wertzuwachs würde dazu führen, dass bei der Ankündigung der Übernahme eines privaten Unternehmens mit

335 Vgl. für die folgenden Arguemente Fuller et al. (2002), S. 1765; Chang (1998), S. 774.

336 Grossman und Hart (1980) argumentieren, dass Investoren, die nicht bereits in großem Umfang Anteile an einem Unternehmen besitzen, keinen Anreiz haben, dieses zu übernehmen und seine Effizienz zu steigern. Sie begründen dies damit, dass die bisherigen (kleinen) Shareholder die resultierende zukünftige Wertsteigerung beim Verkauf ihrer Anteile für sich reklamieren oder bei Nichterfüllung durch den Käufer ihre Anteile nicht verkaufen. Wenn aber der potentielle Käufer nur durch die Wertsteigerung seiner bisherigen Anteile am potentiellen Zielunternehmen profitiert, überwiegen die Kosten der Übernahme und der Kontrolle des Managements, und die Transaktion ist nicht profitabel. Aus dem gleichen Grund reichen die Anreize für kleine Shareholder nicht aus, um die Kosten einer intensiven Kontrolle und Steuerung des Managements zur Reduzierung von Agency-Kosten auf sich zu nehmen.

einem großen Shareholder die entsprechenden kumulierten abnormalen Renditen für Käuferunternehmen positiver ausfallen als bei vergleichbaren öffentlichen Unternehmen mit hohem Streubesitz.

Potentielle Steuerersparnisse bei der Übernahme eines privaten Unternehmens bilden eine dritte Quelle für durchschnittlich höhere Ankündigungseffekte auf Seiten der Käuferunternehmen. Wenn ein privates Unternehmen gegen Barmittel („Cash") erworben wird, werden die ehemaligen Eigentümer mit unmittelbaren Steuerwirkungen konfrontiert. Besteht die Übernahmewährung hingegen aus Aktien, werden die steuerlichen Auswirkungen auf unbestimmte Zeit in die Zukunft verschoben. Poulsen und Stegemoller (2002) berichten, dass 36% der Eigentümer, die Anteile an privaten Unternehmen veräußern, Steuervorteile als Grund für den Verkauf angeben.

Fuller et al. (2002) vergleichen die Ankündigungseffekte von US-amerikanischen Käuferunternehmen für Übernahmen von privaten und börsennotierten Unternehmen zwischen den Jahren 1990 und 2000. Sie stellen konsistent mit den oben dargelegten Argumenten fest, dass in der Tat die kumulierten abnormalen Renditen bei Übernahmen von privaten Zielunternehmen für die Käuferunternehmen signifikant positiv, bei Übernahmen privater Unternehmen signifikant negativ ausfallen. Chang (1998) ermittelt ebenfalls für Übernahmen privater Zielunternehmen positive CAR, die allerdings nur für aktienfinanzierte Transaktionen signifikant sind.

Tabelle 58 vergleicht die Kapitalmarktreaktionen auf die Ankündigung von Übernahmen privater und öffentlicher Unternehmen aus der Perspektive des kaufenden Energieversorgungsunternehmens. Die Käuferunternehmen erzielten bei der Übernahme eines privaten Unternehmens für alle betrachteten Ereignisperioden durchschnittlich positivere Ankündigungseffekte als bei der Übernahme eines öffentlichen Unternehmens. Für das [-10;+10]- und das [-1;+1]-Intervall sind die Unterschiede in den kumulierten abnormalen Renditen signifikant. Während die Kursreaktionen auf die Übernahme privater Unternehmen nicht signifikant von null verschieden sind, müssen die Käuferunternehmen bei Akquisitionen börsennotierter Unternehmen signifikante Wertverluste von rund 1% hinnehmen. Die Ergebnisse sind insgesamt konsistent mit der bisherigen empirischen Evidenz. Ob allerdings die beobachteten Effekte ausschließlich darauf zurückgeführt werden können, dass das Zielunternehmen börsennotiert ist, erscheint bei Betrachtung der Transaktionsvolumina fraglich. Während das durchschnittliche Volumen der Übernahmen privater Unternehmen weniger als 250 Mio. USD beträgt, hatten die Übernahmen öffentlicher Unternehmen einen durchschnittlichen Wert von 1.370 Mio. USD. Ein Teil der schwächeren Kursreaktion auf die Transaktionen der ersten Gruppe könnte daher durch ihren geringeren Wert verursacht werden. Eine ausschließliche Erklärung des beobachteten Effekts durch unterschiedliche Transaktionsvolumina erscheint angesichts des durchaus hohen durchschnittlichen Volumens der privaten Transaktionen allerdings unwahrscheinlich.

Tabelle 58: Kapitalmarktreaktionen auf die Übernahme von privaten und börsennotierten Unternehmen

	Übernahmen von privaten Unternehmen	Übernahmen von börsennotierten Unternehmen	Mittelwertdifferenz		
	CAR	CAR	Differenz	t-Wert	p-Wert
Käuferunternehmen					
[-20;+20]	-0,06%	-1,42% ***	1,36%	1,2572	0,2092
[-10;+10]	-0,15%	-1,44% ***	1,29% *	1,7744	0,0766
[-5;+5]	-0,07%	-0,88% ***	0,81%	1,3583	0,1749
[-1;+1]	0,18%	-0,81% ***	0,98% **	2,0688	0,0391
[-20;0]	-0,30%	-1,24% ***	0,93%	1,2755	0,2027
Ø-Transaktions-volumen in Mio. USD	245	1.370	-1.125 ***	7,7251	0,0000
Anzahl	351	178			

Die vorstehende Analyse wird für die Teilstichproben der Übernahmen nordamerikanischer und europäischer Energieversorgungsunternehmen wiederholt. In Tabelle 145 und in Tabelle 146 im Angang III.4 sind die Ergebnisse dargestellt. Für das Sample der Übernahmen nordamerikanischer Energieversorger fallen die Unterschiede in den Ankündigungseffekten etwas deutlicher aus als für den gesamten Datensatz. Für die europäischen Übernahmen ergeben sich hingegen keine signifikanten Unterschiede in den kumulierten Ankündigungseffekten zwischen den Übernahmen privater und börsennotierter Zielunternehmen. Qualitativ stimmen die Ergebnisse aber auch für diese Teilstichprobe weitgehend mit denen für das Gesamtsample überein, wenn auch die Differenzen deutlich schwächer ausfallen. Weitere Hinweise verspricht die multivariate Analyse der Einflussvariablen in Kapitel V.3.

V.1.4.4 Staatliche Eigentümer

Bei 68 der untersuchten 529 Übernahmen von Energieversorgern ist der Verkäufer des Zielunternehmens eine staatliche Institution. Diese Übernahmen stellen also gleichzeitig eine Privatisierung dar. Der Einfluss staatlicher Verkäufer auf die Auswirkungen von Unternehmenszusammenschlüssen wurde in der Forschung bislang kaum systematisch berücksichtigt. Die Untersuchungen von Uhlenbruck und De Castro (2000) und Uhlenbruck und De Castro (1998) gehören zu den wenigen, die eine Integration der Forschungsperspektiven versuchen, die sich auf der einen Seite mit Privatisierungen und auf der anderen Seite mit Unternehmenszusammenschlüssen beschäftigen. Sie untersuchen Privatisierungen in Mittel- und Osteuropa und berücksichtigen dabei explizit verschiedene Eigenschaften von Käuferunternehmen. Sie finden Hinweise darauf, dass der Grad der Übereinstimmung zwischen den Geschäftsaktivitäten von Käufer- und Zielunternehmen einen positiven Einfluss auf die Postmerger-Performance hat. Da die Autoren aber ausschließlich Privatisierungen betrachten, liefert ihre Arbeit keine Hinweise darauf, inwiefern sich Privatisierungen von anderen Übernahmen unterscheiden.

Dafür, dass sich die Auswirkungen von Privatisierungen von anderen Übernahmen unterscheiden könnten, spricht aus theoretischer Perspektive zunächst, dass die Strategien, Strukturen und Kulturen von staatlichen Unternehmen von denen privater Unternehmen verschieden sind. Da die Integrationsprozesse im Anschluss an Übernahmen von den historischen Konditionen der beteiligten Unternehmen abhängen, könnte dies Einfluss auf den Erfolg von Zusammenschlüssen nehmen. Hinzu kommt, dass die Ziele von Staaten im Zusammenhang mit Privatisierungen häufig neben einer ökonomischen auch eine politische Dimension haben, wie etwa den Erhalt von Arbeitsplätzen. Diese Besonderheit dürfte ebenfalls Einfluss auf die Verkaufsverhandlungen und im Zuge derer auch auf die nachfolgende Integration haben.[337]

Die empirischen Untersuchungen zur Effizienz staatlicher und privater Unternehmen stützt die Erwartung, dass sich Privatisierungen von anderen Übernahmen unterscheiden. Sie kommen überwiegend zu dem Schluss, dass private Unternehmen effizienter arbeiten als staatliche.[338] Diese Effizienzunterschiede lassen erwarten, dass Privatisierungen ein besonders großes Potential für operative und manageriale Synergien bieten. Diese Erwartung wird von der Mehrzahl der Studien gestützt, welche die Auswirkungen von Privatisierungen auf die Unternehmensleistungen messen. Sie kommen zu dem Schluss, dass Privatisierungen in aller Regel zu einer Steigerung der Effizienz und der Profitabilität führen.[339] Vor diesem Hintergrund kann erwartet werden, dass Übernahmen staatlicher Unternehmen zu besonders hohen Wertsteigerungen führen.

337 Vgl. Uhlenbruck und De Castro (1998), S. 620.

338 Vgl. für einen Überblick der empirischen Untersuchungen zur Effizienz staatlicher und privater Unternehmen Megginson und Netter (2001).

339 Vgl. Megginson und Netter (2001), S. 381.

Tabelle 59: CAR von Privatisierungen – Vergleich mit privatwirtschaftlichen Transaktionen

	Privatisierungen	Rein privatwirtschaftliche Übernahmen	Mittelwertdifferenz		
	CAR	CAR	Differenz	t-Wert	p-Wert
Käuferunternehmen					
[-20;+20]	-0,12%	-0,58% *	0,46%	0,2968	0,7667
[-10;+10]	-0,33%	-0,62% ***	0,29%	0,2817	0,7783
[-5;+5]	-1,06%	-0,23% *	-0,82%	0,9813	0,3269
[-1;+1]	0,09%	-0,19% ***	0,28%	0,4203	0,6744
[-20;0]	0,32%	-0,75% ***	1,07%	1,0365	0,3004
Anzahl	68	461			
Zielunternehmen					
[-20;+20]	-1,98%	13,40% ***	-15,38% **	2,0975	0,0375
[-10;+10]	3,30%	11,49% ***	-8,18%	1,3466	0,1800
[-5;+5]	6,98% **	10,72% ***	-3,75%	0,7084	0,4797
[-1;+1]	5,36%	8,12% ***	-2,75%	0,6525	0,5150
[-20;0]	-5,81% *	11,28% ***	-17,09% ***	3,1830	0,0017
Anzahl	8	159			
Hypothetische Gemeinschaftsunternehmen					
[-20;+20]	0,31%	1,55% *	-1,24%	0,2872	0,7743
[-10;+10]	2,10%	1,52% ***	0,58%	0,1796	0,8577
[-5;+5]	2,98%	1,74% ***	1,24%	0,4860	0,6276
[-1;+1]	3,22%	1,51% ***	1,70%	0,8939	0,3727
[-20;0]	-0,55%	1,10% *	-1,65%	0,6001	0,5493
Anzahl	8	156			
Ø-Transaktionsvolumen in Mio. USD (n=68 bzw. 461)	301	671	-370 *	1,7107	0,0877

In Tabelle 59 werden die kumulierten abnormalen Renditen von Übernahmen staatlicher mit denen privater Unternehmen verglichen. Erwartungsgemäß ist die Zahl der börsennotierten Zielunternehmen in mehrheitlich staatlichem Besitz mit lediglich acht Fällen in der vorliegenden Stichprobe äußerst gering. Die Ergebnisse für Ziel- und hypothetische Gemeinschaftsunternehmen haben aus statistischer Perspektive daher eine geringe Aussagekraft. Für Käuferunternehmen übertreffen die kumulierten abnormalen Renditen der Privatisierungen die der Vergleichsgruppe.[340] Die Mittelwertdifferenzen sind allerdings für keine der betrachteten Ereignisperioden signifikant. Bei den Zielunternehmen fallen die Ankündigungseffekte für private Zielunternehmen deutlich höher aus. Die Unterschiede sind allerdings nur für das [-20;+20]- und das [-20;0]-Intervall signifikant. Wie erwartet, geben die kumulierten abnormalen Renditen der hypothetischen Gemeinschaftsunternehmen Hinweise darauf, dass die Übernahmen staatlicher Unternehmen in der Tat zu höheren Wertsteigerungen führen. Die Mittelwertdifferenzen sind allerdings erneut nicht signifikant.

Ein Grund für die lediglich schwachen Effekte könnte darin liegen, dass bei Privatisierungen die größeren Effizienzsteigerungspotentiale nur dann genutzt werden können, wenn die Unternehmenskontrolle von staatlicher Hand auf ein privates Unternehmen übergeht.[341] In Tabelle 60 werden daher die Ankündigungseffekte von Mehrheitsübernahmen staatlicher und privater Zielunternehmen verglichen.

Tabelle 60: CAR von Mehrheitsübernahmen, Vergleich von Privatisierungen und rein privatwirtschaftlichen Transaktionen

	Privatisierungen	Rein privatwirtschaftliche Übernahmen	Mittelwertdifferenz		
	CAR	CAR	Differenz	t-Wert	p-Wert
Käuferunternehmen					
[-20;+20]	2,80%	-0,78% *	3,57%	1,2903	0,1981
[-10;+10]	1,55%	-1,14% ***	2,69%	1,4600	0,1455
[-5;+5]	0,48%	-0,72% ***	1,21%	0,8189	0,4136
[-1;+1]	1,30% **	-0,48% ***	1,78%	1,2828	0,2007
[-20;0]	2,11%	-1,32% ***	3,43% *	1,8825	0,0609
Ø-Transaktionsvolumen in Mio. USD	460	1.133	-672	1,4343	0,1527
Anzahl	25	244			

Bei keiner der betrachteten Privatisierungen mit Kontrollübergang war das Zielunternehmen börsennotiert bzw. lagen die erforderlichen Kursinformationen vollständig vor. Daher beschränkt sich der Vergleich auf die kumulierten abnormalen Renditen der Käuferunternehmen. Die Ergebnisse liefern ebenfalls nur schwache Hinweise darauf, dass Privatisierungen zu größeren Wertsteigerungen führen als andere Übernahmen. Die kumulierten abnormalen Renditen sind zwar für Übernahmen staatlicher Unternehmen durchgängig höher als für andere Übernahmen. Die Differenzen sind aber lediglich für das [-20;0]-Ereignisintervall signifikant.

340 Eine Ausnahme bildet das [-5;+5]-Intervall.

341 Von einem Kontrollübergang wird dann ausgegangen, wenn ein privates Unternehmen durch die entsprechende Beteiligung eine Kontrollmehrheit (Anteil >50%) erlangt.

Neben der Analyse des gesamten Datensatzes werden erneut die Teilstichproben der Übernahmen nordamerikanischer und europäischer Energieversorgungsunternehmen separat betrachtet. In Tabelle 61 werden die Ankündigungseffekte von Privatisierungen und rein privatwirtschaftlichen Übernahmen für nordamerikanische Käuferunternehmen verglichen. Aufgrund des geringeren Umfangs der Teilstichprobe muss auf eine Darstellung der CAR für die Ziel- und hypothetischen Gemeinschaftsunternehmen verzichtet werden (n=3 für Privatisierungen). Anders als für den gesamten Datensatz fallen die Ankündigungseffekte für Privatisierungen geringer aus als für die Vergleichsgruppe (signifikant auf einem 5%-Niveau für das [-5;5]-Intervall).

Tabelle 61: CAR von Privatisierungen – Vergleich mit privatwirtschaftlichen Transaktionen für die Übernahmen *nordamerikanischer* Energieversorger

	Privatisierungen	Rein privatwirtschaftliche Übernahmen	Mittelwertdifferenz		
	CAR	CAR	Differenz	t-Wert	p-Wert
Käuferunternehmen					
[-20;+20]	-1,64%	-0,76%	-0,88%	0,4602	0,6459
[-10;+10]	-2,17%	-0,33%	-1,84%	1,4140	0,1589
[-5;+5]	-2,70% ***	-0,11%	-2,59% **	2,4572	0,0148
[-1;+1]	-0,21%	-0,34% **	0,13%	0,2582	0,7965
[-20;0]	0,04%	-0,57%	0,61%	0,4391	0,6610
Ø-Transaktionsvolumen in Mio. USD	345	678	-333	1,1275	0,2608
Anzahl	39	166			

Für das europäische Subsample (vgl. Tabelle 62) sind die CAR der Käuferunternehmen für alle Untersuchungsintervalle höher, wenn das Zielunternehmen Gegenstand einer Privatisierung ist (signifikant auf einem 1%-Niveau für das [-10;10]-Intervall). Diese Ergebnisse deuten darauf hin, dass Privatisierungen in Nordamerika und Europa aus der Perspektive des kaufenden Energieversorgers unterschiedlich bewertet werden. Ein Grund für diese Differenzen könnte in der verschiedenen Ausgestaltung des regulatorischen Rahmens der beiden Wirtschaftsräume liegen (vgl. Kapitel 2).

Tabelle 62: CAR von Privatisierungen – Vergleich mit privatwirtschaftlichen Transaktionen für die Übernahmen *europäischer* Energieversorger

	Privatisierungen	Rein Privatwirtschaftliche Übernahmen	Mittelwertdifferenz		
	CAR	CAR	Differenz	t-Wert	p-Wert
Käuferunternehmen					
[-20;+20]	1,91%	-0,48%	2,39%	0,9848	0,3255
[-10;+10]	2,15%	-0,78% ***	2,93% *	1,8231	0,0692
[-5;+5]	1,15%	-0,30% *	1,45%	1,1068	0,2692
[-1;+1]	0,50%	-0,10% ***	0,61%	0,4990	0,6181
[-20;0]	0,68%	-0,86% ***	1,54%	0,9824	0,3266
Ø-Transaktionsvolumen in Mio. USD	241	667	-426	1,3071	0,1921
Anzahl	29	295			

Eine andere Erklärung könnte sich aus der Herkunft der Zielunternehmen ergeben. Während die meisten Zielunternehmen, die im Rahmen von Privatisierungen von nordamerikanischen Energieversorgern übernommen werden, aus Mittel- und Südamerika stammen (66%-Anteil an den Privatisierungen), haben sich die europäischen Energieversorger vor allem an Privatisierungen in Europa beteiligt (78%-Anteil an den Privatisierungen). Auch hier kann erwartet werden, dass die großen Unterschiede zwischen den regulatorischen Rahmenbedingungen und damit in Verbindung stehende Reformprozesse einen Einfluss auf die Bewertung von Privatisierungen haben.

Insgesamt geben die abnormalen Renditen von Übernahmen staatlicher und privater Unternehmen folglich Hinweise darauf, dass Privatisierungen vom Kapitalmarkt anders bewertet werden als Übernahmen privater Unternehmen. Die Aussagekraft der vorliegenden Ergebnisse ist allerdings aufgrund einer geringen Fallzahl eingeschränkt. Auch für diese Einflussvariable verspricht eine multivariate Analyse zusätzliche Erkenntnisse.

V.1.4.5 Übernahmeerfahrung der Käuferunternehmen

In der Wirtschaftspresse[342] und in wissenschaftlichen Untersuchungen[343] wird häufig argumentiert, dass Unternehmen, die bereits Erfahrung mit Zusammenschlüssen gesammelt haben, mehr Erfolg bei Übernahmen haben als unerfahrene Käuferunternehmen. Neue Übernahmestrategien brächten neue administrative Probleme und damit eine Verringerung der

342 Vgl. z.B. Handelsblatt (2000); Wesch (2000).

343 Vgl. z.B. Haleblian und Finkelstein (1999); Lubatkin (1983) sowie zur Lernfähigkeit von Organisationen im Allgemeinen z.B. Wimmer (2000).

Effizienz mit sich.[344] Lubatkin (1983) proklamierte schon zu Beginn der 1980er Jahre: „With each succeeding merger, up to some point, management should become more adept at finding the necessary structure and at avoiding the administrative problems that have a negative influence on performance."

In verschiedenen empirischen Untersuchungen wurden in der Tat Hinweise auf Lerneffekte bei Übernahmen gefunden. Haleblian und Finkelstein (1999, S. 51) kommen zu dem Ergebnis, dass die Unternehmen, die viele Übernahmen in der gleichen Branche realisieren, besonders von vorherigen Erfahrungen profitieren. Sie berichten außerdem von Lerneffekten für die Unternehmen, die besonders viele Übernahmen abschließen. Ihrer Untersuchung zufolge sind aber auch gerade die Akquisitionen von Unternehmen erfolgreich, die bisher keine M&A-Erfahrung hatten. Die Studie von Hayward (2002) findet ebenfalls Hinweise auf einen Zusammenhang zwischen Übernahmeerfolg und Erfahrung. Hitt et al. (1998) liefern in einer Fallstudienanalyse Evidenz für eine monotone Beziehung von Übernahmeerfolg und Erfahrung.

Tabelle 63 zeigt die kumulierten abnormalen Renditen für die jeweils erste im Vergleich zu nachfolgenden Akquisitionen des jeweiligen Käuferunternehmens.[345] Für Käuferunternehmen sind die Unterschiede in den kumulierten abnormalen Renditen beider Untersuchungsgruppen nicht signifikant von null verschieden. Bei den Zielunternehmen zeigen sich hingegen deutliche Unterschiede: Die abnormalen Wertveränderungen der Unternehmen, die von Käuferunternehmen ohne Übernahmeerfahrung akquiriert werden, sind deutlich geringer als die der Vergleichsgruppe. Die Unterschiede sind allerdings nur für große Ereignisintervalle ([-10;+10] bzw. [-5;+5]-Intervall) signifikant. Die Ankündigungseffekte der hypothetischen Gemeinschaftsunternehmen weisen das gleiche Muster auf.

Die Ergebnisse sind konsistent mit der Hypothese, dass Käuferunternehmen aus den Erfahrungen mit Übernahmen lernen. Dieser Interpretation folgend, profitieren aber nur die Zielunternehmen von diesen Lerneffekten in Form von hohen abnormalen Renditen. Diese ungleichgewichtige Aufteilung ließe sich damit erklären, dass die Käuferunternehmen durch einen Wettbewerb um die Zielunternehmen bereit sind, die Wertzuwächse, resultierend aus der Übernahmeerfahrung in Form eine hohen Übernahmeprämie, an die Shareholder der Zielunternehmen zu transferieren. Da das durchschnittliche Transaktionsvolumen der ersten Übernahme eines Käuferunternehmens signifikant kleiner ist als das der nachfolgenden Ak-

344 Vgl. Haleblian und Finkelstein (1999), S. 30.

345 Analog zur Untersuchung von Haleblian und Finkelstein (1999) wird die Übernahmeerfahrung der Käuferunternehmen anhand vor der jeweils betrachteten Transaktion durchgeführten Akquisitionen in der Untersuchungsperiode operationalisiert. Übernahmen, die vor der Untersuchungsperiode stattfanden, können nicht betrachtet werden. Da die Übernahmewelle in der Energiewirtschaft erst Mitte der 1990er Jahre deutlich an Stärke zunahm und zuvor nur wenige Übernahmen realisiert wurden (vgl. Kapitel II.4), kann im vorliegenden Fall davon ausgegangen werden, dass die Wahl der Untersuchungsperiode wenn überhaupt nur schwache Verzerrungen verursacht.

quisitionen, kann davon ausgegangen werden, dass die Unterschiede gemessen an der absoluten Übernahmeprämie noch deutlicher ausfallen.

Tabelle 63: Kapitalmarktreaktionen auf die erste Akquisition eines Käuferunternehmens im Vergleich zu den nachfolgenden Transaktionen dieses Unternehmens für das gesamte Sample

	Erste Akquisition der jeweiligen Käuferunternehmen	Nachfolgende Transaktionen der jeweiligen Käuferunternehmen	Mittelwertdifferenz		
	CAR	CAR	Differenz	t-Wert	p-Wert
Käuferunternehmen					
[-20;+20]	0,05%	-0,74% *	0,79%	0,6863	0,4928
[-10;+10]	-0,63%	-0,56% **	-0,07%	0,0896	0,9286
[-5;+5]	-0,10%	-0,43% ***	0,33%	0,5235	0,6008
[-1;+1]	0,25%	-0,31% ***	0,55%	1,1009	0,2714
[-20;0]	-0,75%	-0,57% **	-0,18%	0,2322	0,8164
Anzahl	147	382			
Zielunternehmen					
[-20;+20]	8,06% ***	14,02% ***	-5,96%	1,5874	0,1143
[-10;+10]	5,44% **	12,76% ***	-7,32% **	2,3910	0,0179
[-5;+5]	5,96% ***	11,89% ***	-5,93% **	2,2320	0,0270
[-1;+1]	5,65% ***	8,67% ***	-3,03%	1,4141	0,1592
[-20;0]	7,61% ***	11,30% ***	-3,69%	1,3176	0,1895
Anzahl	38	129			
Hypothetische Gemeinschaftsunternehmen					
[-20;+20]	0,41%	2,22% **	-1,81%	0,8552	0,3936
[-10;+10]	-0,57%	2,01% ***	-2,58% *	1,6595	0,0988
[-5;+5]	0,01%	2,21% ***	-2,20% *	1,7839	0,0762
[-1;+1]	0,83% *	1,82% ***	-0,98%	1,0503	0,2950
[-20;0]	0,88%	1,25% **	-0,36%	0,2717	0,7861
Anzahl	40	124			
Ø-Transaktionsvolumen in Mio. USD	372	720	-348 **	2,1565	0,0315
Ø-Erfahrung (Anzahl Vorakquisitionen)	0	6,2120	-6,2120 ***	10,9367	0,0000
Anzahl	147	382			

Tabelle 64 zeigt die Ergebnisse der vorangegangenen Untersuchung für die Teilstichprobe, bei der sowohl die Käufer- als auch die Zielunternehmen börsennotiert ist. Sie entsprechen qualitativ denen des Gesamtsamples, allerdings sind für die kleinere Stichprobe die Unterschiede in den Ankündigungseffekten für die hypothetischen Gemeinschaftsunternehmen nicht mehr signifikant.

Tabelle 64: Kapitalmarktreaktionen auf die erste Akquisition eines Käuferunternehmens im Vergleich zu den nachfolgenden Transaktionen dieses Unternehmens für Übernahmen börsennotierter Zielunternehmen

	Erste Akquisition der jeweiligen Käuferunternehmen	Nachfolgende Transaktionen der jeweiligen Käuferunternehmen	Mittelwertdifferenz		
	CAR	CAR	Differenz	t-Wert	p-Wert
Käuferunternehmen					
[-20;+20]	-2,36%	-1,63%***	-0,73%	0,3795	0,7048
[-10;+10]	-2,32%	-1,05%***	-1,26%	0,9395	0,3489
[-5;+5]	-0,96%	-0,74%***	-0,22%	0,1882	0,8509
[-1;+1]	-0,56%	-0,86%***	0,30%	0,3333	0,7393
[-20;0]	-1,17%	-1,50%***	0,32%	0,2153	0,8298
Zielunternehmen					
[-20;+20]	7,19%**	14,03%***	-6,83%*	1,7833	0,0764
[-10;+10]	4,45%**	12,76%***	-8,31%***	2,6808	0,0081
[-5;+5]	4,88%***	11,89%***	-7,01%***	2,6248	0,0095
[-1;+1]	4,58%***	8,64%***	-4,06%*	1,9166	0,0570
[-20;0]	6,76%***	11,30%***	-4,54%	1,6001	0,1115
Hypothetische Gemeinschaftsunternehmen					
[-20;+20]	-0,35%	2,00%*	-2,35%	1,0477	0,2963
[-10;+10]	-0,60%	2,16%***	-2,76%	1,6495	0,1010
[-5;+5]	0,16%	2,27%***	-2,11%	1,6043	0,1106
[-1;+1]	1,00%*	1,76%***	-0,76%	0,7662	0,4447
[-20;0]	0,44%	1,18%*	-0,75%	0,5228	0,6018
Ø-Transaktionsvolumen in Mio. USD	979	1.598	-619	1,2254	0,2222
Ø-Erfahrung (Anzahl Vorakquisitionen)	0,0000	6,5859	-6,5859***	4,9756	0,0000
Anzahl	36	128			

Die beobachteten Unterschiede zwischen den ersten und den nachfolgenden Übernahmen eines Unternehmens könnten allerdings dadurch verzerrt werden, dass die jeweiligen Käufer zum Zeitpunkt ihrer ersten Übernahmeankündigung über ein geplantes Übernahmeprogramm informieren. Die nachfolgenden Übernahmen würden demnach von den Investoren bereits erwartet und wären im Aktienkurs bereits berücksichtigt. Schipper und Thompson (1983) finden Hinweise darauf, dass der Kapitalmarkt positiv auf die Ankündigung von Übernahmeprogrammen reagiert. Haleblian und Finkelstein (1999) untersuchen diesen Aspekt in ihrer Studie zur Bedeutung der Erfahrung mit bisherigen Übernahmen. Sie finden keine Hinweise auf Verzerrungen durch die Ankündigung von Übernahmeprogrammen.

In Tabelle 65 werden die kumulierten abnormalen Renditen der Akquisitionen von Käuferunternehmen mit geringer und mit großer Übernahmeerfahrung verglichen. Die Ergebnisse sind erneut konsistent mit der Hypothese, dass Käuferunternehmen aus Erfahrungen lernen. Da jeweils die erste Übernahme eines Käuferunternehmens nicht in die Betrachtung einbezogen wurde, kann eine Verzerrung durch die Ankündigung von Übernahmeprogrammen ausgeschlossen werden.

Erfahrene Käuferunternehmen erzielen signifikant höhere abnormale Renditen als relativ unerfahrene Käufer. Bei den Zielunternehmen scheint das Verhältnis gerade umgekehrt zu sein: Mit zunehmender Erfahrung des Käuferunternehmens sinken die kumulierten abnormalen Renditen. Die Mittelwertdifferenz der beiden betrachteten Gruppen ist allerdings nur für das [-20;0]-Intervall signifikant. Dies deutet darauf hin, dass die Kapitalmarktteilnehmer später auf Akquisitionen von Unternehmen reagieren, die häufig Übernahmen realisieren. Dies könnte daran liegen, dass in diesen Fällen die Übernahmeentscheidung eine geringere strategische Tragweite für das Unternehmen hat und sich deshalb vor der Transaktion weniger Übernahmegerüchte bilden. Eine andere Erklärung wäre die, dass es erfahrene Käuferunternehmen eher verstehen, geplante Übernahmevorhaben geheim zu halten.

Die Ankündigungseffekte auf Seiten der hypothetischen Gemeinschaftsunternehmen geben schwache Hinweise darauf, dass die Gesamtwertsteigerung bei Übernahmen erfahrener Käuferunternehmen größer ausfällt. Erneut sind die Mittelwertdifferenzen aber nicht signifikant. Eine Ursache für die fehlende Signifikanz könnte in der relativ geringen Samplegröße liegen.

Die voranstehenden Analysen werden für die beiden Teilstichproben bestehend aus den Übernahmen nordamerikanischer und europäischer Übernahmen wiederholt (vgl. Tabelle 147 bis Tabelle 150 in Anhang III.4). Die Untersuchung liefert keine Indizien dafür, dass die Übernahmeerfahrung in beiden Wirtschaftsräumen einen unterschiedlichen Einfluss auf die beobachteten Ankündigungseffekte haben könnte.

Insgesamt sind die Beobachtungen konsistent mit der Erklärung, dass die Erfolgswahrscheinlichkeit von Übernahmen mit zunehmender Erfahrung der Käuferunternehmen steigt. In einer multivariaten Analyse ist daher der Einfluss der Übernahmeerfahrung auf die Kapitalmarktreaktionen zu berücksichtigen.

Tabelle 65: Kapitalmarktreaktionen auf Übernahmeankündigungen von Käuferunternehmen mit geringer und großer Akquisitionserfahrung

	Akquisitionen von Käuferunternehmen mit wenig Erfahrung (zuvor ein - vier Übernahmen)	Übernahmen von erfahrenen Käuferunternehmen (zuvor mindestens zehn Übernahmen)	Mittelwertdifferenz		
	CAR	CAR	CAR-Differenz	t-Wert	p-Wert
Käuferunternehmen					
[-20;+20]	-0,84%	-0,64%	-0,20%	0,1291	0,8974
[-10;+10]	-1,34% ***	1,60% *	-2,93% ***	2,7595	0,0062
[-5;+5]	-1,12% ***	1,40% *	-2,52% ***	2,7278	0,0068
[-1;+1]	-0,81% ***	0,90% *	-1,71% ***	2,9453	0,0035
[-20;0]	-0,94% *	0,01%	-0,95%	0,8577	0,3919
Anzahl	190	65			
Zielunternehmen					
[-20;+20]	18,19% ***	12,37% **	5,82%	1,2301	0,2218
[-10;+10]	15,72% ***	11,84% ***	3,88%	1,0170	0,3119
[-5;+5]	13,97% ***	10,00% ***	3,96%	0,3474	0,7291
[-1;+1]	10,63% ***	7,15% ***	3,49%	1,2851	0,2020
[-20;0]	13,36% ***	6,07% **	7,29% ***	2,1910	0,0310
Anzahl	66	27			
Hypothetische Gemeinschaftsunternehmen					
[-20;+20]	3,03% **	2,00%	1,03%	0,3320	0,7406
[-10;+10]	1,85% *	3,27% *	-1,42%	0,6161	0,5394
[-5;+5]	2,07% **	2,69%	-0,62%	0,3474	0,7291
[-1;+1]	1,45% ***	2,55% **	-1,10%	0,8514	0,3968
[-20;0]	0,88%	0,92%	-0,03%	0,0194	0,9846
Anzahl	65	27			
Ø-Transaktions-volumen in Mio. USD	670	1.104	-435	1,4702	0,1428
Ø-Erfahrung (Anzahl Vorakquisitionen)	1,7526	19,5385	-18 ***	26,8677	0,0000
Anzahl	190	65			

V.1.5 Zusammenfassung

In den voranstehenden Kapiteln wurden anhand von Kapitalmarktreaktionen die Motive von Energieversorgern für die Entscheidung zu einer Übernahme untersucht. Die Ergebnisse der uni- und multivariaten Analyse der Kursreaktionen von Käufer-, Ziel- und hypothetischen Gemeinschaftsunternehmen lassen sich folgendermaßen zusammenfassen:

- Operative Synergien spielen für die untersuchten Übernahmeentscheidungen von Energieversorgungsunternehmen nur eine untergeordnete Rolle. Es finden sich aber starke Hinweise auf die Relevanz finanzieller Synergien. Schwache Indizien sprechen auch für die Bedeutung managerialer Synergien.
- Die Untersuchungen stützen nicht die Hybris-Hypothese von Roll (1986), nach der das Management die Wertsteigerungspotentiale von Übernahmen im Gegensatz zum Kapitalmarkt überschätzt.
- Die Art des Kontrollübergangs und der Übernahmefinanzierung, staatliche Institutionen als Verkäufer von Anteilen, die Börsennotierung der Zielunternehmen sowie die Herkunft und Übernahmeerfahrung der Käuferunternehmen haben einen Einfluss auf die kumulierten abnormalen Renditen von Käufer-, Ziel- und hypothetischen Gemeinschaftsunternehmen.

Im folgenden Kapitel wird die Analyse auf die Kapitalmarktreaktionen der Branchenwettbewerber ausgedehnt. Mit diesem Schritt sollen insbesonder Hinweise darauf gefunden werden, welche Rolle Marktmachterwägungen für die Übernahmeentscheidungen spielen.

V.2 Kapitalmarktreaktionen auf Übernahmen von Branchenwettbewerbern

Hypothese 4a basiert auf der Annahme, dass Unternehmenszusammenschlüsse darauf abzielen, Marktmacht aufzubauen. Sie erleichtern dieser Argumentation zufolge die Bildung stabiler Anbieterkartelle bzw. -absprachen, da durch Zusammenschlüsse die Zahl der unabhängigen Wettbewerber im Markt sinkt. Von diesen Kartellen würden sowohl die Käuferunternehmen als auch mit diesen konkurrierende Unternehmen gleichermaßen profitieren. Demnach wären folglich auch für Wettbewerber positive Kapitalmarktreaktionen auf die Übernahmeankündigungen zu erwarten, auch wenn sie selbst nicht direkt an der entsprechenden Transaktion beteiligt sind.

Im Folgenden wird zunächst erläutert, wie die Branchenwettbewerber für die vorliegende Untersuchung identifiziert werden. Anschließend werden die Kursreaktionen dieser Wettbewerber für die wichtigsten nationalen Märkte Nordamerikas und Europas, die USA und Deutschland, untersucht.

V.2.1 Identifikation von Branchenwettbewerbern

Für die vorliegende Untersuchung soll zunächst angenommen werden, dass alle Elektrizitätsversorgungsunternehmen (Gasversorgungsunternehmen) mit allen anderen Elektrizitätsversorgungsunternehmen (Gasversorgungsunternehmen) des gleichen nationalen Marktes im

Wettbewerb stehen.[346] Auch wenn Energieversorgungsunternehmen ihre Geschäftsaktivitäten zunehmend auf internationale Märkte ausrichten, ging das Bundeskartellamt bedingt durch die überwiegend auf einen innerstaatlichen Energietransport ausgerichteten Versorgungsnetze Ende des Jahres 2001 noch davon aus, dass der Wettbewerb noch vorwiegend innerhalb nationaler Grenzen stattfindet.[347] Als exemplarische nationale Märkte werden mit den Vereinigten Staaten von Amerika und Deutschland die jeweils größten Energiemärkte Nordamerikas und Europas für die weitere Untersuchung ausgewählt.[348]

Auf nationaler Ebene kann Marktmacht lediglich für große Unternehmen eine Rolle spielen. Absprachen kleiner Unternehmen können kaum den Marktpreis beeinflussen, da sie mit ihrer geringen Abgabemenge nur einen kleinen Teil des Marktes bedienen. Da in den Vereinigten Staaten relativ viele Energieversorger börsennotiert sind – im S&P 1500-Index Utilities sind derzeit 86 Unternehmen enthalten – werden nur die im jeweiligen Jahr der Ankündigung größten Anbieter berücksichtigt, die in der Datenbank Compustat geführt werden. Als Kriterium wird der erzielte Umsatz verwendet. Nach diesem Verfahren werden für jedes Jahr im Untersuchungszeitraum die zehn größten Gas- und die zehn größten Elektrizitätsversorger bestimmt. Im nächsten Schritt werden aus dem Übernahmesample die Transaktionen ausgewählt, bei denen das Käuferunternehmen zu den größten Strom- oder Gasversorgungsunternehmen gehört.

In Deutschland ist der Anteil börsennotierter Unternehmen traditionell geringer. Seit Beginn der 1990er Jahre waren in Deutschland nur insgesamt 32 Strom- und Gasversorgungsunternehmen börsennotiert, davon acht lediglich während einer bestimmten Zeit.[349] Da diese Energieversorger im Vergleich zum Versorgungsnetz der USA auf dem vergleichsweise engen Raum der Bundesrepublik Deutschland operieren und die meisten von ihnen zugleich Strom und Gas vertreiben, wurden alle als potentielle Wettbewerber berücksichtigt.

Im Folgenden werden zunächst die Wettbewerbsreaktionen für die Vereinigten Staaten und anschließend für Deutschland vorgestellt.

V.2.2 Wettbewerbsreaktionen in den USA

In insgesamt 70 Fällen des vorliegenden M&A-Datensatzes hatte das Käuferunternehmen seinen Sitz in den Vereinigten Staaten, es gehörte zum Zeitpunkt der Übernahmeankündigung zu den 10 größten Strom- oder Gasversorgern der Nation und es liegen ausreichende

---

346 Zur Bestimmung des relevanten Marktes werden verschiedene wettbewerbspolitische Ansätze diskutiert, die auf den empirisch messbaren Wechselwirkungen zwischen verschiedenen Anbietern fußen. Der „delivered price"-Test vergleicht etwa die Preise, zu denen potentielle Wettbewerber in einem bestimmten geographischen Markt profitabel anbieten können. Alle Anbieter, die mit ihrem minimalen kostendeckenden Preis den Marktpreis nicht um mehr als beispielsweise 5% überschreiten, werden als Wettbewerber aufgefasst. Da die für derartige Tests erforderlichen Daten nicht öffentlich verfügbar sind, muss auf ihre Anwendung verzichtet werden. Vgl. Hieronymus et al. (2002), S. 22.

347 Vgl. Handelsblatt (2001), S. 13.

348 Vgl. Bundesministerium für Wirtschaft und Technologie (2003), S. 39.

349 Vgl. Ising und Schiereck (2003).

Kursinformationen zur Berechnung der Kapitalmarktreaktionen vor. Im nachfolgenden Abschnitt werden zunächst die Kursreaktionen der Wettbewerber für den gesamten Datensatz vorgestellt. Es folgt die Untersuchung von Subsamples und eine multivariate Analyse. Die letzten beiden Schritte sollen Aufschluss über die Zusammenhänge geben, die zu möglichen Wettbewerbsreaktionen führen.

V.2.2.1 Untersuchung des gesamten Datensatzes

In Tabelle 66 sind die kumulierten abnormalen Renditen der zehn größten Energieversorger zum Zeitpunkt der Ankündigung einer Übernahme durch einen Branchenwettbewerber dargestellt.[350] Für alle betrachteten Ereignisperioden sind die kumulierten abnormalen Renditen negativ und mit Ausnahme des [-2;+2]-Intervalls für alle symmetrischen Ereignisperioden signifikant von null verschieden.

Die beobachteten Kursreaktionen widersprechen Hypothese 4a, die positive Wertsteigerungen für Unternehmen voraussagt, deren Branchenwettbewerber eine Übernahme ankündigen. Die negativen Ankündigungseffekte sprechen vielmehr dafür, dass sich aus Sicht des Kapitalmarktes die Position der jeweiligen „passiven" Branchenwettberber durch die Expansion ihrer Konkurrenten verschlechtert. Der Wertverlust wäre nach dieser Interpretation Ausdruck einer Verschlechterung der Chancen für ein zukünftiges internes und externes Wachstum oder für eine erwartete Verdrängung aus den bisherigen Märkten.

Tabelle 66: Kumulierte abnormale Renditen der 10 größten US-Energieversorger zum Zeitpunkt der Ankündigung einer Übernahme durch Branchenwettbewerber

	CAR	Min	Max	Pos.	Neg.	Std.abw.	z-Value	p-value
[-5;+5]	-0,34% **	-48,07%	23,70%	273	316	0,0502	-2,2302	0,0257
[-2;+2]	-0,16%	-23,25%	18,88%	278	311	0,0364	-1,5096	0,1312
[-1;+1]	-0,21% **	-20,85%	13,89%	266	323	0,0285	-2,3861	0,0170
{0}	-0,18% ***	-10,18%	7,36%	246	343	0,0148	-3,7045	0,0002
Anzahl	589							

Um auszuschließen, dass die beobachteten Kursreaktionen nicht ausschließlich durch ein verzerrendes Marktmodell zustande kommen, wurden die Berechnungen für ein risikoadjustiertes Marktmodell wiederholt. Dabei wurde die in Kapitel IV.1.1.1 beschriebene Methodik für die Ermittlung der Börsenreaktionen von Käufer- und Zielunternehmen auf die Wettbewerberunternehmen übertragen. Die Ergebnisse sind in Tabelle 67 zusammengefasst. Die auf diesem Weg ermittelten Kursreaktionen stimmen für alle Ereignisintervalle im Vor-

[350] Da nicht für alle Wettbewerber der 10 größten Strom- und Gasversorger für alle Übernahmezeitpunkte Kursinformationen vorlagen und Wettbewerber in einigen Fällen selbst Ziel der Übernahme waren, werden nur 589 statt der theoretisch erwartbaren 630 Ereignisse (9 Wettbewerber multipliziert mit 70 Übernahmeankündigungen) untersucht.

zeichen mit den in Tabelle 66 berichteten Ergebnissen überein.[351] Sie fallen in ihrer Höhe allerdings noch deutlicher aus.

Die Robustheit der Ergebnisse wird durch eine weitere Variation der Modellparameter überprüft. Anstelle des lokalen Versorgerindex wird für die Schätzung der abnormalen Renditen ein branchenübergreifender nationaler Marktindex verwendet. Tabelle 68 zeigt die auf Basis dieses Modells ermittelten kumulierten abnormalen Renditen der Branchenwettbewerber. Für alle Ereignisperioden fallen die Kursreaktionen signifikant negativ aus. Demnach ergeben sich im Vergleich zum Ausgangsmodell keine Veränderungen des Vorzeichens. In ihrer Höhe fallen die Effekte erneut deutlicher aus.

Insgesamt finden sich demzufolge keine Indizien dafür, dass die beobachteten Wertveränderungen auf Übernahmeankündigungen von Wettbewerbern lediglich auf eine verzerrte Spezifikation des Marktmodells zurückzuführen sind.

Tabelle 67: Kumulierte abnormale Renditen der 10 größten US-Energieversorger zum Zeitpunkt der Ankündigung einer Übernahme durch Branchenwettbewerber unter Verwendung eines risikoadjustierten Marktmodells

	CAR	Min	Max	Pos.	Neg.	Std.abw.	z-Value	p-value
[-5;+5]	-0,79% ***	-56,30%	21,12%	248	329	0,0596	-3,1633	0,0016
[-2;+2]	-0,13%	-25,36%	18,80%	270	307	0,0424	-1,0001	0,3173
[-1;+1]	-0,41% ***	-21,79%	14,15%	246	331	0,0340	-3,5964	0,0003
{0}	-0,33% ***	-11,45%	9,54%	239	338	0,0182	-4,5898	0,0000
Anzahl	577							

Tabelle 68: Kumulierte abnormale Renditen der 10 größten US-Energieversorger zum Zeitpunkt der Ankündigung einer Übernahme durch Branchenwettbewerber unter Verwendung eines branchenübergreifenden Marktindex

	CAR	Min	Max	Pos.	Neg.	Std.abw.	z-Value	p-value
[-5;+5]	-1,65% ***	-56,00%	21,03%	222	367	0,0618	-9,0970	0,0000
[-2;+2]	-0,47% ***	-22,62%	18,13%	247	342	0,0457	-3,3042	0,0010
[-1;+1]	-0,51% ***	-20,98%	17,32%	249	340	0,0370	-4,8003	0,0000
{0}	-0,33% ***	-11,92%	11,10%	237	352	0,0205	-5,3769	0,0000
Anzahl	589							

Weitere Hinweise für die Erklärung der negativen Kursreaktionen von Wettbewerbern liefert die simultane Analyse der kumulierten abnormalen Renditen der Käuferunternehmen zum Ankündigungszeitpunkt der untersuchten 70 Übernahmen US-amerikanischer Energieversorgungsunternehmen (vgl. Tabelle 69).

351 Die Untersuchungsstichprobe verringert sich auf 577 Übernahmen, da nicht für alle Transaktionen Kursinformationen der Wettbewerber für die gesamte Schätzperiode vorliegen. Aufgrund der hohen Dichte von Ereignissen wurde die Schätzperiode auf 100 Tage reduziert, um den Einfluss überlappender Ereignisse zu verringern.

Tabelle 69: Kumulierte abnormale Renditen der 10 größten US-Energieversorger zum Zeitpunkt der Ankündigung einer (eigenen) Übernahme im Vergleich zu den Börsenreaktionen der Branchenwettbewerber dieses Käuferunternehmens

	Börsenreaktion des Käuferunternehmens	Börsenreaktion der Wettbewerber des Käuferunternehmens	Mittelwertdifferenz		
	CAR	CAR	CAR-Differenz	t-Wert	p-Wert
[-5;+5]	-0,16%	-0,34% **	0,18%	0,2854	0,7754
[-2;+2]	-0,83%	-0,16%	-0,66%	1,4008	0,1617
[-1;+1]	-0,53%	-0,21% **	-0,32%	0,8531	0,3939
{0}	-0,19%	-0,18% ***	-0,01%	0,0382	0,9695
Anzahl	70	589			

Die abnormalen Wertveränderungen der Käuferunternehmen sind für alle Ereignisperioden negativ und für die meisten Untersuchungsintervalle geringer als die der Branchenwettbewerber. Die Unterschiede in den kumulierten abnormalen Renditen sind allerdings nicht signifikant.

Tabelle 70 vergleicht die kumulierten abnormalen Renditen der hypothetischen Gemeinschaftsunternehmen mit denen der Branchenwettbewerber des Käuferunternehmens zum Zeitpunkt der Ankündigung einer Übernahme. Lediglich bei 25 Transaktionen der betrachteten 70 Übernahmen der 10 größten US-Energieversorger war das Zielunternehmen börsennotiert. Nur für diese Fälle konnten die kumulierten abnormalen Renditen der hypothetischen Gemeinschaftsunternehmen ermittelt werden. Die Ankündigungseffekte für die Gemeinschaftsunternehmen fallen signifikant höher aus als für die Branchenwettbewerber. Sie sind für alle Ereignisperioden positiv, signifikant allerdings nur für den Tag der Ankündigung und für das [-5;+5]-Intervall. Dies spricht dafür, dass die gemeinsame Einheit von Käufer- und Zielunternehmen durch den Zusammenschluss ihre Marktposition zulasten ihrer Wettbewerber verbessern kann. Von dieser Verbesserung profitieren aber offensichtlich ausschließlich die Aktionäre der Zielunternehmen (vgl. Tabelle 69). Die der Käuferunternehmen müssen Wertverluste hinnehmen, die sich nicht signifikant von denen der Branchenwettbewerber unterscheiden.

Tabelle 70: Kumulierte abnormale Renditen der hypothetischen Gemeinschaftsunternehmen zum Zeitpunkt der Ankündigung einer (eigenen) Übernahme im Vergleich zu den Börsenreaktionen der Branchenwettbewerber des Käuferunternehmens (USA)

	Börsenreaktion des Käuferunternehmens (1)	Börsenreaktion des hypothetischen Gemeinschaftsunternehmens (2)	Börsenreaktion der Wettbewerber des Käuferunternehmens (3)	Mittelwertdifferenz (2) – (3)		
		CAR	CAR	CAR-Differenz	t-Wert	p-Wert
[-5;+5]	-1,03%	1,51% *	-0,56% *	2,06% **	2,2667	0,0243
[-2;+2]	-1,74%	1,06%	-0,56% **	1,61% *	1,9438	0,0531
[-1;+1]	-1,82%	1,11%	-0,46% **	1,57% **	2,3210	0,0212
{0}	-0,49%	1,28% **	-0,23% **	1,51% ***	4,0670	0,0001
n	25	25	207			

V.2.2.2 Univariate Analyse von Teilstichproben

Hypothese 4b zufolge sind besonders für horizontale nationale Zusammenschlüsse zwischen Elektrizitäts- oder Gasversorgungsunternehmen ausgeprägte positive Kursreaktionen der Aktien von Wettbewerbern zu erwarten. Tabelle 71 vergleicht die Kursreaktionen von Energieversorgern auf die Ankündigung einer horizontalen Übernahme eines nationalen Konkurrenten mit den Wettbewerbsreaktionen auf alle anderen Übernahmeankündigungen.[352]

Tabelle 71: Kumulierte abnormale Renditen der 10 größten US-Energieversorger zum Zeitpunkt der Ankündigung einer horizontalen Übernahme eines nationalen Unternehmens durch Branchenwettbewerber im Vergleich zu den Börsenreaktionen auf alle anderen Übernahmen durch Wettbewerber

	Horizontale Übernahme eines nationalen Zielunternehmens	Alle übrigen Übernahmen	Mittelwertdifferenz		
	CAR	CAR	Differenz	t-Wert	p-Wert
[-5;+5]	-0,60%	-0,31%	-0,29%	0,4434	0,6577
[-2;+2]	-1,24% *	-0,03%	-1,21% **	2,5415	0,0113
[-1;+1]	-0,64%	-0,15%	-0,49%	1,3123	0,1899
{0}	-0,26%	-0,17% ***	-0,08%	0,4149	0,6784
Ø-Transaktionsvolumen in Mio. USD	2.842	831	2.012 ***	6,6013	0,0000
Anzahl	65	524			

352 Als horizontale Übernahmen wurden alle Transaktionen gewertet, bei denen Käufer- und Zielunternehmen entweder Strom- oder Gasversorger sind.

Entgegen der Erwartungen fallen die kumulierten abnormalen Renditen von Branchenwettbewerbern durchgängig negativ aus (signifikant auf einem 10%-Niveau nur für das [-2;+2]- und das [10;10]-Intervall) und sind für nahezu alle Intervalle geringer als für die übrigen Transaktionen (signifikant auf einem 5%-Niveau für das [-2;+2]-Intervall). Nicht ausgeschlossen werden kann allerdings, dass dieses Ergebnis durch einen Größeneffekt verzerrt wird. Das durchschnittliche Transaktionsvolumen der ersten Teilstichprobe fällt deutlich geringer aus als das der übrigen Akquisitionen. Hypothese 4b kann insgesamt für den untersuchten Datensatz nicht bestätigt werden.

Der Zusammenhang zwischen der Ähnlichkeit der verschiedenen Akteure (Käufer- und Zielunternehmen sowie Branchenwettbewerber) und den Kapitalmarktreaktionen auf Übernahmeankündigungen von Branchenwettbewerbern soll nachfolgend näher untersucht werden. Den Ausgangspunkt bildet dabei die mikro-ökonomische Überlegung, dass der Wettbewerb besonders intensiv ist, wenn die Produktdifferenzierung der Anbieter gering ist.[353] Da es sich bei Strom und Gas um homogene Güter handelt,[354] bei denen die Produktdifferenzierung weitgehend auf den Angebotsort und die Versorgungssicherheit beschränkt ist, wird die Verschiedenartigkeit der Anbieter als Indikator für das Ausmaß der Produktdifferenzierung und der Wettbewerbsintensität gewählt. Diese wird anhand der geographischen Überschneidung der Heimatmärkte und der Unternehmensgröße gemessen. Da Energieversorgungsunternehmen aufgrund ihrer Leitungsnetze zumeist in abgegrenzten geographischen Gebieten operieren, ist zu erwarten, dass die Wettbewerbswirkungen umso stärker ausfallen, je mehr sich die geographischen Märkte von Käufer- und Zielunternehmen sowie ihrer Wettbewerber überschneiden. In diesen Fällen ist ein besonders intensiver Wettbewerb um Endkunden zu erwarten. Anschließend wird analysiert, ob die bei Wettbewerbern beobachteten Ankündigungseffekte davon abhängen, dass diese später möglicherweise selber zu potentiellen Übernahmeobjekten werden.

Tabelle 72 zeigt die Börsenreaktionen von Energieversorgern auf Übernahmeankündigungen von Wettbewerbern, bei denen Käufer-, Ziel- und Wettbewerberunternehmen ihren Sitz in den Vereinigten Staaten von Amerika haben, d.h. in demselben nationalen Markt operieren, im Vergleich zu internationalen Übernahmen. Für beide Übernahmegruppen sind die Börsenreaktionen auf Seiten der Wettbewerber negativ. Die kumulierten abnormalen Renditen des Subsamples bestehend aus nationalen Übernahmen sind für alle Ereignisperioden geringer und damit wie erwartet ausgeprägter als die der internationalen Übernahmen. Die Unterschiede sind allerdings für keine Ereignisperiode signifikant.

---

353 Vgl. Kapitel III.1.1.2.

354 Vgl. Isser (2004), S. 219.

Tabelle 72: Kumulierte abnormale Renditen der 10 größten US-Energieversorger zum Zeitpunkt der Ankündigung einer nationalen Übernahme durch Branchenwettbewerber im Vergleich zu Börsenreaktionen auf grenzüberschreitende Übernahmen durch Wettbewerber

	Übernahme eines nationalen Zielunternehmens	Grenzüberschreitende (internationale) Übernahmen	Mittelwertdifferenz		
	CAR	CAR	Differenz	t-Wert	p-Wert
[-5;+5]	-0,41%	-0,30%	-0,11%	0,2603	0,7947
[-2;+2]	-0,32%	-0,05%	-0,27%	0,9023	0,3673
[-1;+1]	-0,31%	-0,13%	-0,17%	0,7222	0,4704
{0}	-0,24% **	-0,14% **	-0,09%	0,7399	0,4597
Ø-Transaktionsvolumen in Mio. USD	1.208	950	259	1,2787	0,2015
Anzahl	247	342			

Die Tendenz, dass die kumulierten abnormalen Renditen der Wettbewerber mit zunehmender Überschneidung der geographischen Märkte abnehmen, lässt sich auch auf regionaler Ebene beobachten. In Tabelle 73 werden die Börsenreaktionen von Wettbewerbern, deren Sitz in demselben Bundesstaat liegt wie der des Käuferunternehmens, mit denen aller nationalen Konkurrenten verglichen. Die kumulierten abnormalen Renditen der benachbarten Wettbewerber fallen für die kürzeren Ereignisperioden deutlich negativer aus als für das Gesamtsample (für das [-2;+2]-Intervall signifikant auf einem 5% Niveau). Es kann daher insgesamt wie erwartet davon ausgegangen werden, dass eine zunehmende Überschneidung der geographischen Märkte den Wettbewerb zwischen den größten Energieversorgern intensiviert.

Tabelle 73: Kumulierte abnormale Renditen der 10 größten US-Energieversorger zum Zeitpunkt der Ankündigung einer Übernahme durch einen innerstaatlichen Branchenwettbewerber im Vergleich zu den Börsenreaktionen auf alle Wettbewerber

	Wettbewerber mit Sitz in demselben Bundesstaat wie das Käuferunternehmen	Alle Wettbewerber	Mittelwertdifferenz		
	CAR	CAR	Differenz	t-Wert	p-Wert
[-5;+5]	-0,05%	-0,34% **	0,29%	0,4770	0,6335
[-2;+2]	-1,13% *	-0,16%	-0,97% **	2,1266	0,0338
[-1;+1]	-0,55%	-0,21% **	-0,34%	0,9429	0,3461
{0}	-0,24%	-0,18% ***	-0,05%	0,2840	0,7765
Anzahl	85	589			
Ø-Transaktionsvolumen in Mio. USD	1.178	1.061	117	0,3916	0,6955

Als zweites Kriterium für die Ähnlichkeit der Käuferunternehmen und ihrer Wettbewerber wird die Unternehmensgröße untersucht. Auch hier lautet die Ausgangshypothese, dass die Wettbewerbswirkungen bei größerer Ähnlichkeit stärker ausfallen. In den voranstehenden Auswertungen wurden die Wettbewerbswirkungen zwischen den jeweils zehn größten Strom- und Gasversorgungsunternehmen untersucht. Im folgenden Analyseschritt wird die Zahl der betrachteten größten Versorgungsunternehmen auf jeweils zwanzig erweitert. Die Unterschiede in den Unternehmensgrößen zwischen Käuferunternehmen und Wettbewerbern fallen für diese erweiterte Gruppe höher aus. Tabelle 74 vergleicht die kumulierten abnormalen Renditen beider Wettbewerbergruppen.

Wie erwartet, sind die Wettbewerbswirkungen in der Gruppe mit ähnlicher Umsatzstruktur intensiver als in der Vergleichsgruppe. Die kumulierten abnormalen Renditen sind für alle betrachteten Ereignisperioden negativ und fallen für nahezu alle Intervalle geringer als für die große Wettbewerbergruppe (signifikant auf einem 10%-Niveau für das {0}-Intervall). Auch hier stützen folglich die empirischen Daten die mikroökonomische These, dass eine größere Ähnlichkeit des Angebots die Wettbewerbswirkungen intensiviert.

Tabelle 74: Kumulierte abnormale Renditen der 10 und 20 größten US-Energieversorger zum Zeitpunkt der Ankündigung einer nationalen Übernahme durch Branchenwettbewerber

	„Enge" Wettbewerbergruppe (=10 größte Strom- bzw. Gasversorgungsunternehmen)	*Alle Wettbewerber* (=20 größte Strom- bzw. Gasversorgungsunternehmen)	Mittelwertdifferenz		
	CAR	CAR	Differenz	t-Wert	p-Wert
[-5;+5]	-0,34% **	-0,17% **	-0,18%	0,6796	0,4968
[-2;+2]	-0,16%	-0,02%	-0,14%	0,7801	0,4354
[-1;+1]	-0,21% **	-0,04%	-0,16%	1,2587	0,2083
{0}	-0,18% ***	-0,04%	-0,14% *	1,7150	0,0865
Ø-Transaktionsvolumen in Mio. USD	1.061	947	114	1,0668	0,2862
Ø-Sales-Quotient[1]	1,6214	2,0889	-0,4675 ***	3,8698	0,0001
Standardabweichung Sales-Quotient[1]	1,7420	2,8709	-1,1289 ***	42,4990	0,0000
Anzahl	589	1.813			

[1] Definiert als der Umsatz des Käuferunternehmens dividiert durch den Umsatz des Wettbewerbers.

In einem nächsten Untersuchungsschritt gilt es zu klären, ob die beobachteten Kursreaktionen auf Übernahmeankündigungen möglicherweise statt mit einem Streben nach Marktmacht auch durch die „acquisition probability"-Hypothese von Song und Walkling (2000) (Hypothesen 4c und 4d) erklärt werden können. Die Autoren begründen die in anderen Untersuchungen gemessenen signifikant positiven abnormalen Wertveränderungen als Reaktion auf die Übernahmeankündigung eines Branchenwettbewerbers damit, dass durch diese Übernahme die Wahrscheinlichkeit steigt, dass die Wettbewerber selbst zum Übernahmeobjekt werden. Anders als in der Studie der Autoren können in der vorliegenden Untersuchung keine positiven Wertveränderungen für Branchenwettbewerber festgestellt werden. Dieses Ergebnis ist nicht konsistent mit der ursprünglichen Hypothese von Song und Walkling (2000). Trotzdem soll im Folgenden untersucht werden, ob die Wahrscheinlichkeit für eine Übernahme im vorliegenden Fall einen möglicherweise anders gearteten Einfluss auf die beobachten Ankündigungseffekte hat. Denkbar wäre auch etwa ein Zusammenhang zwischen der (abnehmenden) Regulierungsintensität und der Übernahmewahrscheinlichkeit.

Hypothese 4c zufolge sind die Ankündigungseffekte auf Branchenwettbewerber in der ersten Phase einer Übernahmewelle höher als in späteren Phasen. Um diesen Erklärungsansatz zu überprüfen, werden die Übernahmeankündigungen in zwei Gruppen eingeteilt. In der ersten Gruppe werde alle Übernahmen zusammengefasst, die im Zeitraum von 1990 bis 1996 angekündigt wurden. Die zweite Gruppe besteht aus den in den nachfolgenden Jahren angekündigten Transaktionen. Die durchschnittlichen kumulierten abnormalen Renditen beider Gruppen werden in Tabelle 75 verglichen. Wie erwartet, sind die Kursreaktionen in der ersten Phase der Übernahmewelle höher als in der zweiten Phase. Die Mittelwertdifferenzen sind allerdings nicht signifikant.

Tabelle 75: Kumulierte abnormale Renditen von US-Energieversorgern bei der Übernahmeankündigung durch einen Wettbewerber für die erste und zweite Hälfte der Übernahmewelle

	Übernahmeankündigungen von 1990 bis 1996	Übernahmeankündigungen von 1997 bis 2002	Mittelwertdifferenz		
	CAR	CAR	Differenz	t-Wert	p-Wert
[-5;+5]	-0,11%	-0,41% **	0,30%	0,6101	0,5420
[-2;+2]	-0,14%	-0,17%	0,02%	0,0646	0,9485
[-1;+1]	0,04%	-0,28% **	0,31%	1,1119	0,2666
{0}	-0,12%	-0,20% ***	0,08%	0,5312	0,5955
Ø-Transaktionsvolumen in Mio. USD	606	1.185	-579 **	2,3795	0,0176
Anzahl	133	456			

Um zu überprüfen, ob die CAR auf Seiten der Branchenwettbewerber eine Wellenform aufweisen, sind in Tabelle 76 die durchschnittlichen Ankündigungseffekte aufgeteilt auf drei Phasen (Übernahmeankündigungen von 1990-1993, 1994-1998 und 1999-2002) dargestellt. Die CAR sind größtenteils nicht signifikant von null verschieden und zeigen für die verschiedenen Untersuchungsintervalle kein einheitliches Muster. In keinem Fall sind die Mittelwertdifferenzen signifikant. Insgesamt deutet dies nicht auf einen ausgeprägten wellenförmigen Verlauf hin.

Die insignifikanten Unterschiede zwischen den Ankündigungseffekten in den einzelnen Phasen sprechen nicht dafür, dass die abnehmende Intensität der Regulierung in den USA[355] einen systematischen Einfluss auf die CAR der Branchenwettbewerber hat. Diese Beobachtung deutet daher auch nicht darauf hin, dass von einem Zusammenhang zwischen der Übernahmewahrscheinlichkeit und Regulierungsintensität ausgegangen werden muss.

Tabelle 76: Kumulierte abnormale Renditen von US-Energieversorgern bei der Übernahmeankündigung durch einen Wettbewerber für die erste, zweite und dritte Phase der Übernahmewelle

	Phase 1	Phase 2	Phase 3	Mittelwertdifferenz		
	Ankündigungen von 1990-1993	Ankündigungen von 1994-1998	Ankündigungen von 1999-2002	Phase 1 - Phase2	Phase 1 - Phase 3	Phase 2 - Phase 3
[-5;+5]	-0,36%	-0,28%	-0,43%	-0,08%	0,07%	0,14%
[-2;+2]	-0,25%	-0,28% **	-0,04%	0,02%	-0,22%	-0,24%
[-1;+1]	-0,15%	-0,14%	-0,28%	-0,01%	0,13%	0,14%
{0}	-0,03%	-0,16% **	-0,23% **	0,13%	0,21%	0,08%
Ø-Transaktionsvolumen in Mio. USD	131	908	1.313	-777 **	-1.182 **	-405 *
Anzahl	36	275	278			

Die Relevanz der „acquisition probability"-Hypothese zur Erklärung der Wettbewerberreaktionen wird anhand eines zweiten Tests überprüft. Zu diesem Zweck werden die Kapitalmarktreaktionen der zehn größten Energieversorger auf Übernahmeankündigungen von Branchenwettbewerbern danach eingeteilt, ob die jeweiligen Energieversorger anschließend selbst übernommen werden oder nicht. Der „acquisition probability"-Hypothese zufolge (Hypothese 4d) müssten die Kapitalmarktreaktionen der Wettbewerber, die anschließend zu Übernahmezielen werden, die der Vergleichsgruppe signifikant übertreffen. Berücksichtigt werden hier nur die Übernahmen, die bis Ende des Jahres 2000 angekündigt wurden. Durch diese Eingrenzung der Stichprobe wird sichergestellt, dass für jeden Branchenwettbewerber mindestens zwei weitere Beobachtungsjahre existieren, in denen die Möglichkeit bestand, übernommen zu werden.

Die durchschnittlichen kumulierten abnormalen Renditen der beiden Transaktionsgruppen werden in Tabelle 77 verglichen. Für beide Gruppen sind die Ankündigungseffekte negativ. Beim Vergleich der Kursreaktionen beider Gruppen hingegen ergibt sich kein eindeutiges Bild. Lediglich für den Tag {0} der Ankündigung sind die Unterschiede signifikant. Entgegen Hypothese 4d fallen aber die Kursreaktionen für die Wettbewerber, die anschließend selbst zu Übernahmezielen werden, signifikant geringer aus. Eine mögliche Erklärung für

355 Vgl. Kapitel II.3.

diese Beobachtung liegt darin, dass schwache Unternehmen später zu Zielunternehmen werden.[356] Da diese Unternehmen zu den marginalen Anbietern gehören, trifft sie ein intensivierter Wettbewerb mit einem Preisverfall besonders hart. Der Kapitalmarkt nimmt möglicherweise diese Entwicklung durch die negativen abnormalen Renditen zum Ankündigungstermin vorweg.[357]

Tabelle 77: Kumulierte abnormale Renditen von US-Energieversorgern, die nachfolgend selbst Ziel einer Übernahme werden, zum Zeitpunkt der Ankündigung einer Übernahme durch Branchenwettbewerber im Vergleich zu den Kursreaktionen anderer Wettbewerber

	Wettbewerber, die anschließend zu Zielunternehmen werden	Wettbewerber, die anschließend *nicht* zu Zielunternehmen werden	Mittelwertdifferenz		
	CAR	CAR	Differenz	t-Wert	p-Wert
[-5;+5]	-0,19% **	-0,19%	0,00%	0,0060	0,9952
[-2;+2]	-0,25%	-0,14%	-0,11%	0,2811	0,7788
[-1;+1]	-0,31% *	-0,10%	-0,20%	0,7178	0,4732
{0}	-0,44% **	-0,09%	-0,35% **	2,2436	0,0253
Ø-Transaktionsvolumen in Mio. USD	658	1.059	-401	1,4121	0,1585
Anzahl	96	422			

Insgesamt sprechen die Ergebnisse dafür, dass die beobachteten Ankündigungseffekte in den Vereinigten Staaten von Amerika tatsächlich durch Wettbewerbswirkungen erklärt werden können. Für die Signalwirkung von Übernahmeankündigungen hinsichtlich zukünftiger Zielunternehmen können keine Hinweise gefunden werden. Die mit den Ankündigungen verbundenen Wertverluste für Käuferunternehmen und deren Wettbewerber führen allerdings aus der Perspektive der Investoren nicht zu einem Ausbau von Marktmacht und einer erhöhten Wahrscheinlichkeit für stabile Kartelle oder Preisabsprachen. Vielmehr ist davon auszugehen, dass in den Vereinigten Staaten die gemeinsame Einheit aus Käufer- und Zielunternehmen ihre verbessern kann. Die im Zuge der Übernahme realisierte Wertsteigerung fällt aber ausschließlich den Aktionären der Zielunternehmen zu. Der Börsenwert der Käuferunternehmen und der Branchenwettbewerber verringert sich hingegen. Diese Beobachtung könnte allerdings auch dafür sprechen, dass die Wettbewerbsintensität durch die Übernahmen gesteigert wird.

356 Vgl. die Ausführungen zu managerialen Synergien in Kapitel III.1.1.1.

357 Für die CAR der Branchenwettbewerber, die anschließend selbst Gegenstand einer Übernahme werden, und die Ankündigungseffekte auf Seiten von Käufer-, Ziel- und hypothetischen Gemeinschaftsunternehmen eben dieser späteren Übernahme kann kein signifikanter Zusammenhang festgestellt werden. Dies stützt die Hypothese, dass der Kapitalmarkt in der Tat bereits zuvor eine höhere „acquisition probability" im Börsenwert der Branchenwettbewerber berücksichtigt.

V.2.2.3 Multivariate Analyse der Wettbewerbsreaktionen

Die Erkenntnisse aus den dichotomen Untersuchungen der voranstehenden Abschnitte sollen im Rahmen einer multivariaten Regressionsanalyse überprüft und ergänzt werden. Als abhängige Variable wird die kumulierte abnormale Rendite des jeweiligen Wettbewerberunternehmens für das [-1;+1]-Intervall gewählt. Folgende unabhängige Variablen werden in den verschiedenen Regressionsmodellen verwendet: „CAR Käuferunternehmen" ist definiert als die kumulierte abnormale Rendite des Käuferunternehmens, „CAR hyp. Gemeinschaftsunternehmen" als die kumulierte abnormale Rendite des hypothetischen Gemeinschaftsunternehmens". „Nationale Konzentrationsstrategie" ist eine Dummy-Variable, die den Wert 1 zugewiesen bekommt, wenn bei der zugrunde liegenden Transaktion ein US-amerikanischer Stromversorger (Gasversorger) von einem anderen US-amerikanischen Stromversorger (Gasversorger) übernommen wird. „Nationale Übernahme" ist eine weitere Dummy-Variable. Ein Wert von 1 bedeutet, dass Ziel- und Käuferunternehmen beide aus den USA stammen. Die Dummy-Variable "Wettbewerber später selbst Übernahmeziel" wird für alle die Transaktionen auf 1 gesetzt, bei denen das jeweilige Wettbewerbsunternehmen im Anschluss an die betrachtete Akquisition selbst zum Übernahmeziel wurde. Diese Variable dient der Überprüfung der „acquisition-probability"-Hypothese von Song und Walkling (2000). Um zu testen, ob sich die Wettbewerbsreaktionen im Verlaufe des Untersuchungszeitraumes verändert haben, wird das Sample zwei Phasen zugeordnet. „Phase 1997-2002" ist eine Dummy-Variable, die den Wert 1 zugewiesen bekommt, wenn die entsprechende Transaktion in Phase 2 angekündigt wurde. Als letzte Kontrollvariable wird das Transaktionsvolumen betrachtet.[358] In sechs Modellen werden die statistischen Zusammenhänge zwischen den Wettbewerberreaktionen und den unabhängigen Variablen überprüft.

Für die Regressionsgleichung wird das folgende Grundmodell angenommen:

$$CAR^{W} = \alpha + \sum_{j=1}^{n} \beta_j x_j \qquad (24)$$

mit

CAR^W	:	Durchschnittliche kumulierte abnormale Rendite für das [-1;+1]- Intervall für die Branchenwettbewerber
α	:	Regressionskonstante

[358] Das Transaktionsvolumen dient als Indikator für die Bedeutung der Übernahme aus der Perspektive von Käuferunternehmen und Branchenwettbewerber. Sie wird statt einer relativen Größe - etwa der Umsatzrelation von Käufer- und Zielunternehmen - verwendet, da sie zum einen mit dieser stark negativ korreliert ist (-0,7) und sich zum anderen bei Verwendung der Umsatzrelation als Erklärungsvariable die Fallzahl aufgrund einer mangelnden Datenverfügbarkeit von 589 auf 173 reduzieren würde. Darüber hinaus wurde in einer separaten Analyse ermittelt, dass die Umsatzrelation (ebenso wie nachfolgend für das Transaktionsvolumen gezeigt) keinen signifikanten Einfluss auf die Intensität der Ankündigungseffekte auf Seiten der Branchenwettbewerber hat.

β_j	:	Regressionskoeffizient für Variable x_j
x_j	:	Abhängige Variablen mit j=1, 2, ..., n
n	:	Anzahl unabhängiger Variablen

Die Regressionsschätzung erfolgt durch Anwendung des OLS-Verfahrens.

Tabelle 78 zeigt die deskriptiven Charakteristika der unabhängigen Variablen. Die Korrelationen geben einen Hinweis darauf, dass es bei gleichzeitiger Einbeziehung aller Variablen zu einem Multikollinearitätsproblem kommen kann.[359] Die als kritisch eingestuften Korrelationen bzw. Variablenkombinationen sind grau eingefärbt. In den nachfolgenden Regressionsmodellen wird daher auf die Einbeziehung dieser Variablenkombinationen verzichtet.

Tabelle 78: Deskriptive Analyse der unabhängigen Variablen für die Wettbewerbsanalyse (USA)

					Korrelationen						
		Arithm. Mittel	Standard-abw.	n	1	2	3	4	5	6	7
1	CAR Käuferuntern.	-0,01	0,04	589	1,00	0,47	-0,13	-0,15	-0,01	0,02	-0,37
2	CAR hyp. Gemeinschaftsunternehmen	0,01	0,04	207	0,47	1,00	-0,08	-0,26	-0,08	-0,17	-0,12
3	Nationale Konzentrationsstrat.	1,06	12,83	590	-0,13	-0,08	1,00	1,00	-0,18	1,00	0,12
4	Nationale Übernahme	0,84	10,16	590	-0,15	-0,26	1,00	1,00	0,15	1,00	0,01
5	Wettbewerber später selbst Übernahmeziel	0,19	0,39	518	-0,01	-0,08	-0,18	0,15	1,00	-0,04	-0,05
6	Phase 1997-2002	1,55	18,75	590	0,02	-0,17	1,00	1,00	-0,04	1,00	0,09
7	Transaktionsvolumen	1014.21	2348.57	589	-0,37	-0,12	0,12	0,01	-0,05	0,09	1,00

Die Ergebnisse dieser multivariaten Analyse sind in Tabelle 79 dargestellt. In Modell 1 werden als Einflussvariable die abnormale kumulierte Rendite des Käuferunternehmens und die der hypothetischen Gemeinschaftsunternehmen betrachtet. Der Regressionskoeffizient für die Kursreaktion der Käuferunternehmen ist positiv (signifikant auf einem 1%-Niveau). Der Koeffizient für die kumulierte abnormale Rendite des Gemeinschaftsunternehmens ist hingegen nicht signifikant.

359 Judge et al. (1988) werten Korrelationen mit einem Wert von 0,8 und größer als kritisch.

Tabelle 79: Multivariate Analyse der Wettbewerberreaktionen in den USA

	Modell 1	Modell 2	Modell 3	Modell 4	Modell 5	Modell 6
Konstante	-0,0003	-0,0012	-0,0012	-0,0002	0,0016	-0,0002
t-Wert	-0,1492	-0,9539	-0,8119	-0,1526	0,6466	-0,1595
CAR Käuferunt.	0,1635***	0,1904***	0,1894***	0,2067***	0,1894***	0,2068***
t-Wert	3,2442	5,9135	6,0178	7,1865	6,0895	6,3576
CAR hyp. Gemeinschaftsunternehmen	-0,0489					
t-Wert	-1,0224					
Konzentrationsstrat.		0,0008				0,0010
t-Wert		0,2096				0,2894
Nationale Übernahme			0,0003			
t-Wert			0,1449			
Wettbewerber später selbst Übernahmeziel				-0,0018		-0,0019
t-Wert				-0,6661		-0,6828
Phase 1997-2002					-0,0034	
t-Wert					-1,2461	
Transaktionsvolumen						0,0000
t-Wert						-0,1797
R^2	0,0504	0,0591	0,0590	0,0921	0,0615	0,0922
Adj. R^2	0,0411	0,0559	0,0558	0,0885	0,0583	0,0852
F-Wert	1,7698	6,0900**	6,0860**	8,6344***	6,3555**	5,1515**
n	207	589	589	518	589	518

Dieses Resultat ergänzt die Beobachtungen der dichotomen Analyse: Es besteht ein statistischer Zusammenhang zwischen den abnormalen Wertveränderungen von Käuferunternehmen und ihren Wettbewerbern. Je größer die Wertverluste der Käufer, desto stärker verringert sich der Börsenwert ihrer Wettbewerber. Dieser Zusammenhang ist konsistent mit einer Erklärung, die auf eine Verschlechterung der Marktbedingungen, etwa durch einen intensiveren Wettbewerb und einer verringerten Profitabilität infolge einer höheren Anbieterkonzentration, rekurriert.[360] Die jeweilige Übernahme würde demnach als Signal für eine derartige zukünftige Entwicklung aufgefasst.

Der Wert des Regressionskoeffizienten ist deutlich geringer als 1. Dies deutet darauf hin, dass Käuferunternehmen zum Zeitpunkt der Ankündigung deutlich höhere abnormale Wertverluste hinnehmen müssen als ihre Wettbewerber. Neben den für alle Wettbewerber wirksamen Veränderungen in den Marktbedingungen erwarten die Investoren folglich noch spezifische Wertverluste für die Käuferunternehmen, die aus der Übernahme selbst resultieren. Die Investoren gehen mit anderen Worten nicht davon aus, dass Käufer-Energieversorger trotz der beobachteten Wertverluste zum Ankündigungszeitpunkt einen Vorteil gegenüber Wettbewerbern erlangen und durch eine Übernahme besser gestellt werden als durch eine passive Strategie. Wie in Kapitel V.2.2.1 berichtet, profitieren ausschließlich die Anteilseig-

360 In der Tat hat sich die Profitabilität der börsennotierten Energieversorger in den USA zwischen 1996 und 2000 verschlechtert. Der Return on Assets verringerte sich von knapp 37% auf 12%. Vgl. Energy Information Administration (2002). Wie in Kapitel II.3.1.1 erläutert, waren die realen Strompreise seit 1985 ebenfalls stark rückläufig.

ner der Zielunternehmen von den positiven Gesamtwertveränderungen der hypothetischen Gemeinschaftsunternehmen. Dass der Zusammenhang zwischen den kumulierten abnormalen Renditen der Gemeinschaftsunternehmen und der der Branchenwettbewerber nicht signifikant ist, deutet darauf hin, dass die beobachteten Ankündigungseffekte der Wettbewerber eher mit einer Intensivierung des Wettbewerbs als mit einer unmittelbaren Verschlechterung der Marktposition zu erklären ist.

Keine der übrigen unabhängigen Variablen hat einen signifikanten Einfluss auf die Höhe der abnormalen kumulierten Renditen der Wettbewerber.[361] Der Einfluss der abnormalen Wertveränderungen des Käuferunternehmens bleibt auch unter Einbeziehung der übrigen Variablen (vgl. Modell 6 in Tabelle 79) statistisch signifikant. Die Ergebnisse stützen die Erklärung, dass durch die betrachteten Übernahmen der Wettbewerb intensiviert wurde. Sie stehen damit zumindest teilweise im Widerspruch zu jüngeren Untersuchungen, die überwiegend zu dem Ergebnis kommen, dass sich Stromversorger in den USA strategisch verhalten und Marktmacht nutzen.[362] Im Unterschied zur vorliegenden Arbeit konzentrieren sie sich aber zumeist auf die Preissetzung auf Großhandelsebene und auf einzelne Bundesstaaten wie Kalifornien. Die Ergebnisse sind insofern folglich nur bedingt vergleichbar.

Aber auch im Hinblick auf die Marktstruktur sind die Beobachtungen der vorliegenden Untersuchung überraschend. Cardell et al. (1997) berechnen Herfindahl-Hirschmann Indizes (HHI) für 112 Netzregionen in den USA. Für 90% dieser Regionen beobachten sie HHI-Werte von über 2.500 und demnach eine hohe Konzentration.[363] Vor diesem Hintergrund wäre eher zu erwarten, dass Zusammenschlüsse zu einem weiteren Anwachsen der Branchenkonzentration und infolgedessen zu einer messbaren Steigerung der Marktmacht führen, da Absprachen zwischen wenigen marktmächtigen Anbietern tendenziell zu niedrigeren Kontrollkosten möglich sind.[364]

V.2.3 Wettbewerbsreaktionen in Deutschland

Für die Analyse der Wettbewerbsreaktionen in Deutschland werden aus allen betrachteten Übernahmen die Transaktionen ausgewählt, bei denen das Käuferunternehmen seinen Sitz in Deutschland hatte und für die ausreichende Kursinformationen für die Ermittlung der Kapitalmarktreaktionen vorliegen. Insgesamt erfüllen 69 Übernahmen diese Anforderungen. Analog zur Vorgehensweise für die USA wird im Folgenden zunächst der gesamte Datensatz

---

361 Die Werte für das (adjustierte) R^2 sind relativ niedrig, liegen aber in einem für finanzwirtschaftliche multivariate Untersuchungen im üblichen Bereich. Vgl. etwa Hubbard und Palia (1999), S. 1143; Leeth und Borg (2000), S. 233; Fuller et al. (2002), S. 1787 und insbesondere den Kommentar von Haleblian und Finkelstein (1999), Fußnote 9, S. 47.

362 Vgl. z.B. Joskow und Kahn (2001); Joskow und Kahn (2002); Borenstein et al. (2000); Hildebrandt (2001).

363 Nach den Richtlinien der FTC gelten Märkte mit HHI-Werten von über 1800 als „hoch konzentriert". Vgl. Department of Energy (2000).

364 Vgl. Kapitel III.1.1.2.

betrachtet. Die Analyse wird anschließend durch die Untersuchung einzelner Subsample und eine multivariate Analyse vertieft.

V.2.3.1 Untersuchung des gesamten Datensatzes

In Tabelle 80 sind die kumulierten abnormalen Renditen der deutschen Energieversorger zum Zeitpunkt der Ankündigung einer Übernahme durch ein anderes deutsches Energieversorgungsunternehmen dargestellt. Für alle betrachteten Ereignisperioden sind die kumulierten abnormalen Renditen auf einem 1%-Niveau signifikant positiv. Besonders vor dem Hintergrund der für die USA ermittelten Kursreaktionen ist diese Beobachtung und das Signifikanzniveau beachtenswert. Die ermittelten Kursreaktionen auf die Ankündigung von Übernahmen durch Wettbewerber sind konsistent mit Hypothese 4a, die Wertzuwächse für die Wettbewerber von Käuferunternehmen vorhersagt, da sie – ebenso wie die Käuferunternehmen - von einer höheren Anbieterkonzentration und infolgedessen Marktmacht profitieren.

Tabelle 80: Kumulierte abnormale Renditen der deutschen Energieversorger zum Zeitpunkt der Ankündigung einer Übernahme durch Branchenwettbewerber

	CAR	Min	Max	Pos,	Neg,	Std,abw,	z-Value	p-value
[-5;+5]	0,54% ***	-24,74%	60,93%	761	644	0,0570	4,8909	0,0000
[-2;+2]	0,26% ***	-18,76%	59,07%	750	655	0,0428	3,4469	0,0006
[-1;+1]	0,43% ***	-10,86%	31,10%	722	683	0,0335	6,9580	0,0000
Anzahl	1.405							

Die Berechnungen der abnormalen Renditen wurden analog zur Vorgehensweise für den US-amerikanischen Markt unter Verwendung eines risikoadjustierten Marktmodells wiederholt. Durch diesen Untersuchungsschritt wird geprüft, ob die Beobachtungen auf ein verzerrendes Marktmodell zurückzuführen sind und stattdessen etwa Ausdruck eines Größeneffektes sind. Für die Berechnung wurde die in Kapitel V.1.1.1 beschriebene Vorgehensweise für die Ermittlung der Börsenreaktionen von Käufer- und Zielunternehmen auf die Wettbewerberunternehmen übertragen.[365] Die Ergebnisse sind in Tabelle 81 zusammengefasst. Die abnormalen Renditen fallen nach der risikoadjustierten Betrachtung leicht geringer aus als in dem zuvor verwendeten Marktmodell. Erneut werden aber für alle Ereignisperioden signifikant positive Ankündigungseffekte ermittelt. Diese Beobachtung gibt daher keine Hinweise darauf, dass das positive Vorzeichen der kumulierten abnormalen Renditen lediglich auf eine fehlerhafte Spezifikation des Marktmodells bzw. einen Größeneffekt zurückgeführt werden kann. In der Tat ist davon auszugehen, dass eine Übernahmeankündigung eines Wettbewerbers den Börsenwert von deutschen Energieversorgern steigert.

365 Aufgrund der hohen Dichte von Ereignissen wurde die Schätzperiode auf 100 Tage reduziert, um den Einfluss überlappender Ereignisse zu verringern.

Tabelle 81: Kumulierte abnormale Renditen von deutschen Energieversorgern zum Zeitpunkt der Ankündigung einer Übernahme durch Branchenwettbewerber unter Verwendung eines risikoadjustierten Marktmodells

	CAR	Min	Max	Pos.	Neg.	Std.abw.	z-Value	p-value
[-5;+5]	0,25% ***	-27,03%	57,05%	619	684	0,0509	3,0325	0,0024
[-2;+2]	0,08% **	-17,96%	57,80%	629	674	0,0354	2,4989	0,0125
[-1;+1]	0,03% **	-12,77%	20,78%	615	688	0,0240	2,3885	0,0169
{0}	0,09% ***	-12,10%	24,80%	640	663	0,0166	2,9231	0,0035
Anzahl	1.303							

In Tabelle 82 sind die kumulierten abnormalen Renditen der Käuferunternehmen zum Zeitpunkt einer Übernahmeankündigung denen ihrer Branchenwettbewerber gegenübergestellt. Für nahezu alle Ereignisperioden fallen die abnormalen Wertveränderungen für die Käuferunternehmen negativ aus (signifikant auf einem 1%-Niveau für das [-2;+2]-Intervall). Die kumulierten abnormalen Renditen der Wettbewerber sind hingegen für alle Ereignisintervalle positiv. Für die meisten Perioden ist die Mittelwertdifferenz zwischen den CAR von Käuferunternehmen und Branchenwettbewerbern signifikant von null verschieden.

Tabelle 82: Kumulierte abnormale Renditen deutscher Energieversorger zum Zeitpunkt der Ankündigung einer (eigenen) Übernahme im Vergleich zu den Börsenreaktionen der Branchenwettbewerber

	Börsenreaktion des Käuferunternehmens	Börsenreaktion der Wettbewerber des Käuferunternehmens	Mittelwertdifferenz		
	CAR	CAR	Differenz	t-Wert	p-Wert
[-5;+5]	-0,96%	0,54% ***	-1,50% **	2,1275	0,0335
[-2;+2]	-1,26% ***	0,26% ***	-1,53% ***	2,9028	0,0038
[-1;+1]	-0,27%	0,43% ***	-0,70% *	1,6893	0,0914
{0}	-0,14%	0,21% ***	-0,35%	1,3936	0,1636
Anzahl	69	1.405			

Tabelle 83 vergleicht die kumulierten abnormalen Renditen der hypothetischen Gemeinschaftsunternehmen mit denen der Branchenwettbewerber der Käuferunternehmen.[366] Die abnormalen Wertveränderungen auf Seiten der Gemeinschaftsunternehmen sind positiv, aber nicht signifikant von null verschieden. Die Börsenreaktionen der Branchenwettbewerber sind ebenfalls positiv (signifikant auf einem 5%-Niveau für den Tag {0} und das [-5;+5]-Intervall). Die Unterschiede zwischen den kumulierten abnormalen Renditen der Gemeinschaftsunternehmen und der Branchenwettbewerber sind nicht signifikant. Diese Beobachtung deutet darauf hin, dass die Vorteile aus dem Zusammenschluss ausschließlich den An-

[366] Nur in 34 Fällen war das Zielunternehmen börsennotiert, so dass sich eine verkleinerte Stichprobe ergibt.

teilseignern der Zielunternehmen zufallen. Die hypothetischen Gemeinschaftsunternehmen können ihre Wettbewerbsposition im Vergleich zu den Branchenwettbewerbern nicht ausbauen.

Zusammenfassend sind die voranstehend dargestellten Beobachtungen konsistent mit der Hypothese 4a, der zufolge eine Steigerung von Marktmacht ein wichtiges Motiv für Übernahmen darstellt. Dafür spricht, dass der Börsenwert der hypothetischen Unternehmenseinheit bestehend aus Käufer- und Zielunternehmen sowie der Börsenwert der Branchenwettbewerber zunimmt. Die Anteilseigner der Käuferunternehmen müssen Wertverluste hinnehmen, die aber von den Wertzuwächsen auf Seiten der Zielunternehmen überkompensiert werden. Dieser Zusammenhang deutet auf einen Werttransfer von den Käufer- zu den Zielunternehmen hin.

Tabelle 83: Kumulierte abnormale Renditen der hypothetischen Gemeinschaftsunternehmen zum Zeitpunkt der Ankündigung einer (eigenen) Übernahme im Vergleich zu den Börsenreaktionen der Branchenwettbewerber des Käuferunternehmens in Deutschland

	Börsenreaktion des Käuferunternehmens (1)	Börsenreaktion des hypothetischen Gemeinschaftsunternehmens (2)	Börsenreaktion der Wettbewerber des Käuferunternehmens (3)	Mittelwertdifferenz (2) – (3)		
		CAR	CAR	CAR-Differenz	t-Wert	p-Wert
[-5;+5]	-0,96%	0,68%	0,39% **	0,29%	0,2924	0,7700
[-2;+2]	-1,26%***	-0,05%	0,11%	-0,15%	0,1912	0,8484
[-1;+1]	-0,27%	0,97%	0,19%	0,77%	1,3405	0,1805
{0}	-0,14%	0,42%	0,13% **	0,30%	0,9426	0,3462
n	34	34	693			

Alternativ wäre es aber auch denkbar, dass die durch Übernahmen steigende Marktkonzentration keinen Einfluss auf den Börsenwert von Wettbewerbern hat bzw. Marktmachterwägungen keine Rolle spielen. Stattdessen könnte die Steigerung des Wertes von Wettbewerbern eine direkte Reaktion auf hohe Übernahmekosten für das konkurrierende Käuferunternehmen sein. Nach dieser Argumentation würde das Käuferunternehmen durch die jeweilige Übernahme geschwächt und würde seinen Wettbewerbern hierdurch neue Wachstumsperspektiven eröffnen. Diesem Erklärungsansatz zufolge wäre mit einer negativen Korrelation zwischen den Ankündigungseffekten für Käuferunternehmen und ihrer Wettbewerber zu rechnen. Denn je mehr der Käufer durch die Übernahme geschwächt würde, desto stärker würden seine Wettbewerber von dieser Schwäche profitieren. Die Steigerung des Börsenwertes der Zielunternehmen könnte für diese Erklärung ggf. deshalb vernachlässigt werden, weil die Zielunternehmen nicht unbedingt unmittelbar in Konkurrenz zu den Branchenwettbewerbern der Käuferunternehmen stehen.

Welcher dieser Ansätze eine höhere Erklärungskraft besitzt, wird im Rahmen einer multivariaten Regressionsanalyse im Kapitel V.2.3.3 untersucht.

V.2.3.2 Untersuchung von Teilstichproben

Hypothese 4b zufolge wird vor allem durch horizontale Zusammenschlüsse innerhalb des gleichen nationalen Marktes Macht aufgebaut. Daher seien besonders für diese Zusammenschlüsse mit hohen abnormalen Renditen für die Wettbewerber zu rechnen. Tabelle 84 vergleicht die abnormalen Wertveränderungen von Wettbewerbern auf die Ankündigung einer horizontalen nationalen Übernahme eines deutschen Energieversorgers mit denen der übrigen Übernahmeankündigungen. In der Tat sind für alle Ereignisperioden die abnormalen Renditen von Wettbewerbern bei horizontalen nationalen Übernahmen höher als für die Vergleichsgruppe. Die Unterschiede in den CAR sind allerdings nur für das [-5;5]-Intervall statistisch signifikant. Die Ergebnisse aus Tabelle 84 können insofern zumindest als schwache Bestätigung für die Hypothese 4b gewertet werden.

Der Einfluss, den die geographische Überschneidung der Heimatmärkte von Käufer-, Ziel- und Wettbewerberunternehmen auf die Höhe der Ankündigungseffekte von Wettbewerbern nimmt, wird in Tabelle 85 beleuchtet.

Tabelle 84: Kumulierte abnormale Renditen der deutschen Energieversorger zum Zeitpunkt der Ankündigung einer horizontalen Übernahme eines nationalen Unternehmens durch Branchenwettbewerber im Vergleich zu den Börsenreaktionen auf alle anderen Übernahmen durch Wettbewerber

	Horizontale Übernahme eines nationalen Zielunternehmens	Alle anderen Übernahmen	Mittelwertdifferenz		
	CAR	CAR	Differenz	t-Wert	p-Wert
[-5;+5]	1,20% ***	0,17%	1,03% ***	3,0373	0,0024
[-2;+2]	0,27%	0,11%	0,16%	0,6132	0,5398
[-1;+1]	0,56% ***	0,26% ***	0,30%	1,4756	0,1403
{0}	0,32% **	0,14% ***	0,17%	1,4331	0,1520
Ø-Transaktionsvolumen in Mio. USD	759	1.511 ***	-752 ***	6,7191	0,0000
Anzahl	368	1.118			

Tabelle 85: Kumulierte abnormale Renditen der deutschen Energieversorger zum Zeitpunkt der Ankündigung einer nationalen bzw. internationalen Übernahme durch Branchenwettbewerber

	Übernahme eines nationalen Zielunternehmens	Übernahme eines ausländischen Unternehmens	Mittelwertdifferenz		
	CAR	CAR	CAR-Differenz	t-Wert	p-Wert
[-5;+5]	1,32% ***	-0,28%	1,60% ***	5,3242	0,0000
[-2;+2]	0,94% ***	-0,45% ***	1,39% ***	6,1589	0,0000
[-1;+1]	1,04% ***	-0,23% **	1,27% ***	7,2137	0,0000
{0}	0,46% ***	-0,05%	0,51% ***	4,7224	0,0000
Ø-Transaktionsvolumen in Mio. USD	924	986	-62	0,6077	0,5434
Anzahl	722	683			

Da die Wettbewerbsintensität zwischen Energieversorgern, die im gleichen Markt operieren, als besonders hoch angenommen werden kann, haben besonders nationale Übernahmen das Potential, die Marktmacht der Anbieter zu steigern. Der Marktmacht-Hypothese zufolge sind die Wertsteigerungen auf Seiten von Branchenwettbewerbern im Falle von nationalen Übernahmen höher als bei internationalen (grenzüberschreitenden) Transaktionen. Die Ergebnisse aus Tabelle 85 bestätigen diese Hypothese. Für alle Ereignisperioden fallen die kumulierten abnormalen Renditen der Branchenwettbewerber im Zuge einer nationalen Übernahme eines deutschen Energieversorgers signifikant höher aus als bei internationalen Zusammenschlüssen.

Die Hypothesen 4c und 4d greifen die „acquisition probability"-Hypothese von Song und Walkling (2000) auf. Sie erklären die Wertsteigerungen von Branchenwettbewerbern im Zuge von Übernahmeankündigungen durch Energieversorger damit, dass aus der Perspektive der Investoren die Wahrscheinlichkeit steigt, dass die Branchenwettbewerber selbst zu Übernahmeobjekten werden.

Hypothese 4c zufolge sind die Ankündigungseffekte auf Branchenwettbewerber in der ersten Phase einer Übernahmewelle höher als in späteren Phasen. In Tabelle 86 werden die kumulierten abnormalen Renditen von Wettbewerbern für die Jahre 1990-1996 mit denen der Jahre 1997-2002 verglichen. Die Ergebnisse bestätigen Hypothese 4c nicht. Die Unterschiede zwischen den durchschnittlichen Ankündigungseffekten der beiden betrachteten Phasen sind unheitlich und insignifikant.

Tabelle 86: Kumulierte abnormale Renditen von deutschen Energieversorgern bei der Übernahmeankündigung durch einen Wettbewerber für die Anfangs- und Endphase der Übernahmewelle

	Übernahmeankündigungen von 1990 bis 1996	Übernahmeankündigungen von 1997 bis 2002	Mittelwertdifferenz		
	CAR	CAR	CAR-Differenz	t-Wert	p-Wert
[-5;+5]	0,36% *	0,59% ***	-0,24%	0,6502	0,5157
[-2;+2]	0,27% *	0,26% **	0,01%	0,0323	0,9742
[-1;+1]	0,41% ***	0,43% ***	-0,02%	0,0868	0,9309
{0}	0,10% *	0,24% ***	-0,14%	1,0959	0,2733
Ø-Transaktions-volumen in Mio. USD	450	1.073	-623 ***	4,8026	0,0000
Anzahl	318	1.087			

Tabelle 87 zeigt die durchschnittlichen CAR der Wettbewerber für die Übernahmewelle aufgeteilt in drei Phasen. Die höchsten Ankündigungseffekte werden für die zweite Phase (Ankündigungen von 1994-1998) beobachtet. Im Vergleich zu den vorhergehenden und den nachfolgenden Jahren sind die CAR in dieser Phase signifikant höher. Anders als für die USA kann folglich eine wellenförmige Entwicklung der Ankündigungseffekte auf Seiten der Wettbewerber unterstellt werden. Diese Beobachtung stützt zumindest teilweise die „acquisition probability"-Hypothese. Die hohen durchschnittlichen CAR der Wettbewerber in der zweiten Phase können als Vorwegnahme der großen Zahl von Übernahmen in den nachfolgenden Jahren interpretiert werden.

Tabelle 87: Kumulierte abnormale Renditen von Energieversorgern bei der Übernahmeankündigung durch einen Wettbewerber für die erste, zweite und dritte Phase der Übernahmewelle

	Phase 1 Ankündigungen von 1990-1993	Phase 2 Ankündigungen von 1994-1998	Phase 3 Ankündigungen von 1999-2002	Mittelwertdifferenz Phase 1 - Phase2	Phase 1 - Phase 3	Phase 2 - Phase 3
[-5;+5]	0,54% *	0,27%	0,63% ***	0,27%	-0,09%	-0,36%
[-2;+2]	0,09%	0,67% ***	0,16%	-0,57% *	-0,07%	0,51% *
[-1;+1]	0,24%	0,87% ***	0,31% ***	-0,63% *	-0,08%	0,56% **
{0}	0,26% ***	0,23% *	0,20% ***	0,04%	0,06%	0,03%
Ø-Trans-aktions-volumen in Mio. USD	666	984	1.117	-318 *	-451 **	-133
Anzahl	148	307	950			

Der wellenförmige Verlauf spricht darüber hinaus nicht dafür, dass die Intensität der Regulierung einen systematischen Einfluss auf die „acquisition probability“ hat. Wie in Kapitel II.3 erläutert, hat die Regulierungsintensität in Deutschland seit 1990 monoton abgenommen. Bei einer Wirkung der Regulierungsintensität auf die Übernahmewahrscheinlichkeit wäre ebenfalls eine monotone Entwicklung für die CAR der Branchenwettbewerber zu erwarten.

Der Erklärungsbeitrag der „acquisition probability“-Hypothese soll durch eine weitere Untersuchung überprüft werden. Tabelle 88 vergleicht die abnormalen Wertveränderungen von Wettbewerbern, die nachfolgend selbst zu Übernahmezielen werden, mit denen der übrigen Wettbewerber.[367] Hypothese 4d sagt voraus, dass die Ankündigungseffekte bei der ersten Wettbewerbergruppe höher ausfallen. Für drei der betrachteten Ereignisperioden sind die kumulierten abnormalen Renditen in der Tat für die Wettbewerber höher, die anschließend selbst übernommen werden. Jedoch sind die beobachteten Mittelwertdifferenzen für keines der Intervalle signifikant und können allenfalls als äußerst schwache Bestätigung von Hypothese 4d interpretiert werden. In Verbindung mit den vorstehend diskutierten Ergebnissen zu Hypothese 4c ist der Erklärungsbeitrag der „acquisition probability“-Hypothese insgesamt als sehr gering einzuschätzen. Die Resultate der dichotomen Analysen sind hingegen für den deutschen Markt konsistent mit den Hypothesen 4a und 4b, die eine Steigerung von Marktmacht als Motiv für Übernahmen proklamieren.

Tabelle 88: Kumulierte abnormale Renditen von deutschen Energieversorgern, die nachfolgend selbst Ziel einer Übernahme werden, zum Zeitpunkt der Ankündigung einer Übernahme durch Branchenwettbewerber im Vergleich zu den Kursreaktionen anderer Wettbewerber

	Wettbewerber, die anschließend zu Zielunternehmen werden	Wettbewerber, die anschließend *nicht* zu Zielunternehmen werden	Mittelwertdifferenz		
	CAR	CAR	CAR-Differenz	t-Wert	p-Wert
[-5;+5]	0,65% **	0,36% *	0,29%	0,7533	0,4514
[-2;+2]	0,32%	0,30% **	0,02%	0,0557	0,9556
[-1;+1]	0,40% **	0,31% **	0,09%	0,3637	0,7162
{0}	0,04%	0,12%	-0,08%	0,5684	0,5699
Ø-Transaktionsvolumen in Mio. USD	892	1.030	-138	0,8734	0,3826
Anzahl	292	635			

[367] Berücksichtigt werden, wie für die im vorangehenden Kapitel dargestellte Analyse der Übernahmen US-amerikanischer Energieversorger, nur die Übernahmen, die bis zum Ende des Jahres 2000 angekündigt wurden. Durch diese Eingrenzung der Stichprobe wird sichergestellt, dass für jeden Branchenwettbewerber mindestens zwei weitere Beobachtungsjahre existieren, in denen die Möglichkeit bestand, übernommen zu werden.

V.2.3.3 Multivariate Analyse der Wettbewerbsreaktionen

Die univariaten Analysen sollen im Folgenden durch eine multivariate Regressionsanalyse überprüft werden. Analog zur Untersuchung für die USA (vgl. Kapitel V.2.2.3) wird die kumulierte abnormale Rendite der Wettbewerber für das [-1;+1]-Intervall als abhängige Variable gewählt. Die Dummy-Variablen „CAR Käuferunternehmen", „CAR hyp. Gemeinschaftsunternehmen", „Konzentrationsstrategie", „Nationale Übernahme", „Wettbewerber später Übernahmeziel" und „Phase 1997-2002" werden ebenfalls entsprechend definiert.

Tabelle 89 zeigt die deskriptiven Charakteristika der unabhängigen Variablen. Die Korrelationsmatrix zeigt, dass lediglich für zwei der Variablenpaare der Korrelationskoeffizient mehr als 0,5 beträgt. Auch wenn dieser Wert in dem einen Fall noch knapp unter der kritischen Grenze[368] liegt, wird in den folgenden Untersuchungen darauf verzichtet, den Erklärungsbeitrag der betroffenen Variablen simultan zu prüfen.

Tabelle 89: Deskriptive Analyse der unabhängigen Variablen für die Wettbewerbsanalyse (Deutschland)

					Korrelationen						
		Arithm. Mittel	Standard-abw.	n	1	2	3	4	5	6	7
1	CAR Käuferuntern.	0,00	0,03	1405	1,00	0,83	0,12	0,17	0,03	-0,12	0,31
2	CAR hyp. Gemeinschaftsunternehmen	0,01	0,04	693	0,83	1,00	0,12	0,18	0,05	-0,12	0,14
3	Nationale Konzentrationsstrat.	0,26	0,44	1405	0,12	0,12	1,00	0,58	-0,03	0,04	0,18
4	Nationale Übernahme	0,51	0,50	1405	0,17	0,18	0,58	1,00	-0,02	0,06	0,05
5	Wettbewerber später selbst Übernahmeziel	0,31	0,46	927	0,03	0,05	-0,03	-0,02	1,00	-0,14	-0,03
6	Phase 1997-2002	0,77	0,42	1405	-0,12	-0,12	0,04	0,06	-0,14	1,00	0,12
7	Transaktionsvolumen	940,96	2153,14	1405	0,31	0,14	0,18	0,05	-0,03	0,12	1,00

Die Ergebnisse der multivariaten Analyse sind in Tabelle 90 aufgeführt. Modell 1 berücksichtigt als einzige unabhängige Variable die kumulierte abnormale Rendite des Käuferunternehmens. Der dazugehörige Regressionskoeffizient ist positiv und hochsignifikant von null verschieden (auf einem 1%-Niveau). Je höher folglich der abnormale Wertzuwachs (Wertverlust) des Käuferunternehmens, desto höher fiel der simultane Wertzuwachs (Wertverlust) für die Branchenwettbewerber aus. Diese Beobachtung stützt die Hypothese, dass in der Tat ein Zugewinn an Marktmacht verantwortlich für die positive Kursreaktion der Wettbewerber ist. Sie ist hingegen nicht konsistent mit der Erklärung, dass die Ankündigungseffekte der Wettbewerber auf eine Schwächung ihrer Konkurrenten, d.h. der Käuferunternehmen zurückzuführen ist. Konsistent mit dieser Erklärung wäre ein negativer Regressionskoeffizient. Dieser würde anzeigen, dass der Börsenwert der Branchenwettbewerber bei höheren Wertverlusten der Käuferunternehmen stärker zunimmt.

368 Judge et al. (1988) gehen von einem kritischen Wert von 0,8 aus.

Modell 2 analysiert den Zusammenhang zwischen der kumulierten abnormalen Rendite der hypothetischen Gemeinschaftsunternehmen und der Kapitalmarktreaktionen auf Seiten der Wettbewerber. Es kann ebenfalls ein positiver Zusammenhang festgestellt werden (signifikant auf einem 1%-Niveau). Dieses Ergebnis war wegen der hohen Korrelation zwischen der kumulierten abnormalen Rendite der Käufer- und hypothetischen Gemeinschaftsunternehmen zu erwarten.

In Modell 3 wird zusätzlich zur kumulierten abnormalen Rendite der Käuferunternehmen eine Dummy-Variable aufgenommen, die den Wert 1 zugewiesen bekommt, wenn die beobachtete kumulierte abnormale Rendite der Wettbewerber eine Reaktion auf eine nationale horizontale Übernahme ist. Konsistent zu den Ergebnissen aus der dichotomen Analyse ist der Regressionskoeffizient dieser Dummy-Variable positiv, allerdings nicht signifikant.

Modell 4 prüft, ob nationale Übernahmen höhere Börsenwertzuwächse für die Wettbewerber verursachen als internationale Übernahmen. Der Regressionskoeffizient für die entsprechende Dummy-Variable ist signifikant positiv (auf einem 1%-Niveau). Folglich werden auch in diesem Punkt die Ergebnisse der dichotomen Analyse bestätigt, die für nationale Übernahmen höhere abnormale Wertzuwächse für Wettbewerber feststellt.

Tabelle 90: Multivariate Analyse der Wettbewerberreaktionen in Deutschland

	Modell 1	Modell 2	Modell 3	Modell 4	Modell 5	Modell 6	Modell 7
Konstante	0,0046	0,0013	0,0042	-0,0019	0,0047	0,0048	-0,0057 **
t-value	5,0169	1,0353	3,9853	-1,4577	3,2633	4,5811	-2,2820
CAR Käuferunt.	0,0726 ***		0,0704 ***	0,0405 ***	0,1387 ***	0,0740 ***	0,0593
t-value	2,5851		2,4881	1,4477	3,7620	2,6163	1,3809
CAR hyp. Gemeinschaftsunternehmen		0,0907 ***					
t-value		2,9188					
Konzentrationsstrat.			0,0013				
t-value			0,6403				
Nationale Übernahme				0,0125 ***			0,0149 ***
t-value				6,9233			6,2902
Wettbewerber später Ü					0,0005		0,0008
t-value					0,2151		0,3160
Phase 1997-2002						-0,0009	0,0021
t-value						-0,4216	0,7865
Größe							0,0000
t-value							1,2089
R^2	0,0048	0,0122	0,0051	0,0382	0,0155	0,0049	0,0382
Adj. R^2	0,0041	0,0107	0,0037	0,0368	0,0134	0,0035	0,0347
F-Wert	1,6912	2,1207	1,1953	9,2460 ***	2,4186	1,1560	3,0262 *
n	1.405	693	1.405	1.405	927	1.405	927

In Modell 5 wird eine Dummy-Variable eingeführt, die anzeigt, ob der jeweilige betrachtete Branchenwettbewerber zu einem späteren Zeitpunkt selbst zum Übernahmeziel wird. Mit einem Wert von 0.0004 ist der geschätzte Regressionskoeffizient zwar leicht positiv, allerdings nicht signifikant von null verschieden. Es kann folglich nicht von einem stabilen Zusammenhang ausgegangen werden.

Modell 6 überprüft, ob sich die Wertveränderungen von Energieversorgern als Reaktion auf Übernahmeankündigungen von Wettbewerbern in einer frühen Phase der Übernahmewelle von denen in einer späteren Phase unterscheiden. Der Dummy-Variable „Phase 1997-2002" wird der Wert 1 zugewiesen, wenn die jeweilige Übernahme in die späte Phase fällt. Der entsprechende Korrelationskoeffizient ist negativ, aber nicht signifikant von null verschieden. Die Ergebnisse der Modelle 4 und 5 stützen die Schlussfolgerungen aus der dichotomen Analyse, die der „acquisition probability"-Hypothese nur einen schwachen Erklärungsbeitrag beimessen.

In Modell 7 werden verschiedene Einflussvariablen simultan berücksichtigt. Im Gegensatz zu allen anderen Modellen ist der Regressionskoeffizient für die kumulierten abnormalen Renditen der Käuferunternehmen in diesem Modell nicht signifikant. Ein hochsignifikanter Einfluss wird hingegen für die Variable „nationale Übernahme" gemessen.[369]

Zusammenfassend bestätigt die multivariate Regressionsanalyse weitgehend die Ergebnisse aus der dichotomen Betrachtung für deutsche Energieversorger. Es finden sich deutliche Hinweise auf negative Wettbewerbswirkungen, die auf einen Zuwachs von Marktmacht für die an der jeweiligen betrachteten Übernahme unbeteiligten Branchenwettbewerber schließen lassen. Angesichts der hohen Anbieterkonzentration in Deutschland ist dieses Ergebnis nicht überraschend. Im Jahr 2004 betrug der Marktanteil der drei größten Stromerzeugungsunternehmen 61%. Auch für die Gasversorgung gilt die Konzentration als hoch.[370] Wie in Kapitel III.1.1.2 erläutert, erleichtern derartige Marktstrukturen potentiell das Ausnutzen von Marktmacht.

V.2.4 Zusammenfassung

Übernahmen amerikanischer und deutscher Energieversorger wirken sich signifikant auf den Börsenwert ihrer nationalen Branchenwettbewerber aus. Amerikanische Energieversorger müssen einen Wertverlust von 0,21% im Zeitraum von einem Tag vor bis einen Tag nach der Ankündigung einer Übernahme durch einen nationalen Wettbewerber hinnehmen. In Deutschland steigt hingegen der Börsenwert von Energieversorgern um 0,43% als Reaktion auf eine Übernahmeankündigung durch einen nationalen Wettbewerber. In Deutschland sind die Ankündigungseffekte auf Seiten der Wettbewerber konsistent mit der Marktmachthypothese (Hypothese 4a). Die negativen Auswirkungen von Übernahmeankündigungen auf Branchenwettbewerber in den USA sprechen stattdessen dafür, dass der Wettbewerb durch Übernahmen intensiviert wird.

---

369 Ein weiteres Modell wurde geschätzt, bei dem dieselben erklärenden Variablen wie in Modell 6 mit Ausnahme der CAR der Käuferunternehmen verwendet wurden. Statt dessen wurde die CAR der hypothetischen Gemeinschaftsunternehmen einbezogen. Die Ergebnisse fallen analog zu Modell 6 aus. Insbesondere ist der Regressionskoeffizient für die CAR der hypothetischen Gemeinschaftsunternehmen nicht signifikant.

370 Vgl. Europäische Kommission (2004), S. 4 und S. 11.

V.3 Multivariate Analyse der Kapitalmarktreaktionen

In den voranstehenden Kapiteln wurden die Hypothesen zur Erklärung der Übernahmen nordamerikanischer und europäischer Energieversorgungsunternehmen weitgehend im Rahmen von dichotomen Analysen untersucht, bei denen jeweils eine einzelne Einflussgröße berücksichtigt wurde. Wechselwirkungen zwischen verschiedenen erklärenden Variablen wurden dabei kaum betrachtet. Im folgenden wird daher die Untersuchung durch eine multivariate Analyse der Kapitalmarktreaktionen von Käufer-, Ziel- und hypothetischen Gemeinschaftsunternehmen ergänzt.

V.3.1 Deskriptive Analyse der Einflussvariablen

Für die multivariate Regressionsanalyse werden verschiedene abhängige und unabhängige Variablen gewählt. Als abhängige Variablen werden die kumulierten abnormalen Renditen von Käufer-, Ziel- und hypothetischen Gemeinschaftsunternehmen für das [-1;+1]-Intervall gewählt. Die Vorteile dieses relativ kurzen Intervalls liegen darin, dass die Teststatistik mächtiger und dass Verzerrungen durch andere Unternehmensereignisse innerhalb des Ereignisfensters weitgehend ausgeschlossen werden können.[371]

Die unabhängigen Variablen werden analog zur dichotomen Analyse gewählt. Berücksichtigt werden aber nur die Variablen, die nach den voranstehenden Analysen einen Einfluss auf die kumulierten abnormalen Renditen von Käufer-, Ziel- und hypothetischen Gemeinschaftsunternehmen erwarten lassen. Die Operationalisierung der Variablen wird in Tabelle 91 zusammengefasst. Um auszuschließen, dass die Regressionsschätzer infolge einer etwaigen Multikollinearität verzerrt werden, müssen die Korrelationen zwischen den einzelnen unabhängigen Variablen überprüft werden. In Tabelle 92 sind daher neben dem arithmetischen Mittelwert und der Standardabweichung die Cross-Korrelationen aller Variablen dargestellt.[372] Es finden sich keine Hinweise auf ein mögliches Multikollinearitätsproblem. In keinem Fall übersteigt der Betrag eines Korrelationskoeffizienten den Wert von 0,5, in 92% der Fälle liegt der Wert bei unter 0,2. Nach Judge et al. (1988) sind Werte ab 0,8 und größer als kritisch zu bewerten.

---

371 Vgl. Kapitel IV.1.1.1.

372 Da der Einfluss der Wettbewerberreaktionen in den USA und Deutschland nicht verbunden mit anderen Variablen getestet wird, kann auf eine Korrelationsanalyse verzichtet werden. In die Analyse werden alle verfügbaren Informationen zu sämtlichen (nicht nur zu den börsennotierten) Zielunternehmen einbezogen.

Tabelle 91: Operationalisierung der unabhängigen Variablen

Variablengruppe		Variable	Skalierung	Definition
Operative Synergien	1)	Konzentrationsstrategie	binär	= 1, wenn jeweilige Tx. horizontale Übernahme, sonst = 0
	2)	Konzentrische Strategie	binär	= 1, wenn jeweilige Tx. konzentrische Übernahme, sonst = 0
	3)	Internationalität	binär	= 1, wenn jeweilige Tx. grenzüberschreitend, sonst = 0
Finanzielle Synergien	4)	Korrelation der Cash-flows	metrisch	= Korrelationskoeff. der Cash-flows von Käufer- und Zielunternehmen
	5)	Korrelation der Wertpapierrenditen	metrisch	= Korrelationskoeff. der tägl. Wertpapierrenditen von Käufer- und Zielunternehmen
	6)	Relative Größenunterschiede von Käufer- und Zielunternehmen	metrisch	= Relation der Bilanzsummen von Käufer- und Zielunternehmen
Manageriale Synergien	7)	Marktwert-Buchwert-Relation der Zielunternehmen	metrisch	= Verhältnis der Marktwert-Buchwert-Relation von Käufer- und Zielunternehmen
	8)	Unterschiede der Kapitalrentabilität (RoA) von Käufer- und Zielunternehmen	metrisch	= Verhältnis des RoA von Käufer- und Zielunternehmen
	9)	Verhältnis der Cost-Income-Ratio von Käufer- und Zielunternehmen	metrisch	= Verhältnis des RoA von Käufer- und Zielunternehmen
Rentenumverteilung - Marktmacht	10)	Kursreaktionen der Wettbewerber	metrisch	= CAR für das [-1;+1]-Intervall bei US-amerikanischen und deutschen Übernahmen
Kontrollvariablen	11)	Grad des Kontrollübergangs	binär	= 1, wenn Erreichung der Unternehmenskontrolle
	12)	Art der Übernahmefinanzierung	binär	= 1, wenn Übernahme ausschließlich durch Aktien finanziert, sonst = 0
	13)	Börsennotierung der Zielunternehmen	binär	= 1, wenn Zielunternehmen börsennotiert, sonst =0
	14)	Privatisierung	binär	= 1, wenn Zielunternehmen Gegenstand einer Privatisierung, sonst =0
	15)	Herkunft der Käuferunternehmen	binär	= 1, wenn Sitz des Käuferunt. in Nordamerika, sonst =0
	16)	Übernahmeerfahrung	ganzzahlig	= Anzahl der Übernahmen des Käuferunt. vor jeweiliger Tx.
	17)	Transaktionsvolumen Zeitpunkt der Übernahme	metrisch	= Transaktionsvolumen in Mio. USD
	18)	Phase 1	binär	= 1, wenn Ankündigungsdatum von 1990 bis 1994, sonst = 0
	19)	Phase 2	binär	= 1, wenn Ankündigungsdatum von 1995 bis 1997, sonst = 0
	20)	Phase 3	binär	= 1, wenn Ankündigungsdatum von 1998 bis 2000, sonst = 0

Tabelle 92: Mittelwerte, Standardabweichung und Korrelationen für die verwendeten unabhängigen Variablen

	Variablen	Ø	σ	n	Korrelationen 1	2	3	4	5	6	7	8	9	10	11	12	13	14	15	16	17	18	19	20
1	Konzentrationsstrategie	0,49	0,50	529	1,00	-0,40	0,21	-0,01	0,07	-0,02	0,03	0,07	-0,11	-0,07	-0,11	0,10	0,15	0,16	-0,16	0,04	-0,01	0,00	-0,03	0,06
2	Konzentrische Strategie	0,14	0,35	529	-0,40	1,00	-0,06	-0,03	0,04	-0,01	-0,04	-0,04	-0,02	0,05	-0,01	0,03	-0,01	-0,01	0,02	-0,07	-0,04	0,04	0,02	-0,04
3	Internationalisierung	0,41	0,49	529	0,21	-0,06	1,00	0,03	-0,40	0,14	0,08	0,11	-0,10	-0,21	-0,14	-0,07	0,04	0,27	-0,13	0,28	-0,21	-0,06	0,14	0,12
4	Cash-flow-Korrelation	0,43	0,56	79	-0,01	-0,03	0,03	1,00	-0,03	0,15	0,13	0,08	0,09	0,20	-0,04	-0,04	n.V.	-0,07	0,14	0,15	-0,05	0,04	-0,10	0,20
5	Renditekorrelation	0,13	0,18	178	0,07	0,04	-0,40	-0,03	1,00	-0,23	-0,01	-0,05	-0,16	0,14	0,08	0,29	-0,04	-0,08	-0,03	-0,05	0,00	0,05	0,04	-0,14
6	Größenunterschiede	37,16	86,58	177	-0,02	-0,01	0,14	0,15	-0,23	1,00	0,49	-0,03	0,00	-0,13	-0,09	-0,19	-0,11	0,04	-0,08	0,25	-0,05	-0,15	-0,11	0,36
7	Marktwert-Buchwert - Relation der Zielunt.	1,91	4,53	154	0,03	-0,04	0,08	0,13	-0,01	0,49	1,00	-0,01	-0,01	-0,06	-0,05	-0,04	-0,05	0,00	0,11	-0,07	-0,06	-0,06	-0,03	0,17
8	Unterschiede in den RoA von Käufer- und Zielunt.	6,23	66,05	178	0,07	-0,04	0,11	0,08	-0,05	-0,03	-0,01	1,00	-0,09	0,06	-0,04	0,18	0,01	0,00	-0,11	0,07	-0,04	-0,05	-0,06	0,16
9	Relation Cost-Income-Ratio von Käufer- und Zielunt.	1,56	12,80	171	-0,11	-0,02	-0,10	0,09	-0,16	0,00	-0,01	-0,09	1,00	0,07	0,02	-0,05	0,03	-0,02	0,10	-0,04	-0,12	0,16	-0,05	0,00
10	Grad des Kontroll-übergangs	0,51	0,50	529	-0,07	0,05	-0,21	0,20	0,14	-0,13	-0,06	0,06	0,07	1,00	0,22	0,27	0,08	-0,11	0,28	-0,08	0,03	0,07	-0,03	-0,08
11	Art der Über-nahmefinanzierung	0,17	0,37	529	-0,11	-0,01	-0,14	-0,04	0,08	-0,09	-0,05	-0,04	0,02	0,22	1,00	0,07	0,13	-0,07	0,24	-0,01	0,06	0,08	-0,02	-0,14
12	Transaktionsvolumen (Mio. USD)	623	1667	529	0,10	0,03	-0,07	-0,04	0,29	-0,19	-0,04	0,18	-0,05	0,27	0,07	1,00	0,26	-0,07	0,00	0,06	-0,12	-0,02	0,12	-0,01
13	Börsennotierung Zie-lunt.	0,47	0,50	529	0,15	-0,01	0,04	n.V.	-0,04	-0,11	-0,05	0,01	0,03	0,08	0,13	0,26	1,00	-0,11	0,07	0,04	0,05	-0,01	0,00	-0,05
14	Privatisierung	0,13	0,34	529	0,16	-0,01	0,27	-0,07	-0,08	0,04	0,00	0,00	-0,02	-0,11	-0,07	-0,07	-0,11	1,00	-0,15	0,09	-0,06	0,07	-0,03	0,03
15	Herkunft der Käuferunt.	0,61	0,49	529	-0,16	0,02	-0,13	0,14	-0,03	-0,08	0,11	-0,11	0,10	0,28	0,24	0,00	0,07	-0,15	1,00	-0,20	0,01	0,11	0,00	-0,15
16	Übernahmeerfahrung	4,49	5,90	529	0,04	-0,07	0,28	0,15	-0,05	0,25	-0,07	0,07	-0,04	-0,08	-0,01	0,06	0,04	0,09	-0,20	1,00	-0,26	-0,19	0,18	0,28
17	Phase 1	0,20	0,40	529	-0,01	-0,04	-0,21	-0,05	0,00	-0,05	-0,06	-0,04	-0,12	0,03	0,06	-0,12	0,05	-0,06	0,01	-0,26	1,00	-0,28	-0,42	-0,20
18	Phase 2	0,25	0,43	529	0,00	0,04	-0,06	0,04	0,05	-0,15	-0,06	-0,05	0,16	0,07	0,08	-0,02	-0,01	0,07	0,11	-0,19	-0,28	1,00	-0,49	-0,23
19	Phase 3	0,42	0,49	529	-0,03	0,02	0,14	-0,10	0,04	-0,11	-0,03	-0,06	-0,05	-0,03	-0,02	0,12	0,00	-0,03	0,00	0,18	-0,42	-0,49	1,00	-0,34
20	Phase 4	0,14	0,35	529	0,06	-0,04	0,12	0,20	-0,14	0,36	0,17	0,16	0,00	-0,08	-0,14	-0,01	-0,05	0,03	-0,15	0,28	-0,20	-0,23	-0,34	1,00

Im Folgenden werden die Regressionsmodelle für die kumulierten abnormalen Renditen von Käufer-, Ziel- und hypothetische Gemeinschaftsunternehmen vorgestellt. Dabei werden jeweils verschiedene Regressionsmodelle geschätzt, die sich in der Art und Anzahl der einbezogenen unabhängigen Variablen unterscheiden.

V.3.2 Analyse der kumulierten abnormalen Renditen der Käuferunternehmen

Tabelle 93 stellt ausgewählte Ergebnisse der Regressionsanalyse für die kumulierten abnormalen Renditen der Käuferunternehmen dar. Die vollständige Auflistung aller verwendeten Regressionsmodelle findet sich in Anhang IV.1.

Die Ergebnisse der dichotomen Untersuchung werden für die Käuferunternehmen durch die multivariate Analyse weitgehend bestätigt: Es können keine Evidenzen für die Bedeutung operativer Synergien festgestellt werden. Weder horizontale noch konzentrische Akquisitionen werden Modell 1 zufolge vom Kapitalmarkt systematisch positiver bewertet als unverbundene Übernahmen, bei denen nur geringe operative Synergien erwartet werden können.

Ein anderes Bild ergibt sich für finanzielle Synergien. Übernahmen mit einer geringen Korrelation der täglichen Wertpapierrenditen von Käufer- und Zielunternehmen vor der Ankündigung haben signifikant höhere kumulierte abnormale Renditen für die Käuferunternehmen (vgl. Modell 2). Wenn in das Regressionsmodell weitere erklärende Variablen wie das Transaktionsvolumen oder die Herkunft der Käuferunternehmen aufgenommen werden (vgl. Modell 7), verliert der Einfluss der Renditekorrelation seine Signifikanz. Der niedrige F-Wert (insignifikant) von Modell 2 lässt aber an der statistischen Aussagekraft zweifeln.

Auch hinsichtlich der Auswirkungen der Übernahmen auf die Börsenwerte von Wettbewerbern und die Käuferunternehmen stützt die multivariate Analyse weitgehend die in den voranstehenden Kapiteln beschriebenen Beobachtungen. Für die Vereinigten Staaten sind die kumulierten abnormalen Renditen von Käuferunternehmen und Branchenwettbewerbern signifikant positiv korreliert (vgl. Modell 3). Angesichts der durchschnittlich negativen Börsenreaktionen sowohl auf Seiten der Käuferunternehmen als auch ihrer Branchenwettbewerber[373] ist dieses Ergebnis konsistent mit der Erklärung, dass die Kapitalmarktakteure überwiegend erwarten, dass Übernahmen zu einer Intensivierung des Wettbewerbs und einer Margenerosion führen.

Für Deutschland ist hingegen der Zusammenhang zwischen den Ankündigungseffekten auf Seiten der Käuferunternehmen und Branchenwettbewerber nicht statistisch signifikant (vgl. Modell 4).

---

[373] Vgl. Kapitel V.2.1.

Tabelle 93: Multivariate Analyse – CAR für das [-1;+1]-Intervall der Käuferunternehmen als abhängige Variable

	Modell 1		Modell 2		Modell 3		Modell 4		Modell 5		Modell 6		Modell 7	
	Koeff.	t-Statistik	Koeff.	t-Statistik	Koeff.	t-Statistik	Koeff.	t-Statistik	Koeff.	t-Statistik	Koeff.	t-Statistik	Koeff.	t-Statistik
Konstante	0,0029	0,7716	-0,0042	-0,9992	-0,0037	-0,7922 ***	0,0011	0,2737	0,0040	1,3016	-0,0106	-2,8107 ***	-0,0759	-1,6319
Konzentrationsstrategie	-0,0058	-1,1825											-0,0034	-0,3727
Konzentrische Strategie	-0,0108	-1,5465											-0,0159	-1,2195
Renditekorrelation			-0,0308	-1,6531 *									0,0032	0,1470
Unterschiede RoA von Käufer- und Zielunternehmen													0,0001	2,2587 **
Relation Cost-Income-Ratio Käufer- und Zielunternehmen													-0,0001	-0,1364
Wettbewerberreaktion USA					1,8504	4,7124 ***								
Wettbewerberreaktion D							-0,0274	-0,1522						
Kontrollübergang													0,0076	0,7739
Übernahmefinanzierung													0,0057	0,5762
Transaktionsvolumen													-0,00001	-4,4143 ***
Börsennotierung Zielunternehmen									-0,0118	-2,6238 **			0,0745	1,6632 *
Privatisierung													0,0181	0,8681
Herkunft Käuferunt.													-0,0086	-0,9564
Übernahmeerfahrung											0,0004	1,1630	0,0007	1,3588
n	529		178		70		69		529		529		142	
R^2	0,0052		0,0153		0,3075		0,0004		0,0129		0,0026		0,2118	
Adj. R^2	0,0015		0,0097		0,2937		-0,0184		0,0110		0,0007		0,1385	
F-Wert	1,3867		2,7328		30,2012 ***		0,0293		6,8844		1,3526		2,8890 *	

Die Schätzergebnisse von Modell 5 zeigen, dass die abnormalen Wertverluste der Käuferunternehmen zum Zeitpunkt der Übernahmeankündigung signifikant größer ausfallen, wenn das Zielunternehmen börsennotiert ist. Diese Beziehung bleibt stabil, auch wenn in die Regressionsanalyse weitere Erklärungsvariablen aufgenommen werden (vgl. Modell 7).

Zwischen der Übernahmeerfahrung der Käuferunternehmen und den Kursreaktionen auf Seiten der Käuferunternehmen lässt sich kein systematischer Zusammenhang feststellen (vgl. Modell 6).

In Modell 7 werden verschiedene Einfluss- und Kontrollgrößen kombiniert betrachtet.[374] Die Regressionsergebnisse zeigen einen signifikant negativen Zusammenhang zwischen abnormaler Wertveränderung und Transaktionsvolumen an. Übernahmen mit einem hohen Transaktionsvolumen werden demzufolge von den Anteilseignern positiver beurteilt als „kleine Transaktionen". Ein positiver Zusammenhang kann darüber hinaus für die Unterschiede in der Gesamtkapitalrentabilität (RoA) und der Höhe der Ankündigungseffekte beobachtet werden. Dies spricht dafür, dass manageriale Synergien eine Rolle für die Bewertung durch den Kapitalmarkt spielen.

Alle weiteren hier nicht explizit erwähnten Einflussfaktoren, wie etwa die Unterscheidung zwischen nationalen/internationalen Übernahmen, Privatisierungen oder der Zeitpunkt der Übernahme, haben keinen signifikanten Einfluss auf die Höhe der kumulierten abnormalen Renditen (vgl. Anhang IV.1).

Neben der multivariaten Analyse des gesamten Datensatzes werden zusätzlich die Teilstichproben der Übernahmen nordamerikanischer und europäischer Energieversorgungsunternehmen betrachtet (vgl. Tabelle 160 bis Tabelle 162 in Anhang IV.2 für die nordamerikanischen Energieversorger sowie Tabelle 169 bis Tabelle 171 in Anhang IV.3 für die europäischen Energieversorger). Im Hinblick auf die Bedeutung der verschiedenen Einflussgrößen ergeben sich insbesondere folgende Unterschiede: Für die Übernahmen der europäischen Energieversorgungsunternehmen hat die Korrelation der Aktienrenditen zwischen Käufer- und Zielunternehmen keinen signifikanten Einfluss auf die Ankündigungseffekte auf Seiten der Käuferunternehmen. Bei der Untersuchung des gesamten Datensatzes und der Teilstichprobe der nordamerikanischen Energieversorgungsunternehmen konnte hingegen ein negativer Zusammenhang beobachtet werden (signifikant auf einem 10%- bzw. 5%-Niveau). Eine Erklärung für diesen Unterschied könnte darin liegen, dass finanzielle Synergien als Übernahmemotiv in Europa eine geringere Rolle spielen. Für beide Teilstichproben ist darüber hinaus - im Gegensatz zum Gesamtsample - der Einfluss der Variable „Unterschiede der Kapitalrentabilität (RoA) von Käufer- und Zielunternehmen" nicht signifikant. Ein Grund dafür liegt voraussichtlich darin, dass die Stichprobengröße für die beiden Subsample deutlich ge-

374 Aufgrund einer zu geringen Fallzahl musste auf die Einbeziehung der Wettbewerbsreaktion in Deutschland bzw. den USA verzichtet werden.

ringer ist. Für beide Subsample wird ein (insignifikanter) negativer Zusammenhang festgestellt.

Der Einfluss der Übernahmeerfahrung ist nur für die europäische Teilstichprobe signifikant, nicht aber für das Subsample nordamerikanischer Übernahmen. Gerade umgekehrt verhält es sich mit den Variablen „Börsennotierung der Zielunternehmen" und „Transaktionsvolumen". Für die europäische Teilstichprobe ist außerdem der Einfluss des Übernahmezeitpunktes ausgeprägt. Von 1990 bis 2000 waren die CAR der Käuferunternehmen niedriger als in den Folgejahren.

Für die meisten Regressionsmodelle insbesondere für die Teilstichprobe der Übernahmen europäischer Energieversorgungsunternehmen ist das jeweilige R^2 sehr niedrig. Damit ist ihr Erklärungsbeitrag als gering zu beurteilen.

Zusammenfassend gibt die multivariate Analyse der Kapitalmarktreaktionen der Käuferunternehmen schwache Hinweise auf die Bedeutung finanzieller und managerialer Synergien. Finanzielle Synergien sind besonders für die Übernahmen nordamerikanischer Energieversorgungsunternehmen relevant. Die Untersuchungsergebnisse lassen nicht darauf schließen, dass operative Synergien eine bedeutende Rolle bei der Bewertung von Übernahmen spielen.

V.3.3 Analyse der kumulierten abnormalen Renditen der Zielunternehmen

Tabelle 94 zeigt die wichtigsten Ergebnisse der multivariaten Analyse mit der kumulierten abnormalen Rendite der Zielunternehmen als abhängiger Variable.[375]

Ebenso wie für die Käuferunternehmen hat die Art der Übernahmestrategie keinen signifikanten Einfluss auf die Höhe der kumulierten abnormalen Renditen der Zielunternehmen (vgl. Modell 1). Operative Synergien scheinen auch für die Bewertung der M&A-Transaktion aus der Perspektive der Übernahmeobjekte keine wichtige Rolle zu spielen. Für die Relevanz finanzieller Synergien spricht erneut der signifikante Einfluss der Renditekorrelation der Aktien von Käufer- und Zielunternehmen (vgl. Modell 2).

Es finden sich keine belastbaren Hinweise auf manageriale Synergien. In Modell 3 wird kein signifikanter Zusammenhang zwischen der Differenz von Cost-Income-Ratio von Käufer- und Zielunternehmen auf der einen Seite und der Höhe der abnormalen Kursreaktionen auf der anderen Seite ermittelt.

In Modell 4 wird für die USA der Zusammenhang zwischen den Kursreaktionen von Branchenwettbewerbern und den Ankündigungseffekten bei den Zielunternehmen untersucht. Je negativer die Kursreaktionen der Branchenwettbewerber ausfallen, desto höher sind die Wertzuwächse für die Aktionäre der Käuferunternehmen. Interpretiert man die Kursreaktion der Branchenwettbewerber als einen Indikator für die Wettbewerbsintensität im Markt des Käuferunternehmens, dann folgt aus einer höheren Wettbewerbsintensität eine höhere Über-

375 Vgl. für eine vollständige Darstellung der Ergebnisse aus der multivariaten Analyse Anhang IV.

nahmeprämie bzw. ein höherer Wertzuwachs für die Zielunternehmen. Qualitativ kann dieser Zusammenhang auch für den deutschen Markt festgestellt werden. In beiden Fällen sind die entsprechenden Regressionskoeffizienten nicht signifikant, was zumindest teilweise auf die geringe Stichprobengröße zurückgeführt werden kann (n=20 bzw. n=25). Die niedrigen Werte für R^2 und das adjustierte R^2 zeigen darüber hinaus, dass der Erklärungsbeitrag dieses Modells äußerst gering ist.

Für die Zielunternehmen fallen die kumulierten abnormalen Renditen signifikant höher aus, wenn das Käuferunternehmen aus Nordamerika stammt (vgl. Modell 6). Dies spricht dafür, dass nordamerikanische Käuferunternehmen bereit sind, höhere Übernahmeprämien zu zahlen als europäische Versorger.

Werden weitere erklärende Variablen in die Regressionsanalyse einbezogen (vgl. Modell 7), zeigt sich, dass die Aktionäre von Zielunternehmen höhere Wertzuwächse realisieren können, wenn die Käuferunternehmen eine Mehrheitsübernahme anstreben. Da zwischen der Art des Kontrollübergangs und der Höhe der Kursreaktionen der Aktien des Käuferunternehmens kein signifikanter Zusammenhang besteht (vgl. Anhang IV.1), ist diese Beobachtung konsistent mit der Erklärung, dass die Prämien für Mehrheitsübernahmen höher ausfallen als bei Minderheitsbeteiligungen oder einem Ausbau von Mehrheitsanteilen.

Erneut wird die Analyse für die Teilstichproben der Übernahmen nordamerikanischer und europäischer Energieversorgungsunternehmen wiederholt. Die Ergebnisse sind in Tabelle 163 bis Tabelle 165 im Anhang IV.2 sowie Tabelle 172 bis Tabelle 174 im Anhang IV.3 dargestellt. Es ergeben sich kaum systematische Unterschiede. Zu erwähnen ist in diesem Zusammenhang insbesondere, dass die Unterschiede in der Cost-Income-Ratio für die Übernahmen der nordamerikanischen Energieversorger einen signifikanten Einfluss auf die Höhe der CAR haben. Dies stellt ein Indiz für die Bedetung managerialer Synergien dar.

Die Art des Kontrollübergangs hat ebenfalls nur für die Übernahmen der nordamerikanischen Energieversorger einen signifikanten Einfluss. Eine plausible Erklärung für diese Beobachtung liegt in dem Umfang der Teilstichproben, der für das nordamerikanische Subsample doppelt so groß ist wie für die europäische Vergleichsgruppe. Für das europäische Subsample sind die Auswirkungen des Übernahmezeitpunktes ausgeprägt. Von 1990 bis 2000 waren die CAR der Zielunternehmen ebenso wie für die Käuferunternehmen niedriger als in den Folgejahren.

Tabelle 94: Multivariate Analyse – CAR für das [-1;+1]-Intervall der Zielunternehmen als abhängige Variable

	Modell 1		Modell 2		Modell 3		Modell 4		Modell 5		Modell 6		Modell 7	
	Koeff.	t-Statistik	Koeff.	t-Statistik	Koeff.	t-Statistik	Koeff.	t-Statistik	Koeff.	t-Statistik	Koeff.	t-Statistik	Koeff.	t-Statistik
Konstante	0,0900	5,0756***	0,0917	8,3028 ***	0,0751	8,0816 ***	0,1030	4,7218 ***	0,0369	2,0914 **	0,0457	3,1694 ***	0,0838	0,7475
Konzentrationsstrategie	-0,0194	-0,9195											0,0006	0,0262
Konzentrische Strategie	0,0143	0,4633											0,0430	1,3722
Renditekorrelation			-0,0875	-1,8208 *									-0,0617	-1,1659
Unterschiede RoA von Käufer- und Zielunternehmen													-0,0001	-0,6834
Unterschiede Cost-Income-Ratio					0,0007	0,7045							0,0002	0,1614
Wettbewerberreaktion USA							-1,2977	-0,6207						
Wettbewerberreaktion D									-0,3017	-0,3451				
Kontrollübergang													0,0666	2,7653 **
Übernahmefinanzierung													-0,0139	-0,5369
Transaktionsvolumen													0,0000	-1,3403
Börsennotierung Ziel													-0,0409	-0,3794
Privatisierung													-0,0259	-0,4669
Herkunft Käuferunt.											0,0543	2,9828 ***	0,0183	0,8213
Übernahmeerfahrung													-0,0002	-0,1488
n	167		167		135		20		25		167		133	
R^2	0,0115		0,0197		0,0037		0,0209		0,0052		0,0512		0,1485	
Adj. R^2	-0,0005		0,0138		-0,0038		-0,0334		-0,0381		0,0454		0,0555	
F-Wert	0,9564		3,3153 *		0,4963		0,3852		0,1191		8,8973 ***		1,4823	

V.3.4 Analyse der kumulierten abnormalen Renditen der hypothetischen Gemeinschaftsunternehmen

Die Ergebnisse der multivariaten Analyse der Ankündigungseffekte der hypothetischen Gemeinschaftsunternehmen sind in Tabelle 95 dargestellt.

Auch für die hypothetischen Gemeinschaftsunternehmen kann kein positiver Zusammenhang zwischen Wertveränderungen und operativen Synergien festgestellt werden. Die Regressionskoeffizienten für die Dummy-Variablen „Konzentrationsstrategie“ und „konzentrische Strategie“ sind nicht signifikant von Null verschieden (vgl. Modelle 1 und 7). Die kumulierten abnormalen Renditen der hypothetischen Gemeinschaftsunternehmen fallen für grenzüberschreitende Transaktionen höher aus als bei Übernahmen, bei denen Käufer- und Zielunternehmen aus demselben nationalen Markt stammen (signifikant nur in Modell 1). Unterstellte man eine hohe Bedeutung operativer Synergien für die Übernahmeentscheidung, wäre zu erwarten, dass stattdessen nationale Übernahmen höhere Wertgewinne mit sich bringen würden.

Die Ergebnisse von Modell 2 stützen erneut die Hypothese, dass durch Übernahmen finanzielle Synergien genutzt werden sollen. Zusammenschlüsse, bei denen die Wertpapierrenditen von Käufer- und Zielunternehmen vor der Transaktionsankündigung schwach korreliert sind, erzielen signifikant höhere Ankündigungseffekte. In Verbindung mit anderen Erklärungsvariablen verliert der Zusammenhang allerdings seine statistische Signifikanz (vgl. Modell 7).

Die Regressionsanalysen der weiteren Modelle liefern keine Hinweise auf die Relevanz managerialer Synergien oder von Marktmachterwägungen. Ihr Erklärungsbeitrag ist mit Werten von $<0{,}01$ für das adjustierte R^2 als äußerst gering einzuschätzen. Modell 7 zeigt hingegen (Adj. R^2=0,12), dass der Zusammenhang zwischen gesamter Wertveränderung und Transaktionsvolumen signifikant negativ ist. Die naheliegende Vermutung, dass besonders große Transaktionen zu hohen Wertsteigerungen führen, kann folglich nicht bestätigt werden.

Schließlich deutet der signifikant positive Wert für den Regressionskoeffizienten „Kontrollübergang“ darauf hin, dass Unternehmenskäufe, bei denen die Kontrolle des Zielunternehmens auf einen neuen Besitzer übergeht, höhere abnormale Steigerungen des Börsenwertes bewirken als andere Übernahmen.

Tabelle 95: Multivariate Analyse – CAR für das [-1;+1]-Intervall für das hypothetische Gemeinschaftsunternehmen als abhängige Variable

	Modell 1		Modell 2		Modell 3		Modell 4		Modell 5		Modell 6		Modell 7	
	Koeff.	t-Statistik	Koeff.	t-Statistik	Koeff.	t-Statistik	Koeff.	t-Statistik	Koeff.	t-Statistik	Koeff.	t-Statistik	Koeff.	t-Statistik
Konstante	0,0123	1,4798	0,0231	4,6433 ***	0,0109	2,8218 ***	0,0168	1,4558	0,0118	1,4686	0,0106	1,6174	-0,0049	-0,4138
Konzentrationsstrategie	-0,0047	-0,4877											0,0050	0,5021
Konzentrische Strategie	-0,0068	-0,4898											0,0004	0,0290
Internationalisierung	0,0186	2,1487 **											-0,0020	-0,1942
Renditekorrelation			-0,0536	-2,4663 **									-0,0214	-0,8947
Unterschiede RoA von Käufer- und Zielunternehmen													-0,0335	-0,3960
Unterschiede Cost-Income-Ratio					-0,0001	-0,3477							0,0043	0,3617
Wettbewerberreaktion USA							0,1022	0,0924						
Wettbewerberreaktion D									-0,2647	-0,6675				
Kontrollübergang													0,0225	2,1845 **
Übernahmefinanzierung													-0,0128	-1,1465
Transaktionsvolumen													-0,000003	-1,8001 *
Privatisierung													0,0075	0,3228
Herkunft Käuferunt.													0,0023	0,2524
Übernahmeerfahrung											0,0012	1,2443	0,0012	2,1930 *
n	164		164		133		20		25		164		132	
R^2	0,0312		0,0362		0,0009		0,0005		0,0190		0.0128		0,1115	
Adj. R^2	0,0131		0,0302		-0,0067		-0,0551		-0,0237		0.0045		0,0219	
F-Wert	1,7193		6,0826 *		0,1209		0,0085		0,4455		2.1078		1,2553	

Die Ergebnisse der separaten Teilstichprobenanalysen für die Übernahmen nordamerikanischer und europäischer Energieversorgungsunternehmen sind in Tabelle 166 bis Tabelle 168 im Anhang IV.2 sowie in Tabelle 175 bis Tabelle 177 im Angang IV.3 zusammengefasst. Wie für die CAR der Käuferunternehmen besteht nur für die Übernahmen nordamerikanischer Energieversorger ein signifikanter Zusammenhang zwischen der Renditekorrelation von Käufer- und Zielunternehmen auf der einen und der Höhe der CAR der hypothetischen Gemeinschaftsunternehmen auf der anderen Seite. Ebenso verhält es sich mit dem Zusammenhang zwischen dem Transaktionsvolumen und den CAR der Gemeinschaftsunternehmen sowie dem Einfluss der Übernahmeerfahrung. Der Zusammenhang zwischen dem Grad des Kontrollübergangs bzw. der Art der Übernahmefinanzierung und den Ankündigungseffekten ist hingegen nur für das europäische Subsample signifikant. Es ergeben sich keine Hinweise auf eine unterschiedliche Bedeutung von managerialen oder operativen Synergien für Übernahmeentscheidungen nordamerikanischer und europäischer Energieversorgungsunternehmen.

V.3.5 Zusammenfassung

Die Ergebnisse der multivariaten Regressionsanalyse bestätigen für die Kursreaktionen von Käufer-, Ziel- und hypothetischen Gemeinschaftsunternehmen größtenteils die Beobachtungen der dichotomen Untersuchung:

Es können kaum Hinweise auf die Relevanz operativer Synergien als Übernahmemotiv festgestellt werden.

- Finanzielle Synergien spielen für die Erklärung der beobachteten Unternehmenszusammenschlüsse hingegen eine Rolle. Für Käufer-, Ziel- und hypothetische Gemeinschaftsunternehmen kann ein signifikanter Zusammenhang zwischen der Korrelation der Wertpapierrenditen von Käufer- und Zielunternehmen ermittelt werden. Wenn weitere Kontrollvariablen berücksichtigt werden, ist der Einfluss allerdings nicht mehr statistisch signifikant. Für die Teilstichprobe der Übernahmen europäischer Energieversorgungsunternehmen kann kein signifikanter Zusammenhang beobachtet werden.
- Nur schwache Indizien sprechen für das Vorliegen von managerialen Synergien aus der Perspektive des Kapitalmarktes. Lediglich für die Käuferunternehmen konnte ein signifikanter Zusammenhang zwischen abnormalen Wertveränderungen und Effizienzunterschieden von Käufer- und Zielunternehmen beobachtet werden.
- Die multivariate Analyse der abnormalen Renditen von Käufer-, Ziel- und hypothetischen Gemeinschaftsunternehmen liefert schwache Hinweise darauf, dass Wettbewerbsüberlegungen für Übernahmeentscheidungen wichtig sind.

Tabelle 96 fasst die Ergebnisse der Hypothesentests auf Basis der abnormalen Renditen der beteiligten Unternehmen und Branchenwettbewerber zusammen.

Tabelle 96: Zwischenergebnisse der Hypothesentests - Kapitalmarktbewertung

Hypothesen	**Kapitalmarkt-bewertung** [1]	
	Dicho-tome Analyse	**Multi-variate Analyse**
A. Wertsteigerung		
1a) Unternehmensakquisitionen sind vorrangig durch Effizienzsteigerungen motiviert. Die Kursreaktionen (Veränderungen der Unternehmensleistung) von Käufer-, Ziel- und hypothetischen Gemeinschaftsunternehmen sind daher im Durchschnitt positiv.	+/-	
1b) Die Kursreaktionen von Käufer- und Zielunternehmen sind positiv mit der gesamten Wertveränderung korreliert.	+/-	
Operative Synergien		
1c) Unternehmenszusammenschlüsse von Energieversorgern sind vorrangig durch operative Synergien motiviert. Akquisitionen von anderen Energieversorgern (derselben Branche) werden vom Kapitalmarkt positiver bewertet bzw. führen zu einer größeren Leistungssteigerung als Übernahmen branchenfremder Unternehmen.	-	0
1d) Unternehmensakquisitionen sind vorrangig durch operative Synergien in Form von Skaleneffekten motiviert. Nationale Übernahmen werden durch den Kapitalmarkt positiver bewertet bzw. führen zu einer größeren Leistungssteigerung als andere Transaktionen.	0	0
1e) Zusammenschlüsse zwischen Stromversorgern und Gasversorgern des gleichen nationalen Marktes sind durch operative Synergien in Form von Verbundeffekten motiviert. Sie werden durch den Kapitalmarkt positiver bewertet bzw. führen zu einer größeren Leistungssteigerung als unverbundene Diversifikationen.	0	0
Finanzielle Synergien		
2a) Energieversorger nutzen durch Unternehmenszusammenschlüsse den Coinsurance-Effekt. Zusammenschlüsse, bei denen die Cash-flows der beteiligten Unternehmen nur schwach korreliert sind, werden durch den Kapitalmarkt positiver bewertet bzw. führen zu einer größeren Leistungssteigerung als andere Übernahmen.	++	++
2b) Energieversorger nutzen den Coinsurance-Effekt vor allem dann, wenn der Zugang eines der beteiligten Unternehmen zu externer Finanzierung beschränkt ist. Zusammenschlüsse, bei denen die Cash-flows der beteiligten Unternehmen nur schwach oder negativ korreliert sind und der Verschuldungsgrad relativ hoch ist, werden durch den Kapitalmarkt positiver bewertet bzw. führen zu einer größeren Leistungssteigerung als andere Übernahmen.	0	0
2c) Vor allem kleine Unternehmen können durch Zusammenschlüsse ihre Kapitalkosten senken, da sie nur über einen eingeschränkten Zugang zu externen Kapitalmärkten verfügen. Übernahmen relativ kleiner Unternehmen werden daher durch den Kapitalmarkt positiver bewertet bzw. führen zu einer größeren Leistungssteigerung.	+	

[1] Die Untersuchungsergebnisse sind folgendermaßen klassifiziert:
-- Ergebnisse widersprechen der Hypothese diametral; - Ergebnisse widersprechen der Hypothese schwach
0 Ergebnisse nicht eindeutig/insignifikant; +/- Teilergebnisse widersprüchlich
+ Schwache bestätigende Hinweise; ++ Stark bestätigende Hinweise

Tabelle 97: Zwischenergebnisse der Hypothesentests – Kapitalmarktbewertung (Fortsetzung)

Hypothesen	Kapitalmarkt-bewertung	
	Dichotome Analyse	**Multi-variate Analyse**
Manageriale Synergien		
3a) Energieversorger wollen durch Übernahmen manageriale Synergien nutzen. Die Zielunternehmen sind daher durch eine schlechtere Unternehmensleistung gekennzeichnet als die Käuferunternehmen.	+	
3b) Zusammenschlüsse, bei denen die Unternehmensleistung der beteiligten Unternehmen stark differiert, werden durch den Kapitalmarkt positiver bewertet bzw. führen zu einer größeren Leistungssteigerung als andere Übernahmen.	0	0
B. Umverteilung zu Lasten der Konsumenten durch Marktmacht		
4a) Für Unternehmenszusammenschlüsse ist die Steigerung von Marktmacht ein wichtiges Motiv. Unternehmenszusammenschlüsse zwischen Strom- oder Gasversorgern führen daher zu einer Steigerung des Börsenwertes der nationalen Branchenwettbewerber.	US: -- D: ++	US: 0 D: +
4b) Besonders durch horizontale Unternehmenszusammenschlüsse innerhalb eines nationalen Marktes kann Marktmacht aufgebaut werden. Ihre Ankündigung führt daher zu ausgeprägteren Kursreaktionen bei den nationalen Wettbewerbern.	US: -- D: ++	
4c) Die Ankündigung von Zusammenschlüssen von Strom- oder Gasversorgungsunternehmen wirkt als Signal für Effizienzsteigerungspotentiale. Sie führt zu einer Steigerung des Unternehmenswertes der Wettbewerber. Diese fällt in der Anfangsphase einer Übernahmewelle höher aus als in späteren Phasen.	0	
4d) Die Ankündigungseffekte fallen bei den Wettbewerbern besonders groß aus, die in der Folgezeit selbst zu Übernahmeobjekten werden.	--	
C. Steigerung des Managementnutzens		
5a) Übernahmen von Energieversorgern sind primär Ausdruck des Agency-Problems. Sie führen daher zu einer Verringerung des Gesamtwertes bzw. der Unternehmensleistung von Käufer-, Ziel- und hypothetischen Gemeinschaftsunternehmen.	-	
5b) Die Wertveränderungen des hypothetischen Gesamtunternehmens und des Zielunternehmens sowie des Käufer- und des Zielunternehmens sind negativ korreliert, da ein Teil der Nutzensteigerung für das Management des Käuferunternehmens von den Eigentümern des Zielunternehmens beansprucht wird.	--	
D. Hybris-Hypothese		
6a) Unternehmenszusammenschlüsse von Strom- und Gasversorgern sind Ausdruck einer Überschätzung der Akquisitionsgewinne durch das Management. Sie führen daher zu einer Verringerung des Gesamtwertes der Käuferunternehmen und zu einer Steigerung des Börsenwertes der Zielunternehmen. Der Börsenwert und die Unternehmensleistung der Gemeinschaftsunternehmen verringern sich durch die Übernahme geringfügig.	-	
6b) Die Börsenwertveränderungen des hypothetischen Gesamtunternehmens und des Zielunternehmens sind nicht korreliert. Die Wertveränderungen von Käufer- und des Zielunternehmens sind negativ korreliert, da durch Zusammenschlüsse ein Werttransfer von den Käufer- zu den Zielunternehmen stattfindet.	--	

[1] Die Untersuchungsergebnisse sind folgendermaßen klassifiziert:
-- Ergebnisse widersprechen der Hypothese diametral; - Ergebnisse widersprechen der Hypothese schwach
0 Ergebnisse nicht eindeutig/insignifikant; +/- Teilergebnisse widersprüchlich
+ Schwache bestätigende Hinweise; ++ Stark bestätigende Hinweise

VI. Entwicklung der Unternehmensleistung nach Zusammenschlüssen von Energieversorgern

In den folgenden Kapiteln wird die Entwicklung der Unternehmensleistung von Käufer-, Ziel- und hypothetischen Gemeinschaftsunternehmen untersucht. Zunächst werden dafür die in Kapitel IV.1.2 vorgestellten Unternehmenskennzahlen in ihrer rohen Form betrachtet. Anschließend wird die Analyse anhand von Kennzahlen wiederholt, die um die Branchenentwicklung bereinigt wurden. Den Abschluss des Kapitels bildet eine multivariate Analyse der branchenbereinigten Entwicklung der Unternehmensleistung.

VI.1 Analyse der rohen Unternehmenskennzahlen

VI.1.1 Entwicklung der Käuferunternehmen

In Tabelle 98 ist die Entwicklung von Größen- und Kapitalstrukturkennzahlen für die Käuferunternehmen dargestellt. Die jährlichen mittleren Umsätze, der Buch- und Marktwert der Aktiva sowie die Zahl der Angestellten wachsen in den drei Jahren vor und nach der Übernahme signifikant. Diese Beobachtung ist konsistent mit der naheliegenden Interpretation, dass die untersuchten Übernahmen Ausdruck einer Wachstumsstrategie sind.

Im gleichen Zeitraum sinkt die mittlere Eigenkapitalquote der Käuferunternehmen um gut 4%-punkte. Eine Erklärung für diese Entwicklung basiert auf der Finanzierungsform der Übernahmen. Wie in Kapitel V.1.4.2 erläutert, werden nur bei 20% der betrachteten Transaktionen ausschließlich eigene Aktien für die Bezahlung verwendet. Bei 60% der Übernahmen sind Barmittel das einzige Zahlungsmittel.[376] Reichen die Cash-Reserven für die Finanzierung des Kaufpreises nicht aus, muss zusätzliches Fremdkapital aufgenommen werden. Die entsprechende Bilanzverlängerung des Käuferunternehmens führt zu einer Verringerung des Eigenkapitalanteils. Andernfalls verringert sich die Eigenkapitalquote durch die bilanzverkürzende Wirkung einer Schmälerung der Barreserven.

Im unteren Teil von Tabelle 98 sind die Ergebnisse der Regressionsanalyse dargestellt. Der Regressionskoeffizient β berücksichtigt Korrelationen zwischen der jeweiligen Kennzahl vor und nach der Übernahme. Der Koeffizient misst anders ausgedrückt den statistischen Einfluss des Niveaus der Kennzahl vor dem Zusammenschluss auf das Niveau nach dem Zusammenschluss. Die Regressionskonstante α ist hingegen unabhängig vom Kennzahlenniveau vor der Übernahme. Sie wird als Maß für die abnormale Veränderung durch die Übernahme verwendet.[377]

---

376 Die Angaben beziehen sich auf die Übernahmen, für die kumulierte abnormale Renditen für Käufer-, Ziel- und hypothetische Gemeinschaftsunternehmen vorliegen. Vgl. Kapitel V.1.4.2.

377 Vgl. Kapitel IV.1.1.

Tabelle 98: Größen- und Kapitalstrukturkennzahlen der Käuferunternehmen vor und nach der betrachteten Übernahme

T		Umsatz (in Mio. USD)	Buchwert der Aktiva (in Mio. USD)	Marktwert der Aktiva (in Mio. USD)	Angestellte (in Tausend)	Eigenkapital-quote
-3		2.250,6413	4.928,0000	4.898,4670	4,5280	0,3299
	n	241	241	241	152	240
-2		2.663,4271	6.605,2755	5.556,5902	4,6400	0,3306
	n	242	242	242	157	240
-1		2.885,0000	7.384,0000	6.179,9010	5,0000	0,3278
	n	241	241	241	152	239
Median -3 bis -1		*2.606,7032*	*6.848,3280*	*5.591,0488*	*4,6270*	*0,3299*
	n	241	241	241	161	240
1		3.743,8635	9.710,5285	8.773,0689	7,6115	0,2957
	n	238	238	239	162	236
2		4.383,0000	11.256,5000	11.135,4333	8,5850	0,2765
	n	237	237	237	161	235
3		4.772,4865	11.868,9530	10.806,9600	9,2535	0,2710
	n	240	240	241	164	235
Median 1 bis 3		*4.332,2970*	*11.130,5980*	*10.107,2400*	*8,4330*	*0,2811*
	n	241	241	241	173	239
Median-Differenz		*1.725,5938******	*4.282,2700******	*4.516,1912******	*3,8060******	*-0,0488******
t-Wert		5,0746	4,7937	5,2215	3,7191	4,7309
p-Wert		0,0000	0,0000	0,0000	0,0002	0,0000
α		42.990,3988**	35.737,0576	25.949,4841	5,9529**	0,0366
t-Wert		0,7686	0,4130	0,4032	7,0016	2,3480
p		0,4429	0,6799	0,6872	0,0000	0,0197
β		0,3195***	0,7969***	0,8094***	0,6284***	0,7528***
t-Wert		5,5818	10,4738	10,4430	6,4688	17,0812
p		0,0000	0,0000	0,0000	0,0000	0,0000
R^2		0,1153	0,3146	0,3133	0,2104	0,5518
Adj. R^2		0,1116	0,3117	0,3105	0,2054	0,5499
F-Wert		31,1562***	109,6995***	109,0569***	41,8449***	291,7690***
n		241	241	241	159	239

Für alle Größenkennzahlen der hier betrachteten Käuferunternehmen ist α positiv, signifikant (auf einem 1%-Niveau) allerdings nur für den Buchwert der Aktiva und die Zahl der Angestellten. Ebenso wie die oben erläuterte jahresweise Analyse der Kennzahlenmittel unterstützen die Ergebnisse der Regressionsanalyse die Hypothese, dass Käuferunternehmen durch eine Übernahme deutlich wachsen. Die β-Regressionskoeffizienten für den Buch- und den Marktwert der Aktiva sowie die Zahl der Angestellten sind kleiner als 1 (signifikant auf einem 1%-Niveau). Das nach diesen Kennzahlen gemessene Größenwachstum fiel demnach relativ geringer für große Unternehmen aus. Bezogen auf den Umsatz ist dieses Verhältnis allerdings gerade umgekehrt.

Tabelle 99 zeigt die Veränderung von Erfolgs-, operativen Leistungs- und Investitionskennzahlen der Käuferunternehmen. Die Erfolgskennzahlen weisen mehrheitlich auf einen signifikanten Rückgang der Performance hin. Die Cash-flow-Rentabilität, die Umsatzrentabilität (RoS), die Kapitalrentabilität (RoA) und die Eigenkapitalrentabilität (RoE) sind in den Jahren nach der jeweiligen Übernahme signifikant geringer als vor der Transaktion. Die Kapitalmarktbewertung, gemessen durch die Marktwert-Buchwert-Relation und Tobin's Q, entwickelt sich im gleichen Zeitraum allerdings positiv. Mit einer Ausnahme sind die Regressionskoeffizienten β für alle Erfolgskennzahlen kleiner als 1 und die dazugehörigen Schätzer für α positiv. Damit fiel der Rückgang für die erfolgreichen Käuferunternehmen relativ stärker aus als für die leistungsschwachen Unternehmen.

Die Veränderung der operativen Leistungskennzahlen (Kapitalumschlag, Cash-flow-Marge, Cost-Income-Relation sowie Gewinn pro Mitarbeiter) gibt Auskunft über die Quellen des Erfolgsrückgangs. Die Veränderungen der Cash-flow-Marge, die Cost-Income-Ratio und der Gewinn pro Mitarbeiter weisen einen signifikanten Rückgang sowohl der operativen Effizienz als auch der Kapitaleffizienz aus. Wiederum zeigen die Schätzer für die α und β der verschiedenen Kennzahlen einen überproportionalen Rückgang der relativ effizienten Unternehmen an.

Die Entwicklung von Investitionskennzahlen wie der Investitions- oder der Asset-Sale-Rate gibt schließlich Hinweise darauf, ob neben den rückläufigen Erfolgs- und Leistungskennzahlen die Investitionen in langfristige Ressourcen verringert bzw. bestehende Ressourcen liquidiert wurden. Für die Investitionsrate ergibt sich keine signifikante Veränderung. Die Asset-Sale-Rate ist signifikant rückläufig. Diese Beobachtungen sprechen nicht für eine kurzfristige Maximierung der Erlöse auf Kosten einer langfristigen Ressourcensicherung.

Insgesamt zeigen die hier untersuchten Fundamentaldaten aus der Perspektive der Käuferunternehmen, dass sich durch Übernahmen zumindest kurz- und mittelfristig die Effizienz verringert, aber Wachstum erreicht wird. Dieses Ergebnis ist nicht konsistent mit Hypothese 1c, nach der der Unternehmenserfolg durch Übernahmen gesteigert wird und nach der die Maximierung des Unternehmenswertes das Hauptmotiv für Unternehmenszusammenschlüsse bildet. Es ist hingegen konsistent mit Hypothese 5a), der zufolge das Management der Käuferunternehmen seinen eigenen Nutzen auf Kosten des Unternehmenswertes maximiert. Die Entwicklung der Unternehmensleistung ist außerdem konsistent mit Hypothese 6a), nach der das Management der Käuferunternehmen das Potential für Effizienzsteigerungen durch Übernahmen systematisch überschätzt.

Tabelle 99: Erfolgs-, operative Leistungs- und Investitionskennzahlen der Käuferunternehmen vor und nach der betrachteten Übernahme

t	Cash flow-Rent.	Q	RoS	RoA	RoE	M/B-Relation	Kapital-umschlag	Cash-flow Marge	Cost-Income-Ratio	Gewinn pro Mitar-beiter (in Tausend USD)	Investi-tionsrate	Asset-Sale-Rate
-3	0,1794	1,0575	0,0984	0,0370	0,1292	1,5184	0,4188	0,3229	2,9962	32,3422	0,0632	1,0539
n	241	241	241	241	241	232	241	241	237	152	240	156
-2	0,1758	1,0797	0,0971	0,0370	0,1253	1,5566	0,4196	0,3197	2,9321	32,3222	0,0617	0,9882
n	242	242	242	242	242	239	242	242	239	157	242	162
-1	0,1714	1,0984	0,0865	0,0347	0,1224	1,7055	0,4310	0,3066	3,1693	31,3792	0,0578	0,8841
n	241	241	241	241	241	239	241	241	239	152	241	160
	0,1794	1,0575	0,0984	0,0370	0,1292	1,5184	0,4188	0,3229	2,9962	32,3422	0,0632	1,0539
Median - 3 bis -1	*0,1746*	*1,0680*	*0,0980*	*0,0370*	*0,1254*	*1,5719*	*0,4186*	*0,3224*	*2,9856*	*32,5836*	*0,0595*	*0,9921*
n	241	241	241	241	241	239	241	241	239	161	241	173
1	0,1659	1,1241	0,0840	0,0319	0,1201	1,7157	0,4331	0,2754	3,4317	28,9969	0,0592	0,8579
n	238	238	238	238	238	235	238	238	237	162	238	152
2	0,1663	1,1163	0,0668	0,0295	0,1190	1,7055	0,4467	0,2591	4,2390	24,6903	0,0591	0,7769
n	237	237	237	237	237	233	237	237	237	161	237	154
3	0,1618	1,1136	0,0583	0,0274	0,1143	1,7125	0,4383	0,2503	4,1172	28,1985	0,0659	0,7183
n	223	240	240	240	239	227	240	240	240	164	240	159
Median 1 bis 3	*0,1659*	*1,1182*	*0,0695*	*0,0301*	*0,1195*	*1,7105*	*0,4449*	*0,2644*	*4,0388*	*27,2940*	*0,0600*	*0,7879*
n	241	241	241	241	241	239	241	241	241	173	241	174
Diff.	-0,0087**	0,0502**	-0,0286***	-0,0070***	-0,0059**	0,1386**	0,0262	-0,0580***	1,0533***	-5,2896**	0,0005	-0,2042***
t-Wert	2,3271	2,3522	4,3667	5,0707	2,2849	2,4311	0,8614	4,1914	5,2535	2,1519	0,2871	6,6267
p-Wert	0,0200	0,0187	0,0000	0,0000	0,0223	0,0151	0,3890	0,0000	0,0000	0,0314	0,7740	0,0000
α	0,0804***	-0,0387***	0,0663	0,0097**	0,0398	0,5010***	0,1682	0,1581	9,7843***	23,8347	0,0397 ***	0,7375***
t-Wert	6,6582	-0,3919	16,9369	5,5561	4,6344	5,1570	4,0551	14,6453	8,5589	6,0346	9,3138	19,9026
p	0,0000	0,6955	0,0000	0,0000	0,0000	0,0000	0,0001	0,0000	0,0000	0,0000	0,0000	0,0000
β	0,5400***	1,0884***	0,1149***	0,5721***	0,6035***	0,8185***	0,7782***	0,3231***	-0,6666	0,2369**	0,4504 ***	0,0164
t-Wert	9,6541	13,1692	6,5509	15,4197	9,7824	19,8074	14,8362	10,7159	-8,5460	3,1184	9,0441	1,0575
p	0,0000	0,0000	0,0000	0,0000	0,0000	0,0000	0,0000	0,0000	0,0000	0,0022	0,0000	0,2918
R^2	0,2806	0,4205	0,1522	0,4987	0,2859	0,6234	0,4794	0,3245	0,2356	0,0583	0,2550	0,0066
Adj. R^2	0,2775	0,4181	0,1487	0,4966	0,2829	0,6218	0,4773	0,3217	0,2323	0,0523	0,2519	0,0007
F-Wert	93,2022***	171,9772***	42,9149***	237,7664***	95,6952***	392,3329***	220,1125***	114,8300***	73,6504	9,7241**	81,7956*	1,1184
n	241	239	241	241	241	239	241	241	241	159	241	170

VI.1.2 Entwicklung der Zielunternehmen

In Tabelle 100 wird die Entwicklung der Zielunternehmen anhand von Größen- und Kapitalstrukturkennzahlen dargestellt. Dabei konnten nur die Zielunternehmen berücksichtigt werden, die auch nach der Übernahme noch rechtlich selbständig blieben. Durch diese Einschränkung sowie die zumeist geringere Unternehmensgröße und infolgedessen schlechtere Abdeckung der Zielunternehmen in Datenbanken ist das Sample deutlich kleiner als für Käuferunternehmen. Daher wurden für die weitere Analyse auch alle die Zielunternehmen berücksichtigt, für die Fundamentaldaten lediglich für zwei Jahre vor und nach der Übernahme verfügbar waren.[378]

Anders als bei den Käuferunternehmen kann für die Zielunternehmen nicht eindeutig konstatiert werden, ob die Übernahmen ein Wachstum induzieren. Die mittleren Größenkennzahlen fallen zwar nach der Übernahme deutlich höher aus als vor der Übernahme, aber in keinem Fall sind die Unterschiede signifikant. Eine Ursache für die fehlende Signifikanz der Mittelwertdifferenzen könnte in einer heterogenen Entwicklung der Zielunternehmen liegen. Die Ergebnisse der Regressionsanalyse sprechen für diese Erklärung. Mit Ausnahme der Entwicklung der Mitarbeiterzahlen, die wegen der geringen Samplegröße kaum Aussagekraft hat (Adj. R^2 der Regressionsschätzungen von <0), sind für die Größenkennzahlen alle Regressionskonstanten α negativ und die Koeffizienten β größer als 1. Kleine Zielunternehmen wuchsen demnach schwächer oder schrumpften sogar, während größere Unternehmen stark wuchsen (Adj. R^2 der Regressionsschätzungen von über 0,8).

Die Eigenkapitalquote der Zielunternehmen steigt in den Jahren nach der Übernahme leicht an. Auch hier ist die Veränderung allerdings nicht signifikant. Diese Entwicklung gibt einen schwachen Hinweis darauf, dass die Käuferunternehmen die Kapitalausstattung ihrer neuerworbenen Tochterunternehmen verbessert haben.[379]

---

[378] Für Käufer- und hypothetische Gemeinschaftsunternehmen wurde eine Transaktion nur dann berücksichtigt, wenn für mindestens *drei* Jahre Fundamentaldaten zur Verfügung stehen.

[379] Vgl. zur Rolle des Ressourcentransfers zwischen Käufer- und Zielunternehmen Capron und Pistre (2002).

Tabelle 100: Größen- und Kapitalstrukturkennzahlen der Zielunternehmen vor und nach der betrachteten Übernahme

t		Umsatz (in Mio. USD)	Buchwert der Aktiva (in Mio. USD)	Marktwert der Aktiva (in Mio. USD)	Angestellte (in Tausend)	Eigenkapital-quote
-3		1.222,1813	2.272,1960	2.245,5078	1,8960	0,3814
	n	30	30	30	6	30
-2		1.200,9185	2.344,1420	3.421,2304	1,9090	0,3736
	n	34	34	34	7	34
-1		1.295,4185	2.479,1850	3.912,8814	2,3000	0,3712
	n	34	34	34	7	34
Median -3 bis -1		*1.294,4016*	*2.350,5460*	*2.515,8972*	*1,9440*	*0,3753*
	n	32	33	35	8	33
1		1.834,3707	3.749,5682	4.130,2063	3,2320	0,3865
	n	34	34	34	7	34
2		1.829,4451	4.031,1485	4.045,5278	3,3515	0,3719
	n	34	34	34	6	34
3		1.750,7130	3.203,4140	3.348,4211	3,5620	0,3703
	n	25	25	25	6	25
Median 1 bis 3		*1.862,1488*	*3.165,1445*	*4.193,8434*	*3,2825*	*0,3890*
	n	33	33	35	7	33
Differenz		567,7472	814,5985	1.677,9463	1,3385	0,0137
t-Wert		0,6102	0,8336	0,8849	0,4050	0,1924
p-Wert		0,5418	0,4045	0,3762	0,6854	0,8475
α		-21,6006	-119,4699	-3.240,3140***	4,8201	0,0747*
t-Wert		-0,0246	-0,0873	-3,0938	1,2697	1,8824
p		0,9805	0,9310	0,0042	0,2730	0,0692
β		1,6439***	1,6018***	2,1294***	0,0543	0,7854***
t-Wert		12,9112	11,9134	235,7340	0,0552	8,8233
p		0,0000	0,0000	0,0000	0,9587	0,0000
R^2		0,8432	0,8207	0,9994	0,0008	0,7152
Adj. R^2		0,8381	0,8150	0,9994	-0,2490	0,7060
F-Wert		166,6987***	141,9292***	55.570,4955***	0,0030	77,8512***
n		33	33	33	6	33

Tabelle 101 zeigt die Erfolgs-, operativen Leistungs- und Investitionskennzahlen der Zielunternehmen.

Tabelle 101: Erfolgs-, Leistungs- und Investitionskennzahlen der Zielunternehmen vor und nach der betrachteten Übernahme

t	Cash flow-Rent.	Q	RoS	RoA	RoE	M/B-Relation	Kapital-umschlag	Cash flow-Marge	Cost-Income-Ratio	Gewinn pro Mitarbeiter (in Tausend USD)	Investi-tionsrate	Asset-Sale-Rate
-3	0,1860	0,9685	0,0842	0,0363	0,1167	1,1516	0,4732	0,2896	3,6048	39,8735	0,0586	0,9940
n	30	30	30	30	30	26	30	29	29	6	29	6
-2	0,1734	1,0824	0,0902	0,0414	0,1190	1,6436	0,3920	0,3000	3,4923	43,5914	0,0544	0,8716
n	34	34	34	34	34	30	34	33	34	7	32	8
-1	0,1670	1,1611	0,0754	0,0340	0,0975	1,7680	0,4083	0,2993	3,0769	31,3577	0,0512	0,9051
n	34	34	34	34	34	31	34	34	34	7	31	8
Median - 3 bis -1	0,1751	1,0910	0,0901	0,0394	0,1130	1,5743	0,3973	0,3019	3,1964	43,6854	0,0602	0,9248
n	33	33	33	33	33	31	33	33	33	8	31	9
1	0,1952	1,1342	0,0960	0,0443	0,1157	1,4666	0,4581	0,2945	3,3072	39,1081	0,0575	0,7038
n	34	34	34	34	34	28	34	34	34	7	31	8
2	0,1765	1,1679	0,1052	0,0440	0,1143	1,5449	0,4099	0,2963	2,9164	25,0066	0,0588	0,9558
n	34	34	34	34	33	28	34	33	34	6	31	8
3	0,1835	1,1315	0,1117	0,0387	0,1119	1,7125	0,3222	0,3548	1,8507	-21,3274	0,0479	1,0202
n	25	25	25	25	25	21	25	25	25	6	22	7
Median 1 bis 3	0,1850	1,1366	0,1110	0,0445	0,1155	1,5016	0,4507	0,2946	3,4127	39,5252	0,0680	0,8181
n	33	33	33	33	33	28	33	33	33	7	31	8
Diff.	0,0099	0,0456	0,0209	0,0050	0,0024	-0,0726	0,0535	-0,0073	0,2163	-4,1602	0,0078	-0,1067
t-Wert	-0,0064	0,5386	0,3847	0,7182	0,8464	0,3112	0,0513	0,2308	0,6284	0,1736	0,2253	1,2028
p-Wert	0,9949	0,5901	0,7004	0,4727	0,3973	0,7557	0,9591	0,8174	0,5297	0,8622	0,8218	0,2290
α	0,0487	0,2166**	0,0228	0,0201***	0,0697***	-0,3228	0,1941***	0,0140	-1,9781	-0,3092	0,0487***	1,1502***
t-Wert	1,5481	2,5857	1,6220	3,3304	3,9608	-0,4615	3,1243	0,3494	-0,7526	-0,0191	2,8207	8,7035
p	0,1317	0,0146	0,1149	0,0022	0,0004	0,6483	0,0038	0,7292	0,4574	0,9857	0,0086	0,0001
β	0,7702***	0,8703***	0,8755***	0,5799***	0,4813***	1,0129***	0,5792***	0,9514***	1,8470	1,0714*	0,4548***	-0,3504*
t-Wert	6,9458	1.160,4102	10,7374	5,6634	3,8128	350,3302	7,6372	8,2341	9,2867	2,4970	3,4362	-2,3018
p	0,0000	0,0000	0,0000	0,0000	0,0006	0,0000	0,0000	0,0000	0,0000	0,0670	0,0018	0,0609
R^2	0,6088	1,0000	0,7881	0,5085	0,3192	0,9998	0,6530	0,6862	0,7356	0,6092	0,2894	0,4690
Adj. R^2	0,5962	1,0000	0,7813	0,4927	0,2973	0,9998	0,6418	0,6761	0,7271	0,5115	0,2648	0,3804
F-Wert	48,2442***	1.346.552***	115,2914	32,0741***	14,5371***	122.731***	58,3262***	67,8004***	86,2422***	6,2348**	11,8078***	25,6093***
n	33	33	33	33	33	28	33	33	33	6	31	8

Anders als für die Käuferunternehmen deuten sie auf eine Leistungssteigerung bei den Zielunternehmen hin. Die Veränderungen der Kennzahlen nach der jeweiligen Übernahme im Vergleich zur Premerger-Phase sind jedoch nicht signifikant von Null verschieden. Sie können daher nur als schwaches Indiz gewertet werden. Mit Ausnahme der Marktwert-Buchwert-Relation sind die Regressionskonstanten α für die Erfolgskennzahlen positiv. Dementsprechend kann von einer abnormalen Leistungssteigerung ausgegangen werden, die nicht vom Effizienzniveau der Zielunternehmen vor der Übernahme abhängt.

Die Leistungssteigerung der Zielunternehmen und die gleichzeitige Leistungsverschlechterung der Käuferunternehmen lassen vermuten, dass es in der Tat zu einem Transfer von Ressourcen (insbesondere Managementressourcen) von den Käufer- zu den Zielunternehmen kommt.

Es finden sich keine Anzeichen für eine kurzfristige Maximierung des Erfolgs auf Kosten langfristiger Investitionen bei den Zielunternehmen. Für die beiden verwendeten Kennzahlen, die Investitionsrate und die Asset-Sale-Rate ergeben sich keine signifikanten Veränderungen nach der jeweiligen Übernahme.

VI.1.3 Entwicklung der hypothetischen Gemeinschaftsunternehmen

In den voranstehenden Abschnitten wurden die Auswirkungen der Übernahmen isoliert für Käufer- und Zielunternehmen untersucht. In diesem Kapitel werden die Entwicklungen der beiden beteiligten Unternehmen zu einem hypothetischen Gemeinschaftsunternehmen zusammengefasst. Diese Perspektive erlaubt ein Urteil darüber, ob ex post durch den Zusammenschluss auf der Basis von Fundamentaldaten Wert geschaffen und Wachstum erreicht wurde.[380]

Im Folgenden werden zunächst nur die Übernahmen betrachtet, bei denen das Zielunternehmen seine rechtliche Eigenständigkeit verliert. Bei diesen Transaktionen kann ausgeschlossen werden, dass durch uneinheitliche Konsolidierungskreise der Konzernbilanzierung Verzerrungen entstehen.[381]

Tabelle 102 zeigt die Größen- und Kapitalstrukturkennzahlen der Gemeinschaftsunternehmen. Die Entwicklung der Jahresmittel im oberen Tabellenteil zeigen ein deutliches Größenwachstum an, das allerdings nur für die Entwicklung der Mitarbeiterzahl statistisch signifikant ist. Die Regressionsanalyse weist ebenfalls nur für diese Kennzahl ein abnormales Wachstum aus, gemessen durch die Regressionskonstante α.

Die Eigenkapitalquote verringert sich in den Jahren nach der Übernahme im Vergleich zu der Vorperiode. Der Rückgang ist allerdings nicht signifikant. Diese Beobachtung ist konsistent mit der Erklärung, die den Rückgang des Eigenkapitalanteils auf die Wahl der Finanzie-

380 Vgl. Kapitel IV.1.1.
381 Vgl. Kapitel IV.1.1.2.

rungsform zurückführt. Werden die mehrheitlich über Barmittel finanzierten Übernahmen über Kredite refinanziert, folgt daraus ein Rückgang des Eigenkapitalanteils.

Tabelle 102: Größen- und Kapitalstrukturkennzahlen der hypothetischen Gemeinschaftsunternehmen vor und nach der betrachteten Übernahme

t		Umsatz (in Mio. USD)	Buchwert der Aktiva (in Mio. USD)	Marktwert der Aktiva (in Mio. USD)	Angestellte (in Tausend)	Eigenkapital-quote
-3		2.250,4100	3.996,7000	3.956,8100	4,9875	0,3493
	n	35	35	35	20	35
-2		2.394,8000	4.533,7000	4.482,8200	4,6685	0,3517
	n	35	35	35	22	35
-1		2.565,9000	5.097,6130	4.719,1464	4,8350	0,3515
	n	35	35	34	19	34
Median -3 bis -1		*2.394,8000*	*4.533,7000*	*4.421,1764*	*4,6745*	*0,3467*
	n	35	35	35	22	35
1		2.940,7000	7.487,6260	7.101,1600	7,3640	0,3137
	n	35	35	35	28	35
2		4.128,7370	9.103,5240	8.684,7075	9,7400	0,2875
	n	35	35	35	28	35
3		4.115,0000	10.766,3520	8.857,1907	9,3070	0,2809
	n	35	35	35	29	35
Median 1 bis 3		*3.589,4650*	*9.103,5240*	*8.361,2794*	*9,4590*	*0,2886*
	n	35	35	35	29	35
Differenz		*1.194,6650*	*4.569,8240*	*3.940,1030*	*4,7845***	*-0,0581*
t-Wert		0,9604	1,0662	1,4368	2,1756	1,4141
p-Wert		0,3369	0,2863	0,1508	0,0296	0,1573
α		-376,2525	3.163,3692	2.554,6846	2,1623**	0,0296
t-Wert		-0,4385	2,1973	2,5195	1,8627	0,5720
p		0,6639	0,0351	0,0168	0,0780	0,5712
β		1,8522***	1,2159***	1,2177***	0,8826**	0,6776***
t-Wert		9,7930	9,6227	11,8057	6,2917	5,0468
p		0,0000	0,0000	0,0000	0,0000	0,0000
R^2		0,7440	0,7373	0,8086	0,6757	0,4356
Adj. R^2		0,7362	0,7293	0,8028	0,6586	0,4185
F-Wert		95,9027***	92,5957***	139,3739***	39,5859**	25,4703***
n		35	35	35	21	35

Die ersten Spalten von Tabelle 103 zeigen die Entwicklung der Erfolgskennzahlen für die hypothetischen Gemeinschaftsunternehmen. Für die Cash-flow-Rentabilität, die Umsatzrentabilität und die Kapitalrentabilät kann eine signifikante Differenz der mittleren Unternehmensleistung vor und nach den jeweiligen Übernahmen festgestellt werden. Die Entwicklung dieser Kennzahlen deutet auf eine Leistungsverschlechterung der hypothetischen Einheit aus Käufer- und Zielunternehmen hin. Die Cash-flow-Rentabilität geht von 18,1% auf 15,4% zurück, der RoS reduziert sich von 11,3% auf 6,8% und der RoA verringert sich von 3,4% auf 2,8%.

Tabelle 103: Erfolgs-, Leistungs- und Investitionskennzahlen der hypothetischen Gemeinschaftsunternehmen vor und nach der Übernahme

t	Cash flow-Rent.	Q	RoS	RoA	RoE	M/B-Relation	Kapital-umschlag	Cash-flow Marge	Cost-Income-Ratio	Gewinn pro Mitar-beiter (in Tausend USD)	Investi-tionsrate	Asset-Sale-Rate
-3	0,1824	1,0505	0,0952	0,0346	0,1163	1,6384	0,5011	0,2787	3,7367	27,2271	0,0607	0,9712
n	35	35	35	35	35	30	35	34	35	20	32	19
-2	0,1788	1,0900	0,0929	0,0344	0,1121	1,6492	0,4771	0,2797	3,7926	29,2032	0,0610	0,8755
n	35	35	35	35	35	31	35	34	35	22	33	22
-1	0,1818	1,0731	0,0887	0,0359	0,1208	1,7111	0,4716	0,2760	4,0674	28,5129	0,0657	0,8955
n	34	35	35	35	34	29	34	34	34	19	30	18
Median - 3 bis -1	0,1808	1,1073	0,0954	0,0358	0,1129	1,6536	0,5050	0,2789	3,7926	29,0147	0,0608	0,9644
n	35	35	35	35	35	31	35	34	35	22	34	23
1	0,1584	1,0820	0,0889	0,0337	0,1105	1,7353	0,4095	0,2983	3,4194	30,0574	0,0629	0,8555
n	35	35	35	35	35	34	35	35	35	28	35	26
2	0,1539	1,0680	0,0640	0,0253	0,1192	1,7125	0,4225	0,2330	4,9265	26,6363	0,0629	0,4413
n	35	35	35	35	35	33	35	35	35	28	35	27
3	0,1555	1,0879	0,0563	0,0256	0,1127	1,5830	0,4557	0,2396	4,9289	28,2563	0,0716	0,6904
n	34	35	35	35	35	33	35	35	35	29	35	30
Median 1 bis 3	0.1539	1,1034	0,0683	0,0266	0,1133	1,6936	0,4255	0,2411	4,9265	25,1337	0,0629	0,6379
n	35	35	35	35	35	34	35	35	35	29	35	31
Diff.	-0,0269**	-0,0040	-0,0271**	-0,0092***	0,0004	0,0400	-0,0795	-0,0379	1,1340	-3,8810	0,0021	-0,3265***
t-Wert	2,5137	0,1644	2,1495	2,7838	0,5168	0,2167	0,7517	1,4583	1,2216	0,2187	0,1500	2,7814
p-Wert	0,0119	0,8694	0,0316	0,0054	0,6053	0,8284	0,4522	0,1448	0,2219	0,8269	0,8807	0,0054
α	0,1865***	0,5886***	-0,0154	0,0050	-0,0093	0,5366	0,0823	0,0348	0,1981	3,1864	0,0775***	0,8711***
t-Wert	5,6898	4,7883	-0,8292	1,0023	-0,2778	0,7860	0,5104	0,6237	0,0683	0,1847	6,3187	5,7511
p	0,0000	0,0000	0,4130	0,3235	0,7829	0,4382	0,6132	0,5373	0,9460	0,8554	0,0000	0,0000
β	-0,0421	0,5086***	0,9761***	0,5826***	1,0124***	0,7810*	0,8651***	0,7795***	1,4028***	1,1982**	-0,0357	-0,1665
t-Wert	-0,3041	4,6006	6,2020	6,0309	3,9099	2,0241	4,0767	4,3352	3,8357	2,5814	-0,3001	-1,6998
p	0,7630	0,0001	0,0000	0,0000	0,0004	0,0523	0,0003	0,0001	0,0005	0,0183	0,7661	0,1039
R^2	0,0028	0,3908	0,5382	0,5243	0,3166	0,1238	0,3349	0,3700	0,3084	0,2596	0,0028	0,1209
Adj. R^2	-0,0274	0,3723	0,5242	0,5099	0,2959	0,0936	0,3148	0,3503	0,2874	0,2207	-0,0284	0,0791
F-Wert	0,0925	14,7518***	38,4652***	36,3721***	15,2873***	4,0971**	16,6197***	18,7939***	14,7125***	6,6635**	0,0900	2,8893
n	35	25	35	35	35	31	35	34	35	21	34	23

Tobin's Q ist ebenfalls leicht rückläufig, allerdings ist die Veränderung nicht statistisch signifikant. Die positiven Werte für die Regressionskonstante α deuten auf eine niveauunabhängige Leistungssteigerung durch Übernahmen hin, die allerdings durch einen niveauabhängigen Rückgang der Leistung überkompensiert wird.

Auf die Quellen für diesen Leistungsrückgang gibt die Kennzahlenentwicklung keinen eindeutigen Hinweis. Für keine der operativen Leistungskennzahlen kann ein signifikanter Unterschied zwischen dem mittleren Wert vor und nach den betrachteten Übernahmen ermittelt werden.

Die Asset-Sale-Rate der betrachteten Gemeinschaftsunternehmen ist nach der Übernahme signifikant zurück gegangen. Dies zeigt, dass die Unternehmen nicht versucht haben, durch einen Abbau des Betriebskapitals den freien Cash-flow zu steigern, etwa um kurzfristig die Profitabilität auf Kosten der langfristigen Kapitalbasis zu maximieren.

Tabelle 178 in Anhang V.1 zeigt die Veränderung der Unternehmensleistung für das gesamte Sample. Im Unterschied zu Tabelle 103 sind dort ebenfalls die Übernahmen berücksichtigt, bei denen Käufer- und Zielunternehmen als rechtlich unabhängige Einheiten weitergeführt wurden.[382] Die Ergebnisse entsprechen den bisherigen Beobachtungen weitgehend. Die Erfolgskennzahlen des gesamten Samples zeigen ebenfalls einen signifikanten Rückgang der Unternehmensleistung an.

Zusammenfassend spricht die Entwicklung der Rohkennzahlen - d.h. der nicht um die Branchenentwicklung bereinigten Kennzahlen - dafür, dass durch die Zusammenschlüsse die gemeinsame Effizienz von Käufer- und Zielunternehmen verringert wird.

VI.2 Analyse der branchenbereinigten Unternehmenskennzahlen

Analog zur Vorgehensweise bei der Untersuchung der rohen Unternehmenskennzahlen werden die branchenbereinigten Kennzahlen für Käufer-, Ziel- und hypothetischen Gemeinschaftsunternehmen separat betrachtet. Durch die Branchenbereinigung kann sicher gestellt werden, dass die Veränderungen der verschiedenen Kennzahlen nicht durch branchenweite, von den Übernahmen unabhängige Prozesse hervorgerufen werden.[383]

VI.2.1 Entwicklung der Käuferunternehmen

Die branchenbereinigten Größen- und Kapitalstrukturkennzahlen (vgl. Tabelle 104) zeigen, dass die Käuferunternehmen bereits vor der jeweiligen Übernahme zu den größeren Unternehmen der Branche gehörten. Gemessen am Umsatz waren die Käuferunternehmen in den Jahren vor der Akquisition im Mittel (Median) 3,5-mal größer als der Branchendurchschnitt

---

382 Vgl. Kapitel IV.1.2.2 für die Berechnung der Kennzahlen für die hypothetischen Gemeinschaftsunternehmen.

383 Im Vergleich zur Rohanalyse verringert sich die Zahl der untersuchten Unternehmen, da die für die Konstruktion der Branchenentwicklung erforderlichen Informationen für einige Herkunftsländer und Transaktionsjahre nicht verfügbar waren.

(signifikant auf einem 1%-Niveau). In den Jahren nach der Übernahme stieg die Größe auf das 5,6-fache des Branchenmittels. Das Größenwachstum ist für alle Kennzahlen signifikant.

Tabelle 104: Branchenbereinigte Größen- und Kapitalstrukturkennzahlen der Käuferunternehmen vor und nach der betrachteten Übernahme

t		Umsatz	Buchwert der Aktiva	Marktwert der Aktiva	Angestellte	Eigenkapital-quote
-3		3,3202	4,0000	4,7014	2,8888	0,9441
	n	206	206	205	147	205
-2		3,5964	4,6342	5,1261	2,9336	0,9448
	n	206	206	205	148	205
-1		3,3942	5,0026	5,9143	3,4547	0,9263
	n	206	206	205	142	205
Median -3 bis -1		3,4856***	4,7789***	5,1261***	2,9229***	0,9362***
	n	206	206	205	151	205
1		5,4957	5,5014	6,9153	4,7154	0,8809
	n	206	206	205	151	205
2		5,6179	5,7206	6,4673	5,6953	0,8526
	n	206	206	205	151	205
3		5,1614	5,9277	6,8250	5,6395	0,8499
	n	206	206	205	151	205
Median 1 bis 3		5,6941***	6,0957***	6,8159***	5,8295***	0,8662***
	n	206	206	205	158	205
Differenz		2,2085**	1,3169*	1,6898**	2,9067***	-0,0701***
t-Wert		2,3016	1,8581	2,1055	3,0169	2,8131
p-Wert		0,0214	0,0632	0,0352	0,0026	0,0049
α		-4,1034*	-6,4657***	-5,2374*	2,0419***	0,0296
t-Wert		-1,8329	-5,6163	-1,9627	5,5902	0,7263
p		0,0683	0,0000	0,0510	0,0000	0,4685
β		1,8360***	1,9693***	1,6688***	0,8790***	0,8968***
t-Wert		169,1484	248,3928	72,8894	16,2374	21,9291
p		0,0000	0,0000	0,0000	0,0000	0,0000
R^2		0,9929	0,9967	0,9990	0,6420	0,7021
Adj. R^2		0,9929	0,9967	0,9990	0,6396	0,7007
F-Wert		28,611***	61,699***	198,300	264**	481***
n		206	206	205	149	205

Die Regressionsanalyse verdeutlicht, dass vor allem große Unternehmen durch die Übernahmen weiter gewachsen sind. Für den Umsatz, den Buchwert und den Marktwert der Aktiva ist α signifikant negativ und β größer als 1. Das um Brancheneffekte bereinigte Unternehmenswachstum gibt einen Hinweis darauf, dass die Käuferunternehmen durch die Übernahmen relativ zur Branche gewachsen sind und ihre Position im Absatzmarkt verbessern konnten. Im Vergleich zur Premerger-Phase ist die Eigenkapitalquote branchenbereinigt von 0,93 auf 0,87 zurückgegangen. Diese Beobachtung ist konsistent mit der Entwicklung der unbereinigten Eigenkapitalquote.

Auch hinsichtlich der Erfolgskennzahlen bestätigen die bereinigten Indikatoren die Erkenntnisse der unadjustierten Kennzahlen. Wie in Tabelle 105 dargestellt, verringert sich die Cash-flow-Rentabilität, der RoS, RoA und RoE in den Jahren nach der Übernahme signifikant (auf einem 5%- bzw. 1%-Niveau) im Vergleich zur Premerger-Phase.[384] Die Entwicklung von Tobin´s Q zeigt analog zu den Rohkennzahlen hingegen eine Leistungsverbesserung an.

In Tabelle 180 bis Tabelle 183 im Anhang V.2 sind die Analyseergebnisse für die Teilstichproben, bestehend aus den Übernahmen nordamerikanischer und europäischer Energieversorgungsunternehmen, dargestellt. Es finden sich keine belastbaren Hinweise auf eine unterschiedliche Entwicklung der beiden Teilstichproben. Für die Übernahmen europäischer Energieversorgungsunternehmen ist das Signifikanzniveau allerdings gering. Dies kann zumindest teilweise auf den geringen Umfang der Stichprobe zurückgeführt werden (n=36).

Die überwiegende Evidenz für eine Performanceverschlechterung ist konsistent mit den negativen Ankündigungseffekten für Käuferunternehmen, die durchschnittlich eine Verringerung des Unternehmenswertes anzeigen. Dieser Rückgang ist Ausdruck dafür, dass sich die Erwartungen hinsichtlich zukünftiger Cash-flows verschlechtern. Die hier untersuchte Entwicklung der Cash-flow-Rentabilität bestätigt zumindest mittelfristig diese Befürchtung der Kapitalmarktteilnehmer. Denkbar wäre allerdings auch, dass sich die Unternehmensleistung aufgrund des mit einer Integration von Käufer- und Zielunternehmen verbundenen Aufwands[385] nur in den Jahren unmittelbar nach der Übernahme verringert und die Effizienzsteigerungspotentiale durch den Zusammenschluss erst einige Jahre später genutzt werden können. Bisher liegen keine Langzeitstudien für die Performance-Entwicklung in den Jahren nach einem Zusammenschluss eines Energieversorgungsunternehmens vor. Die Ergebnisse der branchenübergreifenden Studie von Healy et al. (1992) stützen die Interpretation einer späten Nutzung von Effizienzsteigerungspotentialen nicht. In ihrer Untersuchung kommt es branchenbereinigt im zweiten Jahr nach der Übernahme zur deutlichsten Effizienzsteigerung. Im vierten und fünften Jahr nach der Übernahme fällt die Outperformance tendenziell geringer aus als in den Vorjahren.

384 Bei einem Vergleich der Kennzahlen für das Jahr –3 und das Jahr +3 fallen die Unterschiede noch deutlicher aus (auf einem insgesamt höheren Signifikanzniveau).

385 Vgl. zu den Schwierigkeiten bei der Integration von Unternehmen etwa Wimmer (1999), S. 162f.

Tabelle 105: Branchenbereinigte Erfolgs-, Leistungs- und Investitionskennzahlen der Käuferunternehmen vor und nach der Übernahme

t	Cash flow-Rent.	Q	RoS	RoA	RoE	M/B-Relation	Kapital-umschlag	Cash-flow Marge	Cost-Income-Ratio	Gewinn pro Mitar-beiter	Investi-tionsrate	Asset-Sale-Rate
-3	0,9172	1,0712	1,2533	1,0211	1,0945	1,0531	0,7366	1,2695	0,8395	1,3370	0,8073	1,0738
n	206	206	206	206	206	202	206	206	201	147	205	147
-2	0,9259	1,0790	1,2769	1,0286	1,0874	1,0578	0,7448	1,2633	0,8252	1,1895	0,8073	1,0420
n	206	206	206	206	206	205	206	206	203	148	206	154
-1	0,9080	1,1067	1,1987	1,0000	1,0714	1,1060	0,7614	1,1948	0,8992	1,0438	0,8144	0,9182
n	206	206	206	206	206	204	206	206	204	142	206	151
Median - 3 bis -1	0.9168***	1,0773***	1,2482 ***	1,0073	1,0811***	1,0585 ***	0,7426***	1,2580 ***	0,8427***	1,2844 ***	0,7721 ***	1,0331 ***
n	206	206	206	206	206	205	206	206	204	151	206	163
1	0,8698	1,1260	1,0290	0,9681	1,0478	1,1309	0,7810	1,1048	0,9729	0,9201	0,8616	0,8908
n	206	206	206	206	206	205	206	206	205	151	206	143
2	0,8594	1,1144	0,9098	0,8770	1,0306	1,0949	0,7890	1,1124	1,0221	0,8344	0,8407	0,8091
n	206	206	206	206	206	205	206	206	206	151	206	148
3	0,8458	1,1287	0,8591	0,8543	0,9986	0,8458	0,8021	0,9935	1,0359	0,8165	0,9525	0,7580
n	189	206	206	206	206	203	206	206	206	151	206	151
Median 1 bis 3	0.8788***	1,1274***	0,9592 ***	0,9221**	1,0338 ***	1,0949***	0,7890 ***	1,1189***	1,0226 ***	0,8506***	0,8989 ***	0,8067***
n	206	206	206	206	206	205	206	206	206	158	206	162
Diff.	-0,0381**	0,0501**	-0,2890***	-0,0852***	-0,0473**	0,0364	0,0465	-0,1392***	0,1799***	-0,4338***	0,1268	-0,2264
t-Wert	2,5593	2,0993	4,1270	3,6541	2,2064	0,8544	0,9528	3,9201	3,8138	5,2021	1,5184	6,8503
p-Wert	0,0105	0,0358	0,0000	0,0003	0,0274	0,3929	0,3407	0,0001	0,0001	0,0000	0,1289	0,0000
α	0,2180***	-1,0051***	0,3908***	0,3545***	0,6191***	-0,6173	0,1538*	0,2621***	1,5692***	0,8806***	0,5219***	0,7062***
t-Wert	3,4329	-5,8639	4,8013	4,5633	7,3248	-0,2118	1,9353	4,1207	8,3543	8,5506	7,7046	13,7208
p	0,0007	0,0000	0,0000	0,0000	0,0000	0,8325	0,0543	0,0001	0,0000	0,0000	0,0000	0,0000
β	0,7238***	1,9431***	0,5275***	0,5351***	0,3518***	1,3627***	0,9388***	0,6432***	0,1667***	0,0315***	7,7903***	0,0649**
t-Wert	11,0254	14,2106	11,8153	8,4237	5,2516	21,0751	13,9904	13,0992	5,5434	0,5863	0,0667	1,9819
p	0,0000	0,0000	0,0000	0,0000	0,0000	0,0000	0,0000	0,0000	0,0000	0,5585	0,0000	0,0492
R^2	0,3734	0,4962	0,4051	0,2571	0,1186	0,6863	0,4884	0,4556	0,1315	0,0023	0,2284	0,0241
Adj. R^2	0,3703	0,4938	0,4022	0,2535	0,1143	0,6848	0,4859	0,4530	0,1272	-0,0045	0,2247	0,0180
F-Wert	122,1552***	201,9409***	139,6016***	70,9591***	27,5788***	444,1603***	195,7300***	171,5889***	30,7298***	0,3157	60,3929**	3,9280**
n	206	206	206	206	206	204	206	206	204	149	206	161

Wie für die Rohkennzahlen gibt die Regressionsanalyse im unteren Teil von Tabelle 105 Hinweise darauf, dass der Leistungsrückgang für relativ leistungsstarke Unternehmen größer ausfällt (positives α, β kleiner als 1). Eine mögliche Erklärung für diese Besonderheit könnte darin liegen, dass sich die Effizienz von Käufer- und Zielunternehmen nach der Übernahme angleicht. Bei besonders leistungsstarken Käuferunternehmen fallen die Effizienzunterschiede höher aus. Die Effizienzanpassung auf Seiten der Käuferunternehmen, die etwa durch einen Rückgang der Aufmerksamkeit des Managements oder des Kapitaleinsatzes für das Käuferunternehmen zugunsten des Zielunternehmens zustande kommt, ist möglicherweise in diesen Fällen besonders ausgeprägt.

Die operativen Leistungskennzahlen geben Hinweise darauf, dass sich die operative Effizienz der Käuferunternehmen infolge der Übernahme verringert. Die Cash-flow-Marge und der Gewinn pro Mitarbeiter reduziert sich nach der Übernahme signifikant (auf einem 1%-Niveau). Die Cost-Income-Ratio weist ebenfalls eine Leistungsverschlechterung aus. Keine signifikante Veränderung kann für die Effizienz des Kapitaleinsatzes beobachtet werden. Der Kapitalumschlag steigt zwar leicht an, doch ist die Veränderung nicht signifikant. Ebenfalls finden sich keine Hinweise auf ein verändertes Investitionsverhalten oder auf eine Liquidierung bestehender Anlagen.

Zusammenfassend bestätigt die Entwicklung der branchenbereinigten Indikatoren die Ergebnisse aus der Rohkennzahlenanalyse. Erwartungsgemäß wachsen die Käuferunternehmen durch die betrachteten Übernahmen. Gleichzeitig verringert sich die Eigenkapitalquote. Die Analyse der Erfolgskennzahlen lässt auf einen Rückgang der Leistungsfähigkeit und Profitabilität der Käuferunternehmen schließen. Es finden sich Indizien dafür, dass eine Verschlechterung der operativen Effizienz Hauptursache für die rückläufige Leistungsentwicklung ist. Die Effizienz des Kapitaleinsatzes scheint durch Übernahmen nicht signifikant beeinträchtigt zu werden.

VI.2.2 Entwicklung der Zielunternehmen

Die branchenbereinigte Entwicklung der Zielunternehmen ist in Tabelle 106 dargestellt. Aufgrund der geringen Stichprobengröße (n=26) müssen die Ergebnisse als wenig belastbar eingeschätzt werden. Auf eine Interpretation wird daher weitgehend verzichtet. Die Entwicklung der verschiedenen Größenkennzahlen deutet darauf hin, dass auch die Zielunternehmen in den Jahren nach der Übernahme gewachsen sind. Die Mittelwertdifferenzen sind allerdings für keine der Kennzahlen signifikant. Die Eigenkapitalquote ist ebenfalls branchenbereinigt gestiegen. Auch hier ist die Veränderung nicht signifikant von Null verschieden. Eine potentielle Ursache für die fehlende Signifikanz ist die geringe Fallzahl von n<30.

Auch bei den branchenbereinigten Erfolgs-, Leistungs- und Investitionskennzahlen der Zielunternehmen (vgl. Tabelle 107) ist das Signifikanzniveau deutlich niedriger als bei der Rohkennzahlenanalyse. Für die meisten Kennzahlen bleibt erneut das Vorzeichen erhalten.

Eine Ausnahme bildet der Return on Assets, für den die Regressionsanalyse in der bereinigten Form eine signifikant negative Entwicklung ausweist.

Aufgrund der geringen Zahl der betrachteten Zielunternehmen sind diese Analyseergebnisse allerdings wenig belastbar. Von einer weitergehenden Interpretation wird daher abgesehen.

Tabelle 106: Branchenbereinigte Größen- und Kapitalstrukturkennzahlen der Zielunternehmen vor und nach der betrachteten Übernahme

t		Umsatz	Buchwert der Aktiva	Marktwert der Aktiva	Angestellte	Eigenkapital-quote
-3		1,9871	2,1338	3,8271	1,6136	0,8090
	n	22	22	22	6	22
-2		1,7020	2,0630	9,6318	1,5518	0,8741
	n	26	26	22	7	26
-1		2,0430	2,6839	9,5310	2,2136	0,8023
	n	26	26	24	7	26
Median -3 bis -1		1,8071*	2,1338	5,0672*	1,8827	0,8469***
	n	26	26	26	7	26
1		2,3083	2,6035	12,6024	3,2857	0,8781
	n	26	26	21	7	26
2		2,8705	3,4132	9,5208	2,8936	0,8379
	n	26	26	20	6	26
3		1,7437	2,5183	14,3462	3,1938	0,9838
	n	19	19	16	6	19
Median 1 bis 3		2,3771*	3,2851*	6,6748***	4,0602	0,8618
	n	26	26	26	7	26
Differenz		0,5700	1,1513	1,6076	2,1775	0,0149
t-Wert		0,3386	0,1739	0,2379	0,0000	0,5948
p-Wert		0,7349	0,8620	0,8119	1,0000	0,5520
α		2,4114	4,6275	-42,6558	3,5742	0,0448
t-Wert		0,3691	1,5624	-0,3311	1,7400	0,5081
p		0,7153	0,1313	0,7434	0,1568	0,6160
β		0,8759***	0,8372***	2,2667***	0,8064**	1,0116***
t-Wert		14,8769	45,5983	10,7532	14,3038	11,8185
p		0,0000	0,0000	0,0000	0,0001	0,0000
R^2		0,9022	0,9886	0,8281	0,9808	0,8534
Adj. R^2		0,8981	0,9881	0,8210	0,9760	0,8473
F-Wert		221,3212***	2.079,2044***	115,6305	204,5998**	139,6775***
n		26	26	26	6	26

Tabelle 107: Branchenbereinigte Erfolgs-, Leistungs- und Investitionskennzahlen der Zielunternehmen vor und nach der Übernahme

t	Cash flow-Rent.	Q	RoS	RoA	RoE	M/B-Relation	Kapital-umschlag	Cash-flow Marge	Cost-Income-Ratio	Gewinn pro Mitar-beiter	Investi-tionsrate	Asset-Sale-Rate
-3	0,8148	0,7501	1,1417	1,0247	1,1363	0,7739	0,6704	1,0811	1,0789	1,1442	0,5685	1,0581
n	22	10	22	22	22	10	22	21	21	6	22	6
-2	0,6753	1,0655	1,1664	1,0318	1,0086	0,7748	0,6031	1,1278	0,8734	0,9319	0,7406	0,8983
n	26	24	26	26	26	12	26	25	26	7	25	8
-1	0,6682	1,1377	1,1098	0,9782	1,0300	0,8836	0,5100	1,1530	0,9035	0,9758	0,7020	0,9542
n	26	24	26	26	26	14	26	26	26	7	24	8
Median -3 bis -1	*0,6754*	*0,8319*	1,0973	*1,0219*	*1,1682*	*0,8223*	*0,6084*	*1,1544*	*0,9720*	*0,9430*	*0,7406*	*0,9542*
n	26	15	26	26	26	15	26	26	26	7	25	8
1	0,5111	0,9992	1,1319	1,1584	1,2191	0,7415	0,4549	1,1156	0,8277	1,0000	0,7233	0,7816
n	26	24	26	26	26	10	26	26	26	7	24	8
2	0,5043	1,0270	0,9761	0,8573	1,0180	0,7302	0,4355	1,1590	0,7494	-1,0648	0,7487	1,0386
n	26	24	26	26	25	10	26	25	26	6	24	8
3	0,5277	1,0583	1,1486	0,9573	1,0706	0,5986	0,5446	1,1900	0,5894	0,8504	0,7075	1,0880
n	19	18	19	19	19	8	19	19	19	6	17	7
Median 1 bis 3	*0,5006**	*1,0056*	1,0116	*1,0405*	*1,1094*	*0,7415*	*0,4841*	*1,2129*	*0,7531*	*1,0243*	*0,6903*	*1,0100*
n	26	24	26	26	26	10	26	26	26	7	25	8
Diff.	-0,1748	-0,0537	-0,0857	0,0187	-0,0588	-0,0809	-0,1243	0,0585	-0,2189	0,0813	-0,0503	0,0558
t-Wert	0,6131	0,0309	0,0092	0,2654	0,5582	0,3051	0,6680	0,2837	0,5033	0,5111	0,2134	1,2077
p-Wert	0,5398	0,9753	0,9927	0,7907	0,5767	0,7603	0,5041	0,7767	0,6148	0,6093	0,8310	0,2271
α	19,8000**	-0,0684	0,8555	-1,2838**	0,4051	0,3152	-0,2976	0,6514**	0,8064	0,4436	0,6425	1,5545**
t-Wert	-1,9103	-0,1890	0,6438	-2,8827	1,2759	4,1531	-0,7318	3,1028	0,4869	0,2646	1,1883	7,2293
p	0,0681	0,8519	0,5258	0,0082	0,2142	0,0032	0,4714	0,0049	0,6308	0,8044	0,2469	0,0004
β	27,1266***	1,1728***	0,6764	1,6230***	0,5262*	0,4976***	1,4404***	0,6454***	0,3774***	0,4454	0,7693	-0,5512
t-Wert	7,7298	4,3128	1,6223	5,8803	2,5186	6,9634	5,1616	5,6846	2,9395	1,2201	2,4500	-2,4776
p	0,0000	0,0003	0,1178	0,0000	0,0189	0,0001	0,0000	0,0000	0,0072	0,2895	0,0223	0,0480
R^2	0,7134	0,4581	0,0988	0,5903	0,2091	0,8584	0,5261	0,5738	0,2647	0,2712	0,2070	0,5057
Adj. R^2	0,7015	0,4335	0,0613	0,5732	0,1761	0,8407	0,5063	0,5561	0,2341	0,0890	0,1725	0,4233
F-Wert	59,7503***	18,6002***	2,6319	34,5776***	6,3435*	48,4886***	26,6422***	32,3145***	8,6405***	1,4885	6,0027**	8,0000**
n	26	24	26	26	26	10	26	26	26	6	25	8

VI.2.3 Entwicklung der hypothetischen Gemeinschaftsunternehmen

Die Analyse branchenbereinigter Kennzahlen für das hypothetische Gemeinschaftsunternehmen erlaubt ein Urteil darüber, ob durch die betrachteten Zusammenschlüsse die Leistungsfähigkeit der beteiligten Unternehmen vor dem Hintergrund der Entwicklung der gesamten Branche tatsächlich gesteigert werden konnte. Im Folgenden werden erneut zunächst nur die Übernahmen betrachtet, bei denen die Zielunternehmen im Anschluss an die Übernahme ihre rechtliche Eigenständigkeit verloren haben.

Tabelle 108: Branchenbereinigte Größen- und Kapitalstrukturkennzahlen der hypothetischen Gemeinschaftsunternehmen vor und nach der betrachteten Übernahme

t		Umsatz	Buchwert der Aktiva	Marktwert der Aktiva	Angestellte	Eigenkapitalquote
-3		2,4202	2,5872	2,7822	2,8401	0,9724
	n	34	34	34	19	34
-2		2,5799	2,4669	2,7037	2,4981	0,9707
	n	34	34	34	21	34
-1		2,4409	2,5319	2,6044	1,7419	0,9825
	n	34	34	33	19	33
Median -3 bis -1		2,5591***	2,4669***	2,7037***	2,4201**	0,9587
	n	34	34	34	22	34
1		3,2092	4,4594	4,4666	4,3026	0,9252
	n	34	34	34	28	34
2		4,6318	4,9757	5,0948	5,2318	0,8636
	n	34	34	34	28	34
3		4,4294	4,8927	4,4175	4,9278	0,8570
	n	34	34	34	29	34
Median 1 bis 3		4,5710***	4,9757***	5,0948***	4,9010***	0,8795***
	n	34	34	34	29	34
Differenz		2,0119	2,5087	2,3910	2,4810**	-0,0792*
t-Wert		1,2572	1,3308	1,6252	2,1396	1,9441
p-Wert		0,2087	0,1833	0,1041	0,0324	0,0519
α		0,9240	2,0558	2,1828	2,6060**	-0,1565
t-Wert		1,2400	3,0891	3,0645	2,7418	-1,3130
p		0,2240	0,0041	0,0044	0,0130	0,1985
β		1,2066***	0,8234***	0,9232***	0,6927**	1,0435***
t-Wert		11,7896	11,1045	11,9476	2,8105	9,3313
p		0,0000	0,0000	0,0000	0,0112	0,0000
R^2		0,8129	0,7940	0,8169	0,2937	0,7313
Adj. R^2		0,8070	0,7875	0,8112	0,2565	0,7229
F-Wert		138,9955***	123,3090***	142,7458***	7,8989**	87,0733***
n		34	34	34	21	34

Die Größenindikatoren in Tabelle 108 zeigen, dass lediglich bezogen auf die Zahl der Angestellten signifikante Größenveränderungen beobachtet werden können. Die Veränderung der anderen Größenkennzahlen weist zwar ebenfalls ein Unternehmenswachstum aus, die

Unterschiede sind aber nicht signifikant von null verschieden. Insgesamt finden sich folglich keine belastbaren Hinweise darauf, dass die hypothetischen Gemeinschaftsunternehmen ihren Marktanteil durch die Übernahme steigern konnten.

Erwartungsgemäß zeigt die Regressionsanalyse für den Umsatz, den Markt- und den Buchwert der Aktiva lediglich ein größenabhängiges, proportionales Wachstum an (α nicht signifikant von null verschieden, β größer als 1). Auch für die hypothetischen Gemeinschaftsunternehmen ergibt sich ein statistisch signifikanter Rückgang der Eigenkapitalquote. Diese Entwicklung lässt sich analog zu den Erläuterungen in den vorangehenden Kapiteln mit der überwiegenden Barmittelfinanzierung der Übernahmen erklären.

Die Entwicklung der branchenbereinigten Erfolgskennzahlen ist nur teilweise konsistent mit den Ergebnissen aus der Analyse der Rohkennzahlen (vgl. Tabelle 109): Die Cash-flow-Rentabilität, der RoA und der RoE fallen für die Phase nach der Übernahme geringer aus als für die Premerger-Periode. Diese Entwicklung bestätigt den anhand der Rohkennzahlen diagnostizierten Rückgang der Unternehmensleistung.[386]

Anders als bei den bisherigen Beobachtungen stiegen Tobin's Q und die Marktwert-Buchwert-Relation im Vergleich zur Premerger-Phase jedoch signifikant an. Auch die abnormale Leistungssteigerung (α) ist für diese Kennzahlen positiv (signifikant auf einem 1%- bzw. 5%-Niveau). Beide Maße spiegeln die Einschätzung des Kapitalmarktes über die aktuelle Effizienz und die Erwartungen hinsichtlich zukünftiger Gewinne wider. Sie unterscheiden sich damit von den übrigen Erfolgskennzahlen, die auf den aktuellen Unternehmensüberschüssen basieren. Vor diesem Hintergrund stellt die gegenläufige Entwicklung der beiden Kennzahlengruppen keinen Widerspruch dar. Sie lassen sich vielmehr dahingehend interpretieren, dass der Kapitalmarkt trotz eines kurzfristigen Rückgangs der Unternehmensleistung von einer langfristigen Performancesteigerung ausgeht. Interessant ist in diesem Zusammenhang, dass die hypothetischen Gemeinschaftsunternehmen vor der Übernahme nicht hoch in der Gunst der Kapitalmarktakteure standen. Mit Werten von 0,94 für die Marktwert-Buchwert-Relation und 0,99 für Tobin's lagen sie unter dem Branchendurchschnitt (signifikant für die Marktwert-Buchwert-Relation).

Die Ergebnisse fallen hinsichtlich der Ursachen für die Verschlechterung der Gesamteffizienz eindeutig aus. Die Entwicklung der Cost-Income-Ratio, der Cash-flow-Marge und des Gewinns pro Mitarbeiter weisen eine Verschlechterung der operativen Leistung aus. Keine signifikante Veränderung ergibt sich für den Kapitalumschlag.

---

386 Bei einem Vergleich der Kennzahlen für das Jahr –3 und das Jahr +3 fallen die Unterschiede analog aus (auf einem insgesamt niedrigeren Signifikanzniveau).

Tabelle 109: Branchenbereinigte Erfolgs-, Leistungs- und Investitionskennzahlen der hypothetischen Gemeinschaftsunternehmen

t	Cash flow-Rent.	Q	RoS	RoA	RoE	M/B-Relation	Kapital-umschlag	Cash-flow Marge	Cost-Income-Ratio	Gewinn pro Mitar-beiter	Investi-tionsrate	Asset-Sale-Rate
-3	0,9929	0,9600	0,9273	1,1660	1,1323	0,9033	0,8290	1,0478	0,9623	0,9961	0,8552	0,9695
n	34	34	34	34	34	29	34	33	34	19	31	19
-2	0,9943	0,9969	0,6493	1,1345	1,0348	0,9473	0,8417	1,2754	0,7840	0,9783	0,8846	0,9404
n	34	34	34	34	34	30	34	33	34	21	32	22
-1	0,9882	1,0081	0,6853	1,1338	1,1200	0,9524	0,8205	0,8926	0,9799	0,8731	0,8934	0,9584
n	33	34	34	34	33	28	33	33	33	19	29	18
Median -3 bis -1	*0,9992*	*0,9917*	*0,7582*	*1,1580***	*1,1058*	*0,9372***	*0,8494**	*1,0991*	*0,8302*	*0,9858*	*0,8770*	*1,0015*
n	34	34	34	34	34	30	34	33	34	22	33	23
1	0,8825	1,0892	1,0023	0,9247	0,9191	1,0230	0,7691	1,0578	0,9662	0,8852	1,0409	0,8768
n	34	34	34	34	34	33	34	34	34	28	34	26
2	0,8536	1,0593	0,8265	0,7842	0,9898	1,0264	0,8077	0,9180	1,0858	0,8808	0,9873	0,4786
n	34	34	34	34	34	32	34	34	34	28	34	27
3	0,8600	1,0745	0,8780	0,8481	0,9613	0,9946	0,8696	0,9371	1,1499	0,9487	1,0398	0,7085
n	33	34	34	34	34	32	34	34	34	29	34	30
Median 1 bis 3	*0,8553**	*1,0531****	*0,9096*	*0,8658***	*0,9714*	*1,0230*	*0,8052**	*0,9882*	*1,0814*	*0,8503*	*1,0111*	*0,6534****
n	34	34	34	34	34	33	34	34	34	29	34	31
Diff.	-0,1439*	0,0614***	0,1514	-0,2923***	-0,1344	0,0858*	-0,0442	-0,1108	0,2512**	-0,1355	0,1341	-0,3481***
t-Wert	1,9073	2,6555	1,4167	3,5263	0,9506	1,7684	0,0675	1,3231	2,1771	1,3598	0,6960	2,9038
p-Wert	0,0565	0,0079	0,1566	0,0004	0,3418	0,0770	0,9462	0,1858	0,0295	0,1739	0,4864	0,0037
α	0,7687**	0,5626***	0,8780***	0,7954***	0,4674	1,0529**	-0,3276	0,9669***	0,0357*	0,0974	0,9759***	0,9139***
t-Wert	2,2568	4,4174	4,3444	7,6474	1,6709	2,5356	-1,5340	8,4928	0,0858	0,1702	3,3771	5,8328
p	0,0310	0,0001	0,0001	0,0000	0,1045	0,0171	0,1348	0,0000	0,9322	0,8667	0,0020	0,0000
β	0,2403	0,5598***	0,3701***	0,0194***	0,4387***	0,0472***	1,4558***	0,0573**	2,0342***	0,9725***	0,1633	-0,1705
t-Wert	0,7834	4,2601	4,3341	0,8173	1,7319	0,1076	8,1793	1,0350	7,8832	2,4640	0,6368	-1,7845
p	0,4392	0,0002	0,0001	0,4198	0,0929	0,9150	0,0000	0,3087	0,0000	0,0234	0,5290	0,0888
R^2	0,0188	0,3619	0,3699	0,0204	0,0857	0,0004	0,6764	0,0334	0,6601	0,2422	0,0129	0,1317
Adj. R^2	-0,0118	0,3420	0,3502	-0,0102	0,0571	-0,0353	0,6663	0,0022	0,6495	0,2023	-0,0189	0,0903
F-Wert	0,6137	18,1483***	18,7843***	0,6679	2,9996***	0,0116***	66,9016***	1,0712	62,1454***	6,0715***	0,4055	3,1843*
n	34	34	34	34	34	30	34	33	34	21	33	23

Hinsichtlich des Investitionsverhaltens werden die Beobachtungen der unbereinigten Kennzahlen bestätigt. Die Investitionsrate verändert sich infolge der jeweiligen Übernahme nicht signifikant. Die Asset-Sale-Rate ist dagegen signifikant rückläufig.

Tabelle 179 in Anhang V.1 zeigt die branchenbereinigten Erfolgs-, Leistungs- und Investitionskennzahlen der hypothetischen Gemeinschaftsunternehmen auch für die Übernahmen, bei denen die Zielunternehmen nach der Übernahme rechtlich selbständig blieben. Die Ergebnisse sind konsistent mit den in den voranstehenden Absätzen erläuterten Beobachtungen. Die Cash-flow-Rentabilität, der RoA und der RoE sind nach den jeweiligen Übernahmen signifikant rückläufig. Tobin's Q und die Marktwert-Buchwert-Relation wachsen hingegen an.

Insgesamt finden sich folglich keine Hinweise darauf, dass es durch die Einbeziehung der Übernahmen, bei denen das Zielunternehmen rechtlich selbständig bleibt, zu Verzerrungen insbesondere des Hauptindikators, der Cash-flow-Rentabilität, kommt. Aufgrund der größeren Stichprobe (47 Übernahmen im Vergleich zu 34 Übernahmen, bei denen das Zielunternehmen seine rechtliche Selbständigkeit verliert) werden für die multivariate Analyse der Leistungsentwicklung der hypothetischen Gemeinschaftsunternehmen alle Übernahmen betrachtet.

VI.2.4 Zusammenfassung

Die Analyse der Rohkennzahlen und der branchenbereinigten Indikatoren hat gezeigt, dass sich die Leistung der untersuchten Käuferunternehmen durch die Übernahmen verringert hat. Die Ursache für diesen Rückgang liegt in einer Verschlechterung der operativen Effizienz. Erwartungsgemäß wuchsen die Käuferunternehmen in den Jahren nach der Übernahme im Vergleich zur Vorphase.

Die Fundamentaldatenanalyse gibt schwache Hinweise darauf, dass die Zielunternehmen ihre Unternehmensleistung hingegen durch die Übernahme steigern konnten. Allerdings sind die Ergebnisse aufgrund der kleinen Stichprobe nicht signifikant. Auch die Zielunternehmen wuchsen durchschnittlich in den Jahren nach der Übernahme. Im Gegensatz zur Entwicklung der Käuferunternehmen sind diese Veränderungen jedoch nicht statistisch signifikant.

Fasst man die Auswirkungen der Übernahmen auf Käufer- und Zielunternehmen zusammen, muss auch für die hypothetischen Gemeinschaftsunternehmen ein Rückgang der Unternehmensleistung konstatiert werden. Die Leistungssteigerung auf Seiten der Zielunternehmen wird durch die Effizienzverschlechterung bei den Käuferunternehmen überkompensiert. Dieses Ergebnis widerspricht der Hypothese 1a), nach der eine Leistungssteigerung der beteiligten Unternehmen zu erwarten wäre. Die Verschlechterung der Unternehmensleistung von Käufer- und hypothetischen Gemeinschaftsunternehmen ist hingegen konsistent mit den Hypothese 5a), die Übernahmen als Ausdruck der Eigennutzorientierung des Managements sieht. Für die hypothetischen Gemeinschaftsunternehmen kann nur im Hinblick auf die Zahl der Mitarbeiter ein signifikantes Größenwachstum festgestellt werden. Für den Umsatz, den Buch- und den Marktwert der Aktiva ist die Veränderung nicht signifikant.

Hypothese 6a), die Übernahmen mit einer Hybris des Managements erklärt, kann hingegen nicht bestätigt werden. Ihr zufolge reduziert sich die Gesamtleistung der hypothetischen Gemeinschaftsunternehmen geringfügig durch die „takeover expenses“[387]. Die Cash-flow-Rentabilität verringert sich aber branchenbereinigt um 18% (nach den rohen Kennzahlen um 13%). Es kann nicht davon ausgegangen werden, dass dieser deutliche Rückgang alleine auf die Transaktionskosten der Übernahme zurückzuführen ist.[388]

Aus der Perspektive von Energieversorgungsunternehmen muss insgesamt die von Healy et al. (1992) aufgeworfene Frage „Does corporate performance improve after mergers?“ folglich negativ beantwortet werden. In ihrer Studie kommen die Autoren für ein branchenübergreifendes Sample allerdings zu anderen Ergebnissen. Sie berichten von signifikanten Leistungsverbesserungen infolge von Übernahmen.

Die branchenbereinigte Größenentwicklung gibt Hinweise darauf, dass die Käuferunternehmen ihren Marktanteil steigern konnten. Für die hypothetischen Gemeinschaftsunternehmen ergibt sich ebenfalls ein branchenbereinigtes Wachstum, das allerdings nicht statistisch signifikant ist.

VI.3 Multivariate Analyse der branchenbereinigten Cash-flow-Rentabilität

VI.3.1 Regressionsmodell

Im Folgenden wird die Entwicklung der branchenbereinigten Cash-flow-Rentabilität von Käufer-, Ziel- und hypothetischen Gemeinschaftsunternehmen analog zur Vorgehensweise bei der Untersuchung der Kursreaktionen im Rahmen einer multivariaten Regression untersucht. Als abhängige Variable, Indikator für die Leistungsentwicklung, wird die branchenbereinigte Cash-flow-Rentabilität von Käufer- und hypothetischen Gemeinschaftsunternehmen gewählt. Auf eine separate Analyse der Entwicklung der Zielunternehmen wird aufgrund der geringen Datenverfügbarkeit verzichtet (n<25).[389] Als erklärende Variablen werden die gleichen Indikatoren wie bei der Analyse der Kursreaktionen verwendet.[390] Damit der Einfluss der erklärenden Variablen unabhängig von der Performance vor der Übernahme gemessen

[387] Vgl. Roll (1986), S. 201.

[388] Vgl. Meeks und Meeks (2001) präsentieren einen Überblick über die Schätzungen von Transaktionskosten im Zusammenhang von Übernahmen. Die Schätzwerte liegen zwischen 5% und 7% des Transaktionsvolumens. Die Autoren stellen fest, dass die Wertverluste auf Seiten der Käuferunternehmen diese Transaktionskosten überschreiten.

[389] In der Gruppe der Zielunternehmen sind nur die Unternehmen berücksichtigt, die nach der Übernahme ihre rechtliche Selbständigkeit behalten haben. Die Gruppe der Gemeinschaftsunternehmen umfasst hingegen alle Gesamtunternehmen (verschmolzene Einheit der Käufer- und Zielunternehmen) sowie die hypothetische Einheit aus Käufer- und Zielunternehmen für die Fälle, in denen beide Unternehmen ihre rechtliche Unabhängigkeit behalten. Aufgrund dieser weiteren Definition ist die Gruppe der Gemeinschaftsunternehmen größer als die der Zielunternehmen.

[390] Vgl. Kapitel V.3.1 und Tabelle 92.

werden kann, wird in alle Regressionsmodelle die Cash-flow-Rentabilität vor der Übernahme als weiterer Regressor aufgenommen.[391]

VI.3.2 Entwicklung der Käuferunternehmen

Tabelle 110 stellt ausgewählte Ergebnisse der multivariaten Analyse für die Cash-flow-Rentabilität der Käuferunternehmen dar.[392]

In Modell 1 wird der Zusammenhang zwischen der Höhe der kumulierten abnormalen Renditen zum Ankündigungszeitpunkt und der Veränderung der Cash-flow-Rentabilität gemessen. Der positive Regressionskoeffizient für die abnormalen Renditen zeigt an, dass höhere Ankündigungseffekte in der Tat mit einer höheren nachfolgenden Cash-flow-Rentabilität verbunden sind. Allerdings ist dieser Zusammenhang für die Käuferunternehmen nicht statistisch signifikant. Der Kapitalmarkt scheint folglich die zukünftige Leistungsentwicklung nur recht unscharf zum Zeitpunkt der Übernahme zu prognostizieren.

Modell 2 liefert einen Hinweis auf die Bedeutung von operativen Synergien für die Rentabilität der Käuferunternehmen. Stimmt das primäre Betätigungsfeld von Käufer- und Zielunternehmen überein (Konzentrationsstrategie), d.h. handelt es sich in beiden Fällen entweder um Strom- oder um Gasversorger, entwickelt sich die Cash-flow-Rentabilität signifikant positiver. Operative Synergien setzen in der Regel eine hohe Ähnlichkeit der Geschäftsaktivitäten der beteiligten Unternehmen voraus. Im Umkehrschluss stellt der beobachtete Zusammenhang zwischen der Cash-flow-Rentabilität und der Übereinstimmung der Geschäftsaktivitäten ein Indiz dafür dar, dass die Leistungssteigerung durch operative Synergien erzielt wurde. Werden allerdings wie in Modell 7 weitere Erklärungsvariablen einbezogen, zeigt sich der Zusammenhang als nicht mehr statistisch signifikant.

Konzentrische Übernahmen erzielten hingegen geringere Leistungssteigerungen. Der entsprechende Regressionskoeffizient in Modell 2 ist allerdings nicht signifikant.

Ebenfalls nicht signifikant ist der Zusammenhang zwischen der Entwicklung der Cash-flow-Rentabilität und dem Grad der Korrelation zwischen den Cash-flows von Käufer- und Zielunternehmen (vgl. Modell 3).

---

391 Vgl. Healy et al. (1992), S. 159.

392 Die vollständige multivariate Analyse findet sich in Anhang V.3.

Tabelle 110: Multivariate Analyse - branchenbereinigte Cash-flow-Performance der Käuferunternehmen als abhängige Variable

	Modell 1		Modell 2		Modell 3		Modell 4		Modell 5		Modell 6		Modell 7	
	Koeff.	t-Statistik	Koeff.	t-Statistik	Koeff.	t-Statistik	Koeff.	t-Statistik	Koeff.	t-Statistik	Koeff.	t-Statistik	Koeff.	t-Statistik
Konstante	0,2115	3,3047 ***	0,1661	2,3594 **	0,6995	2,5479 **	0,2934	2,0911 **	0,1861	1,3427	-0,0606	-0,4094	0,0346	0,0833
Cash-flow vor der Übernahme	0,7302	11,0485 ***	0,7465	11,3926 ***	0,3225	1,1750	0,7729	5,7075 ***	0,7492	5,3684 ***	0,9406	5,6299 ***	0,7697	3,2850 ***
CAR für das [-1;+1]-Intervall	0,5149	0,8752											1,7444	0,8547
Konzentrationsstrategie			0,0906	2,0345 **									0,2765	1,4284
Konzentrische Strategie			-0,0434	-0,7556									-0,1028	-0,3495
Cash-flow-Korrelation					-0,1629	-1,3526								
Renditekorrelation							-0,5551	-2,1123 **					-0,8552	-1,7106 *
Unterschiede Cost-Income-Ratio									0,3444	3,3674 ***			0,0028	0,5607
Wettbewerberreaktion USA											-1,5631	-0,5559		
Kontrollübergang													0,1235	0,6427
Übernahmefinanzierung													0,0592	0,2830
Transaktionsvolumen													-0,00002	-0,3038
Herkunft Käuferunt.													0,0412	0,1941
Übernahmeerfahrung													0,0444	0,9662
n	206		206		34		71		67		30		39	
R^2	0,3757		0,3945		0,1062		0,3667		0,3693		0,5449		0,4631	
Adj. R^2	0,3696		0,3855		0,0485		0,3480		0,3496		0,5112		0,2444	
F-Wert	61,0929 ***		43,8625 ***		1,8410		19,6831 ***		18,7365 ***		16,1630 ***		2,1171	

Die Analyse der Cash-flow-Rentabilität der Käuferunternehmen stützt auch die Hypothese, dass durch finanzielle Synergien die Leistungsfähigkeit der Unternehmen gesteigert werden kann. Die signifikant negative Beziehung zwischen der Korrelation der Wertpapierrenditen von Käufer- und Zielunternehmen auf der einen Seite und der Entwicklung der Cash-flow-Rentabilität auf der anderen Seite (vgl. Modell 4) spricht dafür, dass durch finanzielle Synergien in der Tat die (Kapital-) Kosten gesenkt werden können. Dieser Zusammenhang bleibt auch dann stabil, wenn wie in Modell 7 weitere Erklärungsvariablen einbezogen werden.

Modell 5 liefert Hinweise auf die Relevanz managerialer Synergien: Je größer die Unterschiede in der Effizienz der Käufer- und Zielunternehmen gemessen durch die Cost-Income-Ratio, desto größer ist die nachfolgende Leistungssteigerung der Käuferunternehmen (statistisch signifikant auf einem 99%-Niveau). Dieses Ergebnis spricht dafür, dass durch die Übernahmen ein leistungsfähigeres Management des Käuferunternehmens Effizienzgewinne für das gemeinsame Unternehmen realisieren kann.

Wie die Ergebnisse von Modell 6 zeigen, ist der Zusammenhang zwischen der Rentabilitätsentwicklung der Käuferunternehmen und den Ankündigungseffekten auf Seiten der Branchenwettbewerber für die Vereinigten Staaten nicht signifikant. Das gleiche gilt für deutsche Käuferunternehmen (vgl. Tabelle 185 in Anhang V.3). Diese beobachten stützen nicht die Hypothese, dass es einen Zusammenhang zwischen dem Aufbau von Marktmacht und der langfristigen Leistungsentwicklung der Käuferunternehmen gibt.

VI.3.3 Entwicklung der hypothetischen Gemeinschaftsunternehmen

Tabelle 111 fasst die wichtigsten Ergebnisse der multivariaten Analyse der Rentabilitätsentwicklung für die hypothetischen Gemeinschaftsunternehmen zusammen.[393] Im wesentlichen werden die Befunde der Untersuchung der Käuferunternehmen bestätigt. In Modell 1 kann kein signifikanter Zusammenhang zwischen den Ankündigungseffekten und der nachfolgenden Leistungsentwicklung der Zielunternehmen festgestellt werden.

Auch aus der Perspektive der Gemeinschaftsunternehmen ziehen horizontale Übernahmen (Konzentrationsstrategie) signifikant höhere Leistungssteigerungen nach sich als andere Transaktionen (vgl. Modell 2). Dieser Zusammenhang bleibt stabil, wenn wie in den Modellen 6 und 7 weitere unabhängige Variablen in die Regression aufgenommen werden.

Für die Gemeinschaftsunternehmen gilt ebenfalls ein negativer Zusammenhang zwischen der Korrelation von Wertpapierrenditen der Käufer- und Zielunternehmen sowie der Leistungsentwicklung (vgl. Modell 3). Dies kann erneut als starkes Indiz für das Vorliegen finanzieller Synergien aufgefasst werden. Hinweise finden sich auch für die Relevanz managerialer Synergien. Die Ergebnisse von Modell 7 zeigen einen signifikant positiven Zusammenhang zwischen den Effizienzunterschieden von Käufer- und Zielunternehmen (gemessen durch die Cost-Income-Ratio) und der Leistungsentwicklung.

---

393 Die vollständige Darstellung der multivariaten Analyse findet sich in Anhang V.3.

In Modell 4 wird - konsistent mit den Beobachtungen der Kursreaktionen - für die Vereinigten Staaten ein signifikant positiver Zusammenhang für die Ankündigungseffekte auf Seiten der Branchenwettbewerber und der nachfolgenden Rentabilitätsentwicklung der hypothetischen Gemeinschaftsunternehmen festgestellt. Allerdings ist die Anzahl der untersuchten Wertepaare mit n=7 äußerst klein. Analog zu den Analyseergebnissen der Kapitalmarktreaktionen von Käufer- und Zielunternehmen kann dieser Zusammenhang als ein Indiz für das Vorliegen von Marktmacht gewertet werden. Vor dem Hintergrund der durchschnittlich negativen Börsenwertveränderungen der Branchenwettbewerber scheint jedoch eine zweite Interpretation ebenfalls möglich. Durch die Übernahme steigt für die Käuferunternehmen und ihre Konkurrenten die Wettbewerbsintensität. Die Folge sind ein höherer Preisdruck und infolgedessen eine geringere Rentabilität der Anbieter.[394]

Für Übernahmen deutscher Energieversorger ist dieser Zusammenhang (insignifikant) negativ, wie die Ergebnisse von Modell 5 zeigen.

Anders als bei der Analyse der Leistungsentwicklung der Käuferunternehmen im voranstehenden Kapitel spielt die Herkunft der Käuferunternehmen aus der Perspektive der Gesamtunternehmen eine statistisch signifikante Rolle. Stammt das Käuferunternehmen aus Nordamerika, fallen die Leistungssteigerungen höher aus als bei Übernahmen europäischer Versorger (vgl. Variable „Herkunft der Käuferunternehmen" in den Modellen 6 und 7). Diese Leistungsunterschiede können möglicherweise ex post die für Nordamerika in Kapitel V.1.3.1 festgestellten höheren Übernahmeprämien erklären.

Die letzten beiden Modelle geben darüber hinaus Hinweise darauf, dass Käuferunternehmen aus vorangegangenen Übernahmen tatsächlich lernen. Dies zeigt der signifikant positive Wert für den Regressionskoeffizienten der Variable „Übernahmeerfahrung". Je mehr Übernahmen ein Käuferunternehmen zuvor realisiert hat, desto höher ist die durchschnittliche Leistungssteigerung durch die jeweilige Übernahme. Der Zusammenhang verliert allerdings seine statistische Signifikanz, wenn zusätzlich der Zeitpunkt der Übernahme kontrolliert wird.[395] Eine Ursache dafür kann allerdings in der hohen Zahl erklärender Variablen bei einer Fallzahl von n=28 liegen.

394 Vgl. auch Kapitel V.2.2.3.

395 Vgl. Anhang V, Tabelle 191, Modell 21.

Tabelle 111: Multivariate Analyse für die branchenbereinigte Cash-flow-Performance der hypothetischen Gemeinschaftsunternehmen

	Modell 1		Modell 2		Modell 3		Modell 4		Modell 5		Modell 6		Modell 7	
	Koeff.	t-Statistik	Koeff.	t-Statistik	Koeff.	t-Statistik	Koeff.	t-Statistik	Koeff.	t-Statistik	Koeff.	t-Statistik	Koeff.	t-Statistik
Konstante	0,6456	2,2533 **	0,3914	1,3231	-0,1771	-0,5317	0,0446	0,1823	1,5322	1,5529	-1,3845	-2,9209 ***	0,1303	0,2243
Cash-flow vor der Übernahme	0,3570	1,3923	0,3878	1,5612	1,2286	3,8415 ***	0,9520	3,6092 ***	-0,5432	-0,8461	1,1370	3,0813 ***	0,4794	1,4055
CAR für das [-1;+1]-Intervall	1,6068	0,8173									5,1632	1,9651 *	5,3348	2,7695 **
Konzentrationsstrategie			0,3068	1,6771 *							0,5021	2,1063 **	0,5928	2,9052 **
Konzentrische Strategie			0,1402	0,5174							-0,2389	-0,7309	-0,4135	-1,6331
Renditekorrelation					-0,0176	-0,0338 **					0,5866	1,0698	0,1682	0,3575
Unterschiede Cost-Income-Ratio													0,0772	3,4967 ***
Wettbewerberreaktion USA							11,8788	1,8024 *						
Wettbewerberreaktion D									23,8151	0,9038				
Kontrollübergang											0,3251	1,2601	0,2372	1,2419
Übernahmefinanzierung											-0,0626	-0,3067	-0,1947	-1,2689
Transaktionsvolumen											0,0000	-0,5402	0,00003	0,5836
Herkunft Käuferunt.											0,5289	2,4394 **	0,3049	1,6718
Übernahmeerfahrung											0,1571	2,3619 **	0,0485	0,8869
Phase 1													-0,8397	-2,9012 **
Phase 2													-0,7776	-3,3316 **
n	47		47		39		7		4		28		28	
R^2	0,0670		0,1122		0,2908		0,7708		0,5683		0,7780		0,9040	
Adj. R^2	0,0246		0,0503		0,2514		0,6562		-0,2950		0,6474		0,8150	
F-Wert	1,5800		1,8122		7,3816 ***		6,7263 **		0,6583		5,9582 **		10,1468 ***	

Eine zweite Interpretation des signifikanten Wertes für den Regressionskoeffizienten der Variable „Übernahmeerfahrung" ist allerdings auch denkbar. Wenn der Effizienzzuwachs einer Übernahme nur langfristig (> 3 Jahre) wirkt, könnte der positive Zusammenhang zwischen der Übernahmeerfahrung und der Performanceveränderungen statt durch Lerneffekte durch die unmittelbaren Effizienzwirkungen der vorangegangen Übernahmen erklärt werden. Wie bereits in Kapitel VI.2.1 erläutert sprechen die Ergebnisse der branchenübergreifenden Studie von Healy et al. (1992) nicht für diese Interpretation.

Da die Zahl der Transaktionen, für die alle erforderlichen Daten vorliegen, mit n=47 sehr klein ist, muss auf eine separate multivariate Analyse der Teilstichproben, bestehend aus den Übernahmen nordamerikanischer und europäischer Energieversorger, verzichtet werden.

VI.3.4 Zusammenfassung

Die Ergebnisse der multivariaten Regressionsanalyse können wie folgt zusammengefasst werden:

Die Kapitalmarktteilnehmer prognostizieren die Auswirkungen der Übernahmen von Energieversorgern unpräzise. Zwischen den Ankündigungseffekten und der Leistungsentwicklung nach Abschluss der Übernahme besteht für die Käuferunternehmen kein signifikanter Zusammenhang. Für die hypothetischen Gesamtunternehmen bzw. für die Gesamteffekte kann ein signifikanter Einfluss festgestellt werden.

Es finden sich deutliche Hinweise darauf, dass operative, finanzielle und manageriale Synergien einen Einfluss auf die Cash-Flow-Rentabilität nehmen. Für die Relevanz von Marktmacht als Motiv für Übernahmen sprechen hingegen nur schwache Indizien und das auch lediglich für die Übernahmen US-amerikanischer Energieversorger.

Nordamerikanische Energieversorger können ihre Unternehmensleistung durch Übernahmen deutlicher steigern als europäische Versorger.[396]

Die Leistungssteigerungen fallen für die Käuferunternehmen höher aus, die bereits Akquisitionserfahrung gesammelt haben. Dies spricht dafür, dass die beteiligten Akteure Kompetenz für das „M&A-Geschäft" aufgebaut haben.

VI.4 Vergleich der Kapitalmarkteinschätzungen und der Veränderung der Unternehmensleistung

In den voranstehenden Kapiteln wurden die Motive für Übernahmen von Energieversorgern anhand der Börsenreaktion auf die Ankündigung der Zusammenschlüsse und durch die nachfolgende Veränderung der Unternehmensleistung analysiert. In Tabelle 112 werden die Ergebnisse der beiden Untersuchungsmethoden im Hinblick auf die in Kapitel III. entwickelten Hypothesen verglichen.

---

396 Ein Vergleich der Cash-flow-Rentabilität vor der jeweiligen Übernahme zeigt eine signifikant höhere Rentabilität der deutschen im Vergleich zu den US-amerikanischen Energieversorgern (0,266 versus 0,157, signifikant auf einem 1%-Niveau).

Tabelle 112: Ergebnisse der Hypothesentests

Hypothesen	Kapitalmarktbewertung[1] Dichotome Analyse	Kapitalmarktbewertung[1] Multivariate Analyse	Analyse der Untern.-leistung[1]
A. Wertsteigerung			
1a) Unternehmensakquisitionen sind vorrangig durch Effizienzsteigerungen motiviert. Die Kursreaktionen (Veränderungen der Unternehmensleistung) von Käufer-, Ziel- und hypothetischen Gemeinschaftsunternehmen sind daher im Durchschnitt positiv.	+/-		--
1b) Die Kursreaktionen von Käufer- und Zielunternehmen sind positiv mit der gesamten Wertveränderung korreliert.	+/-		
Operative Synergien			
1c) Unternehmenszusammenschlüsse von Energieversorgern sind vorrangig durch operative Synergien motiviert. Akquisitionen von anderen Energieversorgern (derselben Branche) werden vom Kapitalmarkt positiver bewertet bzw. führen zu einer größeren Leistungssteigerung als Übernahmen branchenfremder Unternehmen.	-	0	0
1d) Unternehmensakquisitionen sind vorrangig durch operative Synergien in Form von Skaleneffekten motiviert. Nationale Übernahmen werden durch den Kapitalmarkt positiver bewertet bzw. führen zu einer größeren Leistungssteigerung als andere Transaktionen.	0	0	++
1e) Zusammenschlüsse zwischen Stromversorgern und Gasversorgern des gleichen nationalen Marktes sind durch operative Synergien in Form von Verbundeffekten motiviert. Sie werden durch den Kapitalmarkt positiver bewertet bzw. führen zu einer größeren Leistungssteigerung als unverbundene Diversifikationen.	0	0	0
Finanzielle Synergien			
2a) Energieversorger nutzen durch Unternehmenszusammenschlüsse den Coinsurance-Effekt. Zusammenschlüsse, bei denen die Cash-flows der beteiligten Unternehmen nur schwach korreliert sind, werden durch den Kapitalmarkt positiver bewertet bzw. führen zu einer größeren Leistungssteigerung als andere Übernahmen.	++	++	++
2b) Energieversorger nutzen besonders im Rahmen von Unternehmenszusammenschlüssen den Coinsurance-Effekt, wenn der Zugang eines der beteiligten Unternehmen zu externer Finanzierung beschränkt ist. Zusammenschlüsse, bei denen die Cash-flows der beteiligten Unternehmen nur schwach oder negativ korreliert sind und der Verschuldungsgrad relativ hoch ist, werden durch den Kapitalmarkt positiver bewertet bzw. führen zu einer größeren Leistungssteigerung als andere Übernahmen.	0	0	
2c) Vor allem kleine Unternehmen können durch Zusammenschlüsse ihre Kapitalkosten senken, da sie nur über einen eingeschränkten Zugang zu externen Kapitalmärkten verfügen. Übernahmen relativ kleiner Unternehmen werden daher durch den Kapitalmarkt positiver bewertet bzw. führen zu einer größeren Leistungssteigerung.	+		0

[1] Die Untersuchungsergebnisse sind folgendermaßen klassifiziert:
-- Ergebnisse widersprechen der Hypothese diametral; - Ergebnisse widersprechen der Hypothese schwach
0 Ergebnisse nicht eindeutig/insignifikant; +/- Teilergebnisse widersprüchlich
+ Schwache bestätigende Hinweise; ++ Stark bestätigende Hinweise

Tabelle 112: Ergebnisse der Hypothesentests (Fortsetzung)

Hypothesen	Kapitalmarkt-bewertung		Analyse der Untern.-leistung
	Dichotome Analyse	Multivariate Analyse	
Manageriale Synergien			
3a) Energieversorger wollen durch Übernahmen manageriale Synergien nutzen. Die Zielunternehmen sind daher durch eine schlechtere Unternehmensleistung gekennzeichnet als die Käuferunternehmen.	+		
3b) Zusammenschlüsse, bei denen die Unternehmensleistung der beteiligten Unternehmen stark differiert, werden durch den Kapitalmarkt positiver bewertet bzw. führen zu einer größeren Leistungssteigerung als andere Übernahmen.	+	0	++
B. Umverteilung zu Lasten der Konsumenten durch Marktmacht			
4a) Für Unternehmenszusammenschlüsse ist die Steigerung von Marktmacht ein wichtiges Motiv. Unternehmenszusammenschlüsse zwischen Strom- oder Gasversorgern führen daher zu einer Steigerung des Börsenwertes der nationalen Branchenwettbewerber.	US: -- D: ++		
4b) Besonders durch horizontale Unternehmenszusammenschlüsse innerhalb eines nationalen Marktes kann Marktmacht aufgebaut werden. Ihre Ankündigung führt daher zu ausgeprägteren Kursreaktionen bei den nationalen Wettbewerbern.	US: -- D: ++		
4c) Die Ankündigung von Zusammenschlüssen von Strom- oder Gasversorgungsunternehmen wirkt als Signal für Effizienzsteigerungspotentiale. Sie führt zu einer Steigerung des Unternehmenswertes der Wettbewerber. Diese fällt in der Anfangsphase einer Übernahmewelle höher aus als in späteren Phasen.	0		
4d) Die Ankündigungseffekte fallen bei den Wettbewerbern besonders groß aus, die in der Folgezeit selbst zu Übernahmeobjekten werden.	--		
C. Steigerung des Managementnutzens			
5a) Übernahmen von Energieversorgern sind primär Ausdruck des Agency-Problems. Sie führen daher zu einer Verringerung des Gesamtwertes bzw. der Unternehmensleistung von Käufer-, Ziel- und hypothetischen Gemeinschaftsunternehmen.	-		+
5b) Die Wertveränderungen des hypothetischen Gesamtunternehmens und des Zielunternehmens sowie des Käufer- und des Zielunternehmens sind negativ korreliert, da ein Teil der Nutzensteigerung für das Management des Käuferunternehmens von den Eigentümern des Zielunternehmens beansprucht wird.	--		
D. Hybris-Hypothese			
6a) Unternehmenszusammenschlüsse von Strom- und Gasversorgern sind Ausdruck einer Überschätzung der Akquisitionsgewinne durch das Management. Sie führen daher zu einer Verringerung des Gesamtwertes der Käuferunternehmen und zu einer Steigerung des Börsenwertes der Zielunternehmen. Der Börsenwert und die Unternehmensleistung der Gemeinschaftsunternehmen verringern sich durch die Übernahme geringfügig.	-		-
6b) Die Börsenwertveränderungen des hypothetischen Gesamtunternehmens und des Zielunternehmens sind nicht korreliert. Die Wertveränderungen von Käufer- und Zielunternehmen sind negativ korreliert, da durch Zusammenschlüsse ein Werttransfer von den Käufer- zu den Zielunternehmen stattfindet.	--		

Die Ergebnisse beider Untersuchungsverfahren für das gesamte Sample sprechen nicht dafür, dass Energieversorger durch Übernahmen im Durchschnitt ihren Unternehmenswert steigern können. Ihre abnormalen Renditen zum Ankündigungszeitpunkt sind ebenso negativ wie die Entwicklung der Unternehmensleistung in den Jahren nach Abschluss der Übernahme. Dies lässt zunächst nicht erwarten, dass die Maximierung des Unternehmenswertes Hauptmotiv des Managements des Käuferunternehmens für Übernahmen sein könnte (Hypothese 1a).

Die Detailanalysen geben allerdings Hinweise darauf, dass sehr wohl operative, finanzielle und manageriale Synergien eine Rolle spielen können. Besonders im Hinblick auf den Einfluss finanzieller Synergien stimmen die Ergebnisse der beiden Untersuchungsverfahren überein: Der Korrelationskoeffizient der Wertpapierrenditen von Käufer- und Zielunternehmen ist negativ korreliert sowohl mit den Kapitalmarktreaktionen auf die Übernahmeankündigung als auch mit der Entwicklung der Unternehmensleistung (Hypothese 2a)). Die Einzelanalysen geben auch Hinweise darauf, dass finanzielle Synergien besonders für die Übernahmen nordamerikanischer Energieversorger relevant sind.

Indizien für die Bedeutung operativer und managerialer Synergien finden sich hingegen lediglich in der Veränderung der Unternehmensleistung, nicht in den Kursreaktionen. Diese Unterschiede können auf der einen Seite damit erklärt werden, dass der Kapitalmarkt den Einfluss operativer und managerialer Synergien zwischen Energieversorgern unterschätzt, da sie kurzfristig schwierig zu bewerten sind und in der Vergangenheit möglicherweise überschätzt wurden.[397] Für diese Interpretation spricht die schwache Korrelation zwischen den Börsenreaktionen und den Veränderungen der Unternehmensleistung im Zuge der Übernahmen.[398]

Unterschiede zwischen den Ergebnissen der beiden Untersuchungsverfahren können sich aber auch durch die nicht identische Stichprobe ergeben. Nicht für alle der 529 untersuchten Übernahmen lagen die für die Analyse der Unternehmensleistung erforderlichen Jahresabschlussinformationen vor. Nur in 47 Fällen konnte daher die branchenbereinigte Performanceentwicklung gemessen werden. Um zu überprüfen, ob sich durch die unterschiedlichen Stichproben Verzerrungen ergeben, sind in Tabelle 113, Tabelle 114 und Tabelle 115 die kumulierten abnormalen Renditen der beteiligten Unternehmen bezogen auf die Stichprobe der Leistungsanalyse angegeben. Qualitativ stimmen die Ergebnisse mit denen der gesamten Stichprobe überein. Für die Käuferunternehmen aus der Leistungsanalyse fallen die CAR noch deutlicher negativ aus (für das [-1;+1]-Intervall –1,75% im Vergleich zu –0,15%).

---

397 Vgl. Handelsblatt (2004), S.16.

398 Vgl. Tabelle 111.

Tabelle 113: Kumulierte abnormale Renditen der Käuferunternehmen aus der Stichprobe der Leistungsveränderung

	CAR	Min	Max	Pos.	Neg.	Std.abw.	Z-Value	p-value
[-20;+20]	-2,61%	-23,60%	13,94%	21	26	0,0929	-1,3342	0,1821
[-10;+10]	-2,80% ***	-29,05%	14,86%	15	32	0,0735	-2,6959	0,0070
[-5;+5]	-2,37% ***	-29,14%	6,88%	16	31	0,0669	-2,2576	0,0240
[-2;+2]	-1,86% ***	-26,39%	6,40%	18	29	0,0548	-2,3195	0,0204
[-1;+1]	-1,75% ***	-17,35%	5,96%	15	32	0,0430	-2,7581	0,0058
{0}	-0,95% ***	-13,44%	4,28%	21	26	0,0311	-2,6482	0,0081
[-20;-10]	-0,14%	-9,18%	11,86%	24	23	0,0413	-2,1569	0,0310
[-9;-1]	-1,05% **	-24,52%	6,24%	22	25	0,0546	-2,0890	0,0367
[+1;+9]	-0,85%	-12,13%	5,67%	19	28	0,0378	-1,6388	0,1013
[+10;+20]	0,38% *	-14,86%	9,36%	27	20	0,0473	0,7824	0,4340
[-20;0]	-2,14% ***	-25,26%	12,83%	19	28	0,0699	-2,0245	0,0429
Anzahl	47							

Tabelle 114: Kumulierte abnormale Renditen der Zielunternehmen aus der Stichprobe der Leistungsveränderung

	CAR	Min	Max	Pos.	Neg.	Std.abw.	Z-Value	p-value
[-20;+20]	14,02% ***	-23,88%	70,46%	29	10	0,1932	5,2121	0,0000
[-10;+10]	12,32% ***	-21,54%	63,67%	32	7	0,1616	5,2960	0,0000
[-5;+5]	12,38% ***	-9,07%	53,17%	30	9	0,1382	5,6987	0,0000
[-2;+2]	10,82% ***	-6,95%	30,85%	32	7	0,1097	5,4393	0,0000
[-1;+1]	9,65% ***	-14,40%	28,15%	32	7	0,1108	4,9553	0,0000
{0}	8,42% ***	-15,47%	31,32%	31	8	0,1091	4,6563	0,0000
[-20;-10]	2,29% *	-8,60%	42,05%	24	15	0,0838	3,8745	0,0001
[-9;-1]	2,07% **	-7,48%	17,56%	22	17	0,0592	3,8561	0,0001
[+1;+9]	1,78%	-17,77%	57,07%	17	22	0,1157	1,7652	0,0775
[+10;+20]	-0,55%	-20,90%	9,03%	21	18	0,0549	0,3758	0,7071
[-20;0]	12,79% ***	-10,77%	65,67%	30	9	0,1556	5,6297	0,0000
Anzahl	39							

Tabelle 115: Kumulierte abnormale Renditen der gemeinsamen Einheit aus Käufer- und Zielunternehmen aus der Stichprobe der Leistungsveränderung

	CAR	Min	Max	Pos.	Neg.	Std.abw.	Z-Value	p-value
[-20;+20]	1,23%	-10,65%	17,03%	22	17	0,0702	1,3730	0,1697
[-10;+10]	1,16%	-8,89%	17,99%	20	19	0,0526	1,1630	0,2448
[-5;+5]	1,45% ***	-6,25%	14,96%	23	16	0,0423	2,1716	0,0299
[-2;+2]	1,74% ***	-6,00%	14,37%	27	12	0,0371	2,8883	0,0039
[-1;+1]	1,32% ***	-3,76%	14,43%	24	15	0,0352	2,6063	0,0092
{0}	1,57% ***	-3,29%	14,88%	27	12	0,0354	2,7466	0,0060
[-20;-10]	-0,23%	-8,05%	6,07%	20	19	0,0301	1,8962	0,0579
[-9;-1]	0,03%	-14,06%	6,81%	22	17	0,0369	0,2895	0,7722
[+1;+9]	-0,61%	-10,41%	5,64%	19	20	0,0347	-0,1999	0,8416
[+10;+20]	0,46%	-7,74%	7,75%	23	16	0,0339	0,7409	0,4587
[-20;0]	1,38% *	-12,20%	17,09%	24	15	0,0580	1,2271	0,2198
Anzahl	39							

Bei den Zielunternehmen fallen die Kursreaktionen ebenfalls ausgeprägter aus (für das [-1;+1]-Intervall +9,65% im Vergleich zu +7,98%). Die Ankündigungseffekte aus der Perspektive der hypothetischen Gemeinschaftsunternehmen sind für das Sample der Leistungsanalyse mit +1,32% für das [-1;+1]-Intervall leicht geringer als für das Gesamtsample (+1,59%). Die große Übereinstimmung in den Ergebnissen spricht insgesamt nicht dafür, dass aus den unterschiedlichen Untersuchungsstichproben der Analyse von Kapitalmarktreaktionen und Leistungsveränderungen bedeutende Verzerrungen resultieren.

Die Hypothese, Übernahmen seien primär Ausdruck des Agency-Problems, wird durch die Untersuchungsergebnisse nicht gestützt. Die Verschlechterung der Unternehmensleistung von Käufer- und hypothetischen Gemeinschaftsunternehmen ist zwar prinzipiell konsistent mit dieser Interpretation. Im Gegensatz dazu sprechen die positiven abnormalen Renditen der hypothetischen Gemeinschaftsunternehmen aber nicht für diese Erklärung. Auch die Korrelationen zwischen den abnormalen Renditen von Käufer- und Zielunternehmen sowie Ziel- und hypothetischen Gemeinschaftsunternehmen sind nicht konsistent mit der Agency-Erklärung von Übernahmen. Die Abweichungen zwischen den Ergebnissen beider Untersuchungsmethoden lassen sich zum einen analog zu den Differenzen hinsichtlich der operativen und managerialen Synergien erklären. Sie könnten aber auch darin begründet sein, dass die Kapitalmarktteilnehmer durch die Übernahme neue Informationen über die Qualität von Käufer- oder Zielunternehmen erhalten. In verschiedenen Studien wurden etwa Hinweise darauf gefunden, dass die Wahl der Finanzierungsform Informationen darüber enthält, ob das Management des Käuferunternehmens sein Unternehmen als über- oder unterbewertet einschätzt.[399] Gegen diese Überlegung spricht im vorliegenden Fall allerdings, dass die Wahl der Finanzierungsform keinen signifikanten Einfluss auf die kumulierten abnormalen Renditen[400] und die Entwicklung der Unternehmensleistung[401] hat. Dieses Ergebnis bestätigt die Beobachtungen von Heron und Lie (2002), die in ihrer Untersuchung ebenfalls keine Hinweise darauf finden, dass die Art der Übernahmefinanzierung Informationen über die zukünftige Performance der Käuferunternehmen enthält.

Übereinstimmend geben die Ergebnisse beider Verfahren keine Hinweise darauf, dass die Übernahmewelle in der Energieversorgung mit der Hybris-Hypothese von Roll (1986) begründet werden kann (Hypothesen 6a) und b)).

Zusammenfassend zeigt die vorliegende Untersuchung, dass die Aussicht, Synergieeffekte zu erzielen, ein wichtiges Motiv für die untersuchten Übernahmen bildet. Dies gilt besonders für finanzielle Synergien. Zusätzlich kann für den deutschen Markt davon ausgegangen werden, dass der Zugewinn von Marktmacht eine bedeutende Rolle spielt. Die durchschnittlichen Auswirkungen der Übernahmen deuten aber überwiegend darauf hin, dass diese Ziele nicht erreicht werden können. Stattdessen verringert sich der Unternehmenswert und die –effizienz der Käuferunternehmen.

---

399 Vgl. Kapitel III.1.1.3.

400 Vgl. Kapitel V.3.

401 Vgl. Kapitel VI.1.

Diese Ergebnisse sprechen überwiegend dafür, dass sowohl der Kapitalmarkt als auch die Geschäftsführung der Käuferunternehmen die Wertsteigerungspotentiale von Zusammenschlüssen überschätzen. Im Gegensatz zur Hybris-Hypothese kann aber nach dieser Erklärung das Zustandekommen von Übernahmen nicht mit einem von der Markteffizienz bzw. – rationalität abweichenden Verhalten des Managements erklärt werden.[402] Die empirischen Befunde dieser Arbeit weisen daher auch nicht auf eine Bedeutung der Hybris-Hypothese hin. Bei näherer Betrachtung erscheint es allerdings ohnehin fraglich, warum der Kapitalmarkt - anders als das Management - die Auswirkungen von Übernahmen „richtig" einschätzen sollte. Die wissenschaftliche Debatte zu den Auswirkungen von Übernahmen hat gezeigt, wie schwierig es ist, ihre Effizienz zu beurteilen. Ist die Lage für Managementwissenschaftler unübersichtlich, dürfte sie das auch für das Top-Management, Analysten und Anteilseigner sein. Zuckerman (2000) argumentiert etwa damit, dass die Methoden von Analysten nur auf relativ einfache, fokussierte Unternehmen angewendet werden können. Komplexen Unternehmen, in diesem Fall diversifizierte Konglomerate, würden daher von Analysten nur eine geringere Aufmerksamkeit geschenkt.

Statt mit einer Überschätzung der Wertsteigerungspotentiale durch den Kapitalmarkt und die Geschäftsführung der Käuferunternehmen könnten die Ergebnisse aber auch dahingehend erklärt werden, dass durch die Übernahmen die Effizienz der beteiligten Unternehmen langfristig (> 3 Jahre) verbessert wird. Eine derartige Verbesserung bliebe in der hier vorgestellten Leistungsanalyse unberücksichtigt, da nur die ersten drei Jahre nach Abschluss der jeweiligen Übernahme betrachtet werden. Kapitalmarktteilnehmer und das Management der Käuferunternehmen verfolgen möglicherweise eine langfristige Strategie - mit einem zumindest theoretisch unendlichen Zeithorizont. Bislang liegen keine Untersuchungen für die Übernahmen von Energieversorgungsunternehmen vor, die langfristige Auswirkungen auf die Unternehmensleistung analysieren. Da die letzte Übernahmewelle ihren Höhepunkt erst zu Beginn des neuen Jahrtausends hatte, ist eine derartige Untersuchung für die gesamte Übernahmephase zur Zeit noch nicht möglich. Die Ergebnisse der branchenübergreifenden Untersuchung von Healy et al. (1992) sprechen allerdings nicht dafür, dass Effizienzsteigerungen erst etliche Jahre nach dem Abschluss einer Übernahme realisiert werden. Branchenbereinigt ermitteln sie für das zweite Jahr nach der Übernahme den größten Leistungsschub. Auch im ersten und im dritten Jahr verbessern die Unternehmen ihrer Stichprobe ihre Leistung.

Die Unterschiede in der Einschätzung des Kapitalmarktes und der tatsächlichen Leistungsentwicklung ließen sich möglicherweise auch damit begründen, dass durch die Übernahmeankündigung neue Informationen für die Kapitalmarktteilnehmer zugänglich werden. In verschiedenen Studien wurden etwa Hinweise darauf gefunden, dass die Wahl der Finanzierungsform Informationen darüber enthält, ob das Management des Käuferunternehmens sein Unternehmen als über- oder unterbewertet einschätzt.[403] Gegen diese Überlegung spricht für die vorliegende Untersuchung aber, dass die Wahl der Finanzierungsform keinen signifikan-

402 Vgl. Roll (1986), S. 200.
403 Vgl. Kapitel III.1.1.3.

ten Einfluss auf die kumulierten abnormalen Renditen[404] und die Entwicklung der Unternehmensleistung[405] hat. Dieses Ergebnis bestätigt die Beobachtungen von Heron und Lie (2002), die ebenfalls keine Hinweise darauf finden, dass die Art der Übernahmefinanzierung Informationen über die zukünftige Performance der Käuferunternehmen enthält.

---

404 Vgl. Kapitel V.3.

405 Vgl. Kapitel VI.1.

VII. Zusammenfassung und Ausblick

Von Beginn bis Ende der 1990er Jahre hat sich die Zahl der jährlichen Übernahmen von Energieversorgern vervielfacht. Als Auslöser für diese „Übernahmewelle" gilt die in vielen Ländern weitgehende Liberalisierung der bis dahin zumeist streng regulierten Energiewirtschaft. Trotz der großen empirischen Bedeutung liegen bislang kaum Erkenntnisse über die Auswirkungen der Übernahmen auf die beteiligten Unternehmen vor. Ziel dieser Arbeit ist es daher, den Einfluss der Übernahmen auf die Börsenwerte und die Leistungsfähigkeit von Käufer- und Zielunternehmen zu untersuchen.

Darüber hinaus wird eine zweite Forschungsfrage aufgegriffen, die von branchenübergreifenden Untersuchungen bisher widersprüchlich beantwortet wurde: Was sind die Motive der Geschäftsführung und der Anteilseigner des Käuferunternehmens für die beobachteten Übernahmen? Im Vergleich zum Großteil der bisherigen Studien wird in der vorliegenden Arbeit der Forschungsansatz in verschiedener Hinsicht variiert: 1) Es werden lediglich Übernahmen einer Branche, der Energieversorgung, untersucht. Mögliche Verzerrungen durch unterschiedliche Branchencharakteristika werden folglich ausgeschlossen. 2) Es werden konkurrierende Hypothesen hinsichtlich der Übernahmemotive entwickelt. Die meisten empirischen Untersuchungen überprüfen lediglich die Relevanz eines bestimmten Motivs. Durch diese Erweiterung kann der Erklärungsbeitrag verschiedener Motivhypothesen simultan analysiert werden. 3) Die Auswirkungen der Übernahmen werden basierend auf einer Markteinschätzung (Kapitalmarktreaktionen bzw. abnormale Renditen) sowie auf einer langfristigen Veränderung der Unternehmensleistung eingeschätzt. Die parallele Betrachtung beider Leistungsdimensionen erlaubt eine differenziertere Evaluation der Übernahmewirkungen.

Die Untersuchungsstichprobe besteht aus 529 Übernahmen nordamerikanischer und europäischer Energieversorgungsunternehmen zwischen 1990 und 2002. Betrachtet werden ausschließlich Übernahmen, bei denen das Käuferunternehmen börsennotiert ist. In 167 Fällen war auch das Zielunternehmen zum Zeitpunkt der Übernahmeankündigung an einer Börse gelistet. Gut 60% der Käuferunternehmen stammen aus Nordamerika, die restlichen 40% aus Europa.

Die Analyse der Kapitalmarktreaktionen zeigt, dass die Aktionäre der Käuferunternehmen innerhalb des Intervalls von einem Tag vor bis einem Tag nach der Übernahme einen signifikanten abnormalen Wertverlust (kumulierte abnormale Rendite) von –0,15% hinnehmen mussten. Die Zielunternehmen konnten im gleichen Zeitraum eine signifikante abnormale Wertsteigerung in Höhe von +7,98% realisieren. Fasst man beide Wertveränderungen für ein hypothetisches Gemeinschaftsunternehmen zusammen, ergibt sich ein signifikanter abnormaler Wertzuwachs von +1,59%. Aus der Perspektive der Kapitalmarktteilnehmer waren die betrachteten Übernahmen folglich im Durchschnitt wertsteigernd.

Die Entwicklung der Unternehmensleistung nach Abschluss der Übernahmen stimmt nur teilweise mit den Kapitalmarktreaktionen überein. Die Cash-flow-Rentabilität, in dieser Untersuchung der Hauptindikator für die Unternehmensleistung, verringert sich für die Käuferunternehmen in den Jahren nach der Übernahme branchenbereinigt von 0,92 auf 0,88 (signifikant auf einem 5%-Niveau). Diese Entwicklung wird vom Kapitalmarkt durch die Minderung des Börsenwertes zum Ankündigungszeitpunkt antizipiert. Für die Zielunternehmen ergibt sich keine signifikante Veränderung der Unternehmensleistung. Dies lässt sich zumindest teilweise auf die geringe Zahl der verfügbaren Datensätze zurückführen (n=26). Anders als die Analyse der Kursreaktionen auf die Übernahmeankündigungen gibt die Entwicklung der Unternehmensleistung keine Hinweise darauf, dass durch die betrachteten Transaktionen insgesamt eine Wertsteigerung erreicht wurde. Die branchenbereinigte Cash-flow-Rentabilität der hypothetischen Einheit aus Käufer- und Zielunternehmen verringerte sich signifikant um –14%-punkte. Auch die Kapitalrentabilität und die Eigenkapitalrentabilität waren rückläufig. Die Unternehmenseffizienz bzw. die Profitabilität verschlechterte sich in den Jahren nach dem Übernahmeabschluss.

Dieses Ergebnis steht im Widerspruch zu der abnormalen Steigerung des gesamten Börsenwertes von Käufer- und Zielunternehmen zum Zeitpunkt der Übernahmeankündigung. Eine mögliche Erklärung für diese Divergenz liegt darin, dass die Kapitalmarktteilnehmer die Gesamtwertsteigerung durch die Übernahme überschätzen bzw. die Verringerung der zukünftigen Cash-flows der Käuferunternehmen unterschätzen. Für diese Begründung spricht, dass die kumulierten abnormalen Renditen nicht signifikant mit der nachfolgenden Performanceentwicklung korreliert sind. Diese Erklärung ist weiterhin konsistent mit den Ergebnissen verschiedener Studien, in denen Hinweise auf Marktanomalien gefunden werden. Zu diesen Abweichungen gehören etwa der Januar-Effekt[406] oder die von DeBondt und Thaler (1985) beschriebene „Overreaction" bei großen Kurssprüngen.[407]

Denkbar wäre aber auch, dass sich die Differenzen zwischen der abnormalen Veränderung des Börsenwertes zum Ankündigungszeitpunkt (Ausdruck der von den Kapitalmarktteilnehmern erwarteten Leistungsveränderungen) und den tatsächlich beobachteten Leistungsveränderungen nach Abschluss der Übernahme mit den unterschiedlichen Betrachtungshorizonten beider Analysemethoden erklären lassen. Während die Kapitalmarktteilnehmer, zumindest theoretisch, Erwartungen über alle zukünftigen Leistungsveränderungen berücksichtigen, werden in der vorliegenden Leistungsanalyse nur die Veränderungen in den drei Jahren nach Abschluss der jeweiligen Übernahme betrachtet. Führen Übernahmen folglich vor allem zu langfristigen Leistungsveränderungen, werden sie nur in der Analyse der Kapitalmarktreaktionen berücksichtigt. Die Ergebnisse der branchenübergreifenden Untersuchung von Healy et al. (1992) sprechen allerdings nicht dafür, dass Effizienzsteigerungen erst etliche Jahre nach dem Abschluss einer Übernahme realisiert werden. Branchenbereinigt ermitteln sie für das zweite Jahr nach der Übernahme den größten Leistungsschub. Auch im ersten und im dritten Jahr verbessern die Unternehmen ihrer Stichprobe ihre Leistung.

---

406 Vgl. Haugen und Jorion (1996); Rozeff und Kinney (1976).

407 Vgl. für Deutschland Schiereck et al. (1999).

Die Unterschiede ließen sich möglicherweise auch damit begründen, dass durch die Übernahmeankündigung neue Informationen für die Kapitalmarktteilnehmer zugänglich werden, die nicht auf einer anschließenden Leistungsveränderung basieren. In verschiedenen Studien wurden etwa Hinweise darauf gefunden, dass die Wahl der Finanzierungsform Informationen darüber enthält, ob das Management des Käuferunternehmens sein Unternehmen als über- oder unterbewertet einschätzt.[408] Gegen diese Überlegung spricht für die vorliegende Untersuchung aber, dass die Wahl der Finanzierungsform keinen signifikanten Einfluss auf die kumulierten abnormalen Renditen[409] und die Entwicklung der Unternehmensleistung[410] hat. Dieses Ergebnis bestätigt die Beobachtungen von Heron und Lie (2002), die ebenfalls keine Hinweise darauf finden, dass die Art der Übernahmefinanzierung Informationen über die zukünftige Performance der Käuferunternehmen enthält.

Die negativen Auswirkungen der Übernahmen auf die Käuferunternehmen leiten zur zweiten Forschungsfrage über: Was motiviert das Management der Käuferunternehmen angesichts der schlechten Resultate dazu, Übernahmen ohne äußeren Zwang zu initiieren?

In der Untersuchung wird der Erklärungsbeitrag von vier Theorieansätzen getestet. Der erste geht davon aus, dass das Management durch Übernahmen den Unternehmenswert zu maximieren beabsichtigt. Als Quellen für Wert- und Effizienzsteigerungen kommen operative, finanzielle und manageriale Synergien in Betracht. Dem zweiten Erklärungsansatz zufolge zielen Übernahmen auf eine Steigerung der Marktmacht ab. Durch eine höhere Marktkonzentration sinken die Kollusionskosten. Die Bildung von stabilen Kartellen wird vereinfacht. Der dritte Ansatz basiert auf der Agency-Theorie. Dieser Erklärung zufolge ist die Eigennutzmaximierung des Managements die Haupttriebfeder für Übernahmevorhaben. Manager profitieren demnach von Übernahmen durch eine größere persönliche Macht, ein geringeres Risiko und Vorteile wie größere Firmenwagen oder Büroräume. Die Hybris-Hypothese hingegen postuliert, dass Übernahmen vor allem durch eine Überschätzung der Synergieeffekte durch das Management zustande kommen.

Die Bewertung durch den Kapitalmarkt und die Entwicklung der Unternehmensleistung geben übereinstimmend Hinweise darauf, dass finanzielle Synergien für die betrachteten Übernahmen von Energieversorgern ein Übernahmemotiv bilden. Zusammenschlüsse, die besonders umfangreiche finanzielle Synergien versprechen, führen zu einer größeren abnormalen Steigerung des Börsenwerts der beteiligten Unternehmen. Dies gilt insbesondere für die Übernahmen nordamerikanischer Energieversorger. Für europäische Versorger ist der Zusammenhang nicht signifikant. Das erwartete Ausmaß der finanziellen Synergien hat außerdem einen signifikant positiven Einfluss auf die Entwicklung der Unternehmensleistung in der Phase nach der Übernahme.

---

408 Vgl. Kapitel III.1.1.3.
409 Vgl. Kapitel V.1.4.2.
410 Vgl. Kapitel VI.3.

Weniger eindeutig sind die Untersuchungsergebnisse im Hinblick auf operative und manageriale Synergien. Lediglich die Entwicklung der Unternehmensleistung, nicht aber die Kursreaktionen zum Ankündigungszeitpunkt, lassen auf ihre Relevanz schließen. Gerade im Hinblick auf die Bedeutung operativer Synergien ist dieses Ergebnis überraschend. Denn viele Übernahmeankündigungen werden von den Käuferunternehmen öffentlich damit begründet, umfangreiche Synergieeffekte realisieren zu wollen. Die Kapitalmarktreaktionen lassen aber darauf schließen, dass Investoren im Gegensatz dazu nicht davon ausgehen, dass operative Synergien tatsächlich zu einer Wertsteigerung führen.

Die Kursreaktionen von Branchenwettbewerbern auf die Übernahmen ihrer Konkurrenten stützen für deutsche Energieversorger die Hypothese, dass durch Zusammenschlüsse Marktmacht aufgebaut wird. Bei der Übernahmeankündigung erzielen Branchenwettbewerber abnormale Wertzuwächse. Diese Zuwächse sind positiv korreliert mit den abnormalen Wertveränderungen der Käuferunternehmen. Dies spricht dafür, dass Wettbewerber und Käuferunternehmen von einer steigenden Konzentration profitieren.

Für die US-amerikanischen Energieversorger zeigt sich ein anderes Bild. Branchenwettbewerber müssen zum Ankündigungszeitpunkt von Übernahmen eines Konkurrenten abnormale Wertverluste hinnehmen. Ebenso wie für Deutschland sind die Wertveränderungen von Käuferunternehmen und Branchenwettbewerbern positiv korreliert. Die Kapitalmarktteilnehmer gehen offenbar in den USA davon aus, dass sich die Wettbewerbsbedingungen durch die Übernahmen für alle Anbieter verschlechtern. Steigt durch expansive Wachstumsstrategien die Wettbewerbsintensität, sind ceteribus paribus zumindest kurzfristig sinkende Preise und Margen die Folge. Zusätzlich zu den Belastungen durch einen intensiveren Wettbewerb müssen die Käuferunternehmen die Integrations- und Übernahmekosten tragen. Konsistent mit dieser Erklärung fallen die Ankündigungseffekte für die Käuferunternehmen signifikant niedriger aus als für die Branchenwettbewerber. Demnach können die Käufer ihre Wettbewerbsposition aus der Perspektive des Kapitalmarktes nicht verbessern.

Die Analyse der Kursreaktionen und die Entwicklung der Unternehmensleistung geben übereinstimmend keine Hinweise darauf, dass die Hybris-Hypothese einen bedeutenden Erklärungsbeitrag für das Zustandekommen von Übernahmen durch Energieversorger liefert.

Auch die auf der Agency-Theorie basierende Hypothese, das Management maximiere durch Übernahmen seinen individuellen Nutzen, liefert keinen relevanten Erklärungsbeitrag. Während die negative Entwicklung der Unternehmensleistung von Käufer- und hypothetischen Gemeinschaftsunternehmen zwar prinzipiell konsistent mit diesem Ansatz ist, spricht der abnormale Zuwachs der Börsenwerte der hypothetischen Gemeinschaftsunternehmen zum Ankündigungszeitpunkt gegen seine Relevanz. Die Korrelationen zwischen den abnormalen Renditen von Käufer- und Zielunternehmen auf der einen Seite sowie Ziel- und hypothetischen Gemeinschaftsunternehmen auf der anderen Seite stützen die Agency-Erklärung ebenfalls nicht.

Die Analyseergebnisse können dahingehend zusammengefasst werden, dass die Aussicht, Synergieeffekte zu erzielen, ein wichtiges Motiv für die untersuchten Zusammenschlüsse darstellt. Besonders deutliche Hinweise finden sich auf die Relevanz finanzieller Synergien. Die durchschnittlichen Auswirkungen der Übernahmen deuten aber überwiegend darauf hin, dass diese Synergieziele nicht erreicht werden können. Stattdessen verringert sich der Unternehmenswert und die –effizienz der Käuferunternehmen. Zusätzlich kann für den deutschen Markt davon ausgegangen werden, dass der Zugewinn von Marktmacht eine wichtige Rolle spielt. Doch auch für dieses Motiv gilt, dass die Marktmachtausweitung durchschnittlich nicht zu einem höheren Unternehmenswert führt.

Diese Befunde sprechen dafür, dass sowohl der Kapitalmarkt als auch die Geschäftsführung der Käuferunternehmen die Wertsteigerungspotentiale von Zusammenschlüssen überschätzen. Im Gegensatz zur Hybris-Hypothese kann aber nach dieser Erklärung das Zustandekommen von Übernahmen nicht mit einem von der Markteffizienz bzw. –rationalität abweichenden Verhalten des Managements erklärt werden.[411]

Für die Unternehmenspraxis zeigen die Ergebnisse dieser Untersuchung, dass Übernahmestrategien im Bereich der Energieversorgung äußerst kritisch beurteilt werden müssen. In der Vergangenheit scheint vielfach eine Sicherung oder Verbesserung der Wettbewerbsfähigkeit zumindest auf mittlere Sicht eher durch einen Verzicht auf Unternehmenszusammenschlüsse möglich gewesen zu sein. Ob die beteiligten Unternehmen langfristig möglicherweise Wettbewerbsvorteile genießen, kann angesichts der erst kürzlich beendet Übernahmewelle bislang noch nicht abschließend bewertet werden.

Für die Wirtschaftspolitik liefern diese Befunde Hinweise für die Beantwortung der Frage, ob die beobachteten Unternehmenszusammenschlüsse Energieversorger aus volkswirtschaftlicher Perspektive positiv zu bewerten sind.

Die für Zusammenschlüsse deutscher Energieversorger festgestellten Indizien auf einen Zuwachs von Marktmacht können dafür sprechen, dass Ineffizienzen durch überhöhte Preise entstehen. Gleichzeitig können diese Zusammenschlüsse aber auch Effizienzsteigerungen durch Synergien bewirken. Diese Effizienzsteigerungen müssen für eine abschließende Bewertung den Ineffizienzen durch das Nutzen von Marktmacht gegenübergestellt werden. Insgesamt kann die seit dem Jahr 2000 in Deutschland zu beobachtende Steigerung der Strom- und Gaspreise[412] nicht ohne weiteres einem Ausnutzen von Marktmacht zugerechnet werden. Ein abschließendes Urteil über den Erfolg der Deregulierung der Energieversorgung in Deutschland ist vor diesem Hintergrund ebenfalls nicht möglich. Mittel- bis langfristig ist darüber hinaus damit zu rechnen, dass der deutsche Markt für Energieversorgung im europäischen Markt aufgeht. Dies ist das erklärte Ziel der Binnenmarktrichtlinien für Strom und Gas. Angesichts des dann größeren Marktes mit vielen Anbietern verringern sich die Möglichkeiten für einen Aufbau von Marktmacht.

---

411 Vgl. Roll (1986), S. 200.

412 Vgl. VIK (2005).

Die Ergebnisse für Zusammenschlüsse US-amerikanischer Energieversorger geben hingegen keine Hinweise auf Ineffizienzen aus volkswirtschaftlicher Perspektive. Sie lassen daher nicht darauf schließen, dass eine Anpassung der Regulierung erforderlich sein könnte.

Für zukünftige Untersuchungen von Übernahmen und ihren Motiven erscheint eine Erweiterung der hier vorgestellten Querschnittsanalyse um eine longitudinale Betrachtung vielversprechend. Gerade die Unterschiede in den Ergebnissen aus der Analyse der Kursreaktionen und der Entwicklung der Unternehmensleistung legen nahe, den Prozess zu untersuchen, in dem die Erwartungen von Investoren und Unternehmensführern gebildet werden. Die Bewertung einer Übernahmeentscheidung ist äußerst komplex und die Beschaffung vollständiger Informationen über einen potentiellen Zusammenschluss ist unmöglich. Bikhchandani et al. (1998) argumentieren, dass es aus der Perspektive der Entscheider in dieser Art von Situation plausibel ist, zusätzliche Informationen aus dem Verhalten anderer zu gewinnen. Es erscheint daher ratsam, dass soziale Umfeld bzw. die „social embeddedness“[413] dieser Entscheider zu berücksichtigen. Haunschild (1993) findet erste Hinweise darauf, dass sich Manager bei Übernahmeentscheidungen an den Erfahrungen ihrer Netzwerkpartner orientieren. Sie ermittelt einen positiven Zusammenhang zwischen den Übernahmeprämien, die verschiedene Akteure innerhalb eines Netzwerks zu zahlen bereit sind. Analog zum Ausstrahlungseffekt von Übernahmeprämien könnte eine erfolgreiche Übernahme im Jahr 0 das Management des Käuferunternehmens und das anderer Unternehmen dieses organisationalen Feldes dazu ermutigen, in den nachfolgenden Jahren diese Übernahmestrategie fortzusetzen bzw. zu imitieren. Nehmen auch die Investoren die positiven Erfahrungen mit der ersten Übernahme zur Kenntnis, schätzen sie möglicherweise die nachfolgenden Übernahmen ebenfalls als erfolgreich ein. Die resultierenden positiven Kapitalmarktreaktionen bilden dann ein weiteres Signal. Aus einer derartigen Informationskette können „management recipes“[414] entstehen. Spender (1989, S. 7) versteht darunter eine spezifische Weltsicht von Branchenexperten, die vom Management etwa zur Bewertung von Entscheidungen, beispielsweise hinsichtlich eines Unternehmenszusammenschlusses, herangezogen werden.

Dass die branchenweiten Übernahmeaktivitäten im Zeitverlauf eine Wellenform haben, wie sie für die Diffusionsprozesse typisch sind,[415] spricht dafür, dass derartige Informationsketten einen Erklärungsbeitrag für das Zustandekommen von Übernahmen liefern können. Das Verständnis der zugrunde liegenden vom sozialen Umfeld beeinflussten Prozesse würde neue Einblicke in das Zusammenwirken von Anteilseignern und Management bieten. Nicht zuletzt durch die Ausrichtung vieler Unternehmen auf den „Shareholder Value“ seit den 1990er Jahren ist gerade diese Beziehung in den Fokus der finanzwirtschaftlichen Forschung zur Corporate Governance und der Strategieprozesslehre gerückt.

---

413 Vgl. Granovetter (1985).
414 Vgl. Spender (1989).
415 Vgl. Rogers (1995), S. 23.

Literaturverzeichnis

Achleitner, A.K. (1999): Handbuch Investment Banking, Gabler, Wiesbaden.

Aggarwal, R. und Harper, J.T. (2002): Evidence from an Extended Event Study Methodology, Working Paper, Kent State University, Kent.

Agrawal, A. und Jaffe, J.F. (1996): The Pre-Acquisition Performance of Target Firms, Working Paper, University of Pennsylvania, Philadelphia.

Agrawal, A., Jaffe, J.F. und Mandelker, G.N. (1992): The Post-Merger Performance of Acquiring Firms: A Re-Examination of an Anomaly, in: Journal of Finance, 47 (4), S. 1605-1621.

Akerlof, G.A. (1970): The Market for Lemons: Quality Uncertainty and the Market Mechanism, in: Quarterly Journal of Economics, 84 (3), S. 488-500.

Amihud, Y. und Lev, B. (1981): Risk Reduction as a Managerial Motive for Conglomerate Mergers, in: Bell Journal of Economics, 12 (2), S. 605-617.

Anand, J. und Singh, H. (1997): Asset Redeployment, Acquisitions and Corporate Strategy in Declining Industries, in: Strategic Management Journal, 18 (Summer Special Issue), S. 99-118.

Andrade, G., Mitchell, M. und Stafford, E. (2001): New Evidence and Perspectives on Mergers, in: Journal of Economic Perspectives, 15 (2), S. 103-120.

Ansoff, H.I. (1965): Corporate Strategy, McGraw-Hill, New York.

Asquith, P. und Kim, E.H. (1982): The Impact of Merger Bids on the Participating Firm's Security Holders, in: Journal of Finance, 37 (5), S. 1209-1228.

Audretsch, D.B. und Elston, J.A. (2002): Does Firm Size Matter? Evidence on the Impact of Liquidity Constraints on Firm Investment Behavior in Germany, in: International Journal of Industrial Organization, 20 (1), S. 1-17.

Auerbach, A.J. und Reishus, D. (1988): The Effects of Taxation on the Merger Decision, in: Auerbach, A.J. (Hrsg.): Corporate Takeovers: Causes and Consequences, University of Chicago Press, Chicago, S. 157-183.

Bacon, F.W., Shin, T.S. und Murphy, N.B. (1997): Horizontal Merger Effects on Financial and Operating Performance: A Probit Analysis of Rural Electric Utilities, in: Journal of Energy Finance & Development, 2 (2), S. 213-227.

Ball, R. und Brown, P. (1968): An Empirical Evaluation of Accounting Income Numbers, in: Journal of Accounting Research, 6 (2), S. 159-178.

Bamberg, G. und Baur, F. (1996): Statistik, 9. Aufl., R. Oldenbourg Verlag, München.

Barney, J.B. (1988): Returns To Bidding Firms in Mergers and Acquisitions: Reconsidering the Relatedness Hypothesis, in: Strategic Management Journal, 9 (Special Issue), S. 71-78.

Bartunek, K., Jessell, K. und Madura, J. (1993): Are Acquisitions by Utility Firms Beneficial?, in: Applied Economics, 25 (11), S. 1401-1408.

Baum, J.A.C. und Korn, H.J. (1999): Dynamics of Dyadic Competitive Interaction, in: Strategic Management Journal, 20 (3), S. 251-278.

Baumol, W.J., Panzar, J.C. und Willig, R.D. (1982): Contestable Markets and the Theory of the Industry Structure, Harcourt Brace Jovanovich, New York.

Beitel, P. (2002): Akquisitionen und Zusammenschlüsse europäischer Banken, Deutscher Universitäts-Verlag, Wiesbaden.

Beitel, P. und Schiereck, D. (2001): Value Creation at the Ongoing Consolidation of the European Banking Market, Working Paper, Universität Witten/Herdecke, Witten.

Beitel, P., Schiereck, D. und Wahrenburg, M. (2004): Explaining M&A Success of European Banks, in: European Financial Management, 10 (1), S. 109-139.

Berg, S.V. und Tschirhart, J. (1988): Natural Monopoly Regulation, Cambridge University Press, Cambridge.

Bergius, Susanne (2004): Energiekonzerne könnten durch Kohleausstieg Millionen sparen, in: Handelsblatt vom 17.3.2004, S. 16.

Berglöf, E. und Burkart, M. (2003): European Takeover Regulation, in: Economic Policy, 18 (36), S. 176-213.

Berkovitch, E. und Narayanan, M.P. (1993): Motives for Takeovers: An Empirical Investigation, in: Journal of Financial & Quantitative Analysis, 28 (3), S. 347-362.

Berle, A.A. und Means, G.C. (1932): The Modern Corporation and Private Property, Harcourt, Brace & World, New York.

Berry, S.K. (2000): Excess Returns in Electric Utility Mergers During the Transition to Competition, in: Journal of Regulatory Economics, 18 (2), S. 175-188.

Bikhchandani, S., Hirshleifer, D. und Welch, I. (1998): Learning From the Behavior of Others: Conformity, Fads, and Informational Cascades, in: Journal of Economic Perspectives, 12 (3), S. 151-170.

Boehmer, E., Musumeci, J. und Poulsen, A.B. (1991): Event-Study Methodology Under Conditions of Event-Induced Variance, in: Journal of Financial Economics, 30 (2), S. 253-272.

Borenstein, S. (2002): The Trouble With Electricity Markets and California's Electricity Restructuring Disaster, in: Journal of Economic Perspectives, 16 (1), S. 191-211.

Borenstein, S., Bushnell, J., und Wolak, F. (2000): Diagnosing Market Power in California's Restructured Wholesale Electricity Market, Working Paper, University of California Energy Institute, Berkeley.

BP (2003): BP Statistical Review of World Energy 2003, London.

Bradley, M. (1980): Interfirm Tender Offers and the Market for Corporate Control, in: Journal of Business, 53 (4), S. 345-376.

Bradley, M., Desai, A. und Kim, E.H. (1988): Synergistic Gains From Corporate Acquisitions and Their Division Between Stockholders of Target and Acquiring Firms, Journal of Financial Economics 21 (1), S. 3-40.

Bradley, M., Desai, A. und Kim, E.H. (1983): The Rationale Behind Interfirm Tender Offers, in: Journal of Financial Economics, 11 (1), S. 183-206.

Brainard, W. und Tobin, J. (1968): Pitfalls in Financial Model Building, in: American Economic Review, 58 (2), S. 99-123.

Brealey, R.A., Cooper, I.A., und Kaplanis, E. (1998): International Sources of Risk: Evidence From Cross-Border Mergers, Working Paper, London Business School, London.

Brockett, P.L., Chen, H.-M. und Garven, J.R. (1999): A New Stochastically Flexible Event Methodology With Application to Proposition 103, in: Insurance: Mathematics and Economics, 25 (2), S. 197-217.

Brooks, C. (2002): Introductory Econometrics for Finance, Cambridge University Press, Cambridge.

Brown, D.T. und Ryngaert, M.D. (1991): The Mode of Acquisition in Takeovers: Taxes and Asymmetric Information, in: Journal of Finance, 46 (2), S. 653-669.

Brown, K., Harlow, W.V., und Tinic, S.M. (1989): The Effect of Unanticipated Events on the Risk and Return of Common Stock, Working Paper, University of Texas, Austin.

Brown, S.J. und Warner, J.B. (1980): Measuring Security Price Performance, in: Journal of Financial Economics, 8 (3), S. 205-258.

Brown, S.J. und Warner, J.B. (1985): Using Daily Stock Returns - The Case of Event Studies, in: Journal of Financial Economics, 14 (2), S. 3-31.

Brunekreeft, G. (2004): Regulatory Threat in Vertically Related Markets: The Case of German Electricity, in: European Journal of Law and Economics, 17 (3), S. 285-305.

Bruner, R.F. (2002): Does M&A Pay? A Survey of Evidence for the Decision Maker, in: Journal of Applied Finance, 12 (1), S. 48-68.

Buehner, R. (1991): The Success of Mergers in Germany, in: International Journal of Industrial Organization, 9 (4), S. 513-532.

Bundesministerium für Wirtschaft und Technologie (2003): Energie Daten 2003 - Nationale und internationale Entwicklung, Bundesministerium für Wirtschaft und Technologie, Bonn.

Burns, R., Erwin, G., Messina, F. und Nail, L. (1998): Value Creation in Bundling Utility Mergers: A Corporate Focus Anomaly, in: Journal of Energy Finance & Development, 3 (2), S. 185-192.

Capron, L. und Pistre, N. (2002): When Do Acquirers Earn Abnormal Returns?, in: Strategic Management Journal, 23 (9), S. 781-794.

Cardell, J.B., Hitt, C.C. und Hogan, W.W. (1997): Market Power and Strategic Interaction in Electricity Networks, in: Resource and Energy Economics, 19 (1), S. 109-137.

Chandler, A.D. (1977): The Visible Hand: The Managerial Revolution in American Business, Belknap Press, Cambridge.

Chang, S. (1998): Takeovers of Privately Held Targets, Methods of Payment, and Bidder Returns, in: Journal of Finance, 53 (2), S. 773-784.

Chatterjee, S. (1986): Types of Synergy and Economic Value: The Impact of Acquisitions on Merging and Rival Firms, in: Strategic Management Journal, 7 (2), S. 119-139.

Conn, R.L. und Connell, F. (1990): International Mergers: Returns to U.S. and British Firms, in: Journal of Business Finance & Accounting, 17 (5), S. 689-711.

Consline (2002): Die zweite Entdeckung Amerikas, Consline Research & Consulting, München.

Corhay, A. und Tourani Rad, A. (2000): International Acquisitions and Shareholder Wealth - Evidence From the Netherlands, in: International Review of Financial Analysis, 9 (2), S. 163-174.

Cornett, M.M. und Tehranian, H. (1992): Changes in Corporate Performance Associated With Bank Acquisitions, in: Journal of Financial Economics, 31 (2), S. 211-234.

Cowan, A.R. und Sergeant, A.M.A. (1996): Trading Frequency and Event Study Test Specification, in: Journal of Banking and Finance, 20 (10), S. 1731-1757.

Coy, P. (13-1-1997): Utilities, in: Business Week, (3509), S. 118.

Côte, D. (1989): Firm Efficiency and Ownership Structure: The Case of U.S. Electric Utilities Using Panel Data, in: Annals of Public and Cooperative Economics, 60 (4), S. 431-450.

Cybo-Ottone, A. und Murgia, M. (2000): Mergers and Shareholder Wealth in European Banking, in: Journal of Banking and Finance, 24 (6), S. 831-859.

D'Souza, J. und Megginson, W.L. (1999): The Financial and Operating Performance of Newly Privatized Firms in the 1990s, in: Journal of Finance, 54 (4), S. 1397-1438.

Davidson III, W.N. und Cheng, L.T.W. (1997): Target Firm Returns: Does the Form of Payment Affect Abnormal Returns?, in: Journal of Business Finance & Accounting, 24 (3), S. 465-479.

Davis, E. und Kay, J. (1990): Assessing Corporate Performance, in: Business Strategy Review, 1 (1), S. 1-16.

DeBondt, W. und Thaler, R. (1985): Does the Stock Market Overreact?, in: Journal of Finance, 40 (3), S. 793-805.

DeLong, G.L. (2001): Stockholder Gains From Focusing Versus Diversifying Bank Mergers, in: Journal of Financial Economics, 59 (2), S. 221-252.

Denis, D.J. und Denis, D.K. (1995): Performance Changes Following Top Management Dismissals, in: Journal of Finance, 50 (4), S. 1029-1057.

Denis, D.J. und Kruse, T.A. (2000): Managerial Discipline and Corporate Restructuring Following Performance Declines, in: Journal of Financial Economics, 55 (3), S. 391-424.

Denis, D.J. und Serrano, J.M. (1996): Active Investors and Management Turnover Following Unsuccessful Control Contests, in: Journal of Financial Economics, 40 (2), S. 239-266.

Dennis, D.K. und McConnell, J.J. (1986): Corporate Mergers and Security Returns, in: Journal of Financial Economics, 16 (2), S. 143-187.

Department of Energy (2000): Horizontal Market Power in Restructured Electricity Markets, U.S. Department of Energy, Washington D.C.

Deutscher Bundestag (2003): Bericht des Bundeskartellamtes über seine Tätigkeit in den Jahren 2001/2002 sowie über die Lage und Entwicklung auf seinem Aufgabengebiet, Deutscher Bundestag, Berlin.

Dewenter, K.L. (1995): Does the Market React Differently to Domestic and Foreign Takeover Announcements?, in: Journal of Financial Economics, 37 (3), S. 421-441.

Dodd, P. und Ruback, R. (1977): Tender Offers and Stockholder Returns: An Empirical Analysis, in: Journal of Financial Economics, 5 (3), S. 351-374.

Dodd, P. (1980): Merger Proposals, Management Discretion and Stockholder Wealth, in: Journal of Financial Economics, 8 (2), S. 105-135.

Dodd, P. und Warner, J.B. (1983): On Corporate Governance - A Study of Proxy Contests, in: Journal of Financial Economics, 11 (4), S. 401-438.

Domah, P. und Pollitt, M.G. (2000): The Restructuring and Privatisation of Electricity Distribution and Supply Businesses in England and Wales: a Social Cost Benefit Analysis, Working Paper, University of Cambridge, Cambridge.

Doukas, J. (1995): Overinvestment, Tobin's q and Gains From Foreign Acquisitions, in: Journal of Banking and Finance, 19 (7), S. 1285-1303.

Doukas, J. und Travlos, N.G. (1988): The Effect of Corporate Multinationalism on Shareholders' Wealth: Evidence From International Acquisitions, in: Journal of Finance, 18 (5), S. 1161-1175.

Döring, C. (2002): Die Eigenkapitallücke, in: Börsenzeitung, (118), S. 5.

Drasdo, P., Drillisch, J., Hensing, I., Kreuzberg, M., Kreuzberg, P., Nolden, A., Perner, J., Riechmann, C., Schulz, W., Schuppe, T. und Starrmann, F. (1998): Konzentration und Wettbewerb in der deutschen Energiewirtschaft, R. Oldenbourg Verlag, München.

Dyck, A. und Zingales, L. (2004): Private Benefits of Control: An International Comparison, in: Journal of Finance, 59 (2), S. 537-600.

Easterbrock, F.H. und Fischel, D.R. (1981): The Proper Role of Target's Management in Responding to a Tender Offer, in: Harvard Law Review, 94 (6), S. 1161-1204.

Ebert, M. (1998): Evaluation von Synergien bei Unternehmenszusammenschlüssen, Hamburg, Verlag Dr. Kovac.

Eckardt, J. (1999): Kurz- und langfristige Kurseffekte beim Erwerb von Beteiligungen deutscher börsennotierter Aktiengesellschaften, Josef Eul Verlag, Lohmar.

Eckbo, B.E. (1983): Horizontal Mergers, Collusion, and Stockholder Wealth, in: Journal of Financial Economics, 11 (3), S. 241-273.

Eckbo, B.E. (1985): Mergers and the Market Concentration Doctrine: Evidence From the Capital Market, in: Journal of Business, 58 (3), S. 325-349.

Eckbo, B.E. und Wier, P. (1985): Antimerger Policy Under the Hart-Scott-Rodino Act: a Reexamination of the Market Power Hypothesis, in: Journal of Law and Economics, 28 (1), S. 119-149.

Eckbo, E. und Thorburn, K. (2000): Gains to Bidder Firms Revisited: Domestic and Foreign Acquisitions in Canada, in: Journal of Financial and Quantitative Analysis, 35 (1), S. 1-25.

Edison Electric Institute (1970): Historical Statistics of the Electric Utility Industry Through 1970, Edison Electric Institute, New York.

Edwards, C.D. (1955): Conglomerate Bigness As a Source of Power, in: National Bureau of Economic Research (Hrsg.): Business Concentration and Price Policy, Princeton University Press, Princeton, S. 331-359.

EEX (2004): EEX Jahreshandelsvolumen mehr als verdoppelt, Pressemitteilung, European Energy Exchange, Leipzig.

Ekelund Jr., R.B., Ford, G.S. und Thornton, M. (2001): The Measurement of Merger Delay in Regulated and Restructuring Industries, in: Applied Economics Letters, 8 (8), S. 535-537.

Emmons, W.M. (1997): Implications of Ownership, Regulation, and Market Structure for Performance: Evidence From the U.S. Electric Utility Industry Before and After the New Deal, in: Review of Economics & Statistics, 79 (2), S. 279-289.

Energy Information Administration (1985): Annual Outlook for U.S. Electric Power 1985, Energy Information Administration, Washington D.C.

Energy Information Administration (1997): Electricity Reform Abroad and U.S. Investment, http://www.eia.doe.gov/emeu/pgem/electric/ch1lin2.html, abgerufen am 20.04.2004.

Energy Information Administration (1999): Annual Electric Generator Report - Utility, National Energy Information Center, Washington D.C.

Energy Information Administration (2000): The Restructuring of the Electric Power Industry, National Energy Information Center, Washington D.C.

Energy Information Administration (2001): The Changing Structure of the Electric Power Industry: An Update, National Energy Information Center, Washington D.C.

Energy Information Administration (2002): Electric Power Industry Financial Statistics, http://www.eia.doe.gov/cneaf/electricity/page/at_a_glance/fi_tabs.html, abgerufen am 01.08.2004.

Energy Information Administration (2003a): Annual Energy Review, National Energy Information Center, Washington D.C.

Energy Information Administration (2003b): Electric Power Annual 2002, National Energy Information Center, Washington D.C.

Energy Information Administration (2003c): Status of Natural Gas Residential Choice Programs by State As of December 2003, http://www.eia.doe.gov/oil_gas/natural_gas/restructure/restructure.html, abgerufen am 20.04.2004.

Energy Information Administration (2003d): Status of State Electric Industry Restructuring Activity, http://www.eia.doe.gov/cneaf/electricity/chg_str/regmap.html, abgerufen am 20.04.2004.

Energy Information Administration (2003e): U.S. Electric Utility Sales, Revenue, and Average Revenue Per Kilowatthour (Retail Price), http://www.eia.doe.gov/cneaf/electricity/page/at_a_glance/sales_tabs.html, abgerufen am 20.04.2004.

Energy Information Administration (2004): Annual Energy Outlook 2004, National Energy Information Center, Washington, D.C.

Eun, C.S., Kolodny, R. und Scheraga, C. (1996): Cross-Border Acquisitions and Shareholder Wealth: Tests of Synergy and Internalization Hypotheses, in: Journal of Banking & Finance, 20 (9), S. 1559-1582.

Eurelectric (2003): Top Thirty - European Power Companies, Union of the Electricity Industry (Eurelectric), Brüssel.

Europäische Kommission (1997): Verordnung (EWG) Nr. 4064/89 über Fusionsverfahren, Europäische Kommission, Brüssel.

Europäische Kommission (2003): Energie: Jährliche Statistiken 2001, Office for Official Publications of the European Communities, Luxembourg.

Europäische Kommission (2004): Third Benchmarking Report on the Implementation of the Internal Electricity and Gas Market, Europäische Kommission, Brüssel.

Fama, E.F. (1970): Efficient Capital Markets: A Review of Theory and Empirical Work, in: Journal of Finance, 25 (2), S. 383-417.

Fama, E.F. (1980): Agency Problems and the Theory of the Firm, in: Journal of Political Economy, 88 (2), S. 288-307.

Fama, E.F. (1998): Market Efficiency, Long-Term Returns and Behavioral Finance, in: Journal of Financial Economics, 49 (3), S. 283-306.

Fama, E.F., Fisher, L., Jensen, M.C. und Roll, R. (1969): The Adjustment of Stock Prices to New Information, in: International Economic Review, 10 (1), S. 1-21.

Fama, E.F. und French, K.R. (1996): Multifactor Explanations of Asset Pricing Anomalies, in: Journal of Finance, 51 (1), S. 55-84.

Fazzari, S., Hubbard, R.G. und Petersen, B.P. (1988): Financing Constraints and Corporate Investment, in: Brookings Papers on Economic Activity, 1 (2), S. 141-195.

Federal Trade Commission (1969): Large Mergers in Manufacturing and Mining 1948-1969, Bureau of Economics, Statistical Report No. 4, Washington, D.C.

Firth, M. (1991): Corporate Takeovers, Stockholder Returns and Executive Rewards, in: Managerial and Decision Economics, 12 (6), S. 421-428.

Fisher, F.M. und McGowan, J.J. (1983): On the Misuse of Accounting Rates of Return to Infer Monopoly Profits, in: American Economic Review, 73 (1), S. 82-97.

Flauger, Jürgen (2003a): Energiehandel kommt langsam wieder in Schwung, in: Handelsblatt vom 7.7.2003, S. 12.

Flauger, Jürgen (2003b): Kooperationen haben Zulauf - Energiekonzerne locken Kommunen mit hohen Kaufpreisen, in: Handelsblatt vom 14.2.2003, S. 16 .

Fligstein, N. (1990): The Transformation of Corporate Control, Harvard University Press, Cambridge.

Fluck, Z. und Lynch, A.W. (1999): Why Do Firms Merge and Then Divest? A Theory of Financial Synergy, in: Journal of Business, 72 (3), S. 319-346.

Focus (2000): Der Markt der Energieversorgung - Daten, Fakten, Trends, Focus, Hamburg.

Fried, Jörg (2003): Energiebörsen sind die großen Gewinner der Zunehmenden Unsicherheit, in: Handelsblatt vom 7.3.2003, S. b06.

Fritsch, M., Wein, T. und Ewers, H.-J. (2001): Marktversagen und Wirtschaftspolitik, 4. Aufl., Verlag Franz Vahlen, München.

Fuller, K., Netter, J. und Stegemoller, M. (2002): What Do Returns to Acquiring Firms Tell Us? Evidence From Firms That Make Many Acquisitions, in: Journal of Finance, 57 (4), S. 1763-1793.

Gabler (1994): Gabler Wirtschaftslexikon, 10. Aufl., Gabler, Wiesbaden.

Gaughan, P.A. (1991): Mergers and Acquisitions, Harper Collins Publisher, New York.

Geroski, P. und Knight, K. (1983): Corporate Merger and Collective Bargaining in the UK, in: Industrial Relations Journal, 15 (2), S. 51-60.

Gerpott, T.J. (1993): Integrationsgestaltung und Erfolg von Unternehmensakquisitionen, Schäffer-Poeschel, Stuttgart.

Ghosh, A. (2001): Does Operating Performance Really Improve Following Corporate Acquisitions?, in: Journal of Corporate Finance, 7 (2), S. 151-178.

Ghosh, A. und Jain, P.C. (2000): Financial Leverage Associated With Corporate Mergers, in: Journal of Corporate Finance, 6 (4), S. 377-402.

Ghosh, A. und Lee, C.W.J. (2000): Abnormal Returns and Expected Managerial Performance of Target Firms, in: Financial Management, 29 (1), S. 40-52.

Gitman, L.J. (2000): Principles of Managerial Finance, 9. Aufl., Addison-Wesley, Reading.

Goergen, M. und Renneboog, L. (2004): Shareholder Wealth Effects of European Domestic and Cross-Border Takeover Bids, in: European Financial Management, 10 (1), S. 9-45.

Golbe, D.L. und White, L.L. (1988): A Time-Series Analysis of Mergers and Acquisitions in the U.S. Economy, in: Auerbach, A.J. (Hrsg.): Corporate Takeovers: Causes and Consequences, University of Chicago Press, Chicago, S. 265-302.

Gordon, M.J. und Yagil, J. (1981): Financial Gain From Conglomerate Mergers, in: Research in Finance, 3, S. 103-142.

Gort, M. (1969): An Economic Disturbance Theory of Mergers, in: Quarterly Journal of Economics, 83 (4), S. 624-642.

Graham, J.R., Lemmon, M.L. und Wolf, J.G. (2002): Does Corporate Diversification Destroy Value?, in: Journal of Finance, 57 (2), S. 695-720.

Granovetter, M. (1985): Economic Action and Social Structure: The Problem of Embeddedness, in: American Journal of Sociology, 91 (3), S. 481-510.

Grossman, S. und Hart, O.D. (1980): Takeover Bids, the Free-Rider Problem, and the Theory of the Corporation, in: Bell Journal of Economics, 11 (1), S. 42-64.

Gupta, A. (2000): Tracking Stock for Utilities: Highway to Higher Valuations?, in: Public Utilities Fortnightly, 138 (7), S. 52-58.

Hadlock, C., Ryngaert, M.D. und Thomas, S. (2001): Corporate Structure and Equity Offerings: Are There Benefits to Diversification?, in: Journal of Business, 74 (4), S. 613-635.

Haleblian, J. und Finkelstein, S. (1999): The Influence of Organizational Acquisition Experience on Acquisition Performance: A Behavioral Learning Perspective, in: Administrative Science Quarterly, 44 (1), S. 29-56.

Hamburgische Electricitäts-Werke (2002): Rede von Dr. Klaus Rauscher, Vorstandsvorsitzender Hamburgische Electricitäts-Werke AG (HEW) anlässlich der 108. Ordentlichen Hauptversammlung, Hamburg.

Handelsblatt (1988): Europäischer Strommarkt - Wettbewerb um Einzelkunden statt wirtschaftliche Strompreise und umweltschonende, sichere Versorgung, in: Handelsblatt vom 28.6.1988, S. 19.

Handelsblatt (2000): Schon bald könnte das größte Institut Lateinamerikas entstehen - Santander sichert sich mexikanische Bank, in: Handelsblatt vom 11.5.2000, S. 31.

Handelsblatt (2001): Präsident Ulf Böge hat Bedenken gegen Energiefusionen und kündigt rasche Entscheidung an, in: Handelsblatt vom 23.11.2001, S. 13.

Handelsblatt (2003): Kartellamt verbietet Eon-Tochter Beteiligung an Stadtwerken Lübeck, in: Handelsblatt vom 25.11.2003, S. 15.

Handelsblatt (2004): "Wir prüfen weitere Übernahmen", in: Handelsblatt vom 3.5.2004, S. 16.

Harper, J.T. (2001): Short-Term Effects of Privatization on Operating Performance in the Czech Republic, in: Journal of Financial Research, 24 (1), S. 119-131.

Harris, R.S. und Ravenscraft, D. (1991): The Role of Acquisitions in Foreign Direct Investment: Evidence From the U.S. Stock Market, in: Journal of Finance, 46 (3), S. 825-844.

Hartung, J. (1998): Statistik: Lehr- und Handbuch der angewandten Statistik, 11. Aufl., R. Oldenbourg Verlag, München.

Haugen, R.A. und Jorion, P. (1996): The January Effect: Still There After All the Years, in: Financial Analysts Journal, 52 (4), S. 27-31.

Haugen, R.A. und Langetieg, T.C. (1975): An Empirical Test for Synergism in Mergers, in: Journal of Finance, 30 (4), S. 1003-1014.

Haunschild, P.R. (1993): Interorganizational Imitation: The Impact of Interlocks on Corporate Acquisition Activity, in: Administrative Science Quarterly, 38 (4), S. 564-592.

Haunschild, P.R. und Beckman, C.M. (1998): When Do Interlocks Matter?: Alternate Sources of Information and Interlock Influence, in: Administrative Science Quarterly, 43 (4), S. 815-844.

Hayn, C. (1989): Tax Attributes As Determinants of Shareholder Gains in Corporate Acquisitions, in: Journal of Financial Economics, 23 (1), S. 121-153.

Hayward, M.L.A. (2002): When Do Firms Learn From Their Acquisition Experience? Evidence From 1990-1996, in: Strategic Management Journal, 23 (1), S. 21-39.

Hayward, M.L.A. und Hambrick, D.C. (1997): Explaining the Premiums Paid for Large Acquisitions: Evidence of CEO Hubris, in: Administrative Quarterly, 42 (1), S. 103-127.

Healy, P.M., Palepu, K. und Ruback, R.S. (1992): Does Corporate Performance Improve After Mergers?, in: Journal of Financial Economics, 31 (2), S. 135-175.

Helm, D. (1994): Regulating the Transition to the Competitive Electricity Market, in: Beesley, M. (Hrsg.): Regulating Utilities: The Way Forward, Institute of Economic Affairs, London, S. 89-110.

Hensing, I., Pfaffenberger, W. und Ströbele, W. (1998): Energiewirtschaft, R. Oldenbourg Verlag, München.

Herden, R.W. und Mueller, B. (2004): M&A-Markt - Licht am Ende des Tunnels?, in: M&A-Review, (2), S. 63-67.

Herman, E.S. und Lowenstein, L. (1988): The Efficiency Effects of Hostile Takeovers, in: Coffee Jr., J.C., Lowenstein, L. und Rose-Ackerman, S. (Hrsg.): Knights, Raiders, and Targets, Oxford University Press, New York, S. 211-240.

Heron, R. und Lie, E. (2002): Operating Performance and the Method of Payment in Takeovers, in: Journal of Financial and Quantitative Analysis, 37 (1), S. 147-155.

Hieronymus, W.H., Henderson, J.S. und Berry, C.A. (2002): Market Power Analysis of the Electricity Generation Sector, in: Energy Law Journal, 23 (1), S. 1-50.

Hildebrandt, E. (2001): Further Analyses of the Exercise and Cost Impacts of Market Power in California´s Wholesale Energy Market, Working Paper, California Independent System Operator, Folsom.

Hitt, M.A., Harrison, J., Ireland, D.R. und Best, A. (1998): Attributes of Successful and Unsuccessful Acquisitions of US Firms, in: British Journal of Management, 9 (2), S. 91-114.

Hsu, M.C.W. und Quan, N.T. (1998): Spark Spread Options: Linking Spot and Futures Markets for Gas and Electricity, in: Public Utilities Fortnightly, 136 (6), S. 26-30.

Huang, Y.-S. und Walkling, R.A. (1987): Target Abnormal Returns Associated With Acquisition Announcements: Payment, Acquisition Form, and Managerial Resistance, in: Journal of Financial Economics, 19 (2), S. 329-449.

Hubbard, R.G. und Palia, D. (1999): A Re-Examination of the Conglomerate Merger Wave in the 1960s: An Internal Capital Markets View, in: Journal of Finance, 54 (3), S. 1131-1152.

Hyland, D.C. und Diltz, J.D. (2002): Why Firms Diversify: An Empirical Examination, in: Financial Management, 31 (1), S. 51-81.

IEA (1994): Natural Gas Transportation, OECD, Paris.

Ising, J. und Schiereck, D. (2003): Datenbank zu Longterm Survivors im deutschen Kapitalmarkt, Universität Witten/Herdecke, Witten.

Isser, S.N. (2004): Electricity Deregulation: Kilowatts for Nothing and Your BTUs for Free, in: Review of Policy Research, 20 (2), S. 219-238.

Jaffe, J.F. und Russell, R. (1978): Imperfect Information, Uncertainty and Credit Rationing, in: Quarterly Journal of Economics, 90 (4), S. 651-666.

Jansen, S.A., Kuklinski, J., Lowinski, F. und Thomas, T.W. (2004): M&A-Strategien und Übernahmewellen: Die Zukunft des M&A-Marktes, Institute for Mergers & Acquisitions, Universität Witten/Herdecke, Witten.

Jarrell, G.A., Brickley, J.A. und Netter, J.M. (1988): The Market for Corporate Control: The Empirical Evidence Since 1980, in: Journal of Economic Perspectives, 2 (1), S. 49-68.

Jayachandran, S., Gimeno, J. und Varadarajan, P.R. (1999): The Theory of Multimarket Competition: A Synthesis and Implications for Marketing Strategy, in: Journal of Marketing,
63 (3), S. 49-66.

Jensen, M.C. (1983): Takeovers: Folklore and Science, in: Harvard Business Review, 4 (2), S. 6-27.

Jensen, M.C. (1986a): Agency Costs of Free Cash Flow, Corporate Finance, and Takeovers, in: American Economic Review, 76 (2), S. 323-329.

Jensen, M.C. (1986b): The Takeover Controversy: Analysis and Evidence, in: Midland Corporate Finance Journal, 4 (2), S. 6-27.

Jensen, M.C. (1993): The Modern Industrial Revolution, Exit, and the Failure of Internal Control Systems, in: Journal of Finance, 48 (3), S. 831-880.

Jensen, M.C. und Meckling, W. (1976): Theory of the Firm: Managerial Behavior, Agency Costs and Ownership Structure, in: Journal of Financial Economics, 3 (4), S. 305-360.

Jensen, M.C. und Ruback, R.S. (1983): The Market of Corporate Control: The Scientific Evidence, in: Journal of Financial Economics, 11 (1), S. 5-50.

Joskow, P. und Kahn, E. (2001): Identifying the Exercise of Market Power: Refining the Estimates, Working Paper, Massachusetts Institute of Technology, Cambridge.

Joskow, P. und Kahn, E. (2002): A Quantitative Analysis of Pricing Behavior in California´s Wholesale Electricity Market During Summer 2000: The Final Word, Cambridge.

Joskow, P.L. und Schmalensee, R. (1983): Markets for Power - An Analysis of Electric Utility Regulation, MIT Press, Cambridge.

Judge, G.G., Hill, R.C., Griffith, W.E., Lütkepohl, H. und Lee, T.S. (1988): Introduction for the Theory and Practice of Econometrics, John Wiley & Sons, New York.

Karafiath, I. (1994): On the Efficiency of Least Squares Regression With Security Abnormal Returns As Dependent Variable, in: Journal of Financial and Quantitative Analysis, 29 (2), S. 279-300.

Kennedy, D. (1997): Merger in the English Electricity Industry, in: Energy Policy, 25 (4), S. 393-399.

Khurana, I.K. und Pereira, R. (2002): Mergers and Acquisitions in the Electric Utility Industry: An Examination of Post Merger Performance, Working Paper, University of Missouri, Columbia.

Kiesling, L. (2004): The North American Blackout and Electricity Policy: Alternatives to Transmission Construction, in: Economic Affairs, 24 (1), S. 53-57.

Kim, E.H. und McConnell, J.J. (1977): Corporate Mergers and the Coinsurance of Corporate Debt, in: Journal of Finance, 32 (2), S. 349-365.

Kim, E.H. und Singal, V. (1993): Mergers and Market Power - Evidence From the Airline Industry, in: American Economic Review, 83 (3), S. 549-569.

King, D.R., Dalton, D.R., Daily, C.M. und Covin, J.G. (2004): Meta-Analysis of Post-Merger-Performance: Indications of Unidentified Moderators, in: Strategic Management Journal, 25 (2), S. 187-200.

Klein, P.G. (2001): Were the Acquisitive Conglomerates Inefficient?, in: RAND Journal of Economics, 32 (4), S. 745-761.

Klinger, Heinz (2000): Strategische Bedeutung von Kooperationen im liberalisierten Strommarkt, in: Handelsblatt vom 19.1.2000, S. b01.

Knieps, G. (2001): Wettbewerbsökonomie, Springer-Verlag, Berlin.

Koeplin, J., Sarin, A. und Shapiro, A.C. (2000): The Private Company Discount, in: Journal of Applied Corporate Finance, 12 (4), S. 94-101.

Köster, A. (2004): Die Bewertung von Elektrizitätsversorgungsunternehmen vor dem Hintergrund der Liberalisierung der europäischen Strommärkte, Lang, Frankfurt am Main.

Kumkar, L. (1998): Privatwirtschaftliche Koordinierungsstrukturen in vertikal strukturierten Industrien: Eine Analyse der Stromwirtschaft auf Grundlage der neuen Institutionenökonomik, Working Paper, Institut für Weltwirtschaft, Kieler Arbeitspapiere Nr. 873, Kiel.

La Porta, R., Lopez-de-Silanes, F., Shleifer, A. und Vishny, R.W. (2002): Investor Protection and Corporate Valuation, in: Journal of Finance, 57 (3), S. 1147-1170.

Lambert, R.A. und Larcker, D.F. (1987): Executive Compensation Effects of Large Corporate Acquisitions, in: Journal Accounting and Public Policy, 6 (4), S. 231-243.

Lang, L.H.P., Stulz, R.M. und Walkling, R.A. (1989): Managerial Performance, Tobin´s Q and the Gains From Successful Tender Offers, in: Journal of Financial Economics, 24 (1), S. 137-154.

Larner, R.J. (1970): Management Control and the Large Corporation, Dunellen, New York.

Lee, W.-W. (2004): US Lessons for Energy Industry Restructuring: Based on Natural Gas and California Electricity Incidences, in: Energy Policy, 32 (2), S. 237-259.

Leeth, J.D. und Borg, J.R. (2000): The Impact of Takeovers on Shareholder Wealth During the 1920s Merger Wave, in: Journal of Financial and Quantitative Analysis, 35 (2), S. 217-238.

Leggio, K.B. und Lien, D. (2000): Mergers in the Electric Utility Industry in a Deregulatory Environment, in: Journal of Regulatory Economics, 17 (1), S. 69-85.

Lewellen, W.G. (1971): A Pure Financial Rationale for the Conglomerate Merger, in: Journal of Finance, 26 (2), S. 521.

Lewellen, W.G. und Badrinath, S.G. (1997): On the Measurement of Tobin´s q, in: Journal of Financial Economics, 44 (1), S. 77-122.

Lewellen, W.G. und Huntsman, B. (1970): Managerial Pay and Corporate Performance, in: American Economic Review, 60 (4), S. 710-720.

Liebeskind, J.P. (2000): Internal Capital Markets: Benefits, Costs, and Organizational Arrangements, in: Organization Science, 11 (1), S. 58-76.

Ljung, G.M. und Box, G.E.P. (1978): On a Measure of Lack of Fit in Time Series Models, in: Biometrica, 65 (2), S. 297-303.

Loughran, T. und Vijh, A.M. (1997): Do Long-Term Shareholders Benefit From Corporate Acquisitions?, in: Journal of Finance, 52 (5), S. 1765-1790.

Lowinski, F., Schiereck, D. und Thomas, T.W. (2004): The Effect of Cross-Border Acquisitions on Shareholder Wealth - Evidence From Switzerland, in: Review of Quantitative Finance and Accounting, 22 (4), S. 315-330.

Lubatkin, M. (1983): Mergers and the Performance of the Acquiring Firm, in: Academy of Management Review, 8 (2), S. 218-225.

Lubatkin, M. und O'Neill, H.M. (1987): Merger Strategies and Capital Market Risk, in: Academy of Management Journal, 30 (4), S. 665-684.

MacAvoy, P.W. (2000): The Natural Gas Market - Sixty Years of Regulation and Deregulation, Yale University Press, New Haven.

Macharzina, K. (1995): Unternehmensführung, Gabler, Wiesbaden.

MacKinlay, A.C. (1997): Event Studies in Economics and Finance, in: Journal of Economic Literature, 35 (1), S. 13.

Magenheim, E.B. und Mueller, D.C. (1988): Are Acquiring-Firm Shareholders Better Off After an Acquisition, in: Coffee Jr., J.C., Lowenstein, L. und Rose-Ackerman, S. (Hrsg.): Knights, Raiders, And Targets, Oxford University Press, New York, S. 171-193.

Maksimovic, V. und Phillips, G. (2001): The Market for Corporate Assets: Who Engages in Mergers and Asset Sales and Are There Efficiency Gains?, in: Journal of Finance, 56 (6), S. 2019-2065.

Malmendier, U. und Tate, G. (2003): Who Makes Acquisitions? CEO Overconfidence and the Market's Reaction, Working Paper, Stanford University.

Manne, H.G. (1969): Mergers and the Market for Corporate Control, in: Journal of Political Economy, 73 (2), S. 110-120.

Maquieira, C.P., Megginson, W.L. und Nail L. (1998): Wealth Creation Versus Wealth Redistributions in Pure Stock-for-Stock Mergers, in: Journal of Financial Economics, 48 (1), S. 3-33.

Marris, R. (1963): A Model of the 'Managerial' Enterprise, in: Quarterly Journal of Economics, 77 (2), S. 185-209.

Marris, R. (1964): The Economic Theory of Managerial Capitalism, Free Press, Glencoe.

Martin, K.J. und McConnell, J.J. (1991): Corporate Performance, Corporate Takeovers, and Management Turnover, in: Journal of Finance, 46 (2), S. 671-687.

Matsusaka, J.G. (1993): Takeover Motives During the Conglomerate Merger Wave, in: RAND Journal of Economics, 24 (3), S. 357.

McLaughlin, R.M. und Mehran, H. (1995): Regulation and the Market for Corporate Control - Hostile Tender Offers for Electric and Gas Utilities, in: Journal of Regulatory Economics, 8 (2), S. 181-204.

McWilliams, A. und Siegel, D. (1997): Event Studies in Management Research: Theoretical and Empirical Issues, in: Academy of Management Journal, 40 (3), S. 626-657.

Meeks, G. und Meeks, J.G. (2001): The Loser's Curse: Accounting for the Transaction Costs of Takeover and the Distortion of Takeover Motives, in: Abacus, 37 (3), S. 389-400.

Megginson, W., Nash, R. und van Randenborgh, M. (1994): The Financial and Operating Performance of Newly Privatized Firms: An International Empirical Analysis, in: Journal of Finance, 49 (2), S. 403-452.

Megginson, W. und Netter, J.M. (2001): From State to Market: A Survey of Empirical Studies on Privatization, in: Journal of Economic Literature, 39 (2), S. 321-389.

Melicher, R.W., Ledolter, J. und D'Antonio, L.J. (1983): A Time Series Analysis of Aggregate Merger Activity, in: Review of Economics and Statistics, 65 (3), S. 423-430.

Mitchell, M.L. und Lehn, K. (1990): Do Bad Bidders Become Good Targets?, in: Journal of Political Economy, 98 (2), S. 372-398.

Mitchell, M.L. und Mulherin, J.H. (1996): The Impact of Industry Shocks on Takeover and Restructuring Activity, in: Journal of Financial Economics, 41 (2), S. 193-229.

Mitchell, M.L. und Stafford, E. (2000): Managerial Decisions and Long-Term Stock Price Performance, in: Journal of Business, 73 (3), S. 287-329.

Mitchell, M., Pulvino, T. und Stafford, E. (2004): Price Pressure Around Mergers, in: Journal of Finance, 64 (1), S. 31-61.

Moeller, S.B., Schlingemann, F.P., und Stulz, R.M. (2003): Do Shareholders of Acquiring Firms Gain From Acquisitions?, Working Paper Nr. 9523, National Bureau of Economic Research, Cambridge.

Morck, R., Shleifer, A. und Vishny, R.W. (1989): Alternative Mechanisms for Corporate Control, in: American Economic Review, 79 (4), S. 842-852.

Morck, R., Shleifer, A. und Vishny, R.W. (1990): Do Managerial Objectives Drive Bad Acquisitions?, in: Journal of Finance, 45 (1), S. 31-48.

Mueller, D.C. (1969): A Theory of Conglomerate Mergers, in: Quarterly Journal of Economics, 83 (4), S. 643.

Mulherin, J.H. und Boone, A.L. (2000): Comparing Acquisitions and Divestitures, in: Journal of Corporate Finance, 6 (2), S. 117-139.

Myers, S.C. und Majluf, N.S. (1984): Corporate Financing and Investment Decisions When Firms Have Information That Investors Do Not Have, in: Journal of Financial Economics, 13 (2), S. 187-221.

Nagel, R. und Wimmer, R. (2002): Systemische Strategieentwicklung, Klett-Cotta, Stuttgart.

National Energy Board (1996): Canadian Natural Gas - Ten Years After Deregulation, National Energy Board, Calgary.

National Energy Board (2001): Canadian Electricity - Trends and Issues, National Energy Board, Calgary.

National Energy Board (2002): Canadian Natural Gas Market - Dynamics and Pricing: An Update, National Energy Board, Calgary.

National Energy Board (2003): Canadian Electricity - Exports and Imports, National Energy Board, Calgary.

Newberry, D.M. und Pollitt, M.G. (1997): The Restructuring and Privatisation of the CEGB: Was It Worth It?, in: Journal of Industrial Economics, 45 (3), S. 269-303.

Nicolai, A.T. und Thomas, T.W. (2004): Kapitalmarktkonforme Unternehmensführung: Eine Analyse im Lichte der jüngeren Strategieprozesslehre, in: Zeitschrift für betriebswirtschaftliche Forschung, 56 (8), S. 452-469.

Oh, Y. (2003): European Sector Returns and Capital Market Integration, in: Review of International Ecomics, 11 (3), S. 527-540.

Ooghe, H. und De Langhe, T. (2002): The Anglo-American Versus the Continental European Corporate Governance Model, in: European Business Review, 14 (6), S. 437-499.

Palepu, K. (1986): Predicting Takeover Targets: A Methodological and Empirical Analysis, in: Journal of Accounting and Economics, 8 (1), S. 3-37.

Patell, J.M. (1976): Corporate Forecasts of Earnings Per Share and Stock Price Behavior: Empirical Tests, in: Journal of Accounting Research, 14 (2), S. 246-274.

Penrose, E. (1959): The Theory of the Growth of the Firm, Oxford University Press, Oxford.

Peterson, D.R. und Peterson, P.P. (1991): The Medium of Exchange in Mergers and Acquisitions, in: Journal of Banking & Finance, 15 (2), S. 383-405.

Plane, P. (1999): Privatization, Technical Efficiency and Welfare Consequences: The Case of the Cote D'Ivoire Electricity Company (CIE), in: World Development, 27 (2), S. 343-360.

Porter, M.E. (1985): Competitive Advantage, Free Press, New York.

Poulsen, A.B. und Stegemoller, M. (2002): Transitions: From Private to Public Ownership, Working Paper, University of Georgia, Athens.

Pryor, F.L. (2001): Dimensions of the Worldwide Merger Boom, in: Journal of Economic Issues, 35 (4), S. 825-840.

Rajan, R., Servaes, H. und Zingales, L. (2000): The Cost of Diversity: The Diversification Discount and Inefficient Investment, in: Journal of Finance, 55 (1), S. 35-80.

Ramaswamy, K.P. und Waegelein, J.F. (2003): Firm Financial Performance Following Mergers, in: Review of Quantitative Finance and Accounting, 20 (2), S. 115-126.

Rau, P.R. und Vermaelen, T. (1998): Glamour, Value and the Post-Acquisition Performance of Acquiring Firms, in: Journal of Financial Economics, 49 (2), S. 223-253.

Ravenscraft, D. und Scherer, F.M. (1988): Life After Takeovers, in: Journal of Industrial Economics, 36 (2), S. 147-156.

Ray, D.J. und Thompson, H.E. (1990): "Fifty in Five": The Prospects for Merger in the Electric Utility Industry, in: Journal of Regulatory Economics, 2 (2), S. 111-128.

Rhine, R. (2001): Economies of Scale and Optimal Capital in Nuclear and Fossil Fuel Production, in: Atlantic Economic Journal, 29 (2), S. 203-214.

Rhoades, S.A. (1994): A Summary of Merger Performance Studies in Banking, 1980–93, and an Assessment of the "Operating Performance" and "Event Study" Methodologies, Working Paper, Board of Governors of the Federal Reserve System, Washington D.C.

Rhodes-Kropf, M., Robinson, D.T., und Viswanathan, S. (2003): Valuation Waves and Merger Activity: The Empirical Evidence, Working Paper, Columbia University, New York.

Rhodes-Kropf, M. und Viswanathan, S. (2004): Market Valuation and Merger Waves, in: Journal of Finance, 59 (6), S. 2685-2718.

Rogers, E. (1995): Diffusion of Innovations, Free Press, New York.

Roll, R. (1986): The Hubris Hypothesis of Corporate Takeovers, in: Journal of Business, 59 (2), S. 197-216.

Roll, R. (1987): Empirical Evidence on Takeover Activity and Shareholder Wealth, in: Copeland, T.E. (Hrsg.): Modern Finance & Industrial Economics, Basil Blackwell, New York, S. 197-216.

Rozeff, M. und Kinney, W. (1976): Capital Market Seasonality: The Case of Stock Returns, in: Journal of Financial Economics, 3 (4), S. 379-402.

RWE (1999): Neue Vision des RWE-Konzerns Vorgestellt, RWE AG, Pressemitteilung vom 24.06.1999, Essen.

Salvanes, K.G. und Tjotta, S. (1998): A Test for Natural Monopoly With Application to Norwegian Electricity Distribution, in: Review of Industrial Organization, 13 (6), S. 669-685.

Scharfstein, D. und Stein, J.C. (2000): The Dark Side of Internal Capital Markets: Divisional Rent-Seeking and Inefficient Investment, in: Journal of Finance, 55 (6), S. 2537-2564.

Scherer, F.M. (2002): The Merger Puzzle, in: Franz, W., Ramser, H.J. und Stadler, M. (Hrsg.): Fusionen, Wirtschaftswissenschaftliches Seminar Ottobeuren, S. 1-22.

Schiereck, D., De Bondt, W. und Weber, M. (1999): Contrarian and Momentum Strategies in Germany, in: Financial Analysts Journal, 55 (6), S. 104-116.

Schiffer, H.-W. (2002): Energiemarkt Deutschland, 8. Aufl., TÜV-Verlag, Köln.

Schipper, K. und Thompson, R. (1983): Evidence on the Capitalized Value of Merger Activity for Acquiring Firms, in: Journal of Financial Economics, 11 (1), S. 85-119.

Scholes, M.S. (1972): The Market for Corporate Securities: Substitution Versus Price Pressure and the Effects of Information on Share Price, in: Journal of Business, 45 (2), S. 179-211.

Schuppe, T. und Nolden, A. (1999): Markt- und Unternehmensstrukturen im europäischen Strom- und Gasmarkt, Working Paper, Energiewirtschaftliches Institut, Universität Köln, Köln.

Schwert, G.W. (1996): Markup Pricing in Mergers and Acquisitions, in: Journal of Financial Economics, 41 (2), S. 153-192.

Seeliger, A. (2004): Die europäische Erdgasversorgung im Wandel, Working Paper, Universität Köln, Köln.

Servaes, H. (1991): Tobin's Q and the Gains From Takeovers, in: Journal of Finance, 56 (1), S. 409-419.

Seth, A. (1990): Value Creation in Acquisitions: A Re-Examination of Performance Issues, in: Strategic Management Journal, 11 (2), S. 99-115.

Seth, A., Song, K.P. und Pettit, R.R. (2000): Synergy, Managerialism or Hubris? An Empirical Examination of Motives for Foreign Acquisitions of U.S. Firms, in: Journal of International Business Studies, 31 (3), S. 387-405.

Seth, A., Song, K.P. und Pettit, R.R. (2002): Value Creation and Destruction in Cross-Border Acquisitions: An Empirical Analysis of Foreign Acquisitions of U.S. Firms, in: Strategic Management Journal, 23 (10), S. 921-940.

Shaked, I., Michel, A. und Clain, D. (1991): The Foreign Acquirer Bonanza: Myth or Reality?, in: Journal of Business Finance & Accounting, 18 (3), S. 431-446.

Shapiro, A.C. und Balbirer, S.D. (2000): Modern Corporate Finance, Prentice-Hall, Upper Saddle River.

Shin, H. und Stulz, R.M. (1998): Are Internal Capital Markets Efficient?, in: Quarterly Journal of Economics, 113 (2), S. 531-552.

Shleifer, A. und Vishny, R.W. (1986): Large Shareholders and Corporate Control, in: Journal of Political Economy, 94 (3), S. 461-488.

Shleifer, A. und Vishny, R.W. (2003): Stock Market Driven Acquisitions, in: Journal of Financial Economics, 70 (3), S. 295-311.

Singh, H. und Montgomery, C. (1987): Corporate Acquisition Strategies and Economic Performance, in: Strategic Management Journal, 8 (4), S. 377-386.

Song, M.H. und Walkling, R.A. (2000): Abnormal Returns to Rivals of Acquisition Targets: A Test of the 'Acquisition Probability Hypothesis', in: Journal of Financial Economics, 55 (2), S. 143-171.

Spauschus, P. (2004): Die wettbewerbliche Öffnung von Märkten mit Netzstrukturen am Beispiel von Telekommunikation und Elektrizitätswirtschaft, Lang, Frankfurt am Main.

Spender, J.-C. (1989): Industry Recipes, Basil Blackwell, Oxford.

Stein, J.C. (1997): Internal Capital Markets and the Competition for Corporate Resources, in: Journal of Finance, 52 (1), S. 111-133.

Steiner, P.O. (1975): Mergers: Motives, Effects, Policies, University of Michigan Press, Ann Arbor.

Steinmann, H., Schreyögg, G. und Dütthorn, C. (1983): Managerkontrolle in Deutschen Großunternehmen - 1972 und 1979 im Vergleich, in: Zeitschrift für Betriebswirtschaft, 53, S. 4-25.

Stigler, G.J. (1950): Monopoly and Oligopoly by Merger, in: American Economic Review, 40 (2), S. 23-34.

Stiglitz, J. und Weiss, A. (1981): Credit Rationing in Markets With Imperfect Information, in: American Economic Review, 71 (3), S. 393-410.

Stillman, R. (1983): Examining Antitrust Policy Towards Horizontal Mergers, in: Journal of Financial Economics, 11 (1-4), S. 225-240.

Stoll, H.R. (1984): Small Firms' Access to Public Equity Financing, in: Horvitz, P. und Pettit, R.R. (Hrsg.): Small Business Finance: Problems in the Financing of Small Business, JAI Press, Greenwich, S. 187-238.

Swenson, D. (1993): Foreign Mergers and Acquisitions in the United States, in: Froot, K.A. (Hrsg.): Foreign Direct Investment, University of Chicago Press, Chicago, S. 255-284.

Teece, D.J., Pisano, G. und Shuen, A. (1997): Dynamic Capabilities and Strategic Management, in: Strategic Management Journal, 18 (7), S. 509-537.

Tobin, J. (1969): A General Equilibrium Approach to Monetary Theory, in: Journal of Money, Credit, and Banking, 1 (1), S. 15-29.

Tombak, M.M. (2002): Mergers to Monopoly, in: Journal of Economics & Management Strategy, 11 (3), S. 513-546.

Trautwein, F. (1990): Merger Motives and Merger Prescriptions, in: Strategic Management Journal, 11 (4), S. 283-295.

Travlos, N.G. (1987): Corporate Takeover Bids, Methods of Payment, and Bidding Firms' Stock Returns, in: Journal of Finance, 42 (4), S. 943-963.

Travlos, N.G. und Papaioannou, G.J. (1991): Corporate Acqiusitions: Method of Payment Effects, Capital Structure Effects, and Bidding Firms′ Stock Returns, in: Quarterly Journal of Business and Economics, 30 (4), S. 3-22.

Uhlenbruck, N. und De Castro, J. (1998): Privatization From the Acquirer′s Perspective: A Merger and Acquisitions Based Framework, in: Journal of Management Studies, 35 (5), S. 619-640.

Uhlenbruck, N. und De Castro, J. (2000): Foreign Acquisitions in Central and Eastern Europe: Outcomes of Privatizations in Transitional Economies, in: Academy of Management Journal, 43 (3), S. 381-402.

Varaiya, N.P. (1988): The 'Winner′s Curse' Hypothesis and Corporate Takeovers, in: Managerial and Decision Economics, 9 (3), S. 209-219.

Varian, H.R. (2001): Grundzüge der Mikroökonomik, 3. Aufl., R. Oldenbourg Verlag, München.

VDEW (2002): Veränderungen in der Strombranche, Pressemitteilung vom 7. Januar 2002, Verband der Elektrizitätswirtschaft, Frankfurt am Main.

Vickers, J. und Yarrow, G. (1991): The British Electricity Experiment, in: Economic Policy, 12 (1), S. 187-227.

VIK (2005): Energiepreise und Notierungen, Verband der industriellen Energie- und Kraftwirtschaft e.V., http://www.vik-online.de/infocenter/energiepreise/energiepreise-inhalt.htm, abgerufen am 11.06.2005.

Villalonga, B. (2000): Privatization and Efficiency: Differentiating Ownership Effects From Political, Organizational, and Dynamic Effects, in: Journal of Economic Behaviour & Organization, 42 (1), S. 43-74.

Walker, M.M. (2000): Corporate Takeovers, Strategic Objectives, and Acquiring-Firm Shareholder Wealth, in: Financial Management, 29 (1), S. 53-66.

Wansley, J.W., Lane, W.R. und Yang, H.C. (1983): Abnormal Returns to Acquired Firms by Type of Acquisition and Method of Payment, in: Financial Management, 12 (3), S. 16-22.

Weir, C. und Lang, D. (2003): The Selection of Friendly Take-Over Targets in the UK: Some Empirical Evidence, in: Management Decision, 41 (5/6), S. 550-557.

Weizsäcker, C.C.v. (1994): Energiewirtschaft und Wettbewerb, in: Zeitschrift für Energiewirtschaft, 4, S. 197-202.

Welch, I. und Warga, A. (1993): Bondholder Losses in Leveraged Buyouts, in: Review of Financial Studies, 6 (4), S. 959-982.

Wesch, S. (2000): Pfizer hat nicht nur blaue Pillen, in: Handelsblatt vom 9.6.2000, S. i04.

Weston, J.F. (1963): Planning for Corporate Merger, in: California Management Review, 5 (3), S. 25-30.

Weston, J.F. (1970): The Nature and Significance of Conglomerate Firms, in: St.John's Law Review, 44, S. 66-80.

Weston, J.F., Chung, K.S. und Siu, J.A. (1997): Takeovers, Restructuring, and Corporate Governance, 2. Aufl., Prentice-Hall, Upper Saddle River.

White, H. (1980): A Heteroscedasticity-Consistent Covariance Matrix Estimator and a Direct Test for Heteroscedasticity, in: Econometrica, 48 (4), S. 817-838.

Whited, T.M. (2001): Is it Inefficient Investment that Causes the Diversification Discount?, in: Journal of Finance, 56 (5), S. 1667-1691.

Williamson, O.E. (1975): Markets and Hierarchies: Analysis and Antitrust Implications, Collier Macmillian Publishers, New York.

Wimmer, R. (1999): Wider den Veränderungsoptimismus - Zu den Möglichkeiten und Grenzen einer radikalen Transformation von Organisationen, in: Soziale Systeme, 5 (1), S. 5-31.

Wimmer, R. (2000): Wie lernfähig sind Organisationen?, in: Heijl, P.M. und Stahl, H.K. (Hrsg.): Management und Wirklichkeit, Carl-Auer-Systeme Verlag, Heidelberg, S. 265-294.

Wimmer, R. und Nagel, R. (2000): Der Strategische Managementprozess, in: Organisationsentwicklung, 19 (1), S. 4-19.

Yarrow, G. (1994): Privatization, Restructuring, and Regulatory Reform in Electricity Supply, in: Bishop, M., Kay, J. und Mayer, C. (Hrsg.): Privatization and Economic Performance, Oxford University Press, Oxford, S. 62-88.

Yatchew, A. (2000): Scale Economies in Electricity Distribution: A Semiparametric Analysis, in: Journal of Applied Econometrics, 15 (2), S. 187-210.

Zuckerman, E.W. (2000): Focusing the Corporate Product: Securities Analysts and De-Diversification, in: Administrative Science Quarterly, 45 (3), S. 591-619.

FSC
www.fsc.org
MIX
Papier | Fördert
gute Waldnutzung
FSC® C083411

Kolibri 360 GmbH
Ferdinand-Jühlke-Straße 7
99095 Erfurt, Deutschland
produktsicherheit@kolibri360.de